2012年卫生公益性行业科研专项（NO.201202010）
——学生重大疾病防控技术和相关标准研制及应用

学生重大疾病防控技术实践与应用

主　编　马迎华　马　军
副主编　邹志勇　王海俊
编　者（按姓氏汉语拼音排序）
郭　欣　北京市疾病预防控制中心
静　进　中山大学公共卫生学院
刘亨辉　北京市疾病预防控制中心
罗春燕　上海市疾病预防控制中心
罗家有　中南大学公共卫生学院
马　军　北京大学儿童青少年卫生研究所
马迎华　北京大学儿童青少年卫生研究所
潘德鸿　辽宁省卫生厅卫生监督局
宋　逸　北京大学儿童青少年卫生研究所
陶芳标　安徽医科大学公共卫生学院
王海俊　北京大学儿童青少年卫生研究所
王　宏　重庆医科大学公共卫生与管理学院
伍晓艳　安徽医科大学公共卫生学院
徐　勇　苏州大学公共卫生学院
张　欣　天津医科大学公共卫生学院
赵海萍　宁夏医科大学公共卫生学院
邹志勇　北京大学儿童青少年卫生研究所

北京大学医学出版社

XUESHENG ZHONGDA JIBING FANGKONG JISHU SHIJIAN YU YINGYONG

图书在版编目（CIP）数据

学生重大疾病防控技术实践与应用/马迎华，马军主编.
—北京：北京大学医学出版社，2015.4

ISBN 978-7-5659-1083-8

Ⅰ.①学… Ⅱ.①马… ②马… Ⅲ.①学生-疾病-预防(卫生)-
中国 Ⅳ.①G478.2

中国版本图书馆CIP数据核字（2015）第072104号

学生重大疾病防控技术实践与应用

主　　编：马迎华　马　军
出版发行：北京大学医学出版社
地　　址：（100191）北京市海淀区学院路38号　北京大学医学部院内
电　　话：发行部 010-82802230；图书邮购 010-82802495
网　　址：http：//www.pumpress.com.cn
E-mail：booksale@bjmu.edu.cn
印　　刷：北京强华印刷厂
经　　销：新华书店
责任编辑：董采萱　　责任校对：金彤文　　责任印制：李　啸
开　　本：889mm × 1194mm　1/16　　印张：13　　字数：400千字
版　　次：2015年4月第1版　2015年4月第1次印刷
书　　号：ISBN 978-7-5659-1083-8
定　　价：95.00元

前　言

青少年阶段是身心健康发展的关键时期，青少年的健康不仅关系个人健康成长和幸福生活，而且关系整个民族的健康素质和人才培养的质量。党中央、国务院历来高度重视青少年的健康成长，《国家中长期科技发展规划纲要（2006—2020年）》强调疾病防治重心前移，坚持预防为主、促进健康和防治疾病结合。《中共中央国务院关于加强青少年体育增强青少年体质的意见》（中发〔2007〕7号）明确要求：认真落实健康第一的指导思想，把增强学生体质作为学校教育的基本目标之一，充分保证学校体育课和学生体育活动，培养青少年良好的体育锻炼习惯和健康的生活方式，使我国青少年普遍达到国家体质健康的基本要求，不断提高青少年乃至全民族的健康素质。

当前我国中小学生健康仍面临诸多挑战，如近视患病率居高不下、肥胖检出率大幅上升、各种传染病和突发公共卫生事件在学校高发等，严重影响了青少年的健康。因此，加强学生重大疾病防控，对促进学生健康、体现疾病防治重心前移、实现全民健康总体目标和实施人才强国战略具有非常重要的作用。

2012年卫生公益性行业科研专项“学生重大疾病防控技术和相关标准研制及应用”（简称“1147计划”），由北京大学儿童青少年卫生研究所所长马军教授主持，参与单位包括北京大学、安徽医科大学、苏州大学、中山大学、华中科技大学、哈尔滨医科大学、中南大学、天津医科大学、重庆医科大学、宁夏医科大学、北京市疾病预防控制中心、上海市疾病预防控制中心、辽宁省卫生监督局、北京协和医学院、湖南省人民医院共15家国内高等院校及相关卫生机构。

该项目针对当前我国中小学生近视、肥胖、传染病和学校突发公共卫生事件等主要健康问题，旨在通过公益性行业科研专项经费的支持，以促进学生健康为中心，实施“1147计划”，即：建立1个学生健康监测预警干预信息平台，制订完善1套卫生计生委认可的学生健康相关标准及学校卫生标准体系，研发近视、肥胖、传染病、学校突发公共卫生事件4个主要健康问题相应的防控关键技术，建立7个学生重大疾病防控适宜技术和相关标准研制及应用推广示范基地（简称“示范基地”）。该项目旨在改善中国儿童青少年的健康状况，同时为学科的发展和人才的培养提供良好的机遇，使学校卫生服务能力和工作水平全面提高，学生重大疾病得到有效遏制。

为保证项目特别是健康教育活动在学校的有效实施，规范健康教育教学，提高教学质量，项目组在研发近视、肥胖、传染病、学校突发公共卫生事件4个主要健康问题相应的防控关键技术中，组织专家为7个示范基地的项目学校提供了统一的健康教育课件和健康教育系列活动资料模板。此外，示范基地的学校一线教师在实施项目过程中，结合本地实际创作了童谣儿歌、体育课教案和大课间活动方案，为更好地开展学校卫生工作、促进学生健康提供了宝贵的教学资源和经验。

《学生重大疾病防控技术实践与应用》分为5个部分：第1部分和第2部分是项目组提供给示范基地的健康教育课件模板和学校健康教育系列活动资料，第3部分、第4部分和第5部分是从示范基地学校自发创作的教学资料中评选出来的优秀童谣儿歌、优秀体育课教案和优秀大课间方案。在本资料编写过程中，特别注重科学性、教育性、有效性和可操作性，紧密结合中小学生身心发育特点和教学环境，以健康行为获得为导向，采用参与式教学方式。这些内容为学校教师组织健康教育课、健康教育教学活动、家长健康教育培训以及开展体育课和大课间活动等，提供了简便易行、即学即用的参考资料，为学生重大疾病防控适宜技术的应用推广奠定良好的基础。

《学生重大疾病防控技术实践与应用》的出版，得到了很多专家学者、学校卫生保健机构人员、一线教师和高校在读研究生的支持与帮助。感谢他们在健康教育课件模板设计，健康教育系列活动资料编写，示范基地童谣儿歌、体育课教案和大课间方案的征集和评选、文本资料的录入，以及全书文本整理和排版方面所做出的重要贡献！

期望《学生重大疾病防控技术实践与应用》一书能给广大中小学卫生工作者和一线教师提供一些可借鉴的经验。因时间仓促和精力所限，难免有不足之处，恳请广大读者在使用过程中提出宝贵意见和建议，以便今后修改。

编者

2015 年 3 月

目　录

第 1 部分　健康教育课件

第一节　小学生健康教育课件

第一讲　认识我们的眼睛，保护我们的视力

一、教学目标

- 了解眼睛的结构及其作用。
- 了解近视的原因。
- 了解近视的简单定义、表现及其危害。
- 懂得近视防治的正确方法。鼓励学生多参加户外运动，预防近视。

二、教学材料

- 多媒体教学课件（PPT）。
- 小镜子。

三、课程说明

活动一：简单了解眼睛的结构

建议时间：2 分钟。

让同学们从镜子中仔细观察自己的眼睛，引入主题。从外面看，我们的眼睛主要由上眼睑、眼睫毛、透明的角膜、巩膜（眼白）、虹膜和瞳孔组成。虹膜的颜色决定了眼睛的颜色，不同人种虹膜的颜色都是不一样的，白种人是蓝色的，黑种人是黑色的，我们黄种人则是棕黄色的。

活动二：说一说眼睛的作用

建议时间：2 分钟。

我们的眼睛很重要，它能帮助我们看清周围的一切，我们每个人都离不开它。

互动：让同学们讨论一下眼睛在日常生活中的作用（帮助我们读书、写字；看电视，玩电脑；春游时，欣赏美丽的风景）。

活动三：近视的原因

建议时间：3 分钟。

互动：让同学们讨论一下为什么原本视力很好的小朋友需要戴眼镜了。

近视由眼睛长时间集中在近处的物体如书本或电脑上而引起。坐姿不正确也可能会导致近视。眼睛集中看近距离的物体，久之使眼睛的调节功能受损，并且只能聚焦于越来越近的物体上，因此形成近视。

活动四：简单了解近视的定义

建议时间：4 分钟。

简单地说，近视就是看近物清楚，看远物模糊。如图所示：未近视时这位同学能清楚地看到黑板上的字迹，近视后坐在相同的位置，黑板上的字迹大小没有改变，然而她所看到的字迹却是模糊的。这就是近视前后的视觉变化。

近视的同学容易出现眼睛疲劳和不适，表现为眼胀、眼痛、看东西有双影虚边等；有的同学还喜欢眯眼看东西，以便使自己看得更清楚一些。

活动五：近视的分类

建议时间：2 分钟。

最常用的是根据近视度数分类，我们将低于 300 度的近视称为轻度近视，300 ~ 600 度为中度近视，600 度以上则为高度近视。

互动：请戴眼镜的同学说一说你的眼睛是多少度，属于哪种近视。

活动六：近视的危害

建议时间：6 分钟。

互动：让同学们讨论近视后给生活带来的不便。

近视之后需要佩戴眼镜，长期戴镜会导致生活工作不便。吃饭的时候，镜片上会有一层雾，导致看不清事物；运动的时候，眼镜不能很好地固定。视力低下后，眼睛会经常干涩、疲劳，影响学习、生活和工作质量。近视还会遗传给下一代，近视的遗传性非常大，尤其是中、高度近视，遗传概率在 80% 以上。中、高度近视会导致眼球突出，眼睑松弛，影响容貌。

近视不仅在生活和学习上给我们带来不便，而且在升学和工作时也会使我们受到限制。那些视力不佳的考生高考志愿不能填报某些对视力有严格要求的专业，如公安、飞行、航海专业等。

近视最主要的危害是，中、高度近视，特别是高度近视，容易引发玻璃体混浊、视网膜出血和脱离而致盲。据统计，由近视导致的眼盲已仅次于白内障、青光眼致盲而居第三位。

活动七：近视的主要预防措施

建议时间：10 分钟。

（1）减少看电视、玩电脑的时间。

（2）连续看书 1 小时后，休息 10 分钟。

（3）多看远处，休息眼睛。

（4）做好眼保健操。

（5）不在阳光照射或暗光下阅读、写字。

（6）不开夜灯睡觉。

（7）端正读写姿势：胸离课桌一拳远，眼离书本一尺远，手离笔尖一寸远。

（8）开灯看电视，尽可能坐得离电视远些。

（9）不挑食，多吃种类丰富的蔬菜、水果。

（10）加强体育锻炼。

（11）早睡早起，保证充足睡眠。让眼睛充分休息。

（12）走进阳光，多参加户外运动。

活动八：走进阳光，预防近视

建议时间：10 分钟。

走进阳光与近视的关系：很多研究表明，户外活动可多接触阳光，有利于近视的预防。两位美国科学家对户外活动中接受的阳光照射与近视治疗的关系做过研究。经过对比发现，在父母均为近视患者的儿童中，每天户外活动时间超过 2 小时的孩子，其需要接受近视治疗的概率是户外活动时间不足 1 小时的孩子的 1/4。

户外运动的好处：户外活动能够降低眼内压，而眼内压升高是近视的危险因素；户外活动还能使人放松，减缓精神压力；此外，户外活动本身还能增加全身血液循环，当然也能增加眼周的血液循环，增加眼睛的营养供应，并使眼睛及时排出废物。

阳光可以促进体内维生素 D 的产生，增强体质。其次，晒太阳能够刺激一种化学物质的分泌，这类化学物质有助于阻止近视的发生、发展。眼睛的正常生长发育需要足量的阳光接触。

缺乏户外运动的弊端：由于户外活动时间减少会直接影响眼睛对光线的反应敏感度，导致瞳孔成像能力减退，最终使有这种情况的孩子视力变差，进而配戴眼镜。

怎样进行户外运动：在学校时，积极参加大课间活动，特别是在阳光充足的夏天，可以打篮球、踢毽子、跳绳等。在家时，可以让家长带出去游玩，尽量不带伞，多接触阳光，进行一些有意义的体育活动，如爬山等。

活动九：我的视力我知道

建议时间：1 分钟。

（1）定期检查视力，当视力低于 5.0 时，就说明你可能近视了，要及时告诉父母。

（2）看东西出现模糊、流泪时，说明眼睛出现问题了，要及时告诉父母、老师。

课程小结

通过这节课，同学们对眼睛的结构有了初步的了解，那么我们的眼睛都分为哪几部分？眼睛对于我们特别重要，我们应该怎样防治近视？

四、多媒体教学课件示例

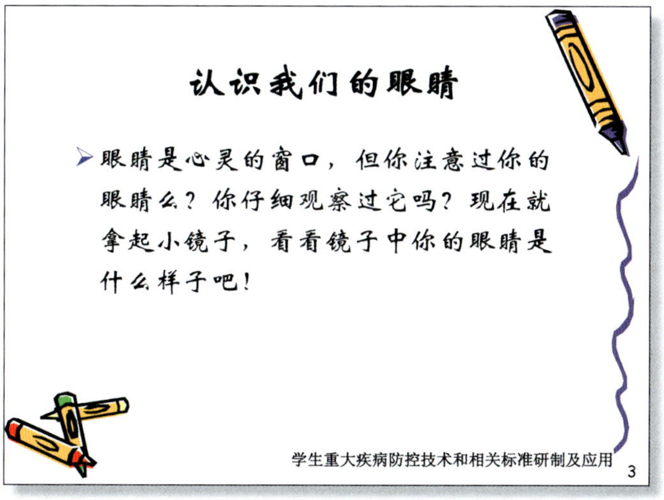

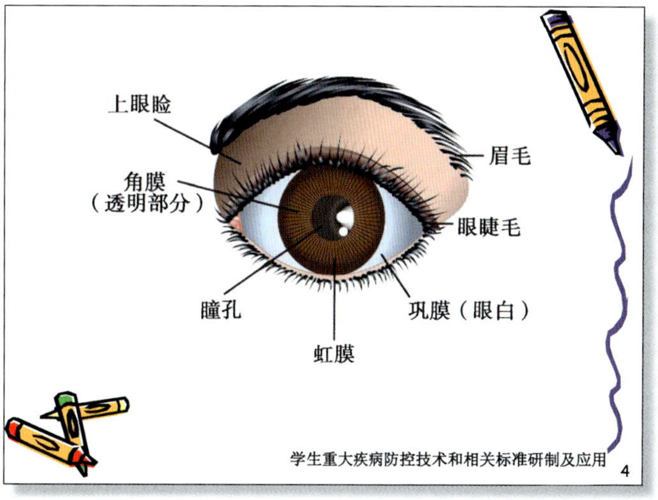

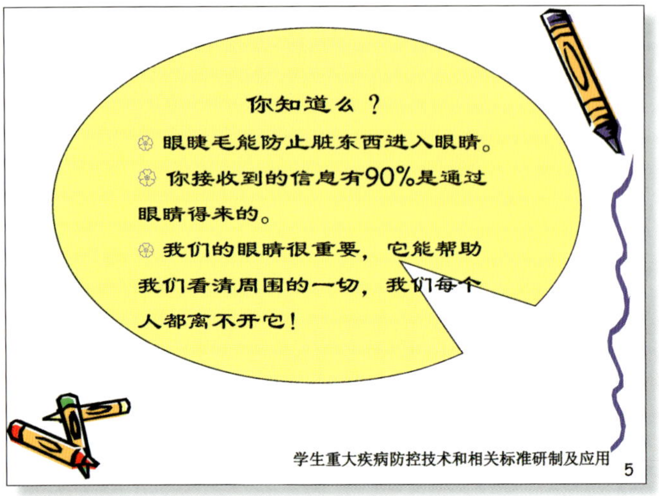
你知道么？
眼睫毛能防止脏东西进入眼睛。
你接收到的信息有90%是通过眼睛得来的。
我们的眼睛很重要，它能帮助我们看清周围的一切，我们每个人都离不开它！
学生重大疾病防控技术和相关标准研制及应用
5

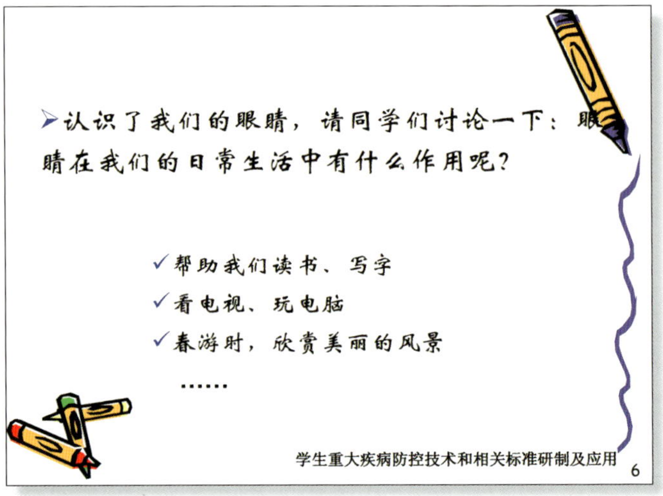
➢认识了我们的眼睛，请同学们讨论一下：眼睛在我们的日常生活中有什么作用呢？
✓帮助我们读书、写字
✓看电视、玩电脑
✓春游时，欣赏美丽的风景
……
学生重大疾病防控技术和相关标准研制及应用
6

➢眼睛有那么多作用，你们平时有没有好好保护眼睛呢？
➢观察一下周围的同学，都有哪些人戴了眼镜？自己的亲戚中呢？
学生重大疾病防控技术和相关标准研制及应用
7

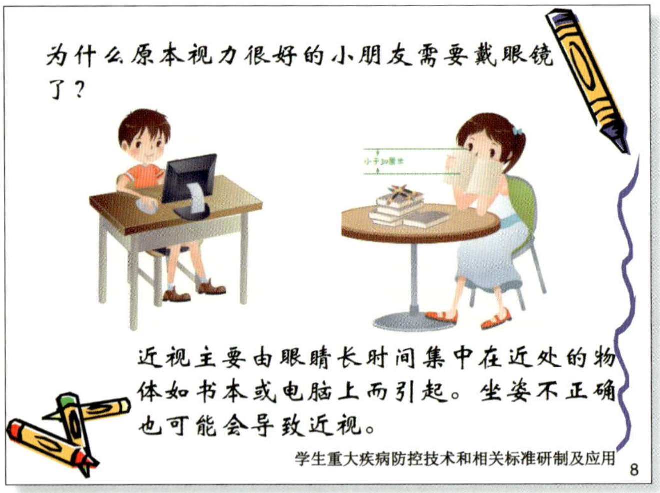
为什么原本视力很好的小朋友需要戴眼镜了？
近视主要由眼睛长时间集中在近处的物体如书本或电脑上而引起。坐姿不正确也可能会导致近视。
学生重大疾病防控技术和相关标准研制及应用
8

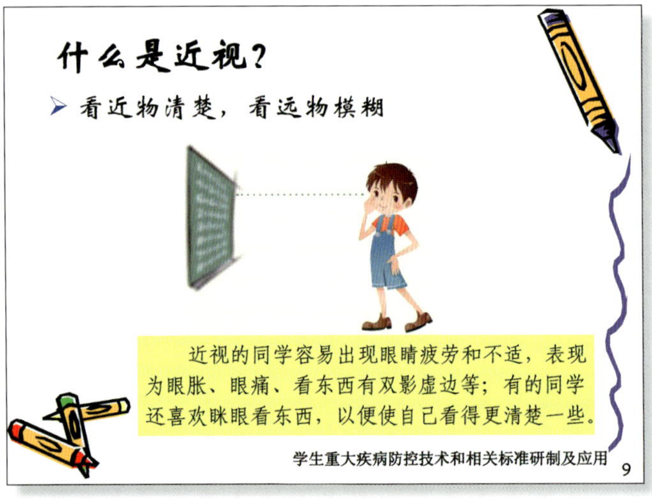
什么是近视？
➢ 看近物清楚，看远物模糊
近视的同学容易出现眼睛疲劳和不适，表现为眼胀、眼痛、看东西有双影虚边等；有的同学还喜欢眯眼看东西，以便使自己看得更清楚一些。
学生重大疾病防控技术和相关标准研制及应用
9

近视的分类
按度数分
轻度近视：低于300度
中度近视：300～600度
高度近视：高于600度
学生重大疾病防控技术和相关标准研制及应用
10

➢请戴眼镜的同学说一说：你的眼镜是多少度？属于哪种近视呢？
学生重大疾病防控技术和相关标准研制及应用
11

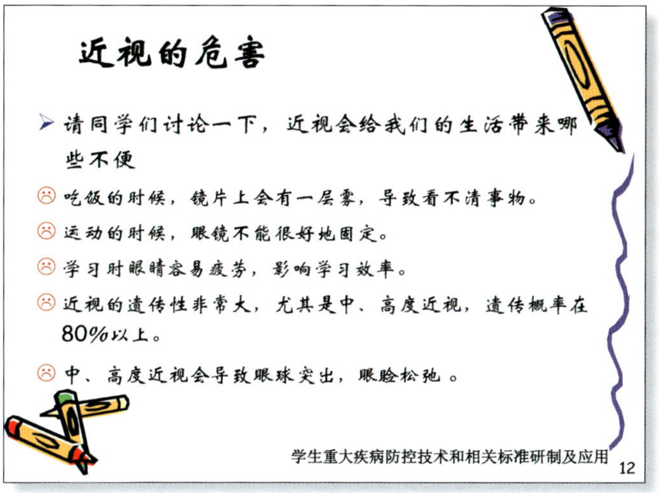
近视的危害
➢请同学们讨论一下，近视会给我们的生活带来哪些不便
☹吃饭的时候，镜片上会有一层雾，导致看不清事物。
☹运动的时候，眼镜不能很好地固定。
☹学习时眼睛容易疲劳，影响学习效率。
☹近视的遗传性非常大，尤其是中、高度近视，遗传概率在80%以上。
☹中、高度近视会导致眼球突出，眼睑松弛 。
学生重大疾病防控技术和相关标准研制及应用
12

近视的危害
☹影响上大学时的专业选择和未来就业（如报考军事院校、航空大学等）。
学生重大疾病防控技术和相关标准研制及应用
13

怎么做？
☺多接触阳光，每天户外活动时间不少于1小时。
学生重大疾病防控技术和相关标准研制及应用
14

怎么做？
☺控制学习和娱乐时间。
☺避免长时间看书、学习
☺避免长时间看电视、玩电脑、玩手机
学生重大疾病防控技术和相关标准研制及应用
15

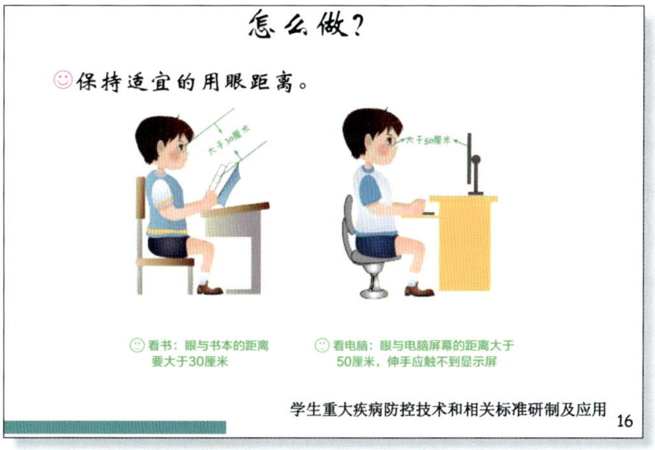
怎么做？
☺保持适宜的用眼距离。
☺看书：眼与书本的距离要大于30厘米
☺看电脑：眼与电脑屏幕的距离大于50厘米，伸手应触不到显示屏
学生重大疾病防控技术和相关标准研制及应用
16

怎么做?
☺保持适宜的用眼距离。
电视屏幕对角线
长度的4~5倍
☺看电视：眼与电视的距离应为电视屏幕对
角线长度的4～5倍；电视越大，距离越远。
学生重大疾病防控技术和相关标准研制及应用 17

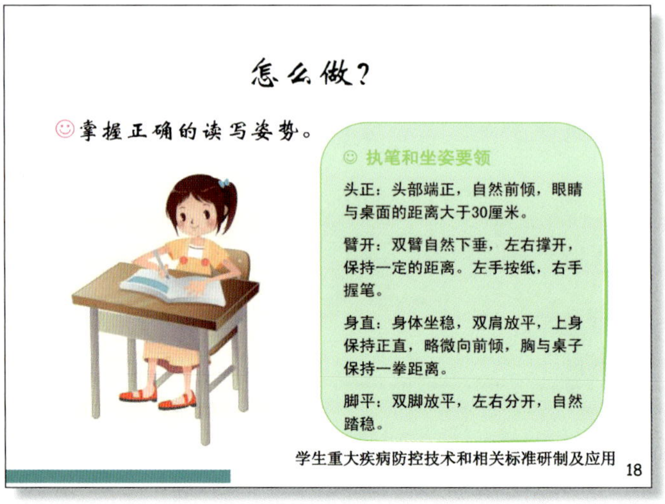
怎么做?
☺掌握正确的读写姿势。
☺ 执笔和坐姿要领
头正：头部端正，自然前倾，眼睛
与桌面的距离大于30厘米。
臂开：双臂自然下垂，左右撑开，
保持一定的距离。左手按纸，右手
握笔。
身直：身体坐稳，双肩放平，上身
保持正直，略微向前倾，胸与桌子
保持一拳距离。
脚平：双脚放平，左右分开，自然
踏稳。
学生重大疾病防控技术和相关标准研制及应用 18

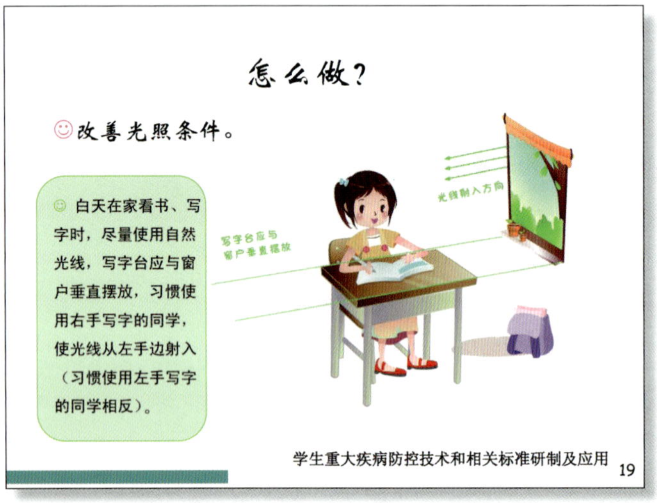
怎么做?
☺改善光照条件。
☺ 白天在家看书、写
字时，尽量使用自然
光线，写字台应与窗
户垂直摆放，习惯使
用右手写字的同学，
使光线从左手边射入
（习惯使用左手写字
的同学相反）。
写字台应与
窗户垂直摆放
光线射入方向
学生重大疾病防控技术和相关标准研制及应用 19

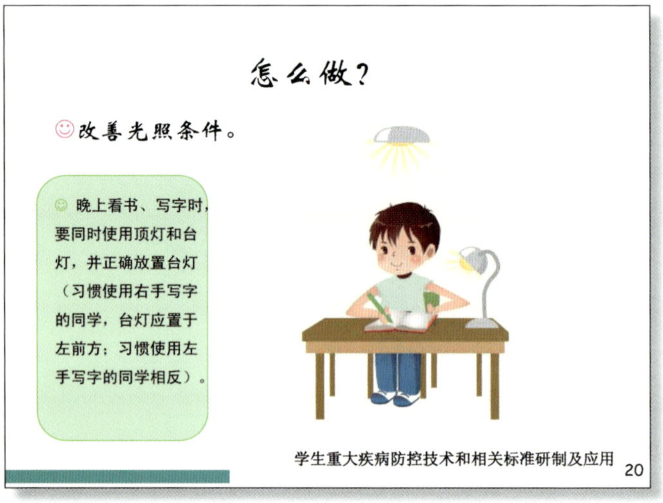
怎么做?
☺改善光照条件。
☺ 晚上看书、写字时，
要同时使用顶灯和台
灯，并正确放置台灯
（习惯使用右手写字
的同学，台灯应置于
左前方；习惯使用左
手写字的同学相反）。
学生重大疾病防控技术和相关标准研制及应用 20

怎么做?
☺改善光照条件。
☺ 晚上看电视、玩电脑时要开房间顶灯。
学生重大疾病防控技术和相关标准研制及应用 21

怎么做?
☺关注自己的视力变化。
☺ 每学期检查一次视力。
☺不戴眼镜时检查的5米远视力
低于5.0，或看黑板模糊时，要
及时告诉父母，去医院进行专
业眼科检查。
☺确定自己近视后，要及时配
镜，防止近视度数加深。
学生重大疾病防控技术和相关标准研制及应用 22

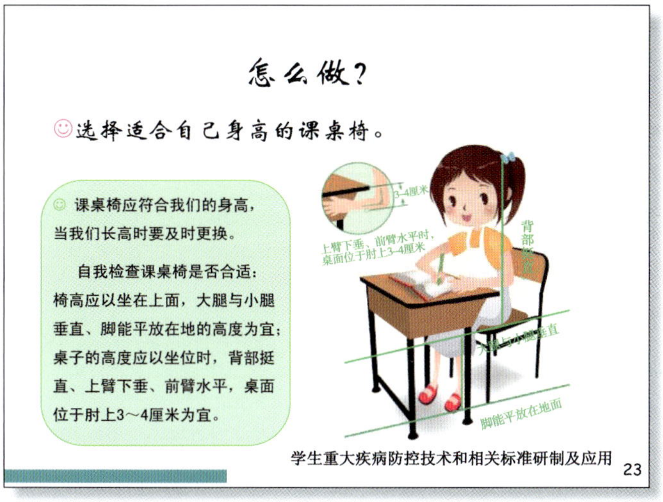

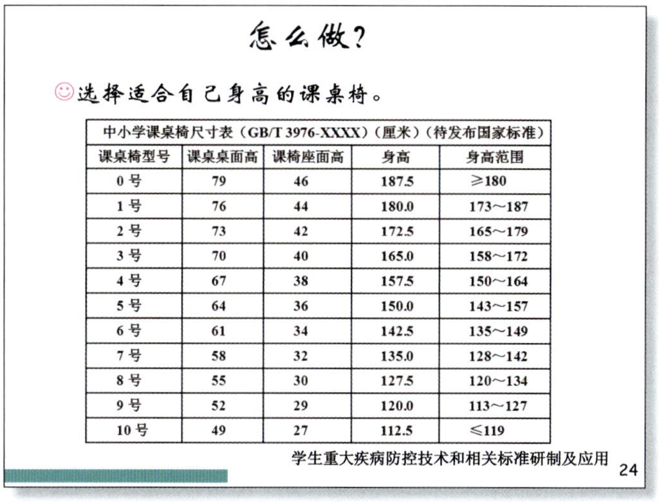

中小学课桌椅尺寸表（GB/T 3976-XXXX）（厘米）（待发布国家标准）				
课桌椅型号	课桌桌面高	课椅座面高	身高	身高范围
0 号	79	46	187.5	≥180
1 号	76	44	180.0	173～187
2 号	73	42	172.5	165～179
3 号	70	40	165.0	158～172
4 号	67	38	157.5	150～164
5 号	64	36	150.0	143～157
6 号	61	34	142.5	135～149
7 号	58	32	135.0	128～142
8 号	55	30	127.5	120～134
9 号	52	29	120.0	113～127
10 号	49	27	112.5	≤119

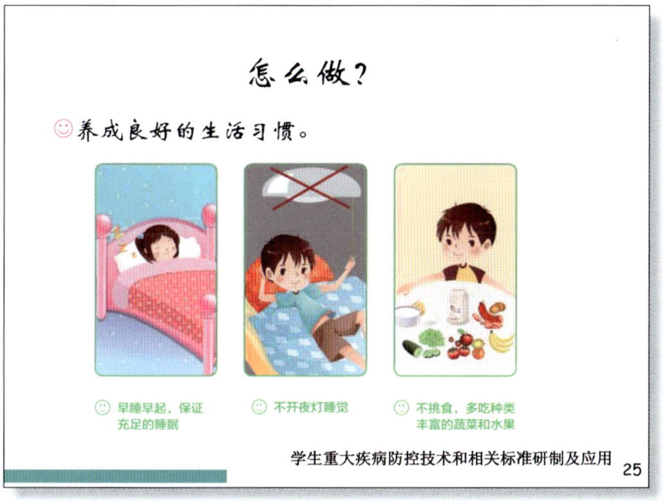

第二讲 怎样才能不肥胖

一、教学目的

- 了解肥胖成因及危害。
- 了解运动的好处。
- 掌握运动分级，并应用到日常学习生活中。

二、教学过程

活动一：用宣传册中人物形象介绍肥胖形成的过程

建议时间：9 ～ 11 分钟。

（1）通过动画形象引入主题“快乐运动、健康饮食”（0.5 分钟）

帅帅是班里的体育明星，跑步、跳远、跳高样样都很棒，踢足球、打篮球的时候又有劲又灵巧，同学们都喜欢跟他玩。

豆豆却有一点胖，踢足球的时候跑不动，打篮球总是很吃力。所以有时豆豆会觉得有点困扰，他常常想：到底怎样才能不胖呢？怎样才能像帅帅那么受欢迎呢？

所以，豆豆和帅帅一起报名参加学校的“怎样才能不胖呢”比赛活动。

让我们和豆豆、帅帅一起踏上“快乐运动、健康饮食”之旅吧！

（2）介绍肥胖形成原因（1.5 分钟）

可以用天平来介绍肥胖形成的原因。我们身体的胖瘦就好像天平一样。天平的一端是我们的饮食，另一端是我们的运动。如果吃得多、动得少，那么身体就会积累过多的能量，我们就会变成小胖子，就像豆豆那样；如果我们能够控制饮食，同时增加运动，那么体重就能够得到控制，小胖子也会慢慢变瘦的！

（3）肥胖的判断标准——BMI 计算（2 分钟）

如果两个小朋友同样都是 100 斤，一个身高是 170cm，另外一个是 130cm，那么同学们认为谁更胖些呢？当然是后者了。所以要判断自己是不是肥胖，不仅要看体重，还要看身高。

这次课就介绍我们常用的一个非常重要的指标，叫做“体质指数”，写作 BMI。

$$\text{BMI}=\frac{\text{体重（kg）}}{\text{身高（m）}\times\text{身高（m）}}$$

BMI 的计算是一个除法，分子是体重，分母是身高乘以身高。同学们需要注意，体重的单位是公斤，也就是千克（kg）；身高的单位是米（m），比如说你的身高是 1 米 45，就要写成 1.45m。

以豆豆为例，算一算他的 BMI！豆豆今年已经 12 岁了，他身高 1 米 49，体重 57kg。所以分子就是 57kg，分母是 1.49m 乘以 1.49m，算出来之后我们就知道豆豆的 BMI 是 25.7。那么豆豆是不是肥胖呢？我们如何判断呢？

判断是否肥胖，我们常用中国男孩 7 ～ 18 岁营养状况判定的 BMI 标准。如果想知道豆豆是不是肥胖，首先，在表的最左边找到豆豆的年龄 12 岁，我们只需要看这一行。用刚刚算出来的 25.7 与这一行的数字相比，看看它属于哪一个范围呢？我们可以发现，25.7 处于大于等于 24.7 这个范围，再向上找，它所对应的状态就是豆豆现在的营养状况——肥胖，所以说豆豆应该减肥了。

细心的同学会发现，为什么肥胖与正常之间还有一块叫“超重”的区域呢？超重是指体重超过了正常水平但还没达到肥胖。超重也是一种不健康的状态，处在超重状态的同学也要开始减肥了！

（4）互动环节（介绍 BMI 转盘的使用）（5 ～ 7 分钟）

找两名同学——一名体重正常的女生，一名肥胖或超重的男生，示范如何计算 BMI，以及如何判断营养状态。

使用电脑的计算器来演示几位同学的 BMI 计算和查表方法。

此处需要区分男生和女生的 BMI 标准，需使用不同的表格。

活动二：肥胖的危害

建议时间：8 ～ 9 分钟。

（1）纠正关于肥胖的错误观念

- 肥胖的人吃得多，那是身体好。
- 肥胖对健康没害处。
- 胖就胖呗，胖又不是病。
- 小时候胖也没有关系，长大自然就不胖了。

以上均是孩子或者家长的错误观点，需要同学们纠正，并且告诉家人。

（2）头脑风暴法互动

通过让同学们自由发表对肥胖危害的看法，可以得出肥胖的危害。

（3）肥胖危害的介绍

● 现在小胖，以后大胖：肥胖儿童如果不进行预防和治疗，约 60% 成年后仍肥胖。

● 导致与肥胖相关的疾病：更可怕的是，肥胖会导致患相关疾病的危险性增加；肥胖是许多严重疾病的根源，如高血压、2 型糖尿病、脂肪肝、睡眠呼吸暂停、心脑血管疾病、高血脂、骨关节病、肿瘤、妇女排卵功能障碍等。

● 运动能力差，体质不如前：①运动能力下降。肥胖儿童身体臃肿、行动不便，也懒于锻炼，他们身上很多器官的功能和运动能力明显低于正常体重儿童。和正常体重的孩子相比，肥胖儿童运动能力较差，短跑时速度慢，长跑时没有耐力，跳远时没有爆发力。②体质下降，体质水平明显低于正常体重儿童，免疫力低下，经常感冒、发热。③学习能力会受影响。

● 心理健康：自信、自尊受影响。肥胖的孩子和正常体重的孩子相比，自信心不足。给人起外号可能造成这些被起外号的同学心理上的伤害，长此以往，会造成他们不自信，甚至是自卑。所以善良的同学们，停止给周围的任何同学起嘲笑性的外号。当然，从根本上杜绝这种现象的发生，只能是肥胖的孩子自己恢复到正常体重。

活动三　引入下一个主题——运动

建议时间：5 分钟。

材料：放映两张幻灯片，图文呈现豆豆和帅帅的生活方式。

畅聊时分：让我们再次重温豆豆和帅帅的故事。同学们更喜欢谁的生活方式，豆豆还是帅帅？为什么？结合自身经历来说说运动都有哪些好处。

（1）你更喜欢谁的生活方式，豆豆还是帅帅？为什么？（可以引导同学们结合豆豆和帅帅的生活方式及体型谈谈看法）（2 分钟）

教师小结：豆豆和帅帅的生活习惯不同，豆豆不喜欢运动，他更喜欢静态的生活方式，如看电视、玩电脑，而帅帅则喜欢运动。在前几次课上已经跟同学们介绍过了豆豆和帅帅，豆豆有些胖，帅帅的身材则很正常。运动就是造成他俩身材迥异的另外一个重要原因。

（2）接下来结合豆豆和帅帅的故事，以及你日常的运动体验，说说看运动有哪些好处。（2 分钟）

（3）教师小结（1 分钟）

● 运动可以促进心脏和肺功能的发育，增加肺活量，增强心脏的收缩力，提高同学们的耐力。

● 运动可以促进骨骼和肌肉的发育，使同学们长得更高，身体更强壮。

● 我们的身体在运动时需要消耗能量，对于同一个人，他做的运动越多，并且运动的强度越大，消耗的能量也就越多。因此，运动是控制体重、预防肥胖的重要方法。

活动四：运动强度的概念与分级

建议时间：8 分钟。

说说看（3 分钟）：老师可以请 2 ~ 3 名学生回答下列问题，并在黑板上做好记录。此部分讲授结束后，再请上述学生评价他们提到的运动都分别属于什么强度，现场活学活用。在加深对运动强度理解的同时，老师可借同学的回答，引导同学们选择适合自己的运动强度 / 频率 / 时间。

● 你平时都做哪些运动？每周做几次，每次多长时间？

● 运动完身体感觉如何？

● 听说过运动强度吗？

教师小结：同学回答完毕后，按顺序分别介绍轻度、中等强度和高等强度运动的概念及各自典型的运动例子（2 分钟）。

请刚刚回答问题的学生再次起立，评价他所提到的运动的强度分别是什么？为什么？（3 分钟）

活动五：如何制订合理的运动计划

建议时间：4 分钟。

（1）教师讲授（3 分钟）

● 每天应该进行 1 小时以上中等或高等强度的运动。

对 1 小时的运动如何进行具体安排？

举例：5 ~ 8 分钟的准备活动，可以进行伸展练习→20 ~ 30 分钟的慢跑或者广播操→30 ~ 40 分钟自己喜欢的体育活动，如游泳、踢足球等，男同学可以做俯卧撑，女同学可以做仰卧起坐→运动完之后进行 5 ~ 8 分钟的整理活动，可以慢走或做伸展运动。

● 要提醒同学们注意的是：运动可以分几次进

行，但是一定要保证足够的中高强度运动时间（每天至少 1 小时），准备活动是不能算在中高强度运动时间内的。

（2）向大家介绍几条运动的小贴士（1 分钟）

- 运动前需要进行简单的准备活动，如简单的伸展活动，这样可以防止在运动中受伤。
- 低年级的同学应该在有老师或者家长的情况下进行运动。
- 运动后要注意补充水分，但是不要喝甜饮料（如汽水、果汁等），白开水是最好的选择。

课程小结（2 分钟）

今天我们通过豆豆和帅帅的故事详细了解了肥胖的成因和危害，以及如何通过科学合理的运动来防控肥胖，老师向在座的各位同学发出倡议：不做今日和明天的小胖墩，从即刻开始！阳光运动每一天，快乐成长你我他！

【习题】

1．什么是体质指数（BMI）？

2．肥胖有哪些危害？

3．如果小明是男生，今年 11 岁，身高 151cm，体重 54kg，小明的 BMI 是多少？他的营养状况是什么样的？

4．肥胖是如何形成的？

【习题参考答案】

1．体质指数（BMI）是通过身高和体重计算得来的一个指标，这个指标可以评价我们的营养状况。其计算公式如下：

$$BMI=\frac{体重（kg）}{身高（m）\times 身高（m）}$$

2．肥胖的危害：导致成年期肥胖，影响身体健康（体质下降，运动能力下降，学习能力下降），影响心理健康（自信心不足），导致成年期疾病（高血压、高血脂、心脑血管疾病、糖尿病、脂肪肝等）。

3．小明的 BMI=52/（1.51×1.51）=22.8（kg/m^2）。因为小明是男生，所以找到男生的 BMI 标准表格，小明为 11 岁，找到 11 岁那一行，可以判断小明是超重的，因为 11 岁超重的 BMI 范围为 20.3 ～ 23.5。所以小明的营养状况是超重，需要减肥了。

4．肥胖是如何形成的：可以用天平来介绍肥胖形成的原因。我们身体的胖瘦就好像天平一样。天平的一端是我们的饮食，另一端是我们的运动。如果吃得多、动得少，那么身体就会积累过多的能量，我们就会变成小胖子，就像豆豆那样；如果我们能够控制饮食，同时增加运动，那么体重就能够得到控制，小胖子也会慢慢变瘦的！

【课后作业】

1．小小调查家——记下自己、爸爸和妈妈的身高、体重，给他们计算各自 BMI 指数，并判断自己和父母的营养状况。（提示：父母大于 18 岁，所以使用“18~”行。注意区分男性、女性，使用不同的 BMI 标准。营养状况分为消瘦、正常、超重和肥胖。）

家庭成员	身高（m）	体重（kg）	BMI（kg/m^2）	营养状况
爸爸				
妈妈				
我				

2．大家知道了肥胖形成的原因，而且肥胖可以预防、可以控制，请大家想想如何从饮食和运动两个方面去保持健康的体重呢？

3．制订适合你的一周阳光运动计划表和实际完成表。

请同学们根据自己的身体状况、平时运动情况及学习时间情况，制订属于自己的一周运动计划。要求计划表中必须包含的内容：运动方式、运动强度、运动频率、每次运动时间、计划何时运动。实际完成表中包括：运动方式及强度、具体运动时间、运动时长、运动完身体感受（根据运动强度中的关键词来描述）。详细记录制订计划和完成计划过程中遇到的困难和经验教训。表格形式力求简单、清晰，实用即可。下次上课时，请把计划表和完成情况表纸质版带到课堂上与同学分享。

三、多媒体教学课件示例

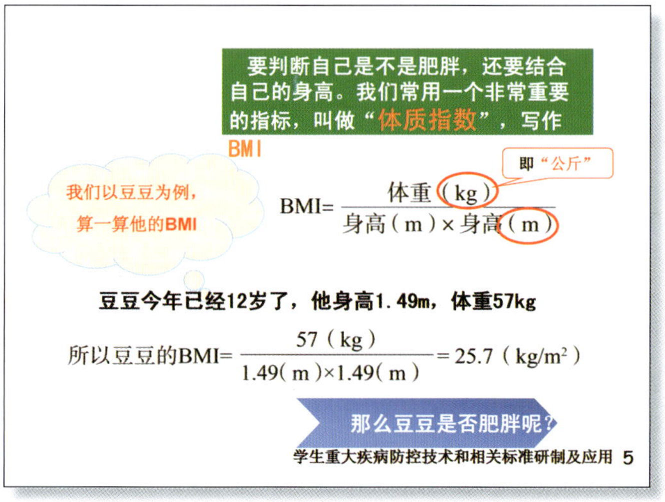

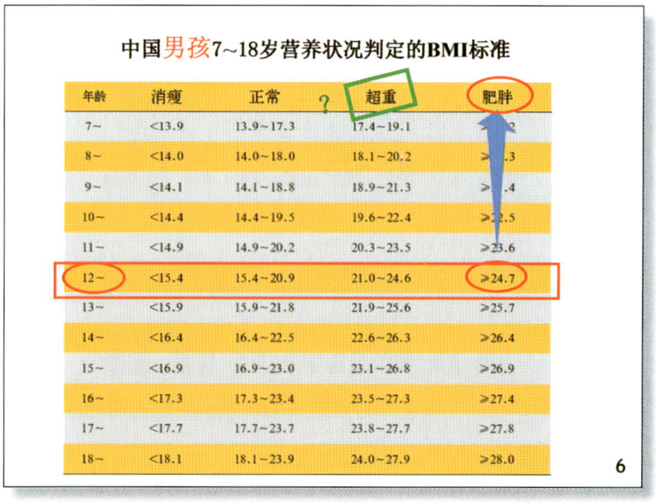
中国男孩7~18岁营养状况判定的BMI标准

年龄	消瘦	正常	超重	肥胖
7~	<13.9	13.9~17.3	17.4~19.1	[illegible]
8~	<14.0	14.0~18.0	18.1~20.2	[illegible]
9~	<14.1	14.1~18.8	18.9~21.3	[illegible]
10~	<14.4	14.4~19.5	19.6~22.4	[illegible]
11~	<14.9	14.9~20.2	20.3~23.5	≥23.6
12~	<15.4	15.4~20.9	21.0~24.6	≥24.7
13~	<15.9	15.9~21.8	21.9~25.6	≥25.7
14~	<16.4	16.4~22.5	22.6~26.3	≥26.4
15~	<16.9	16.9~23.0	23.1~26.8	≥26.9
16~	<17.3	17.3~23.4	23.5~27.3	≥27.4
17~	<17.7	17.7~23.7	23.8~27.7	≥27.8
18~	<18.1	18.1~23.9	24.0~27.9	≥28.0

6

互动时间

$$BMI=\frac{体重（kg）}{身高（m）\times 身高（m）}$$

学生重大疾病防控技术和相关标准研制及应用 7

中国男孩7~18岁营养状况判定的BMI标准

年龄	消瘦	正常	超重	肥胖
7~	<13.9	13.9~17.3	17.4~19.1	≥19.2
8~	<14.0	14.0~18.0	18.1~20.2	≥20.3
9~	<14.1	14.1~18.8	18.9~21.3	≥21.4
10~	<14.4	14.4~19.5	19.6~22.4	≥22.5
11~	<14.9	14.9~20.2	20.3~23.5	≥23.6
12~	<15.4	15.4~20.9	21.0~24.6	≥24.7
13~	<15.9	15.9~21.8	21.9~25.6	≥25.7
14~	<16.4	16.4~22.5	22.6~26.3	≥26.4
15~	<16.9	16.9~23.0	23.1~26.8	≥26.9
16~	<17.3	17.3~23.4	23.5~27.3	≥27.4
17~	<17.7	17.7~23.7	23.8~27.7	≥27.8
18~	<18.1	18.1~23.9	24.0~27.9	≥28.0

学生重大疾病防控技术和相关标准研制及应用 8

中国女孩7~18岁营养状况判定的BMI标准

年龄	消瘦	正常	超重	肥胖
7~	<13.4	13.4~17.1	17.2~18.8	≥18.9
8~	<13.6	13.6~18.0	18.1~19.8	≥19.9
9~	<13.8	13.8~18.9	19.0~20.9	≥21.0
10~	<14.0	14.0~19.9	20.0~22.0	≥22.1
11~	<14.3	14.3~21.0	21.1~23.2	≥23.3
12~	<14.7	14.7~21.8	21.9~24.4	≥24.5
13~	<15.3	15.3~22.5	22.6~25.5	≥25.6
14~	<16.0	16.0~22.9	23.0~26.2	≥26.3
15~	<16.6	16.6~23.3	23.4~26.8	≥26.9
16~	<17.0	17.0~23.6	23.7~27.3	≥27.4
17~	<17.2	17.2~23.7	23.8~27.6	≥27.7
18~	<17.5	17.5~23.9	24.0~27.9	≥28.0

学生重大疾病防控技术和相关标准研制及应用 9

大家知道怎样使用BMI转盘吗？

学生重大疾病防控技术和相关标准研制及应用 10

你知道吗？

8个男生、8个女生在一起
其中2个男生和1个女生肥胖

学生重大疾病防控技术和相关标准研制及应用 11

第二部分 肥胖的危害

肥胖有哪些危害呢？

学生重大疾病防控技术和相关标准研制及应用 12

肥胖的人吃得多，那是身体好
肥胖对健康没害处
胖就胖呗，胖又不是病
小时候胖也没有关系，长大自然就不胖了
学生重大疾病防控技术和相关标准研制及应用 13

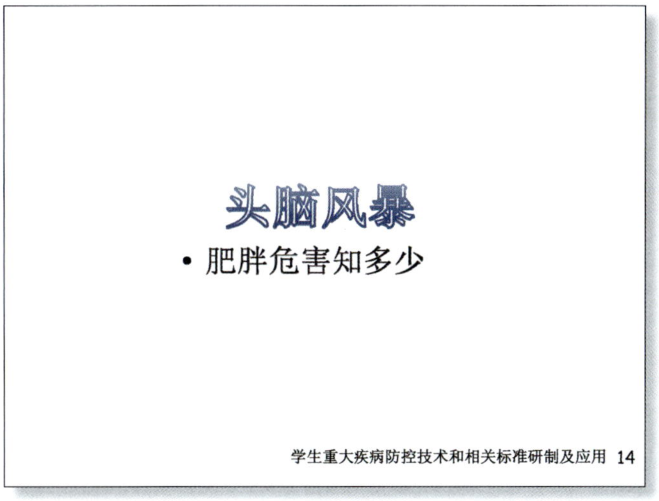
头脑风暴
• 肥胖危害知多少
学生重大疾病防控技术和相关标准研制及应用 14

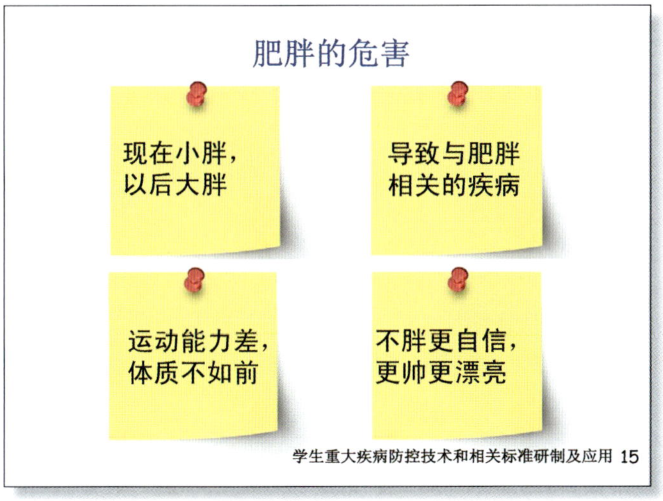
肥胖的危害
现在小胖，以后大胖
导致与肥胖相关的疾病
运动能力差，体质不如前
不胖更自信，更帅更漂亮
学生重大疾病防控技术和相关标准研制及应用 15

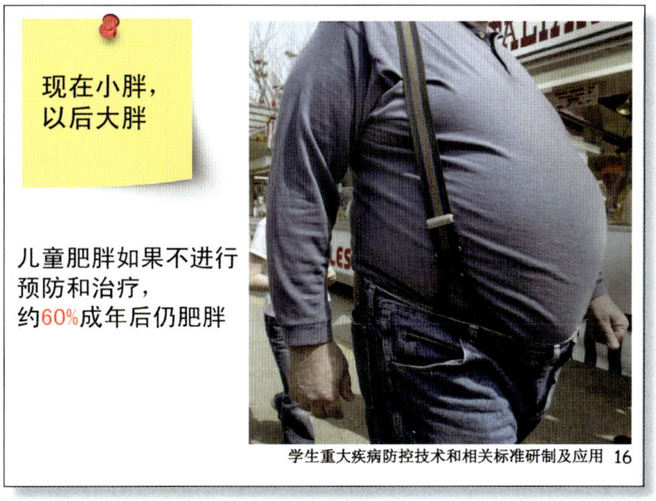
现在小胖，以后大胖
儿童肥胖如果不进行预防和治疗，约60%成年后仍肥胖
学生重大疾病防控技术和相关标准研制及应用 16

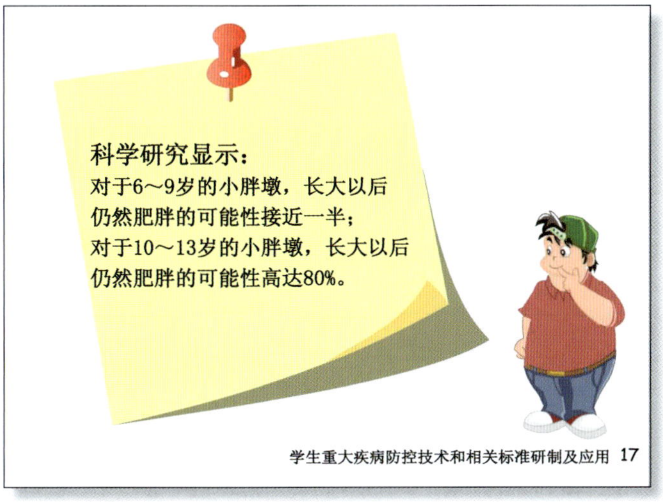
科学研究显示：
对于6～9岁的小胖墩，长大以后仍然肥胖的可能性接近一半；
对于10～13岁的小胖墩，长大以后仍然肥胖的可能性高达80%。
学生重大疾病防控技术和相关标准研制及应用 17

导致与肥胖相关的疾病
这些疾病的后果都是很严重的！
高血压
2型糖尿病
心脑血管疾病
高血脂
肿瘤
妇女排卵功能障碍
脂肪肝
睡眠呼吸暂停
骨关节病
胆石症
肥胖
学生重大疾病防控技术和相关标准研制及应用 18

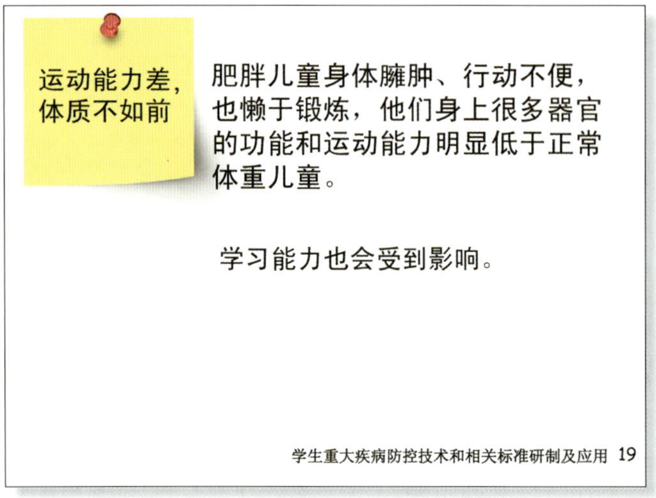
运动能力差，体质不如前
肥胖儿童身体臃肿、行动不便，也懒于锻炼，他们身上很多器官的功能和运动能力明显低于正常体重儿童。
学习能力也会受到影响。
学生重大疾病防控技术和相关标准研制及应用 19

不胖更自信，更帅更漂亮
肥胖的孩子和正常体重的孩子相比，自信心不足。
被起小绰号，变得不自信。
学生重大疾病防控技术和相关标准研制及应用 20

肥胖可防可治
采取适当的行动并坚持不懈，完全可以告别肥胖的困扰！
学生重大疾病防控技术和相关标准研制及应用 21

怎样运动才算科学合理呢?
学生重大疾病防控技术和相关标准研制及应用 22

豆豆：总是不和大家一起出去玩，要么坐在沙发上看电视，要么坐在书桌前玩电脑。
学生重大疾病防控技术和相关标准研制及应用 23

帅帅：
不喜欢呆在家里，而是喜欢到户外进行活动。
学生重大疾病防控技术和相关标准研制及应用 24

你更喜欢谁的生活方式，豆豆还是帅帅？为什么？运动有哪些好处？

畅聊时分

运动的好处

- 1. 运动可以促进心脏和肺功能的发育，增加肺活量，增强心脏的收缩力，提高同学们的耐力。
- 2. 运动可以促进骨骼和肌肉的发育，使同学们长得更高，身体更强壮。
- 3. 我们的身体在运动时需要消耗能量，对于同一个人，他做的运动越多，并且运动的强度越大，消耗的能量也就越多。因此，运动是控制体重、预防肥胖的重要方法。

说说看

- 你平时都做哪些运动？每周做几次，每次多长时间？
- 运动完身体感觉如何？
- 听说过运动强度吗？

运动强度

- 运动强度是用来评价运动量的一种方法。

轻度运动

- 那些大家在运动时身体感到舒服、不累，呼吸顺畅的运动。

中等强度运动

- 让你少量出汗、略微气喘的运动，你自己感觉用力但不吃力，活动的同时可以随呼吸的节奏完整说一句话，但不能唱歌。

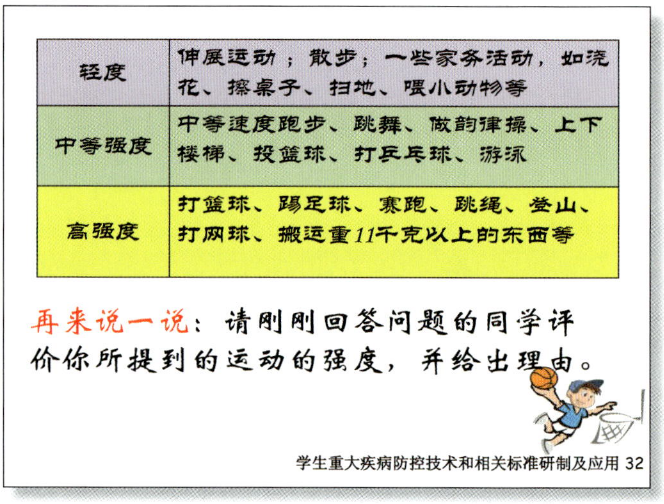

轻度	伸展运动；散步；一些家务活动，如浇花、擦桌子、扫地、喂小动物等
中等强度	中等速度跑步、跳舞、做韵律操、上下楼梯、投篮球、打乒乓球、游泳
高强度	打篮球、踢足球、赛跑、跳绳、登山、打网球、搬运重11千克以上的东西等

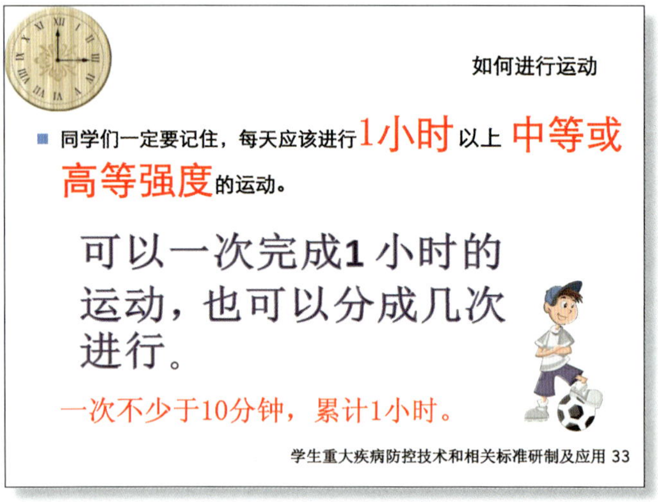

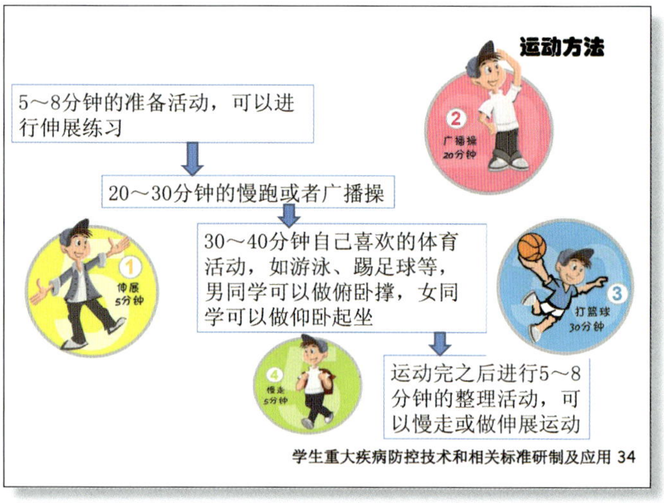

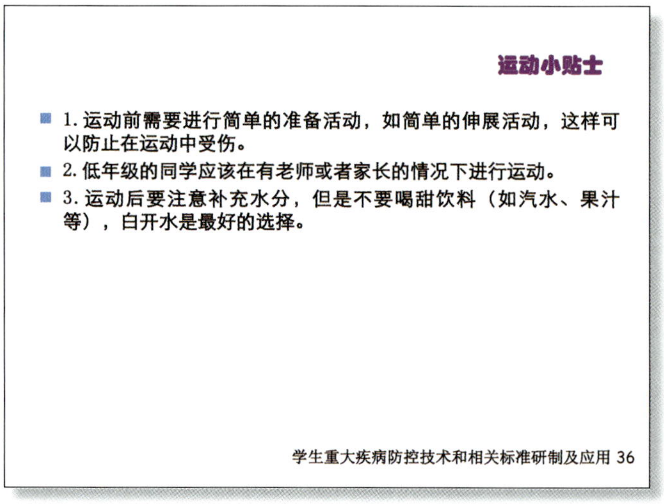

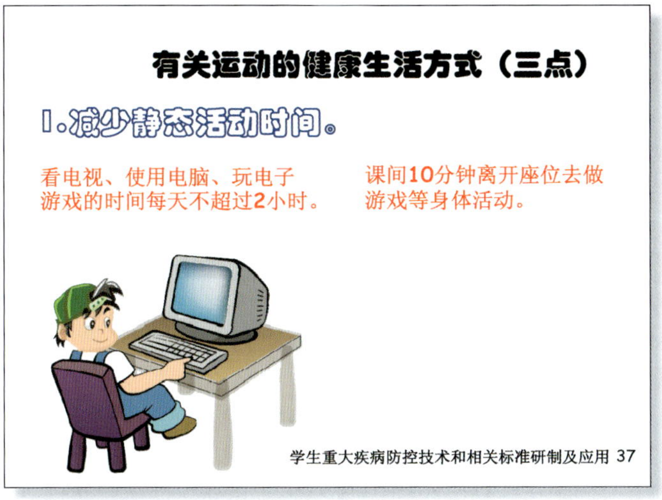
有关运动的健康生活方式（三点）
1.减少静态活动时间。
看电视、使用电脑、玩电子游戏的时间每天不超过2小时。
课间10分钟离开座位去做游戏等身体活动。
学生重大疾病防控技术和相关标准研制及应用 37

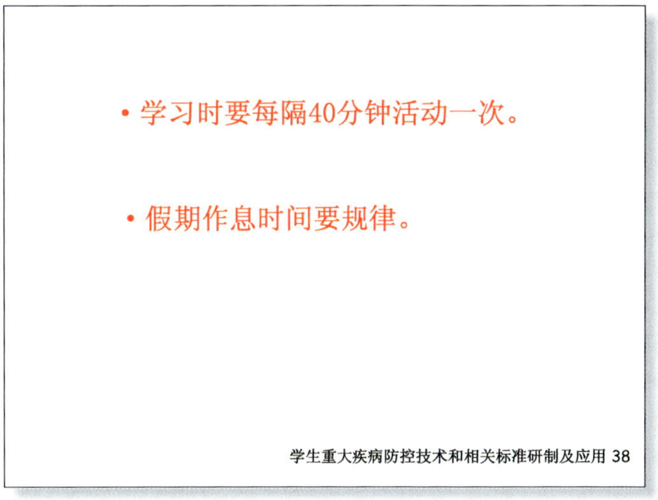
• 学习时要每隔40分钟活动一次。
• 假期作息时间要规律。
学生重大疾病防控技术和相关标准研制及应用 38

■2.积极参加体育锻炼。
■ 保证每天1小时以上中等或高等强度运动。如果当天没有体育课，放学以后一定要将体育运动时间补上。
学生重大疾病防控技术和相关标准研制及应用 39

■ 经常与小伙伴们一起爬山、打球、跑步、游泳等。
■ 培养自己喜欢1～2项体育运动，可以在课余时间参加培训班并坚持下去。
学生重大疾病防控技术和相关标准研制及应用 40

■3.尽量做其他身体活动。
■ 每天尽量步行上下学，如果家离学校远，必须坐车，可以提前一站下车，尽可能多走。
■ 每天步行上下楼梯，不坐电梯。
■ 积极做一些力所能及的家务，如洗碗、擦桌子等。
学生重大疾病防控技术和相关标准研制及应用 41

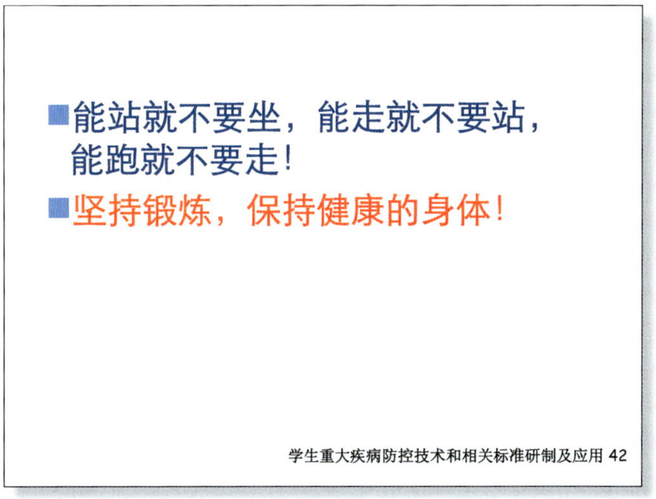
■能站就不要坐，能走就不要站，能跑就不要走！
■坚持锻炼，保持健康的身体！
学生重大疾病防控技术和相关标准研制及应用 42

小复习
我们推荐的运动强度：中等或高等强度
我们推荐的运动时间：1小时以上
学生重大疾病防控技术和相关标准研制及应用 43

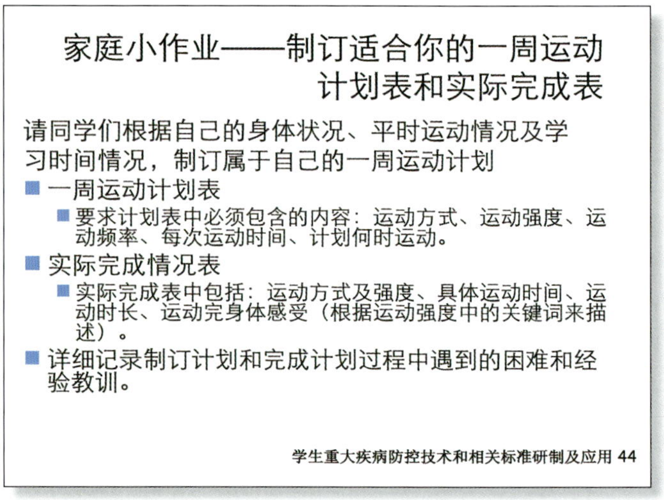
家庭小作业——制订适合你的一周运动计划表和实际完成表
请同学们根据自己的身体状况、平时运动情况及学习时间情况，制订属于自己的一周运动计划
一周运动计划表
要求计划表中必须包含的内容：运动方式、运动强度、运动频率、每次运动时间、计划何时运动。
实际完成情况表
实际完成表中包括：运动方式及强度、具体运动时间、运动时长、运动完身体感受（根据运动强度中的关键词来描述）。
详细记录制订计划和完成计划过程中遇到的困难和经验教训。
学生重大疾病防控技术和相关标准研制及应用 44

培养自己良好的生活习惯并从现在做起，为一生的健康做储备！
学生重大疾病防控技术和相关标准研制及应用 45

跟肥胖Say Goodbye！
我们会变得更帅更漂亮、更健康、更自信！
学生重大疾病防控技术和相关标准研制及应用 46

谢谢！
学生重大疾病防控技术和相关标准研制及应用 47

第三讲　如何正确地洗手，认识了解红眼病

一、教学目标

- 知道勤洗手的重要性，懂得正确的洗手方法。
- 了解急性出血性结膜炎（红眼病）的危害和传染性。

二、教学材料

- 多媒体教学课件。

三、课程说明

活动一：介绍为什么要洗手

- 演示不洗手的后果，从而了解洗手的重要性。

活动二：讨论什么时候需要洗手

- 教师问同学们一般什么时候需要洗手，最后列出通常需要洗手的几种情况，同时鼓励同学养成勤洗手的习惯。

活动三：演示如何洗手

- 邀请同学演示平时自己是如何洗手的，并和同学讨论是否科学、到位。
- 教师讲解、演示科学的洗手方法：六步洗手法。

活动四：认识了解红眼病，并以红眼病为例讲解洗手的重要性

- 教师讲解红眼病的基本知识。
- 讲解、演示红眼病的传播过程，并分析洗手在预防红眼病传播过程中的作用。
- 两个思考题：如果自己的眼睛出现红、肿、热、痛的症状，应该怎么办？班里有同学得了红眼病应该怎么办？

课程小结

通过这节课，大家了解了日常生活中洗手的重要性，以及应该如何正确洗手，还有红眼病的知识。希望大家以后养成勤洗手、科学洗手的好习惯，从而使我们远离传染病。

四、多媒体教学课件示例

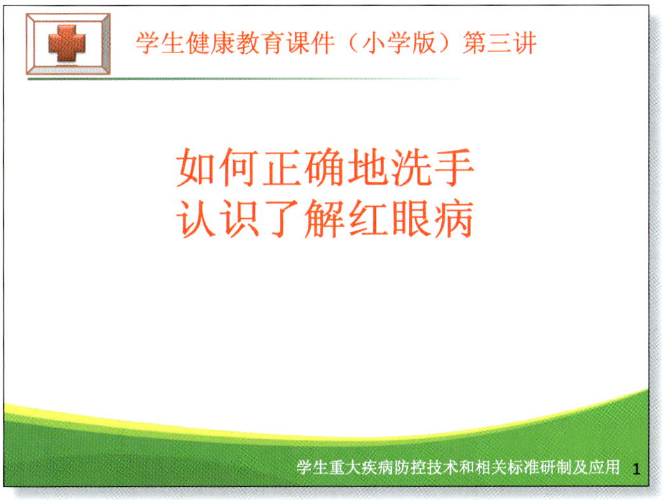

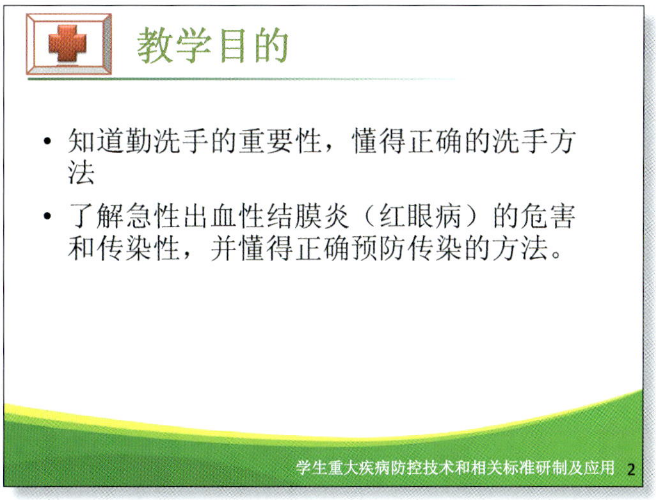

目录
1 如何正确地洗手
2 认识了解红眼病
学生重大疾病防控技术和相关标准研制及应用 3

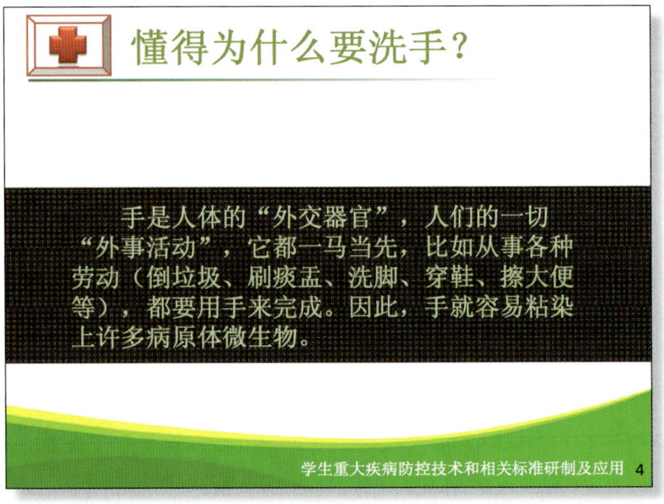
懂得为什么要洗手？
手是人体的“外交器官”，人们的一切“外事活动”，它都一马当先，比如从事各种劳动（倒垃圾、刷痰盂、洗脚、穿鞋、擦大便等），都要用手来完成。因此，手就容易粘染上许多病原体微生物。
学生重大疾病防控技术和相关标准研制及应用 4

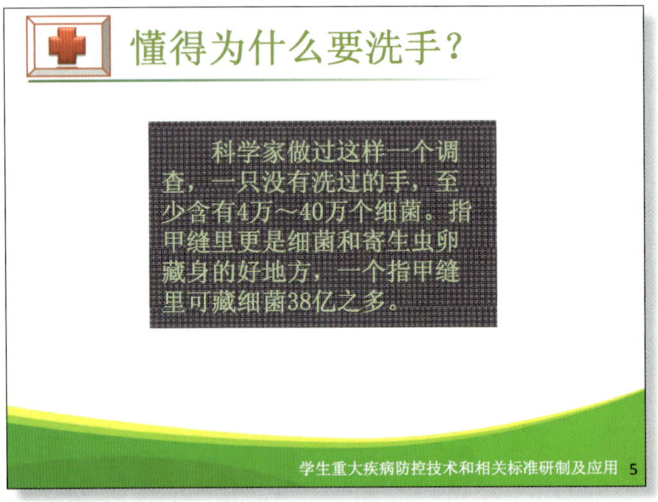
懂得为什么要洗手？
科学家做过这样一个调查，一只没有洗过的手，至少含有4万～40万个细菌。指甲缝里更是细菌和寄生虫卵藏身的好地方，一个指甲缝里可藏细菌38亿之多。
学生重大疾病防控技术和相关标准研制及应用 5

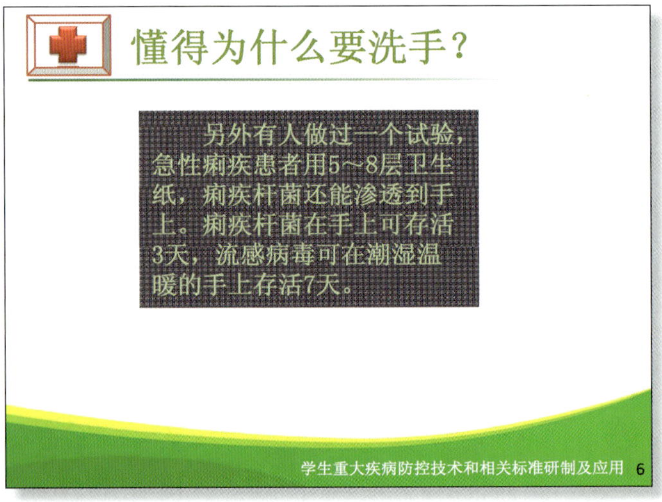
懂得为什么要洗手？
另外有人做过一个试验，急性痢疾患者用5～8层卫生纸，痢疾杆菌还能渗透到手上。痢疾杆菌在手上可存活3天，流感病毒可在潮湿温暖的手上存活7天。
学生重大疾病防控技术和相关标准研制及应用 6

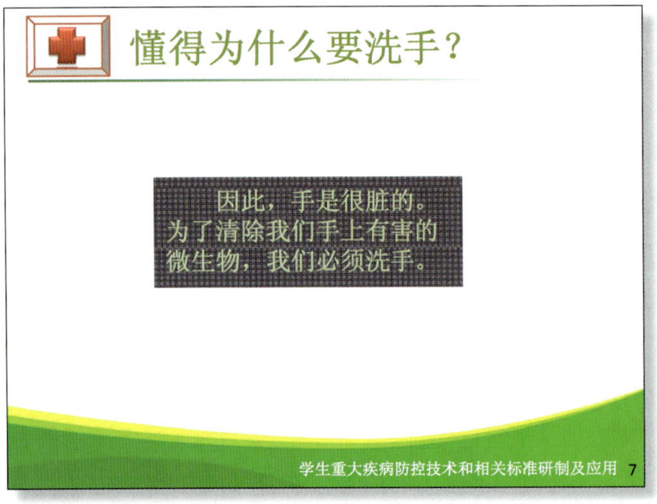
懂得为什么要洗手？
因此，手是很脏的。为了清除我们手上有害的微生物，我们必须洗手。
学生重大疾病防控技术和相关标准研制及应用 7

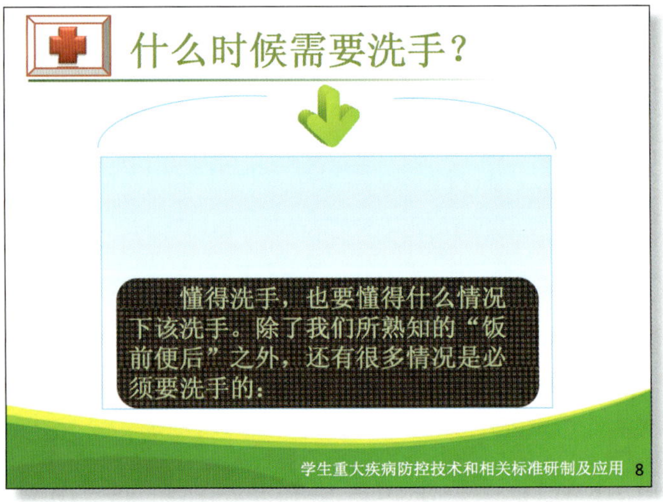
什么时候需要洗手？
懂得洗手，也要懂得什么情况下该洗手。除了我们所熟知的“饭前便后”之外，还有很多情况是必须要洗手的：
学生重大疾病防控技术和相关标准研制及应用 8

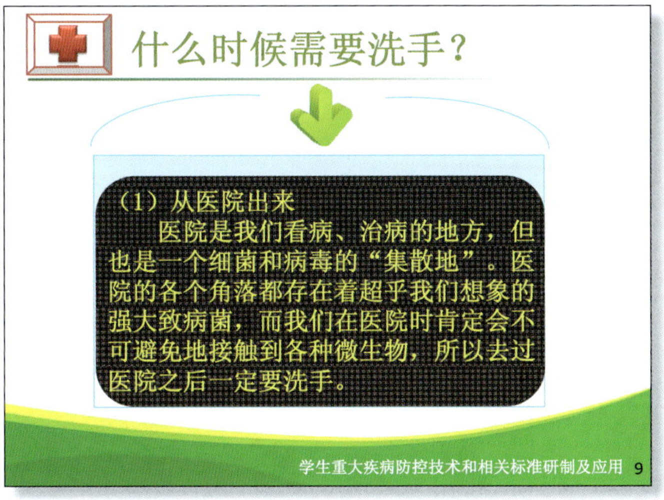
什么时候需要洗手？
（1）从医院出来
医院是我们看病、治病的地方，但也是一个细菌和病毒的“集散地”。医院的各个角落都存在着超乎我们想象的强大致病菌，而我们在医院时肯定会不可避免地接触到各种微生物，所以去过医院之后一定要洗手。
学生重大疾病防控技术和相关标准研制及应用 9

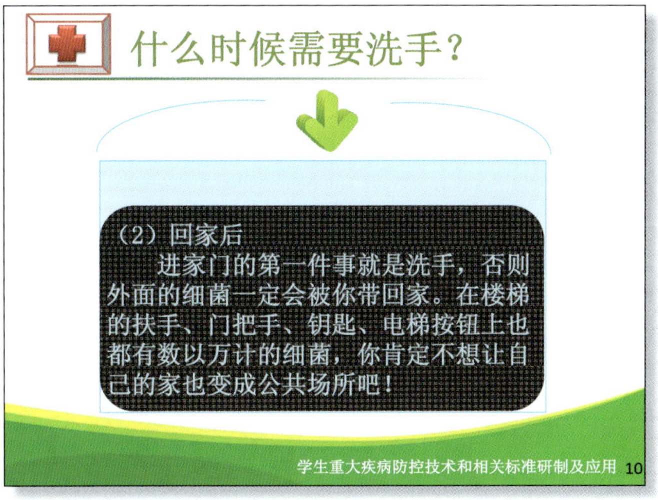
什么时候需要洗手？
（2）回家后
进家门的第一件事就是洗手，否则外面的细菌一定会被你带回家。在楼梯的扶手、门把手、钥匙、电梯按钮上也都有数以万计的细菌，你肯定不想让自己的家也变成公共场所吧！
学生重大疾病防控技术和相关标准研制及应用 10

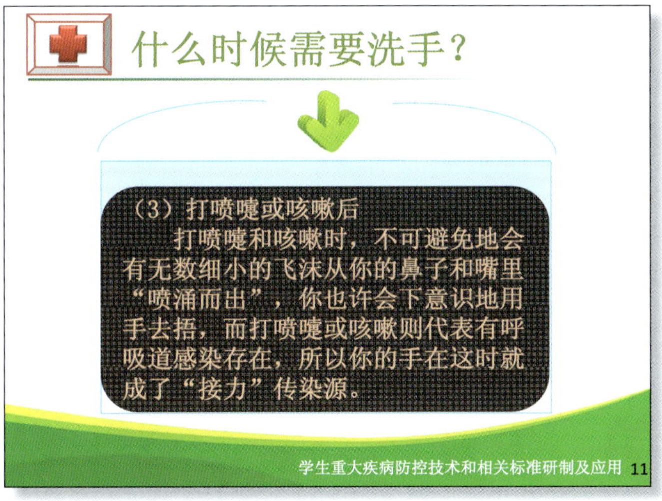
什么时候需要洗手？
（3）打喷嚏或咳嗽后
打喷嚏和咳嗽时，不可避免地会有无数细小的飞沫从你的鼻子和嘴里“喷涌而出”，你也许会下意识地用手去捂，而打喷嚏或咳嗽则代表有呼吸道感染存在，所以你的手在这时就成了“接力”传染源。
学生重大疾病防控技术和相关标准研制及应用 11

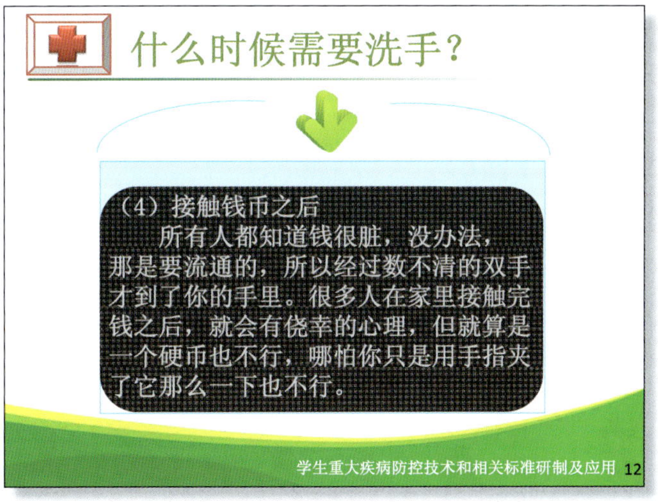
什么时候需要洗手？
（4）接触钱币之后
所有人都知道钱很脏，没办法，那是要流通的，所以经过数不清的双手才到了你的手里。很多人在家里接触完钱之后，就会有侥幸的心理，但就算是一个硬币也不行，哪怕你只是用手指夹了它那么一下也不行。
学生重大疾病防控技术和相关标准研制及应用 12

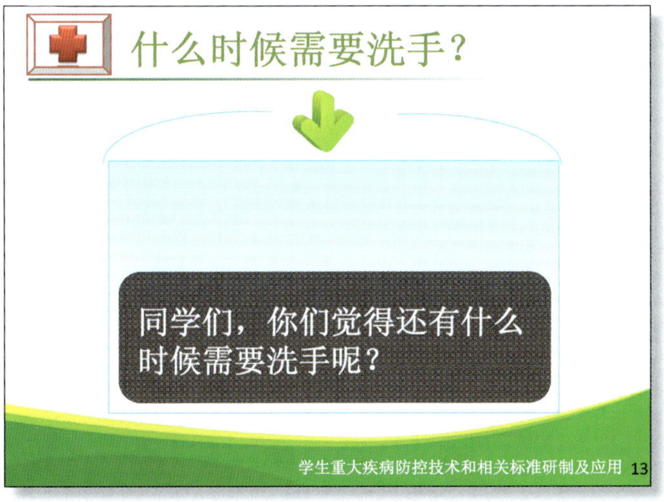
什么时候需要洗手？
同学们，你们觉得还有什么时候需要洗手呢？
学生重大疾病防控技术和相关标准研制及应用 13

什么是六步洗手法
六步洗手法是世界卫生组织推荐的、能够有效清除手部细菌的洗手方法，它一共包含六个步骤，其中的揉搓过程又包含六个小步骤，所以我们称其为“六步洗手法”。详细步骤如下：
学生重大疾病防控技术和相关标准研制及应用 14

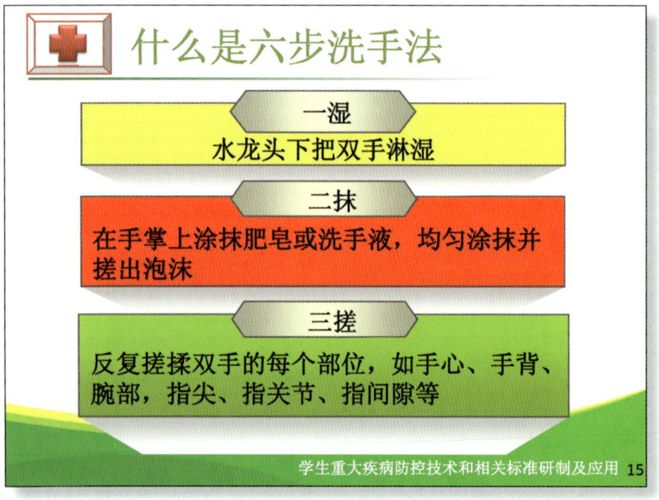
什么是六步洗手法
一湿
水龙头下把双手淋湿
二抹
在手掌上涂抹肥皂或洗手液，均匀涂抹并搓出泡沫
三搓
反复搓揉双手的每个部位，如手心、手背、腕部，指尖、指关节、指间隙等
学生重大疾病防控技术和相关标准研制及应用 15

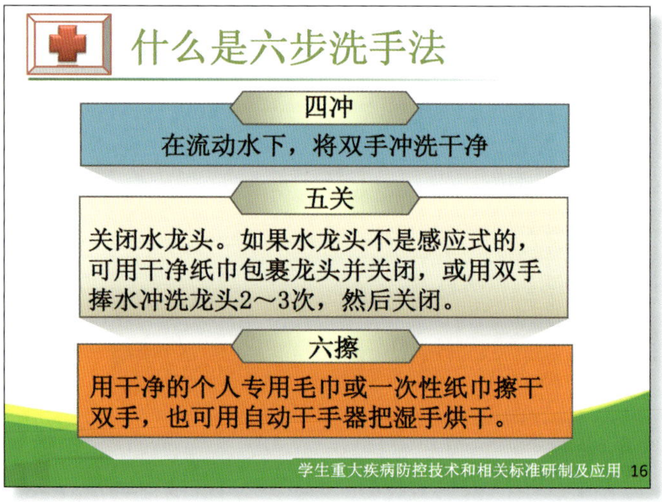
什么是六步洗手法
四冲
在流动水下，将双手冲洗干净
五关
关闭水龙头。如果水龙头不是感应式的，可用干净纸巾包裹龙头并关闭，或用双手捧水冲洗龙头2～3次，然后关闭。
六擦
用干净的个人专用毛巾或一次性纸巾擦干双手，也可用自动干手器把湿手烘干。
学生重大疾病防控技术和相关标准研制及应用 16

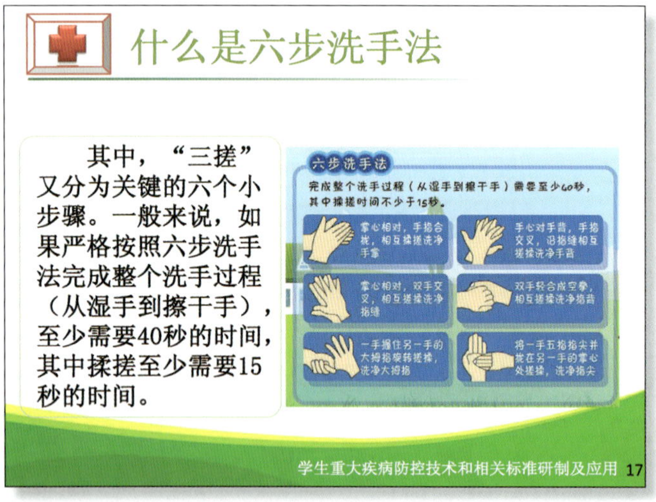
什么是六步洗手法
其中，“三搓”又分为关键的六个小步骤。一般来说，如果严格按照六步洗手法完成整个洗手过程（从湿手到擦干手），至少需要40秒的时间，其中揉搓至少需要15秒的时间。
六步洗手法
完成整个洗手过程（从湿手到擦干手）需要至少60秒，其中揉搓时间不少于15秒。
掌心相对，手指合拢，相互揉搓洗净手掌
手心对手背，手指交叉，沿指缝相互搓揉洗净手背
掌心相对，双手交叉，相互搓揉洗净指缝
双手轻合成空拳，相互搓揉洗净指背
一手握住另一手的大拇指旋转搓揉，洗净大拇指
将一手五指指尖并拢在另一手的掌心处搓揉，洗净指尖
学生重大疾病防控技术和相关标准研制及应用 17

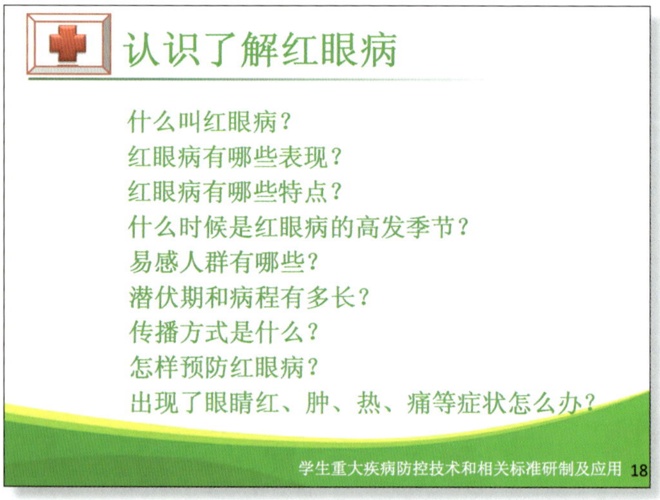
认识了解红眼病
什么叫红眼病？
红眼病有哪些表现？
红眼病有哪些特点？
什么时候是红眼病的高发季节？
易感人群有哪些？
潜伏期和病程有多长？
传播方式是什么？
怎样预防红眼病？
出现了眼睛红、肿、热、痛等症状怎么办？
学生重大疾病防控技术和相关标准研制及应用 18

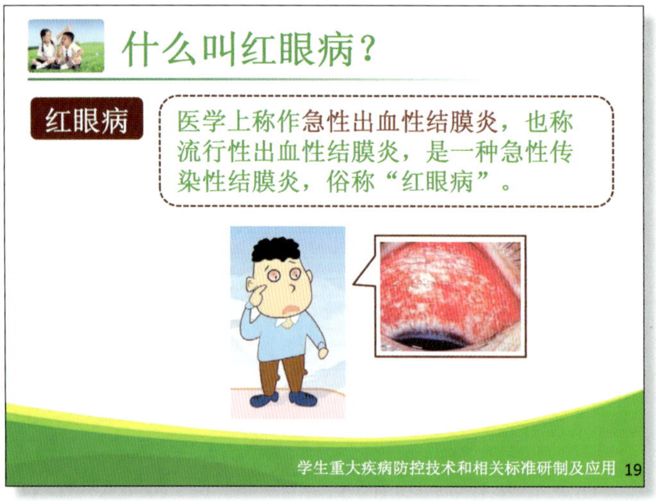
什么叫红眼病？
红眼病
医学上称作急性出血性结膜炎，也称流行性出血性结膜炎，是一种急性传染性结膜炎，俗称“红眼病”。
学生重大疾病防控技术和相关标准研制及应用 19

红眼病有哪些表现？
主要特征：
✓ 眼结膜充血
✓ 起病急骤
✓ 眼内有异物刺激感或烧灼感
✓ 结膜肿胀、怕光
✓ 眼部分泌物（眼屎）增多
若伴有继发感染，则可出现：
✓ 眼睑水肿
✓ 充血
✓ 眼红
✓ 流泪
✓ 眼球痛
发病起初多为单眼，很快殃及另一侧眼。
学生重大疾病防控技术和相关标准研制及应用 20

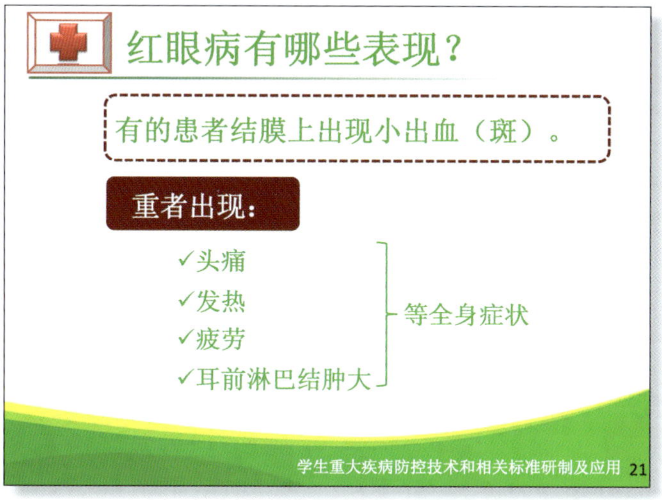
红眼病有哪些表现？
有的患者结膜上出现小出血（斑）。
重者出现：
✓头痛
✓发热
✓疲劳
✓耳前淋巴结肿大
等全身症状
学生重大疾病防控技术和相关标准研制及应用 21

红眼病有哪些特点？
✓ 传播快
✓ 发病率高
✓ 发病集中
学生重大疾病防控技术和相关标准研制及应用 22

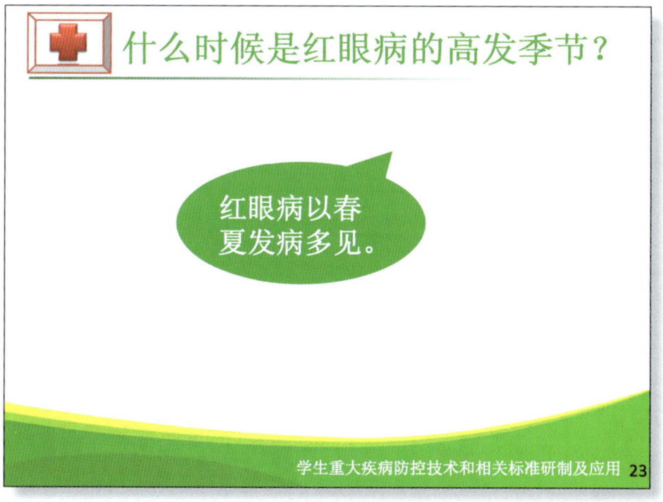
什么时候是红眼病的高发季节？
红眼病以春夏发病多见。
学生重大疾病防控技术和相关标准研制及应用 23

易感人群有哪些？
人群普遍易感，传染性极强。
学生重大疾病防控技术和相关标准研制及应用 24

潜伏期和病程有多长？
潜伏期1～2天，病程10天左右。
学生重大疾病防控技术和相关标准研制及应用 25

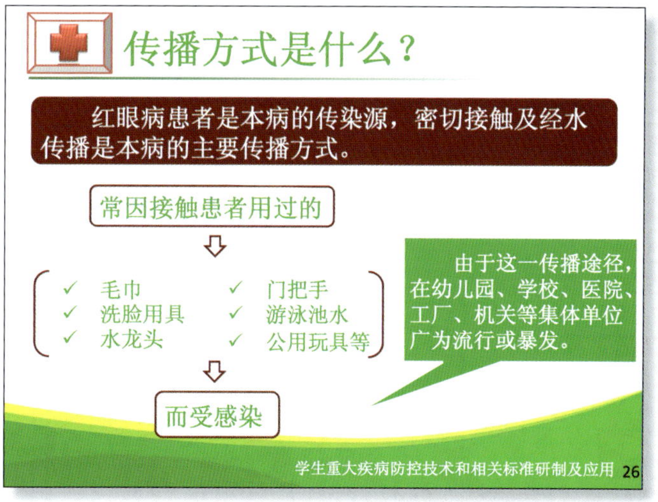
传播方式是什么？
红眼病患者是本病的传染源，密切接触及经水传播是本病的主要传播方式。
常因接触患者用过的
✓ 毛巾
✓ 洗脸用具
✓ 水龙头
✓ 门把手
✓ 游泳池水
✓ 公用玩具等
而受感染
由于这一传播途径，在幼儿园、学校、医院、工厂、机关等集体单位广为流行或暴发。
学生重大疾病防控技术和相关标准研制及应用 26

怎样预防红眼病？
及时向老师报告，并配合老师做好自身的预防。
自身预防
1 不要去没有资质的游泳场、公共浴室大池等；
2 提倡淋浴及流水洗脸；
学生重大疾病防控技术和相关标准研制及应用 27

怎样预防红眼病？
自身预防
3 搞好个人卫生及家庭卫生，特别是手部的卫生，要勤洗手，不用脏手揉眼；
4 家庭内不共用毛巾、水盆等，并注意水龙头的消毒；
学生重大疾病防控技术和相关标准研制及应用 28

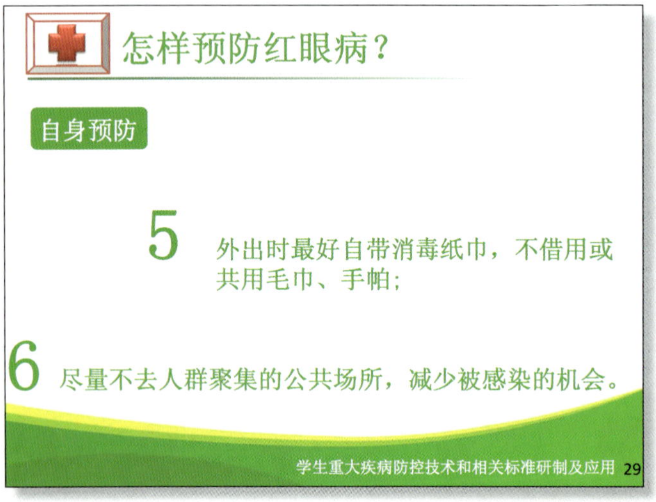
怎样预防红眼病？
自身预防
5 外出时最好自带消毒纸巾，不借用或共用毛巾、手帕；
6 尽量不去人群聚集的公共场所，减少被感染的机会。
学生重大疾病防控技术和相关标准研制及应用 29

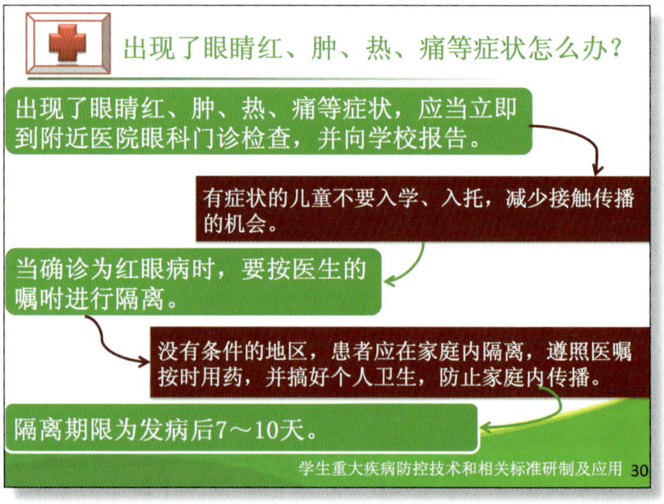
出现了眼睛红、肿、热、痛等症状怎么办？
出现了眼睛红、肿、热、痛等症状，应当立即到附近医院眼科门诊检查，并向学校报告。
有症状的儿童不要入学、入托，减少接触传播的机会。
当确诊为红眼病时，要按医生的嘱咐进行隔离。
没有条件的地区，患者应在家庭内隔离，遵照医嘱按时用药，并搞好个人卫生，防止家庭内传播。
隔离期限为发病后7～10天。
学生重大疾病防控技术和相关标准研制及应用 30

谢 谢
学生重大疾病防控技术和相关标准研制及应用 31

第四讲　走进阳光　纠正姿势　我们一起预防近视

一、教学目标

● 复习近视的基本概念及危害。

● 全面了解“阳光运动”的好处及其与近视的关系。

● 逐渐树立“阳光运动”的意识和习惯。

● 了解正确的读写姿势对保护视力的重要性。

● 掌握正确的读写姿势，并在平时学习中运用正确的读写姿势。

二、教学材料

● 多媒体教学课件 + 本教案。

三、课程说明

活动一：比比看——上节所学，还知多少

建议时间：5 分钟（2 分钟请学生作答，3 分钟教师讲解）。

（1）问题（请同学们回答）

● 什么是近视？

● 近视同学常见的表现有哪些？

● 近视的危害有哪些？

（2）教师小结

● 近视——看近物清楚，看远物模糊。

● 近视的同学容易出现眼睛疲劳和不适，表现为眼胀、眼痛、看东西有双影虚边等；有的同学还喜欢眯眼看东西，以便使自己看得更清楚一些。

● 近视危害：

—视力低下，眼睛经常干涩和疲劳，影响学习、生活和工作质量 。长期戴镜会导致生活、工作不便。

—中、高度近视会导致眼球突出，眼睑松弛。

—近视者白内障、青光眼的发病率明显高于正常人。

—近视的遗传性非常大，尤其是中、高度近视，遗传概率在 80% 以上。

—最主要的危害是，中、高度近视，特别是高度近视，容易引发玻璃体混浊、视网膜出血和脱离而致盲。据统计，由近视导致的眼盲，已仅次于由白内障、青光眼所致眼盲而居第三位。

—视力直接影响未来：近视不仅在生活和学习上给我们带来不便，而且在升学和工作时也会使我们受到限制。那些视力不佳的考生高考志愿不能填报某些对视力有严格要求的专业 ，如公安、飞行航海专业等。

活动二：“阳光运动”对预防近视的好处

建议时间：10 分钟（2 分钟同学作答，3 分钟老师讲解）。

（1）说说看：“阳光运动”与近视有什么关系？（请同学们回答）

（2）老师介绍相关研究

● 两位美国科学家对户外活动中接受的阳光照射与近视治疗的关系进行研究，结果显示：在父母均为近视患者的儿童中，每天户外活动时间超过 2 小时的孩子，其需要接受近视治疗的概率比户外活动时间不足 1 小时的孩子少 4 倍。

● 科学家曾做过多种动物实验（豚鼠、小鸡、兔子等），将其眼睛遮盖，不让其接触阳光，结果所有被遮盖的眼睛都得了近视。

（3）知道吗：“阳光运动”有助于预防近视的科学依据有哪些？（试着请同学们说一说）

老师介绍：

● 晒太阳能够刺激一种化学物质的分泌，这类化学物质有助于阻止近视的发生、发展。

● 眼睛的正常生长发育需要足量的阳光接触。

● 户外活动能够降低眼内压，而眼内压升高是近视的危险因素

● 户外活动本身还能增加全身血液循环，当然也能增加眼周的血液循环，增加眼睛的营养供应，并使眼睛及时排出废物。

活动三：导入主题

建议时间：10 分钟。

（1）课前秀秀自己的读写姿势（3 分钟）

● 你平时的读书姿势是怎样的？

● 你平时握笔写字的姿势是怎样的？

● 你知道什么才是正确的读书和写字姿势吗？

● 不正确的读写姿势对人体会有什么危害呢？

（2）老师也来讲个小花猫的故事（1 分钟）

小花猫：“小朋友，我以前像你们一样，也有一

双明亮的眼睛。可是，我读书、写字不注意姿势，有时躺着看书，有时走路看书；写字时，身子趴在桌子上。时间一长，我就成了近视眼，整天戴着眼镜，真不方便！别的小花猫能跑能跳，天天能捉到小老鼠，美美地饱餐一顿，而我一跳眼镜就要掉，老鼠从眼前跑过也看不清，天天饿肚子。一出汗，热气就沾在镜片上，什么都看不见。我真后悔啊！小朋友，你们可不要像我一样，要从小注意读书、写字的姿势啊！”

同学们，老师今天就要教给你们正确的读书、写字姿势。读书、写字的姿势正确了，对我们学知识、长身体都大有好处。

活动四：现学现用正确的读写姿势

建议时间：15 分钟

（1）正确的读书姿势（4 分钟）

- 图片
- 读书姿势儿歌：

读书时，要做到，脚放平，背挺直。

眼离书本约一尺，胸离桌沿约一拳。

书本稍稍向外斜，条条要求牢牢记。

坚持天天都练习，保护视力一定行。

（2）正确的握笔写字姿势（4 分钟）

- 图片
- 写字姿势儿歌：

学写字，重姿势，眼离书，约一尺。

胸与桌，离一拳，手离笔端约一寸。

认真做到三个一，保护视力一定行。

（3）现学现用，互相纠错（2 分钟）

- 同桌间，一个演示读写姿势，另一个负责纠正错误。

课程小结

从今以后，同桌间要互相监督纠错，督促彼此养成良好的读写习惯，保护好我们明亮的双眼，以便你们更好地眺望缤纷的世界，拥抱美好的未来！

四、多媒体教学课件示例

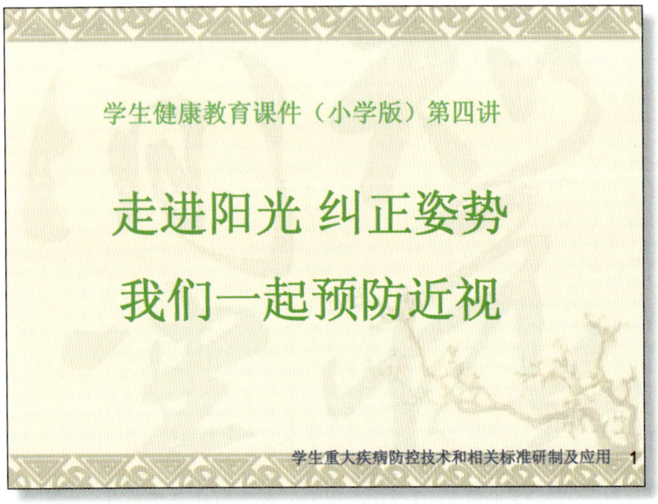

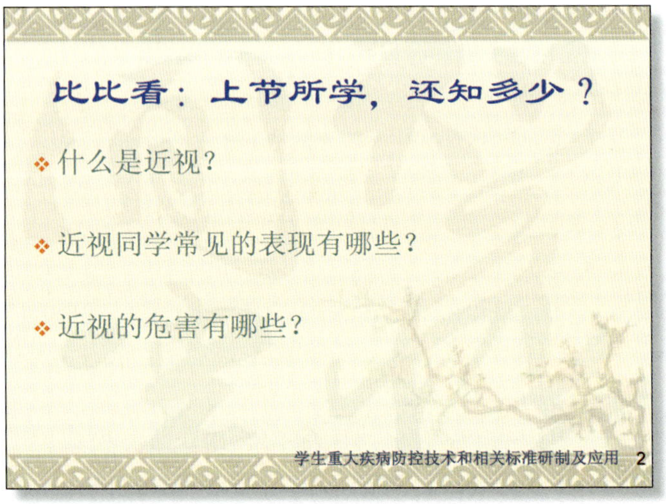

一、什么是近视？

看近物清楚，看远物模糊。

近视的同学容易出现眼睛疲劳和不适，表现为眼胀、眼痛、看东西有双影虚边等；有的同学还喜欢眯眼看东西，以便使自己看得更清楚一些。

学生重大疾病防控技术和相关标准研制及应用　3

二、近视的危害

- 视力低下，眼睛经常干涩和疲劳，影响学习、生活和工作质量。长期戴镜会导致生活、工作不便。
- 中、高度近视会导致眼球突出，眼睑松弛。
- 升学、参军、考公务员和找工作受限。
- 近视者白内障、青光眼的发病率明显高于正常人。
- 近视的遗传性非常大，尤其是中、高度近视，遗传概率在80 %以上。

学生重大疾病防控技术和相关标准研制及应用　4

二、近视的危害

- 最主要的危害是，中、高度近视，特别是高度近视，容易引发玻璃体混浊、视网膜出血和脱离而致盲。据统计，由近视导致的眼盲，已仅次于由白内障、青光眼所致眼盲而居第三位。

视力直接影响未来

近视不仅在生活和学习上给我们带来不便,而且在升学和工作时也会使我们受到限制。那些视力不佳的考生高考志愿不能填报某些对视力有严格要求的专业,如公安、飞行、航海专业等。

学生重大疾病防控技术和相关标准研制及应用　5

说说看：“阳光运动”与近视有什么关系？

学生重大疾病防控技术和相关标准研制及应用　6

三、走进阳光，预防近视

“阳光运动”与近视的关系

- 很多研究表明，户外活动可使人多接触阳光，有利于近视的预防。
- 每天2～3小时的户外活动具有保护作用。

学生重大疾病防控技术和相关标准研制及应用　7

三、走进阳光，预防近视

“阳光运动”与近视的关系

- 科学家发现，户外活动时间越长的孩子其发生近视的概率越低。
- 户外活动对儿童近视的发展具有延缓作用，是一个独立的保护因素。

学生重大疾病防控技术和相关标准研制及应用　8

三、走进阳光，预防近视

“阳光运动”与近视的关系

- 科学家曾做过多种动物实验（豚鼠、小鸡、兔子等），将其眼睛遮盖，不让其接触阳光，结果所有被遮盖的眼睛都得了近视。

学生重大疾病防控技术和相关标准研制及应用 9

三、走进阳光，预防近视

“阳光运动”的好处

- 户外活动能够降低眼内压，而眼内压升高是近视的危险因素。
- 此外，户外活动本身还能增加全身血液循环，当然也能增加眼周的血液循环，增加眼睛的营养供应，并使眼睛及时排出废物。

学生重大疾病防控技术和相关标准研制及应用 10

三、走进阳光，预防近视

“阳光运动”的好处

- 晒太阳能够刺激一种化学物质的分泌，这类化学物质有助于阻止近视的发生、发展。
- 眼睛的正常生长发育需要足量的阳光接触。

学生重大疾病防控技术和相关标准研制及应用 11

三、走进阳光，预防近视

缺少“阳光运动”的后果

- 户外活动时间减少会直接影响眼睛对光线的反应敏感度，导致瞳孔成像能力减退，最终使有这种情况的孩子视力变差，进而配戴眼镜。

学生重大疾病防控技术和相关标准研制及应用 12

七嘴八舌议议看

- 你所知道的“阳光运动”方式有哪些？
- 你平时都参加了哪些“阳光运动”？

学生重大疾病防控技术和相关标准研制及应用 13

正确的读写姿势

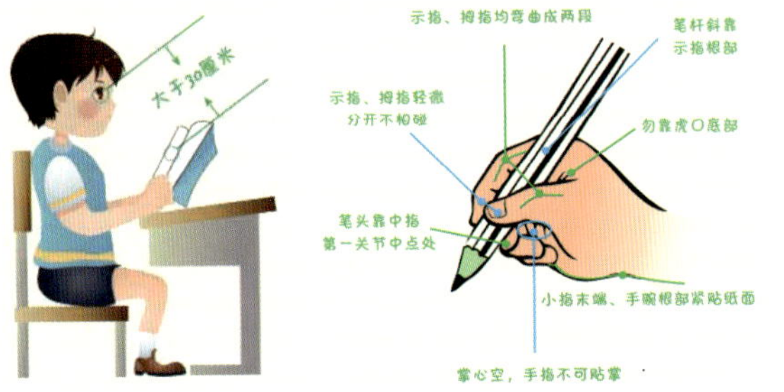

学生重大疾病防控技术和相关标准研制及应用 14

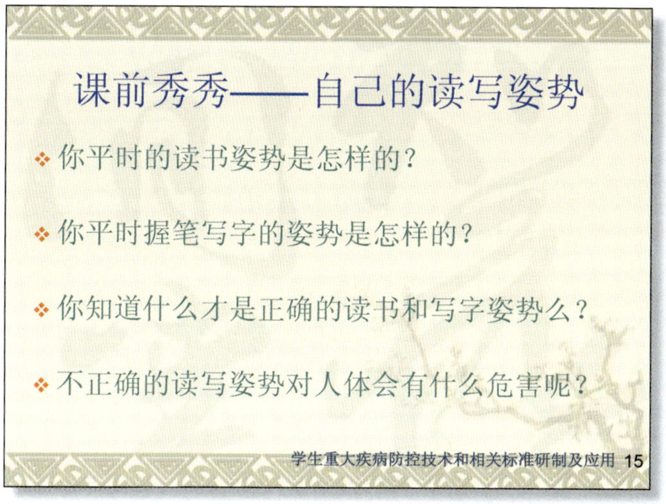
课前秀秀——自己的读写姿势
❖ 你平时的读书姿势是怎样的？
❖ 你平时握笔写字的姿势是怎样的？
❖ 你知道什么才是正确的读书和写字姿势么？
❖ 不正确的读写姿势对人体会有什么危害呢？
学生重大疾病防控技术和相关标准研制及应用 15

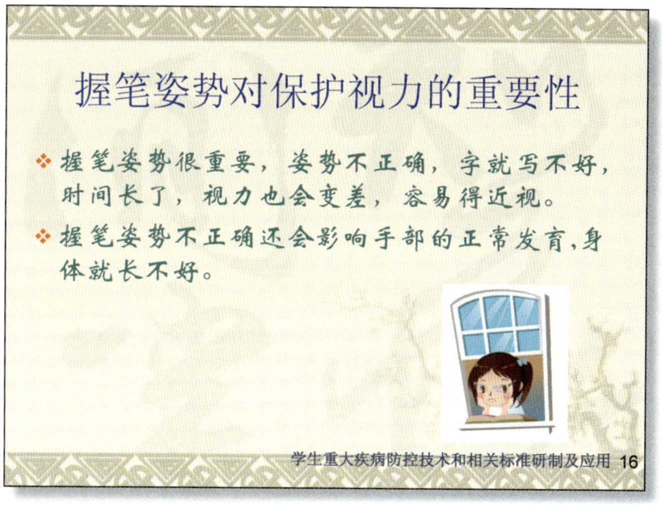
握笔姿势对保护视力的重要性
❖ 握笔姿势很重要，姿势不正确，字就写不好，时间长了，视力也会变差，容易得近视。
❖ 握笔姿势不正确还会影响手部的正常发育，身体就长不好。
学生重大疾病防控技术和相关标准研制及应用 16

学一学，比一比
大于30厘米
脚能平放在地面
学生重大疾病防控技术和相关标准研制及应用 17

学一学，比一比
3~4厘米
上臂下垂、前臂水平时，桌面位于肘上3~4厘米
背部挺直
大腿与小腿垂直
脚能平放在地面
☺ 执笔和坐姿要领
头正：头部端正，自然前倾，眼睛与桌面距离大于30厘米。
臂开：双臂自然下垂，左右撑开，保持一定的距离。左手按纸，右手握笔。
身直：身体坐稳，双肩放平，上身保持正直，略微向前倾，胸与桌子保持一拳距离。
脚平：双脚放平，左右分开，自然踏稳。
学生重大疾病防控技术和相关标准研制及应用 18

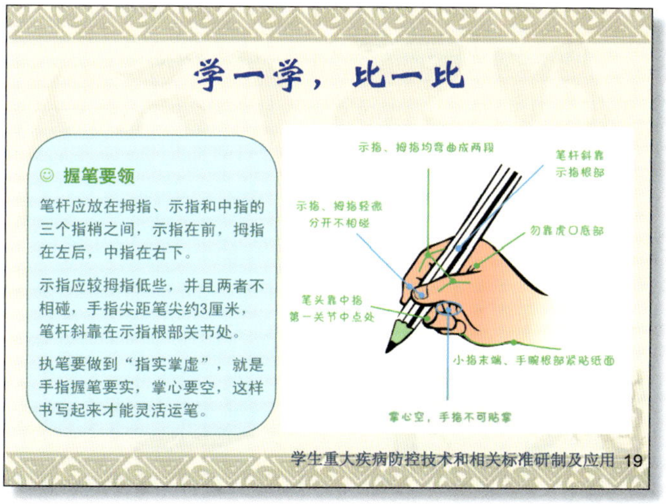
学一学，比一比
☺ 握笔要领
笔杆应放在拇指、示指和中指的三个指梢之间，示指在前，拇指在左后，中指在右下。
示指应较拇指低些，并且两者不相碰，手指尖距笔尖约3厘米，笔杆斜靠在示指根部关节处。
执笔要做到“指实掌虚”，就是手指握笔要实，掌心要空，这样书写起来才能灵活运笔。
示指、拇指均弯曲成两段
笔杆斜靠示指根部
示指、拇指轻微分开不相碰
勿靠虎口底部
笔头靠中指第一关节中点处
小指末端、手腕根部紧贴纸面
掌心空，手指不可贴掌
学生重大疾病防控技术和相关标准研制及应用 19

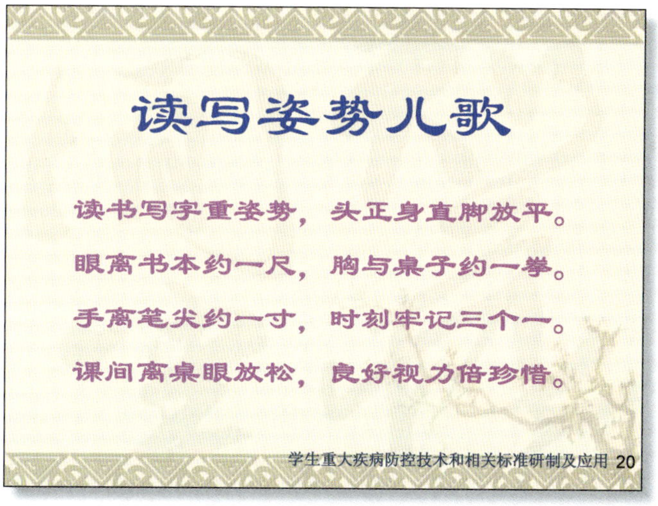
读写姿势儿歌
读书写字重姿势，头正身直脚放平。
眼离书本约一尺，胸与桌子约一拳。
手离笔尖约一寸，时刻牢记三个一。
课间离桌眼放松，良好视力倍珍惜。
学生重大疾病防控技术和相关标准研制及应用 20

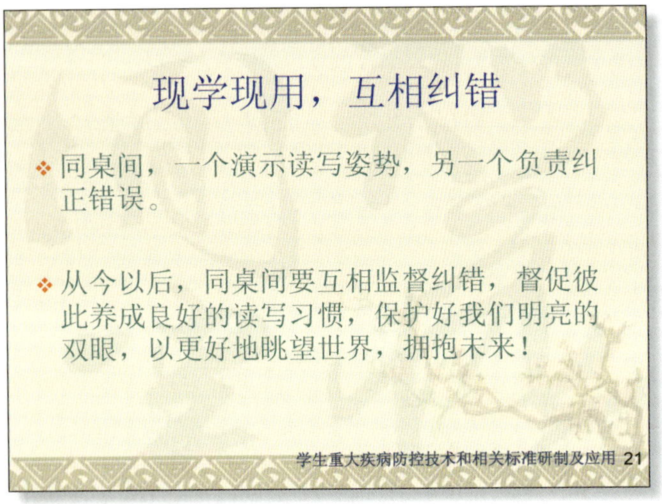

第五讲　养成健康饮食好习惯，坚持快乐运动减肥胖

一、教学目标

- 了解膳食宝塔中食物的种类和每人每天推荐摄入量。
- 掌握健康的饮食知识。
- 正确理解减肥必须长期坚持，正确应对各种困难。
- 复习 BMI 公式，掌握根据 BMI 公式计算正常体重范围的方法。
- 复习并掌握“52110”行为目标的内容，并会正确填写行为日记。

二、教学材料

- 多媒体教学课件 + 教案。
- 学生活动用卡——减肥困难实例。
- 教师笔记——减肥困难实例解答。

三、课程说明

活动一：引入主题

建议时间：2 分钟。

请问大家，每天吃几顿餐？每餐都吃了什么？每种食物吃了多少？请几位体型不同的同学回答一下，老师在黑板上板书，按照宝塔的结构书写。

活动二：中国居民平衡膳食宝塔的结构

建议时间：3 分钟。

平衡膳食宝塔共分五层，包含我们每天应吃的主要食物种类。宝塔各层位置和面积不同，这在一定程度上反映出各类食物在膳食中的地位和应占的比重。

谷类食物位居底层，每人每天应该吃 250 ~ 400g；蔬菜和水果居第二层，每天分别应吃 300 ~ 500g 和 200 ~ 400g；鱼、禽、肉、蛋等动物性食物位于第三层，每天应该吃 125 ~ 225g（鱼虾类 50 ~ 100g，畜、禽肉 50 ~ 75g，蛋类 25 ~ 50g）；奶类和豆类食物合居第四层，每天应吃相当于鲜奶 300g 的奶类及奶制品，以及相当于干豆 30 ~ 50g 的大豆及其制品；第五层塔顶是烹调油和食盐，每天烹调油不超过 25 ~ 30g，食盐不超过 6g。

活动三：根据平衡膳食宝塔的结构，详细介绍每类食物的作用、每人每天推荐摄入量以及一些减少摄入的小窍门

建议时间：8 分钟。

（1）谷类，是平时吃的主食，包括面条、米饭、馒头、煎饼等，主要含有糖类（碳水化合物），是提供每日所需能量的主要来源。相对于平时吃的精米、白面等细粮而言，粗粮是谷类里面的一大类，主要包括谷类中的玉米、小米、紫米、高粱、燕麦、荞麦、麦麸等。这些食物营养非常丰富，吃粗粮更加有利于消化吸收，而且粗粮富含膳食纤维，纤维素有助于抵抗胃癌、肠癌、乳腺癌、溃疡性肠炎等多种疾病。所以我们要做到粗细搭配，多吃粗粮。

我们用碗口直径为 10 ～ 11cm、深为 5 ～ 6cm 的碗来衡量主食的量。最健康的摄入量是每天 2.5 ～ 4 碗。平时比较喜欢运动、经常锻炼的同学可以多吃一点，平时很少运动、经常坐在课室里的同学就少吃一点。

我们建议小学女生吃 2.5 ～ 3 碗，运动少的吃 2.5 碗（早餐 0.5 碗，午餐、中餐各 1 碗），运动多的可以吃到 3 碗；初中男生，运动少的吃 3.5 碗，运动多的可以吃到 4 碗。

（2）蔬菜、水果含热量低，含很多维生素、矿物质和纤维素。吃多种多样的蔬菜、水果，除了能够在没有摄入很多热量的情况下就感到吃饱了，还能降低得心脏病、癌症、糖尿病的概率。

我们要做到每餐有蔬菜，每日吃水果。如果你以前每天只吃很少的蔬菜，那么从现在起你应该在午餐和晚餐中加一点；如果你以前不爱吃水果，那么从现在起你应该在早餐中加一些水果，或者将水果当成零食吃。蔬菜和水果营养成分不完全相同，不能互相替代。

我们用普通成年人的拳头来衡量蔬菜、水果的量，一个普通成年人的拳头是 1 份（这个拳头大小和一个网球大小类似）。蔬菜每天应该吃 2 ～ 3 份，注意这是煮熟后的，或者切碎的生菜叶；水果每天吃 2 ～ 3 份。所以，每天吃 2 ～ 3 个拳头的蔬菜和 2 ～ 3 个拳头的水果，加起来大约等于 5 个拳头的蔬菜和水果。

（3）肉类提供蛋白质和矿物质如铁、锌，但是过肥的肉也包含了很多脂肪，会增加患心血管疾病和癌症（直肠癌）的风险。瘦肉包含同样的蛋白质，同样能满足你的食欲，却没有那些不健康的脂肪，因此对减少疾病起到很重要的作用。而且吃肉一定不能过量。

我们用一个普通成年人的手掌心来衡量肉和蛋类，一个普通成年人的手掌心就是 1 份。最健康的摄入量是每天不超过 1 份（包括所有鸡肉，猪、牛、羊肉，海鲜，蛋）。如果现在你正处于身高长得特别快的时期，而且你每天运动时间超过 1 小时，那么你可以每天吃 1.5 份，或者有些男生可以吃 2 份，但不要超过 2 份。

推荐一些减少吃肉的简单方法：多吃蔬菜和水果，或者把肉换成豆腐一类的豆制品，或者吃鱼肉。俗话说，“吃红肉不如吃白肉”“吃四条腿的，不如吃两条腿的；吃两条腿的，不如吃没有腿的”。“吃红肉不如吃白肉”是指，白肉如鸡、鸭、鱼肉，其脂肪含量大大低于红肉（猪、牛、羊等动物的肉、内脏及其制品），而且白肉中的脂肪酸多为不饱和脂肪酸，是对人体有益的。“吃两条腿的，不如吃没有腿的”是指，鱼肉尤其是深海鱼中除富含优质蛋白外，还富含优质脂肪酸，包括 DHA 和 EPA，具有预防心血管疾病、改善视力和增强记忆力等作用。

（4）牛奶是健康饮食的重要组成部分。奶类营养价值极高，是天然钙质的极好来源，可以使你长得更高更快，并且延缓骨质疏松、高血压，避免发生骨折。奶类食物还含有大量优质蛋白质，能让你精力充沛。

那么我们每天应该喝多少牛奶呢？一般纸盒子包装的纯牛奶是 250ml 的，一天摄入一盒就足够了；小罐装的酸牛奶是 125g 的，一天需要两罐。

对于比较胖的同学，推荐喝脱脂或低脂奶。

（5）位于塔尖的食物，是完全提供能量的食物，包括油脂类（平时做饭用的油、蛋糕上的奶油、水果沙拉里的沙拉酱）和盐。

一般人都喜欢吃含油脂的食物，原因是油脂能够增加食物的香味，但是油脂中含的热量很高，哪怕你只吃了一点点。建议每人每天吃油的限量为 25g。一个成人拇指的指尖部分代表 1 小勺油，也就是 5g，那么每天 1 个人只能吃 5 份这么多的油，吃得越少越好。

给大家介绍一些减少吃油的小妙招：尽量用植物性油，如橄榄油、黄豆油、葵花子油；炒菜时少放油，使用带刻度尺的控油壶；少吃炸薯条、炸鸡、油条等油炸食物，蒸、煮、凉拌的菜一样很好吃；鸡皮、肥肉等部位油脂含量相当高，应少吃；蛋糕、饼干类点心通常含有很高的油脂，应少吃。

除了直接加到菜里的盐，像酱油、腌制罐头、快餐里面，都有很多盐，味精（鸡精）主要成分是钠，实质还是盐。吃盐越多，越容易得高血压，所以盐要少吃。每人一天吃盐的限量是 6g，大约一个啤酒盖那么多的盐就能满足你一天的需要。

活动四：养成健康的饮食习惯

建议时间：5 分钟。

（1）巧吃零食：零食是指一日三餐之外摄入的食物。适量吃零食可以补充一部分能量，让你保持精力充沛。但是经常吃零食会让你容易变胖，尤其是你在饥饿的时候，会不知不觉吃得更多。

吃零食要做到适时、适量，并且要吃健康的零食：

●要在适当的时候吃：睡觉之前不吃零食，因为没有足够的时间供你消耗多余的能量。有规律地吃零食是指要安排好吃零食的时间，可以在早餐至午餐之间（10点）或者午餐至晚餐之间（3点）加一顿零食。千万不要在临近吃正餐的时候吃，因为会影响吃正餐。

●适量，例如一杯小酸奶，或一个苹果，或10颗杏仁（手抓一小把或者一小捧）就足够了。

●选用健康的、营养价值高的食物，如牛奶、酸奶、水果、坚果、不加糖的鲜果汁等。

以下这些零食是限制食用的：膨化食品、炸薯片、炸鸡腿、腌制食物、街头食品等。这些食品不仅不卫生，而且含有很多热量和人工添加剂，对我们是有百害而无一利的。

（2）不喝含糖饮料：含糖饮料包括可乐、果汁饮料、冰红茶、珍珠奶茶等，它们的味道的确很好，看上去没有害，但其实和那些看上去很油腻的食物一样，含有很高的热量。含糖或碳酸饮料含有很多酸性物质，长期积累会腐蚀牙齿；糖会诱发龋齿；可乐中含有大量磷酸，摄入过量会影响钙的吸收，使身材矮小，并容易导致骨质疏松、骨折；有些饮料中所含的人工色素和防腐剂会阻碍儿童的生长发育。所以应做到不喝含糖饮料。

（3）最健康的饮料是水：它不含有任何热量，解渴效果好，还能清理身体里的废物，可以说是一举多得。我们每天应至少喝1200～1500ml白开水，应少量多次，不能等感到渴了再喝。对于平时的小杯（250ml），每天要喝5～6杯；而对于常见的瓶装矿泉水（500ml），每天要喝3瓶。

（4）不吃西式快餐：西式快餐如麦当劳、肯德基、必胜客等，都是高脂肪、高热量、高糖分的。这些食物的营养成分如维生素、矿物质等很少。几乎所有的快餐都不符合健康要求。不管你是否在减肥，快餐对于所有人的身体都是十分不健康的，所以我们也叫它们“垃圾食品”。我们应该尽量不吃快餐尤其是西式快餐，每个月最多只能吃1～2次，尽量减少在外面的餐厅、饭馆吃饭的次数，最好是在家里吃饭。

（5）不吃早餐有害健康：不吃早餐的危害有容易饿（早上第3、4节课就饿了），注意力下降，头晕心慌，长期不吃早餐还会使抵抗力下降，并且造成肥胖（不吃早餐的人上午会非常饥饿，午餐就会饥不择食，一天中总共摄入的能量比吃早餐的人更多）。而吃早餐则能够降低饥饿感，防止暴饮暴食。

吃早餐就要吃好早餐，一顿营养价值高的早餐应该包含以下四类食物：谷物（面包、米粥、燕麦），蔬菜或者水果，牛奶或者豆浆，高蛋白质的食物（鸡蛋）。

活动五：主题过渡

建议时间：2分钟。

同学们，咱们的上一个主题“养成健康的饮食习惯”已经讲完了，下面咱们进入下一个主题“坚持才能减肥胖”。

在之前的课程中我们已经为大家介绍了如何正确运动和饮食，但是减肥是一个长期坚持的过程。因此，关于减肥，最后也是最关键的部分就是坚持。

活动六：减肥困难实例及解答

建议时间：8分钟。

减肥的过程不是一帆风顺的，同学们可能会碰到各种困难，当我们遇到困难时应该怎么办呢？

互动：在以下问题中，可以先请学生思考回答，然后老师再给出正确答案。

● 例1：老师说每天都应该坚持运动，如果遇上下雨天或者下雪天应该怎么办呢？

解答：遇到天气状况不适合户外运动的情况，同学们可以选择一些在室内运动的项目，比如爬楼梯、找一个空旷的室内场所跳绳等。

● 例2：聚会上，周围的同学都喝饮料，我该怎么办呢？

解答：喝含糖饮料有很多坏处，在聚会上同学们可以用白开水、茶水或酸奶来替代。

大家要明白一点：体重的减轻不会在短期内有很明显的效果。只坚持一两天，两三天就看到效果，这种可能性是非常小的。但肥胖的同学也不要因此而气馁和沮丧，减肥就是一个循序渐进、持之以恒的过程。只要每天坚持良好的饮食习惯、多做运动，长期下来就一定会有所成效。

同学们也要督促和鼓励肥胖的孩子，为他们塑造一个轻松愉快的减肥环境。

活动七：在复习的过程中带领学生制订体重目标

建议时间：5分钟。

（1）复习肥胖的发生原因

互动：之前的课程中我们首先讲到的是肥胖的形成原因，同学们有谁记得肥胖是怎样形成的呢？

身体的胖瘦由天平两端的重物决定。天平的一端在口中，我们的饮食越多，能量摄入就越多；天平的另一端在脚下，我们运动越多，能量的消耗就越多。如果长期吃得多动得少，能量摄入大于能量消耗，天平就会向一端倾斜，造成肥胖。

（2）复习肥胖的危害

互动：让同学们抢答肥胖的危害。

肥胖的危害有：现在小胖，以后大胖；导致与肥胖相关的疾病；运动能力差，体质不如前。不胖更自信、更帅更漂亮。

（3）复习 BMI 计算公式并制订正常体重目标

公式：BMI（kg/m^2）= 体重（kg）÷ 身高（m）÷ 身高（m），男生和女生分别使用不同的评价标准。

根据 BMI 公式，可以计算正常体重范围：体重（kg）= BMI（kg/m^2）× 身高（m）× 身高（m）。以豆豆为例，说明具体计算方法。

活动八：在复习正确运动和饮食行为要点的过程中带领学生制订“52110”目标

建议时间：5 分钟

要改善 BMI 并不是短期就能实现的，而是要通过长期的努力，因此我们要制订每周的具体目标，我们把它叫做“52110”目标。这几个目标我们在之前的课程中已经学习过，接下来我们在巩固复习的基础上制订自己的每周行为目标。

- 5：我们每天应该吃 2 ～ 3 个成年人拳头大小的蔬菜（煮熟的或切碎的生菜叶），即 300 ～ 500g；同时，每天还应该吃 2 ～ 3 个成年人拳头大小的新鲜水果，即 200 ～ 400g。因此，2 ～ 3 个拳头大的蔬菜 +2 ～ 3 个拳头大的水果 =5 个拳头大。这就是“52110”的“5”。在此需要强调是成年人的拳头，并且是正常成年人的，不能过大也不能过小。
- 2：看电视、玩电脑这类静态活动不仅会减少运动的时间，也会使零食食用量增加，所以时间每天不超过 2 小时。这是“52110”中的“2”。
- 1：每天应该进行 1 小时以上中等或高等强度运动。这是“52110”中的“1”。因此，我们大家多进行体育锻炼，不仅可以达到运动目标，还可以减少静态活动时间。

中等和高等强度分别指的是什么呢？下面我们一起来复习一下：①中等强度运动：让你少量出汗、略微气喘的运动，活动的同时可以完整地说一句话，但不能唱歌。②高等强度运动：活动的同时你已经大汗淋漓，很吃力。

- 1：“52110”中的另外一个“1”代表的是每天食用肉类的推荐量。每天吃 1 份肉，80 ～ 110g，相当于 1 个成年人手掌心（不包括手指）的大小及厚度。此处的肉类包括鸡肉、鸭肉、鱼肉和蛋类。如果平时运动量较大（每天运动 1 小时或以上），可适量多吃，但每天不要超过 2 份。
- 0：最后一个目标是不喝含糖饮料，因为含糖饮料的坏处有很多。这就是“52110”中的“0”。我们应该多喝白开水和奶类。白开水不含任何热量，而且可以输送身体里的养分、排出废物、提高免疫力；奶类几乎含有人体所需的全部营养素，是补充营养的极好饮品。

我们可以每周把“52110”都做成一个表格，每天监督自己，达到一个目标就在那天相应的空格内给自己画一个笑脸。一周下来，你得到的笑脸越多说明你做得越好。大家可以从今天就开始记录了，希望大家的笑脸越来越多！

课程小结

请同学们就今天所学和自己平时的饮食情况写一篇课后感言，最好包含如下内容：自己平时的饮食习惯存在哪些问题，今后希望怎么做；制订简单的健康饮食计划和奖惩措施，并主动邀请爸爸妈妈监督和赏罚自己，并要求父母签字。请下节课把完成的纸质版作业带过来，现场与同学分享。接下来呢，我们进一步分析并解决了同学们在坚持减肥的过程中会遇到的问题，并且在回顾之前所学知识的基础上，带领大家制订了自己的体重目标和“52110”目标。希望同学们能从课程中真正学到有用的知识并应用到实际。希望大家都有一个健康的身体，也希望肥胖的同学能快快改善自己的体重。

【复习】

1．蔬菜，每天应该吃多少份（成年人的拳头）？
2．水果，每天应该吃多少份（成年人的拳头）？
3．肉，每天应该吃多少份（成年人的手掌心）？
4．含糖饮料，每天喝多少次？

【答案】

1. 2 ~ 3 份；
2. 2 ~ 3 份；
3. 1 份；
4. 0 次。

【作业】

你在减肥过程中遇到哪些困难？是如何解决的？

四、多媒体教学课件示例

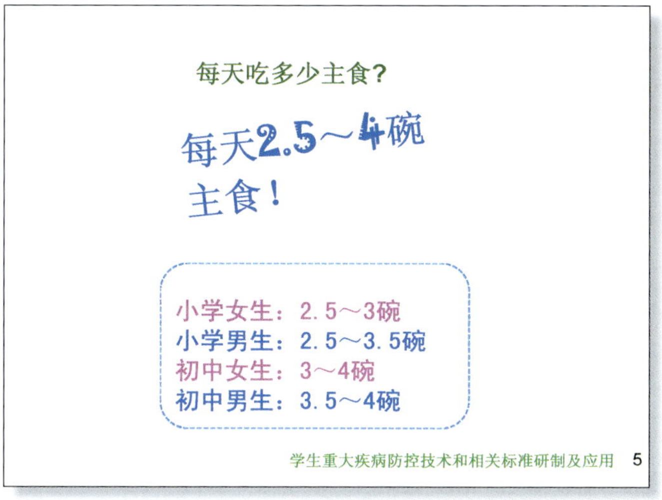
每天吃多少主食?
每天2.5～4碗
主食!
小学女生：2. 5～3碗
小学男生：2. 5～3. 5碗
初中女生：3～4碗
初中男生：3. 5～4碗
学生重大疾病防控技术和相关标准研制及应用　5

多吃新鲜蔬菜和水果
吃多少？
做到每餐有蔬菜，每日吃水果
蔬菜和水果营养成分不完全相同，不能互相替代
学生重大疾病防控技术和相关标准研制及应用　6

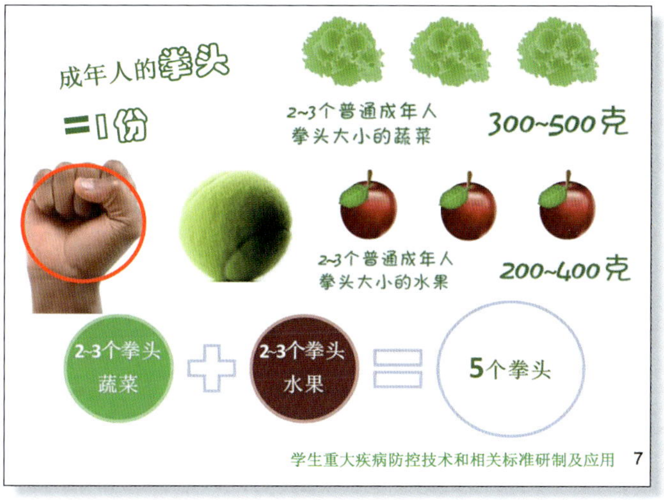
成年人的拳头
=1份
2~3个普通成年人拳头大小的蔬菜
300~500克
2~3个普通成年人拳头大小的水果
200~400克
2-3个拳头蔬菜
2-3个拳头水果
5个拳头
学生重大疾病防控技术和相关标准研制及应用　7

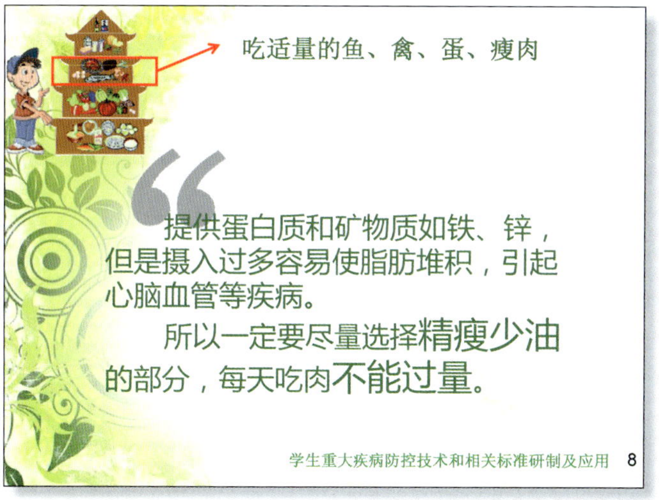
吃适量的鱼、禽、蛋、瘦肉
提供蛋白质和矿物质如铁、锌，但是摄入过多容易使脂肪堆积，引起心脑血管等疾病。
所以一定要尽量选择精瘦少油的部分，每天吃肉不能过量。
学生重大疾病防控技术和相关标准研制及应用　8

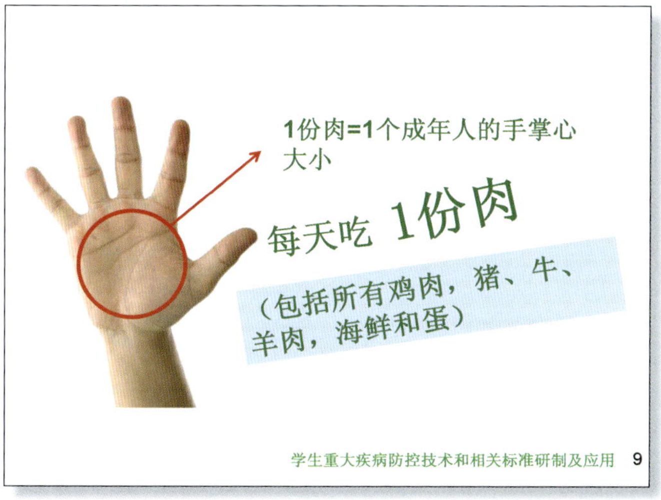
1份肉=1个成年人的手掌心大小
每天吃 1份肉
（包括所有鸡肉，猪、牛、羊肉，海鲜和蛋）
学生重大疾病防控技术和相关标准研制及应用　9

每天喝奶
奶类营养价值极高，是天然钙质的极好来源，有助于增强儿童骨密度，延缓骨质疏松和高血压。
含有大量优质蛋白质，能让你精力充沛！
学生重大疾病防控技术和相关标准研制及应用　10

我们每天至少喝 250毫升(克)
= 1份纯牛奶
= 2份酸牛奶
低脂或脱脂奶
学生重大疾病防控技术和相关标准研制及应用 11

少油少盐，正确选择零食，
少喝含糖饮料
纯能量食物
包括油脂类（食用油、奶油、沙拉酱）、食用糖和酒类。
建议每人每天吃油限量为25克。
拇指的指尖部分：一小勺油，约5克。
学生重大疾病防控技术和相关标准研制及应用 12

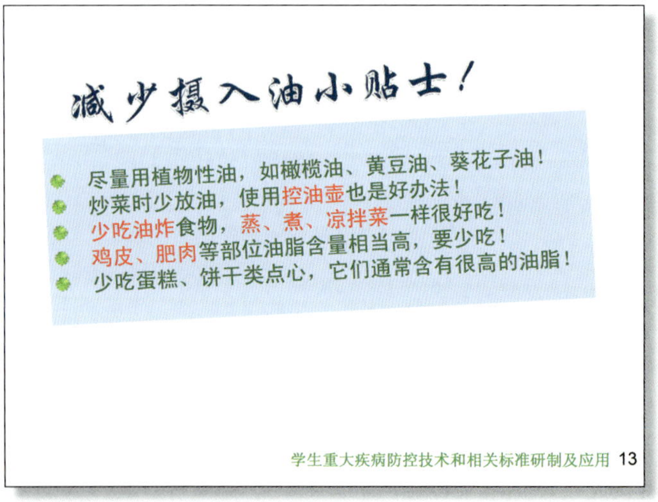
减少摄入油小贴士！
尽量用植物性油，如橄榄油、黄豆油、葵花子油！
炒菜时少放油，使用控油壶也是好办法！
少吃油炸食物，蒸、煮、凉拌菜一样很好吃！
鸡皮、肥肉等部位油脂含量相当高，要少吃！
少吃蛋糕、饼干类点心，它们通常含有很高的油脂！
学生重大疾病防控技术和相关标准研制及应用 13

你吃得太咸吗？
高盐食物要少吃
榨菜
胡萝卜
腌菜
香肠
薯片
酱肉
方便面
虾米
咸鸭蛋
少吃！
每人一天的
盐摄入限量
大约6克
（约一个
啤酒瓶盖）
学生重大疾病防控技术和相关标准研制及应用 14

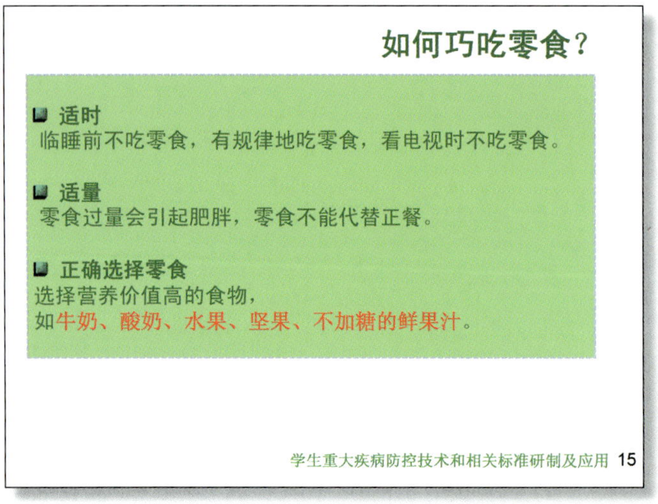
如何巧吃零食？
适时
临睡前不吃零食，有规律地吃零食，看电视时不吃零食。
适量
零食过量会引起肥胖，零食不能代替正餐。
正确选择零食
选择营养价值高的食物，
如牛奶、酸奶、水果、坚果、不加糖的鲜果汁。
学生重大疾病防控技术和相关标准研制及应用 15

尽量不吃的零食
膨化食品、炸薯片、炸鸡腿、腌制食物、街头食品等
学生重大疾病防控技术和相关标准研制及应用 16

含糖饮料坏处多
能量高，变成小胖子
龋齿
容易骨折
身材矮小
含糖饮料“甜蜜杀人”
学生重大疾病防控技术和相关标准研制及应用 17

白开水是最健康的饮品！
每天要至少喝5~6杯白开水
（1200~1500 毫升），
要少量多次，
千万不要感到渴了再喝哟！
学生重大疾病防控技术和相关标准研制及应用 18

少吃西式快餐
高脂肪、高热量、低维生素，
几乎不含什么营养素！
每月不超过
1～2次
学生重大疾病防控技术和相关标准研制及应用 19

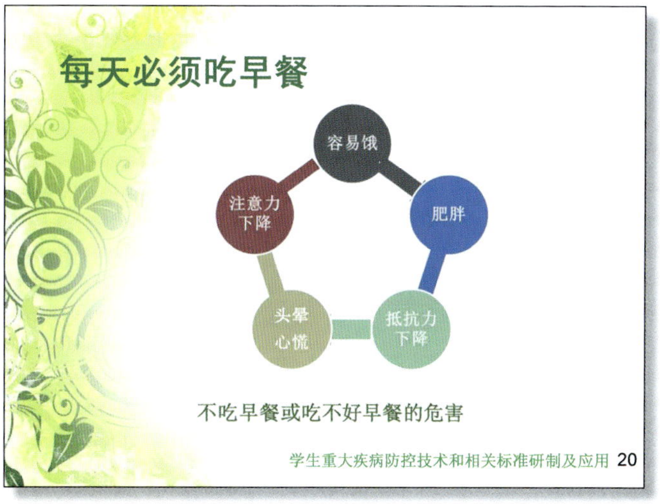
每天必须吃早餐
容易饿
肥胖
抵抗力下降
头晕心慌
注意力下降
不吃早餐或吃不好早餐的危害
学生重大疾病防控技术和相关标准研制及应用 20

不吃早餐会变胖的原因
早餐的4类食物
谷类及薯类
动物性食物
奶和豆类
蔬菜和水果
不吃早餐的人上午会非常饥饿，午餐就会饥不择食，一天中总共摄入的能量比吃早餐的人更多！
吃早餐能够降低饥饿感，防止暴饮暴食。
学生重大疾病防控技术和相关标准研制及应用 21

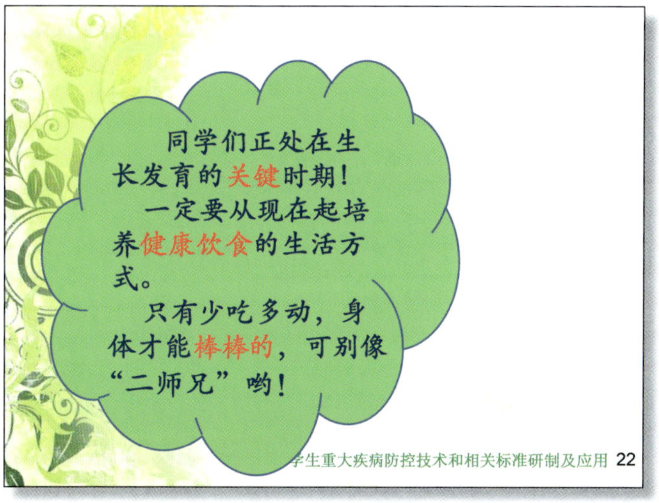
同学们正处在生长发育的关键时期！
一定要从现在起培养健康饮食的生活方式。
只有少吃多动，身体才能棒棒的，可别像“二师兄”哟！
学生重大疾病防控技术和相关标准研制及应用 22

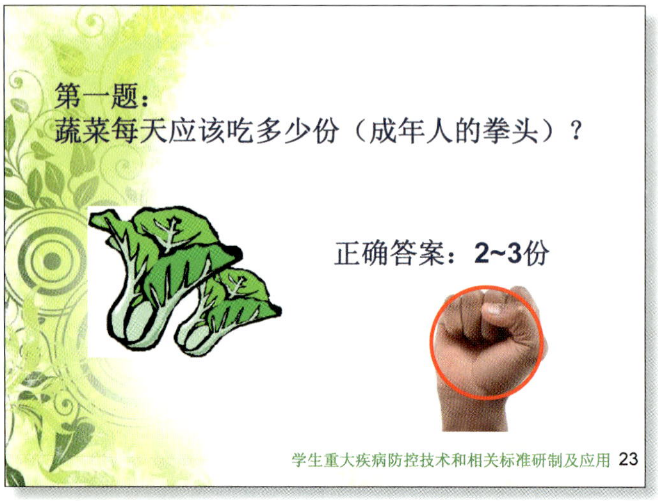
第一题：
蔬菜每天应该吃多少份（成年人的拳头）？
正确答案：2~3份
学生重大疾病防控技术和相关标准研制及应用 23

第二题：
水果每天应该吃多少份（成年人的拳头）？
正确答案：2~3份
学生重大疾病防控技术和相关标准研制及应用 24

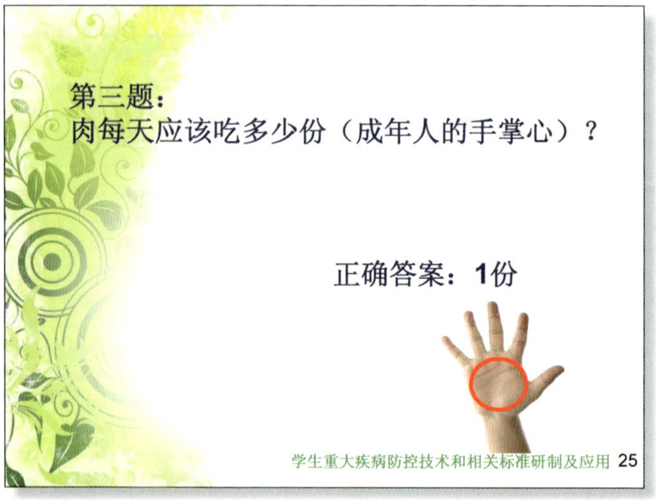
第三题：
肉每天应该吃多少份（成年人的手掌心）？
正确答案：1份
学生重大疾病防控技术和相关标准研制及应用 25

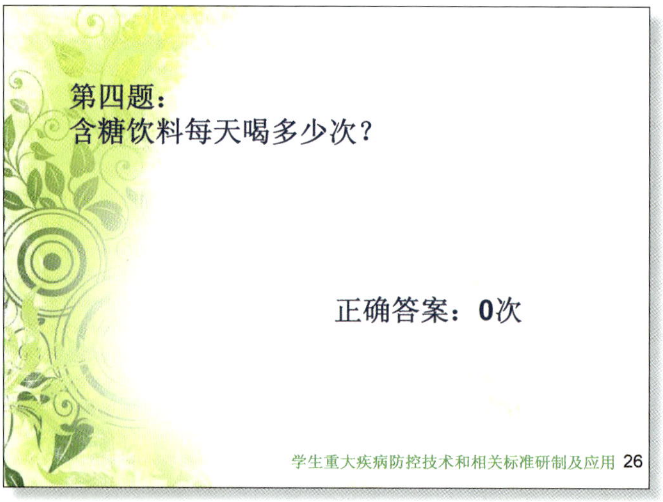
第四题：
含糖饮料每天喝多少次？
正确答案：0次
学生重大疾病防控技术和相关标准研制及应用 26

告诉你身边的人：5-2-1-1-0
学生重大疾病防控技术和相关标准研制及应用 27

减肥的过程中
遇到困难怎么办？
学生重大疾病防控技术和相关标准研制及应用 28

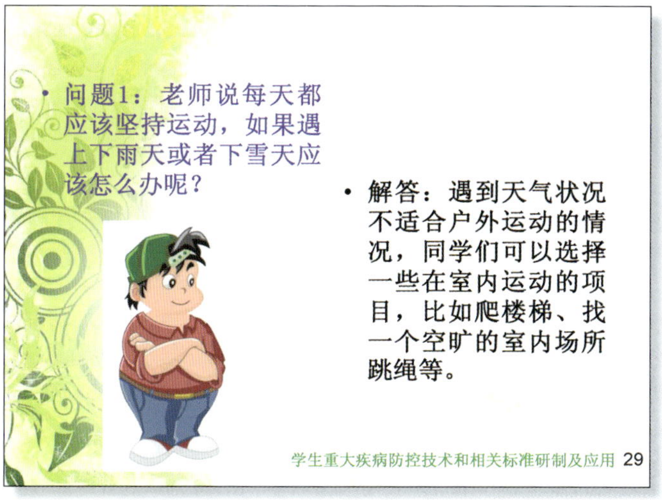
问题1：老师说每天都应该坚持运动，如果遇上下雨天或者下雪天应该怎么办呢？
解答：遇到天气状况不适合户外运动的情况，同学们可以选择一些在室内运动的项目，比如爬楼梯、找一个空旷的室内场所跳绳等。
学生重大疾病防控技术和相关标准研制及应用 29

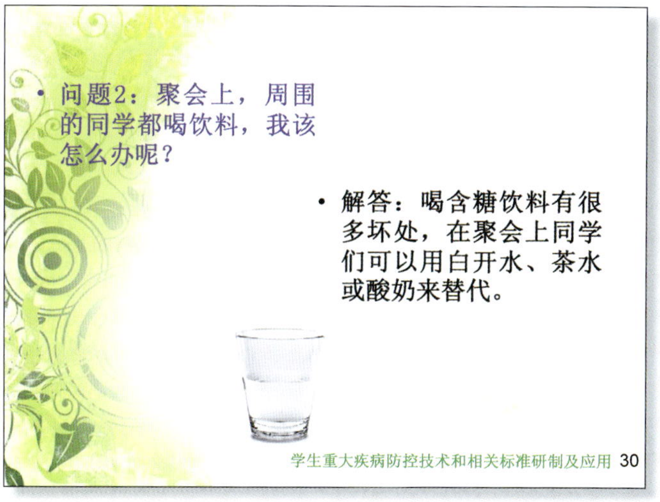
问题2：聚会上，周围的同学都喝饮料，我该怎么办呢？
解答：喝含糖饮料有很多坏处，在聚会上同学们可以用白开水、茶水或酸奶来替代。
学生重大疾病防控技术和相关标准研制及应用 30

体重的减轻不会在短期内有很明显的效果。
长期坚持就一定会有成效！
每天多做运动，改善饮食习惯
学生重大疾病防控技术和相关标准研制及应用 31

需要家长和老师的帮助及督促，也需要其他同学的鼓励。
让肥胖同学在一个轻松愉快的环境中塑造健康的身材吧！
我和其他同学再也不给豆豆起小绰号了！
学生重大疾病防控技术和相关标准研制及应用 32

肥胖是怎样发生的？
能量天平
学生重大疾病防控技术和相关标准研制及应用 33

肥胖的危害
现在小胖，以后大胖
导致与肥胖相关的疾病
运动能力差，体质不如前
不胖更自信，更帅更漂亮
学生重大疾病防控技术和相关标准研制及应用 34

"体质指数"，写作BMI

BMI(千克/平方米)=体重(千克)÷身高(米)÷身高(米)

学生重大疾病防控技术和相关标准研制及应用 35

中国男孩7~18岁营养状况判定的BMI标准

年龄	消瘦	正常	超重	肥胖
7~	<13.9	13.9~17.3	17.4~19.1	≥19.2
8~	<14.0	14.0~18.0	18.1~20.2	≥20.3
9~	<14.1	14.1~18.8	18.9~21.3	≥21.4
10~	<14.4	14.4~19.5	19.6~22.4	≥22.5
11~	<14.9	14.9~20.2	20.3~23.5	≥23.6
12~	<15.4	15.4~20.9	21.0~24.6	≥24.7
13~	<15.9	15.9~21.8	21.9~25.6	≥25.7
14~	<16.4	16.4~22.5	22.6~26.3	≥26.4
15~	<16.9	16.9~23.0	23.1~26.8	≥26.9
16~	<17.3	17.3~23.4	23.5~27.3	≥27.4
17~	<17.7	17.7~23.7	23.8~27.7	≥27.8
18~	<18.1	18.1~23.9	24.0~27.9	≥28.0

学生重大疾病防控技术和相关标准研制及应用 36

中国女孩7~18岁营养状况判定的BMI标准

年龄	消瘦	正常	超重	肥胖
7~	<13.4	13.4~17.1	17.2~18.8	≥18.9
8~	<13.6	13.6~18.0	18.1~19.8	≥19.9
9~	<13.8	13.8~18.9	19.0~20.9	≥21.0
10~	<14.0	14.0~19.9	20.0~22.0	≥22.1
11~	<14.3	14.3~21.0	21.1~23.2	≥23.3
12~	<14.7	14.7~21.8	21.9~24.4	≥24.5
13~	<15.3	15.3~22.5	22.6~25.5	≥25.6
14~	<16.0	16.0~22.9	23.0~26.2	≥26.3
15~	<16.6	16.6~23.3	23.4~26.8	≥26.9
16~	<17.0	17.0~23.6	23.7~27.3	≥27.4
17~	<17.2	17.2~23.7	23.8~27.6	≥27.7
18~	<17.5	17.5~23.9	24.0~27.9	≥28.0

学生重大疾病防控技术和相关标准研制及应用 37

我的目标BMI

BMI(千克/平方米)=体重(千克)÷身高(米)÷身高(米)

根据这个式子，我们可以用身高和目标BMI来计算目标体重。

体重(千克)= BMI(千克/平方米)×身高(米)×身高(米)

我的目标该是多少呢?

学生重大疾病防控技术和相关标准研制及应用 38

我的目标该是多少呢?

我是男生，我的年龄是 8 岁

所以我要将BMI保持在 14.0 ～ 18.0千克/平方米。

体重(千克)=BMI(千克/平方米)×身高(米) ×身高(米) 我的身高是1.30米

体重(千克)=14.0(千克/平方米)×1.30(米)×1.30(米)=23.7(千克)

体重(千克)=18.0(千克/平方米)×1.30(米)×1.30(米)=30.4(千克)

我要将体重控制在 23.7 ～ 30.4千克。

年龄	消瘦	正常	超重	肥胖
7~	<13.9	13.9~17.3	17.4~19.1	≥19.2
8~	<14.0	14.0~18.0	18.1~20.2	≥20.3
9~	<14.1	14.1~18.8	18.9~21.3	≥21.4
10~	<14.4	14.4~19.5	19.6~22.4	≥22.5
11~	<14.9	14.9~20.2	20.3~23.5	≥23.6
12~	<15.4	15.4~20.9	21.0~24.6	≥24.7

39

我的每周行为目标

- 这一周我要做到

5-2-1-1-0

学生重大疾病防控技术和相关标准研制及应用 40

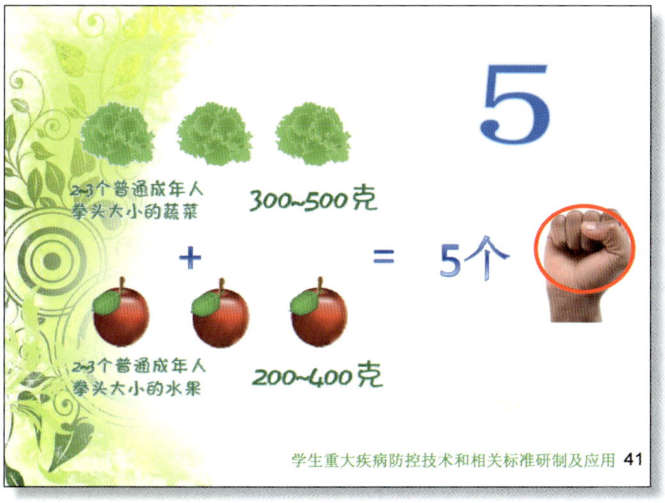
5
2~3个普通成年人拳头大小的蔬菜
300~500克
+
=
5个
2~3个普通成年人拳头大小的水果
200~400克
学生重大疾病防控技术和相关标准研制及应用 41

2
每天看电视和玩电脑的时间少于2小时！
+
＜2小时
学生重大疾病防控技术和相关标准研制及应用 42

1
每天应该进行1小时以上中等或高等强度运动！
学生重大疾病防控技术和相关标准研制及应用 43

运动量
高等强度
打篮球、踢足球、赛跑、跳绳、登山、打网球、搬运重11公斤以上的东西等
活动的同时你已经大汗淋漓，很吃力。
中等强度
中等速度跑步、跳舞、上下楼梯、投篮球、打乒乓球、游泳等
让你少量出汗、略微气喘的运动，活动的同时可以完整地说一句话，但不能唱歌。
轻度
伸展运动；散步；一些家务活动，如浇花、擦桌子、扫地、喂小动物等
学生重大疾病防控技术和相关标准研制及应用 44

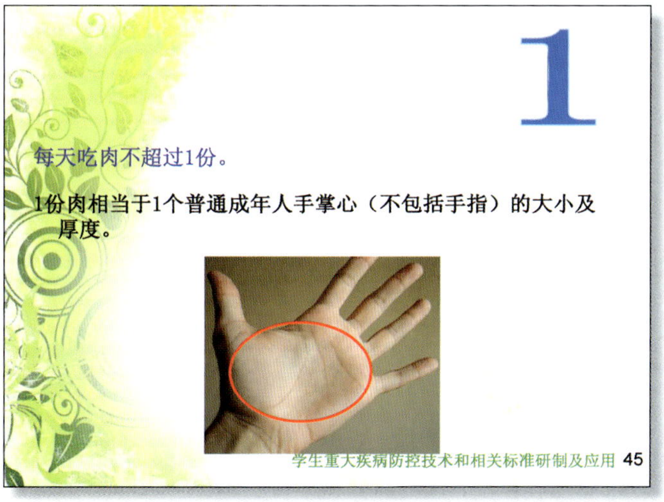
1
每天吃肉不超过1份。
1份肉相当于1个普通成年人手掌心（不包括手指）的大小及厚度。
学生重大疾病防控技术和相关标准研制及应用 45

0
不喝含糖饮料
含糖饮料坏处多
变成小胖子
龋齿
容易骨折
身材矮小
学生重大疾病防控技术和相关标准研制及应用 46

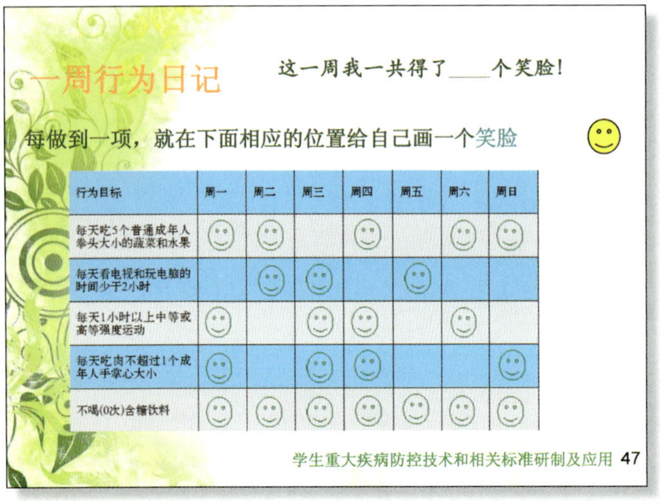

第六讲　预防接种和预防流行性感冒

一、教学目标

- 了解预防接种的重要性。
- 知道预防接种后的注意事项。
- 了解流行性感冒（简称“流感”）的基本常识。
- 懂得预防流感的方法。

二、教学材料

- 多媒体教学课件。

三、课程说明

活动一：课程导入

● 回顾上节课关于洗手的知识，引出预防传染病的另一重要法宝——接种疫苗。

活动二：讲解预防接种的重要性和注意事项

● 教师讲解预防接种的重要性和注意事项。

活动三：讲解流感的基本知识

● 讲解流感的主要表现，询问患过流感的同学的经历。

● 讲解并模拟流感的传播方式和过程，从而提出预防流感的方法。

课程小结

通过这节课，大家了解了预防接种对于预防传染病的重要性，呼吁同学们要按照学校通知和医生嘱咐及时到保健门诊接种。此外，同学们还认识了流感的本来面目。

四、多媒体教学课件示例

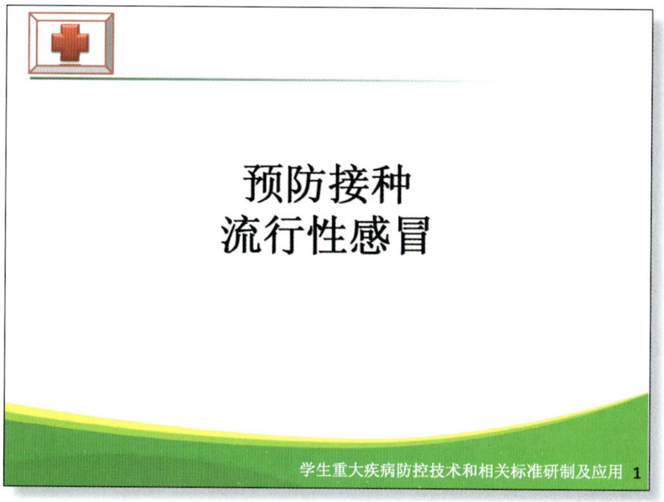
预防接种
流行性感冒
学生重大疾病防控技术和相关标准研制及应用 1

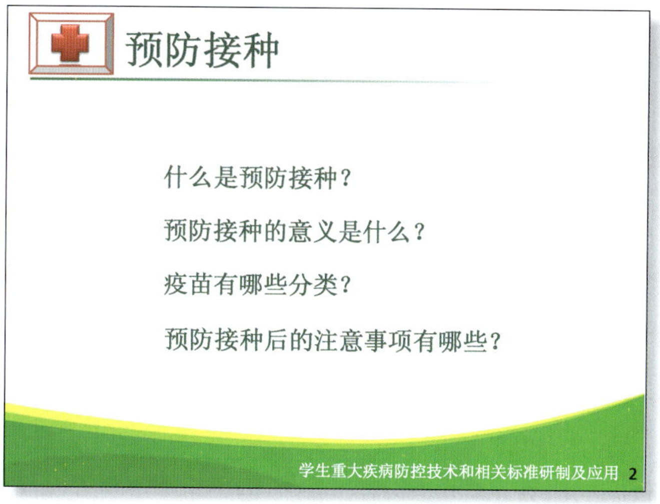
预防接种
什么是预防接种？
预防接种的意义是什么？
疫苗有哪些分类？
预防接种后的注意事项有哪些？
学生重大疾病防控技术和相关标准研制及应用 2

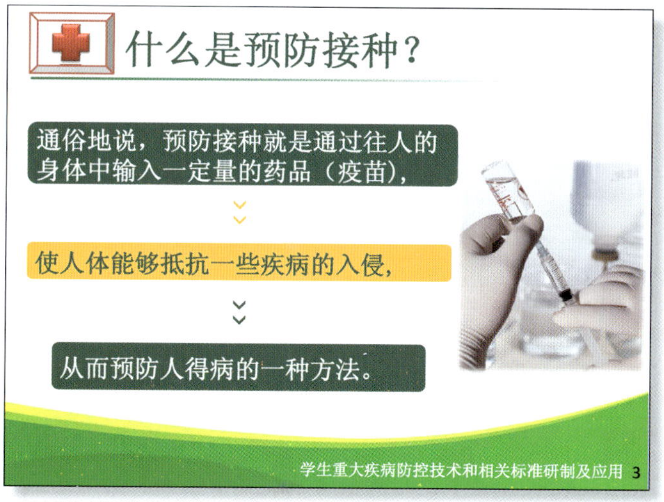
什么是预防接种？
通俗地说，预防接种就是通过往人的身体中输入一定量的药品（疫苗），
使人体能够抵抗一些疾病的入侵，
从而预防人得病的一种方法。
学生重大疾病防控技术和相关标准研制及应用 3

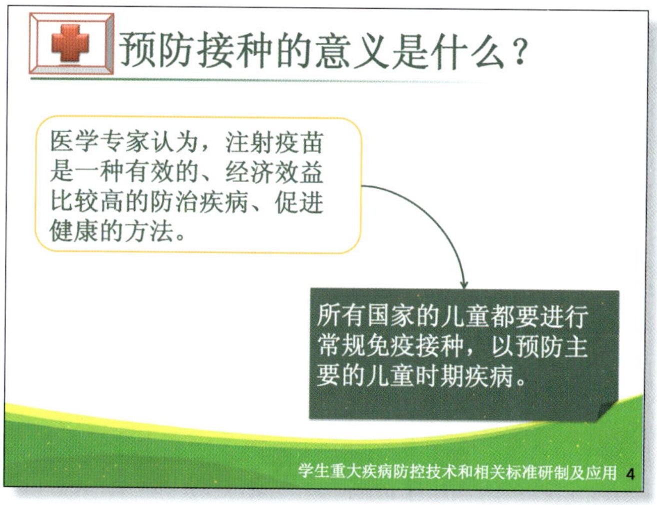
预防接种的意义是什么？
医学专家认为，注射疫苗是一种有效的、经济效益比较高的防治疾病、促进健康的方法。
所有国家的儿童都要进行常规免疫接种，以预防主要的儿童时期疾病。
学生重大疾病防控技术和相关标准研制及应用 4

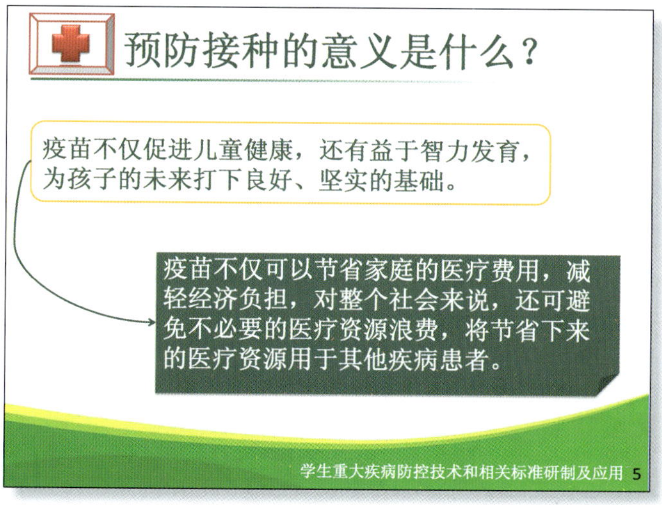
预防接种的意义是什么？
疫苗不仅促进儿童健康，还有益于智力发育，为孩子的未来打下良好、坚实的基础。
疫苗不仅可以节省家庭的医疗费用，减轻经济负担，对整个社会来说，还可避免不必要的医疗资源浪费，将节省下来的医疗资源用于其他疾病患者。
学生重大疾病防控技术和相关标准研制及应用 5

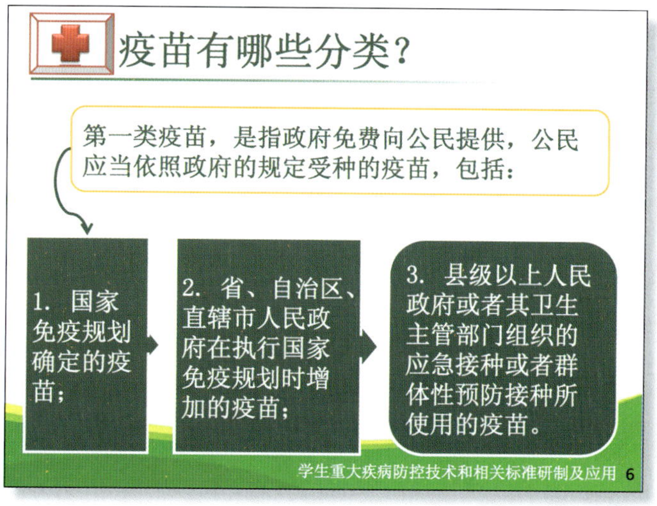
疫苗有哪些分类？
第一类疫苗，是指政府免费向公民提供，公民应当依照政府的规定受种的疫苗，包括：
1. 国家免疫规划确定的疫苗；
2. 省、自治区、直辖市人民政府在执行国家免疫规划时增加的疫苗；
3. 县级以上人民政府或者其卫生主管部门组织的应急接种或者群体性预防接种所使用的疫苗。
学生重大疾病防控技术和相关标准研制及应用 6

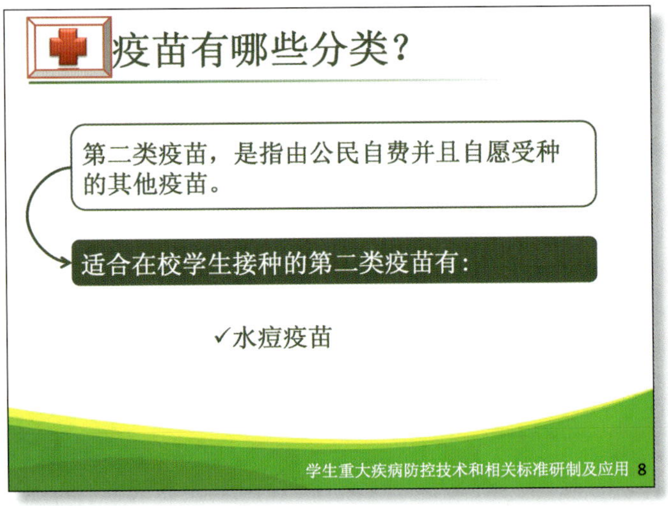

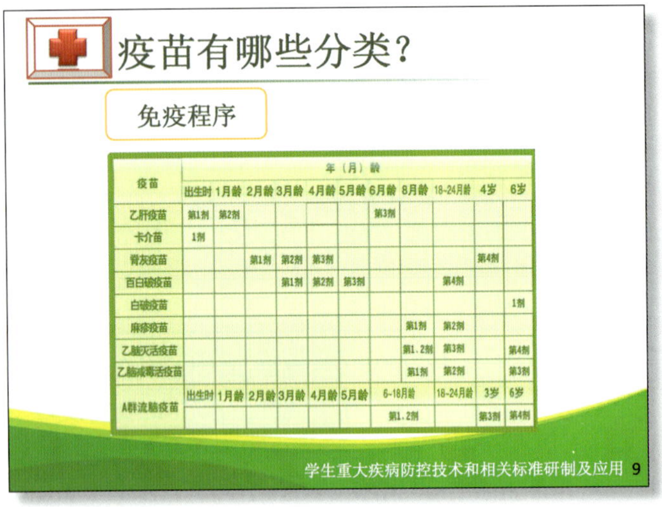

疫苗	年（月）龄										
	出生时	1月龄	2月龄	3月龄	4月龄	5月龄	6月龄	8月龄	18-24月龄	4岁	6岁
乙肝疫苗	第1剂	第2剂					第3剂				
卡介苗	1剂										
脊灰疫苗			第1剂	第2剂	第3剂					第4剂	
百白破疫苗				第1剂	第2剂	第3剂			第4剂		
白破疫苗											1剂
麻疹疫苗								第1剂	第2剂		
乙脑灭活疫苗								第1.2剂	第3剂		第4剂
乙脑减毒活疫苗								第1剂	第2剂		第3剂
A群流脑疫苗	出生时	1月龄	2月龄	3月龄	4月龄	5月龄	6-18月龄		18-24月龄	3岁	6岁
							第1.2剂			第3剂	第4剂

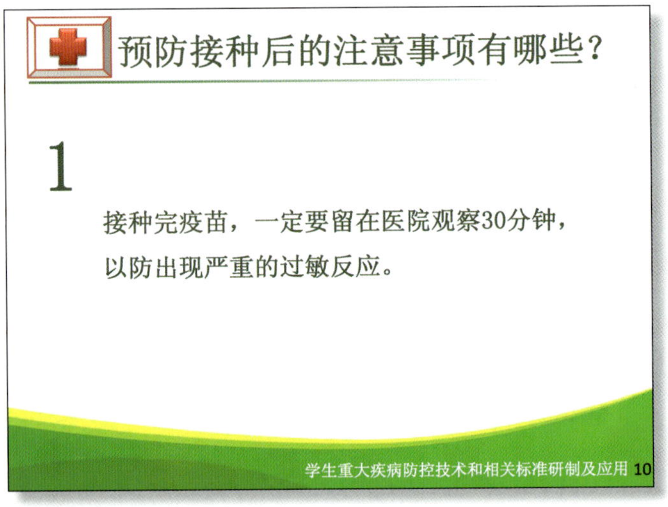

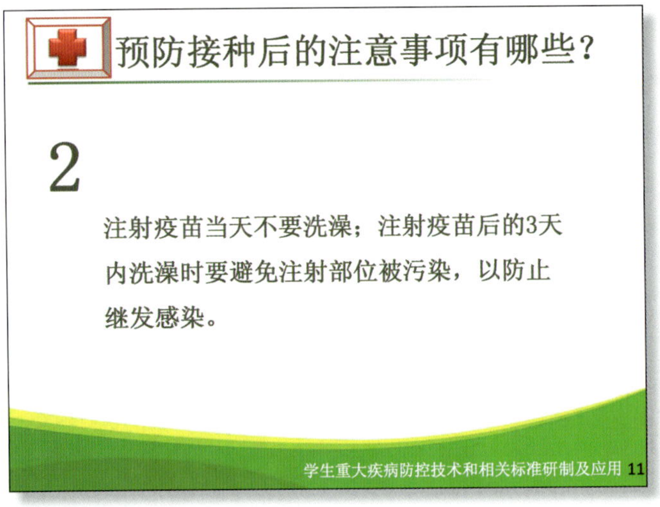

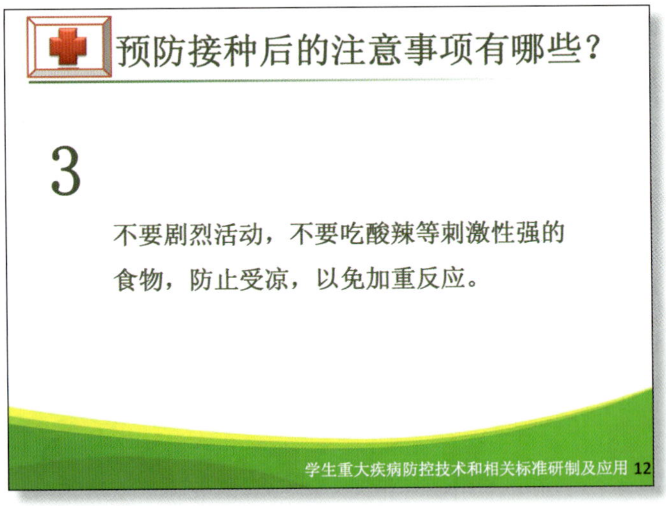

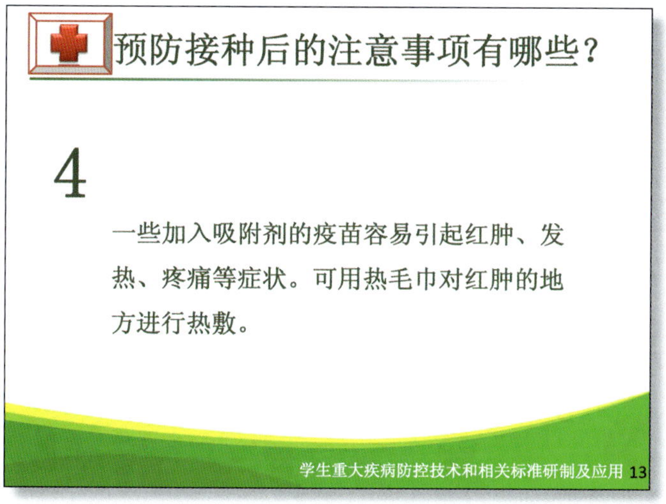
预防接种后的注意事项有哪些?
4
一些加入吸附剂的疫苗容易引起红肿、发热、疼痛等症状。可用热毛巾对红肿的地方进行热敷。
学生重大疾病防控技术和相关标准研制及应用 13

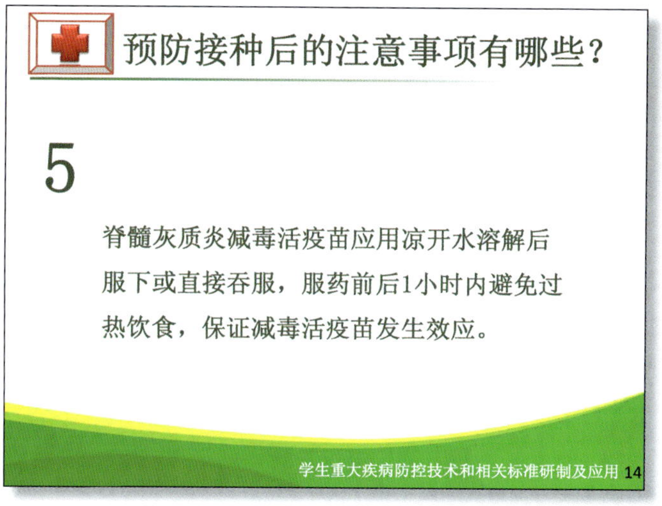
预防接种后的注意事项有哪些?
5
脊髓灰质炎减毒活疫苗应用凉开水溶解后服下或直接吞服，服药前后1小时内避免过热饮食，保证减毒活疫苗发生效应。
学生重大疾病防控技术和相关标准研制及应用 14

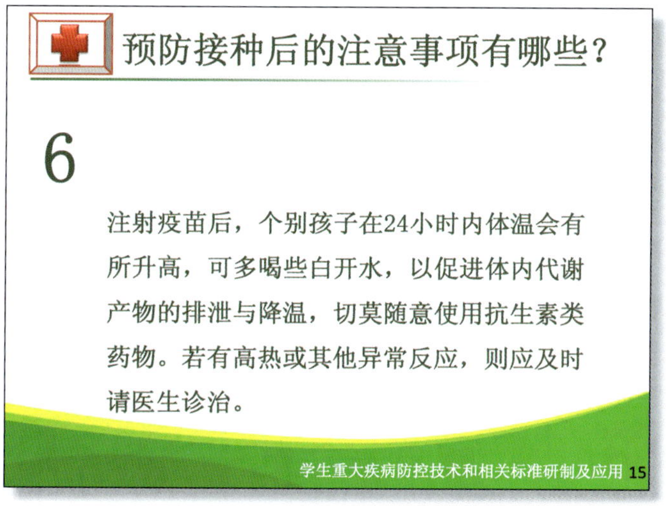
预防接种后的注意事项有哪些?
6
注射疫苗后，个别孩子在24小时内体温会有所升高，可多喝些白开水，以促进体内代谢产物的排泄与降温，切莫随意使用抗生素类药物。若有高热或其他异常反应，则应及时请医生诊治。
学生重大疾病防控技术和相关标准研制及应用 15

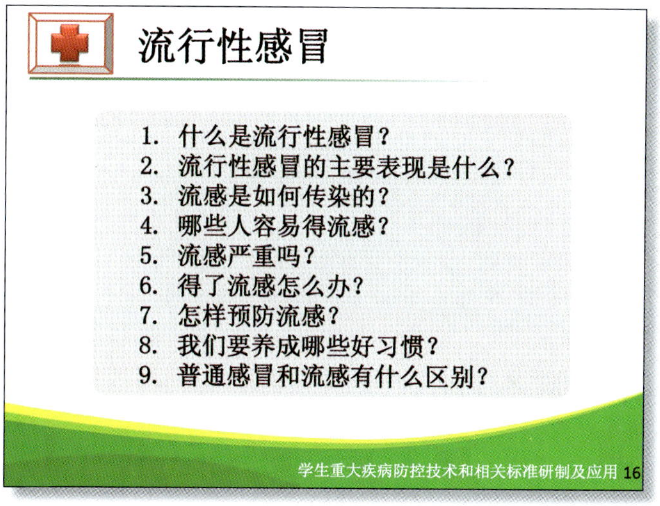
流行性感冒
1. 什么是流行性感冒?
2. 流行性感冒的主要表现是什么?
3. 流感是如何传染的?
4. 哪些人容易得流感?
5. 流感严重吗?
6. 得了流感怎么办?
7. 怎样预防流感?
8. 我们要养成哪些好习惯?
9. 普通感冒和流感有什么区别?
学生重大疾病防控技术和相关标准研制及应用 16

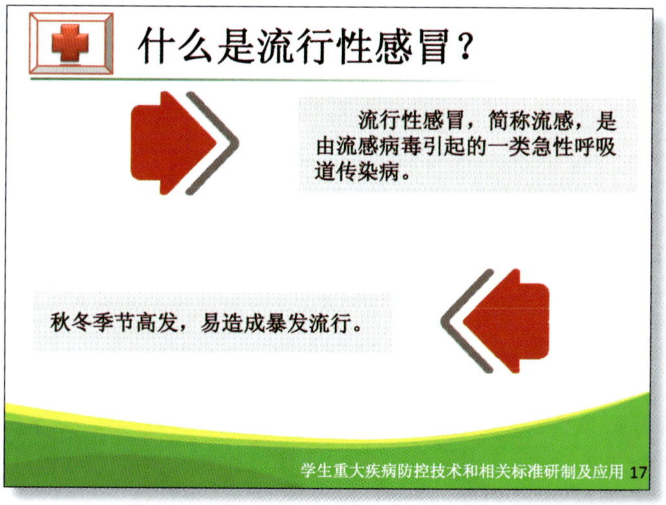
什么是流行性感冒?
流行性感冒，简称流感，是由流感病毒引起的一类急性呼吸道传染病。
秋冬季节高发，易造成暴发流行。
学生重大疾病防控技术和相关标准研制及应用 17

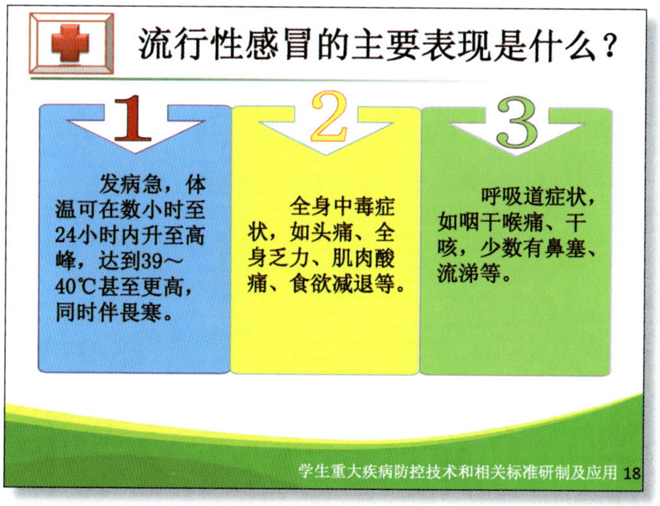
流行性感冒的主要表现是什么?
1
发病急，体温可在数小时至24小时内升至高峰，达到39～40℃甚至更高，同时伴畏寒。
2
全身中毒症状，如头痛、全身乏力、肌肉酸痛、食欲减退等。
3
呼吸道症状，如咽干喉痛、干咳，少数有鼻塞、流涕等。
学生重大疾病防控技术和相关标准研制及应用 18

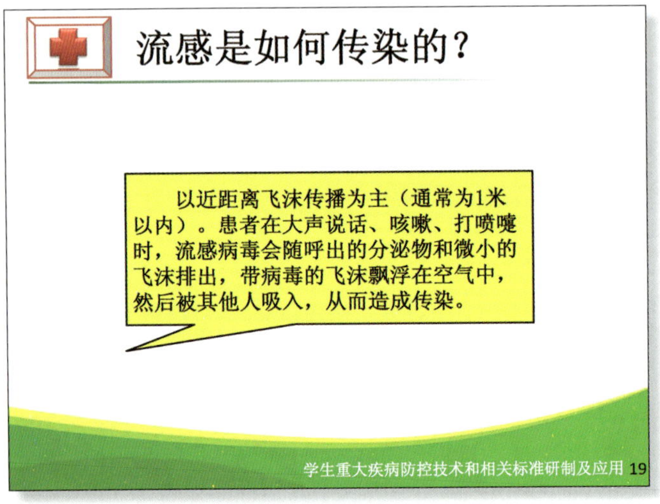
流感是如何传染的？
以近距离飞沫传播为主（通常为1米以内）。患者在大声说话、咳嗽、打喷嚏时，流感病毒会随呼出的分泌物和微小的飞沫排出，带病毒的飞沫飘浮在空气中，然后被其他人吸入，从而造成传染。
学生重大疾病防控技术和相关标准研制及应用 19

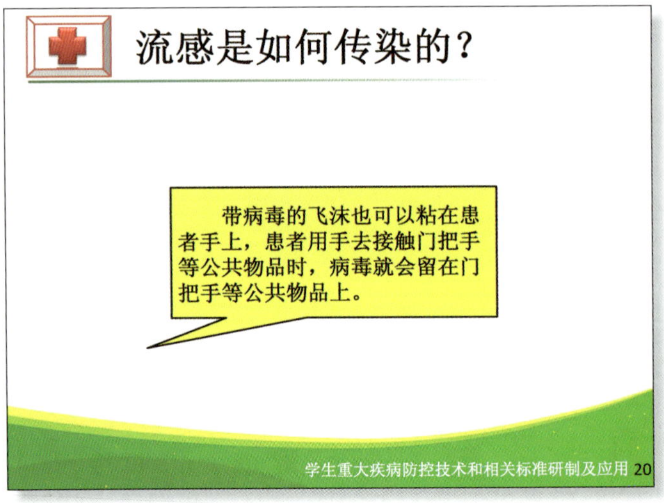
流感是如何传染的？
带病毒的飞沫也可以粘在患者手上，患者用手去接触门把手等公共物品时，病毒就会留在门把手等公共物品上。
学生重大疾病防控技术和相关标准研制及应用 20

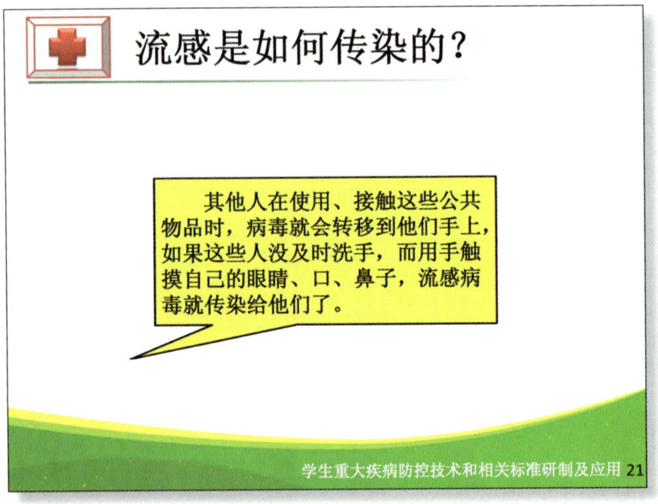
流感是如何传染的？
其他人在使用、接触这些公共物品时，病毒就会转移到他们手上，如果这些人没及时洗手，而用手触摸自己的眼睛、口、鼻子，流感病毒就传染给他们了。
学生重大疾病防控技术和相关标准研制及应用 21

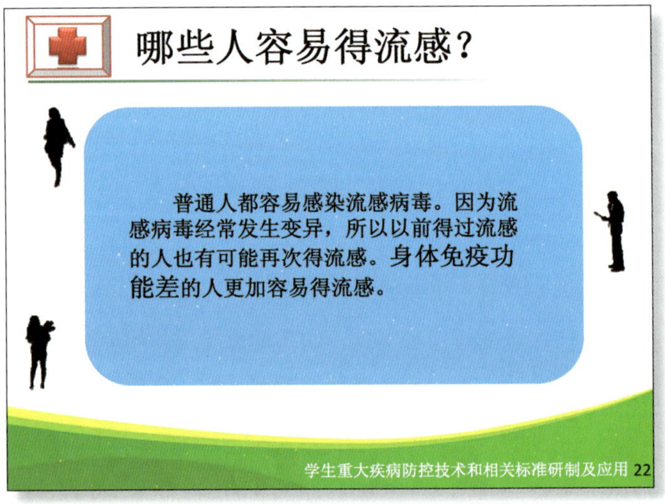
哪些人容易得流感？
普通人都容易感染流感病毒。因为流感病毒经常发生变异，所以以前得过流感的人也有可能再次得流感。身体免疫功能差的人更加容易得流感。
学生重大疾病防控技术和相关标准研制及应用 22

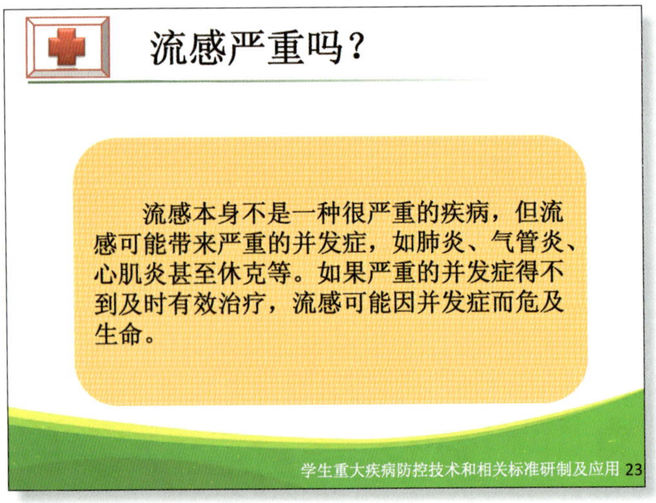
流感严重吗？
流感本身不是一种很严重的疾病，但流感可能带来严重的并发症，如肺炎、气管炎、心肌炎甚至休克等。如果严重的并发症得不到及时有效治疗，流感可能因并发症而危及生命。
学生重大疾病防控技术和相关标准研制及应用 23

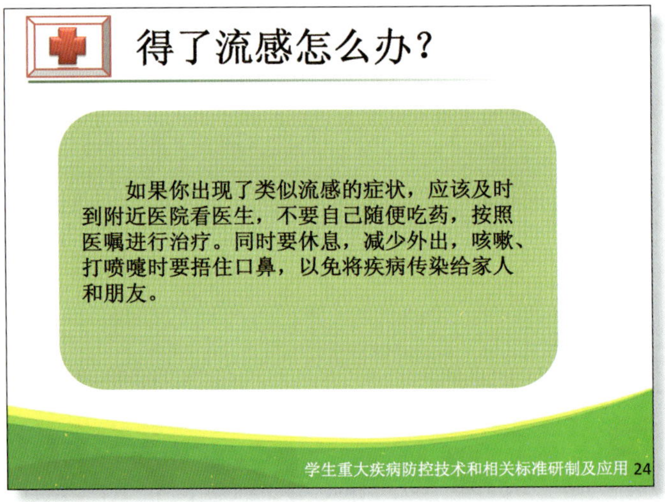
得了流感怎么办？
如果你出现了类似流感的症状，应该及时到附近医院看医生，不要自己随便吃药，按照医嘱进行治疗。同时要休息，减少外出，咳嗽、打喷嚏时要捂住口鼻，以免将疾病传染给家人和朋友。
学生重大疾病防控技术和相关标准研制及应用 24

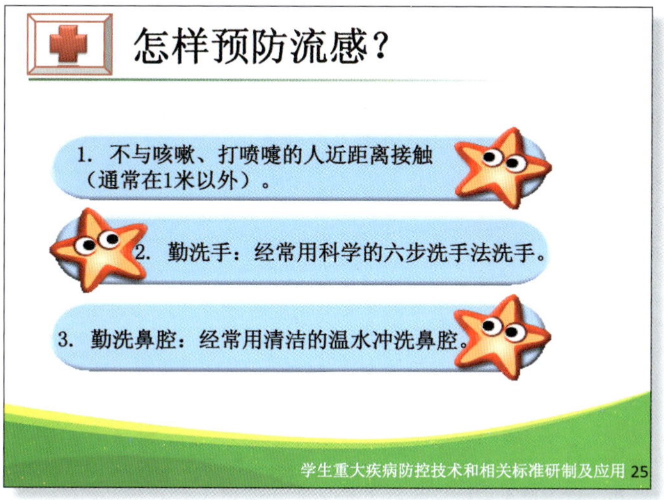
怎样预防流感？
1. 不与咳嗽、打喷嚏的人近距离接触（通常在1米以外）。
2. 勤洗手：经常用科学的六步洗手法洗手。
3. 勤洗鼻腔：经常用清洁的温水冲洗鼻腔。
学生重大疾病防控技术和相关标准研制及应用 25

怎样预防流感？
4. 开窗通风：室内经常开窗通风，保持空气新鲜。
5. 减少外出：尽量少去人群密集的公共场所，视情况佩戴口罩。
6. 注意保暖：气候多变时，注意加减衣服。
学生重大疾病防控技术和相关标准研制及应用 26

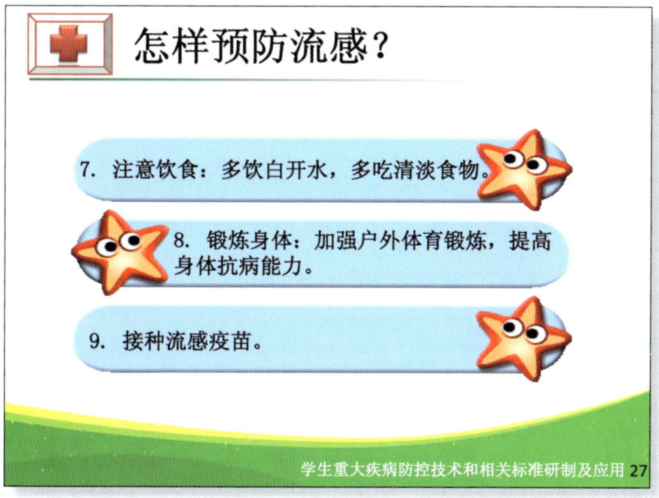
怎样预防流感？
7. 注意饮食：多饮白开水，多吃清淡食物。
8. 锻炼身体：加强户外体育锻炼，提高身体抗病能力。
9. 接种流感疫苗。
学生重大疾病防控技术和相关标准研制及应用 27

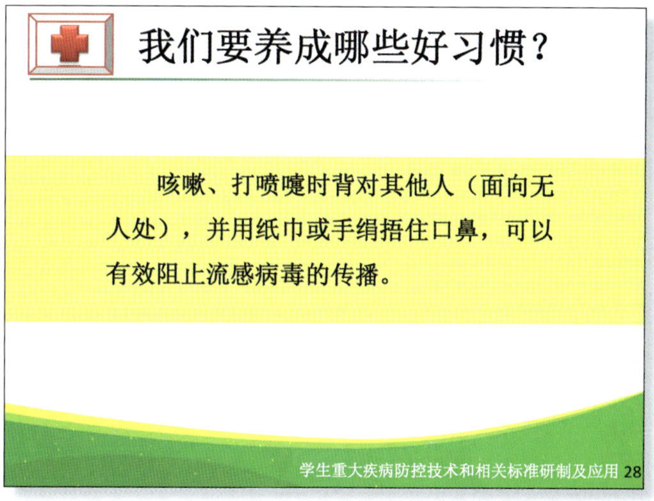
我们要养成哪些好习惯？
咳嗽、打喷嚏时背对其他人（面向无人处），并用纸巾或手绢捂住口鼻，可以有效阻止流感病毒的传播。
学生重大疾病防控技术和相关标准研制及应用 28

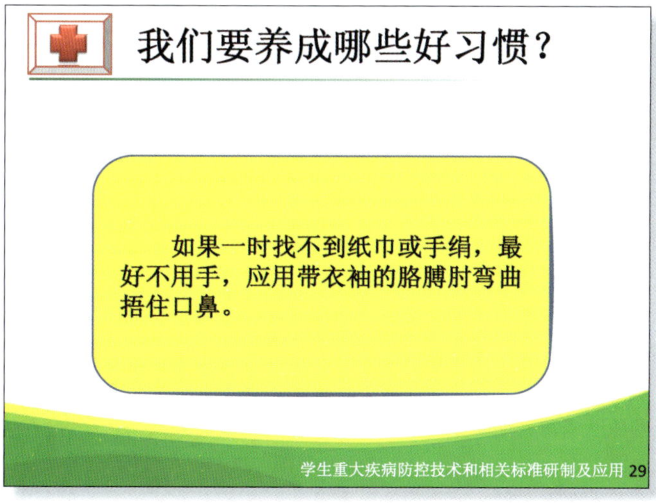
我们要养成哪些好习惯？
如果一时找不到纸巾或手绢，最好不用手，应用带衣袖的胳膊肘弯曲捂住口鼻。
学生重大疾病防控技术和相关标准研制及应用 29

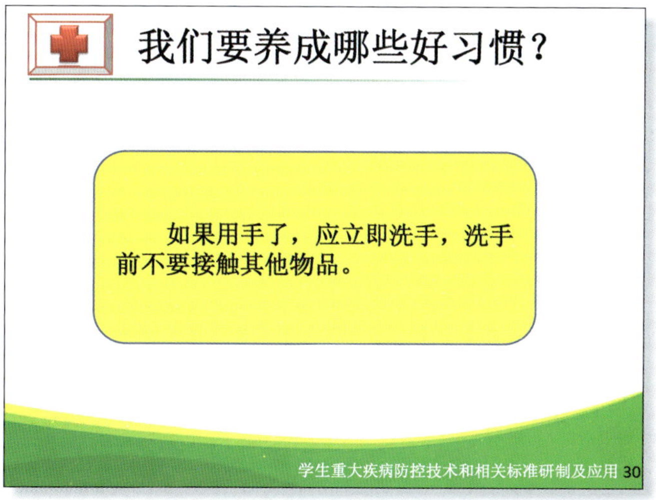
我们要养成哪些好习惯？
如果用手了，应立即洗手，洗手前不要接触其他物品。
学生重大疾病防控技术和相关标准研制及应用 30

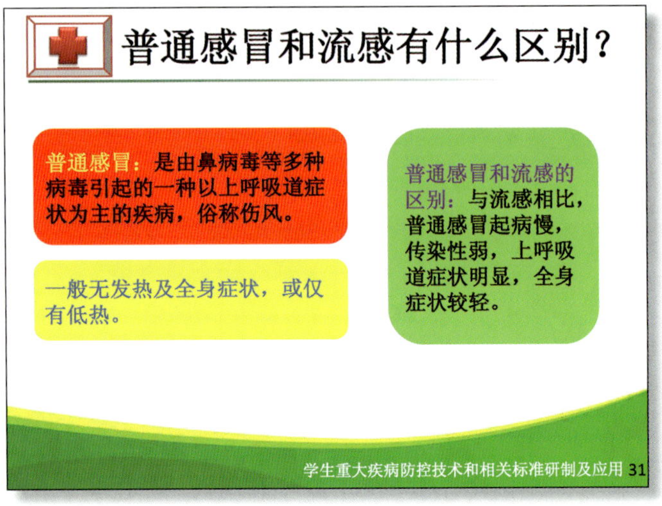

第二节 中学生健康教育课件

第一讲 认识我们的眼睛，保护我们的视力

一、教学目标

- 了解眼睛的结构及其作用。
- 了解近视的含义、表现、危害、成因及其危险因素。
- 懂得防治近视的正确方法。鼓励学生多参加户外运动，预防近视。

二、教学材料

- 多媒体教学课件。
- 小镜子。

三、课程说明

活动一：简单了解眼睛的结构

建议时间：2 分钟。

让同学们从镜子中仔细观察自己的眼睛，引入主题。从外面看，我们的眼睛主要是由上眼睑、眼睫毛、透明的角膜、巩膜（眼白）、虹膜和瞳孔组成。虹膜的颜色决定了眼睛的颜色，不同人种其虹膜的颜色都是不一样的，白种人是蓝色的，黑种人是黑色的，我们黄种人则是棕黄色的。

活动二：说一说眼睛的作用

建议时间：2 分钟。

我们的眼睛很重要，它能帮助我们看清周围的一切，我们每个人都离不开它！

互动：让同学们讨论一下眼睛在日常生活中的作用（帮助我们读书写字；看电视，玩电脑；春游时，欣赏美丽的风景等）。

活动三：简单了解近视的定义

建议时间：4 分钟。

简单地说，近视就是看近物清楚，看远物模糊。如图所示：未近视时这位同学能清楚地看到黑板上的字迹，近视后坐在相同的位置，黑板上的字迹大小没有改变，然而她所看到的字迹却是模糊的。这就是近视前后的视觉变化。近视的专业定义是：在眼调节放松状态下，平行光线经眼球屈光系统后聚焦在视网膜之前，称为近视（myopia）。

活动四：近视的分类

建议时间：2 分钟。

最常用的是根据近视度数分类，我们将低于 300 度的近视称为轻度近视，300 ~ 600 度为中度近视，600 度以上则为高度近视。

互动：请戴眼镜的同学说一说，你的眼睛是多少度，属于哪种近视。

活动五：近视的危害

建议时间：6 分钟。

互动：让同学们讨论近视后给生活带来的不便。

近视之后需要佩戴眼镜，长期戴镜会导致生活工作不便。吃饭的时候，镜片上会有一层雾，导致看不清事物；运动的时候，眼镜不能很好地固定。视力低下后，眼睛会经常干涩、疲劳，影响学习、生活和工作质量。近视还会遗传给下一代。近视的遗传性非常大，尤其是中、高度近视，遗传概率在80% 以上。中、高度近视会导致眼球突出，眼睑松弛，影响容貌。

近视不仅在生活和学习上给我们带来不便，而且在升学和工作时也会使我们受到限制。那些视力不佳的考生高考志愿不能填报某些对视力有严格要求的专业，如公安、飞行航海专业等。

近视最主要的危害是，中、高度近视，特别是高度近视，容易引发玻璃体混浊、视网膜出血和脱离而致盲。据统计，由近视导致的眼盲已仅次于白内障、青光眼致盲而居第三位。

活动六：近视的成因及其危险因素

建议时间：3 分钟。

关于近视的成因，目前还在研究中，但多数人认为，近视是多因素综合作用导致的，遗传是基础，并受行为和生活方式及营养因素共同作用的影响。关于近视危险因素的研究较多。大量研究显示，城市儿童的近视患病率高于农村，教育水平越高、视近作业时间越多、户外活动时间越短、阳光接触时间越少，近视患病率越高。另外，照度水平越低，近视患病率越高；夜晚开灯睡觉的儿童近视患病率较高；父母近视的孩子近视患病率也较高。

活动七：近视的主要预防措施

建议时间：10 分钟。

（1）减少看电视、玩电脑的时间。

（2）连续看书 1 小时后，休息 10 分钟。

（3）多看远处，休息眼睛。

（4）做好眼保健操。

（5）不在阳光照射或暗光下阅读、写字。

（6）不开夜灯睡觉。

（7）端正读写姿势：胸离课桌一拳远，眼离书本一尺远，手离笔尖一寸远。

（8）开灯看电视，尽可能坐得离电视远些。

（9）不挑食，多吃种类丰富的蔬菜、水果。

（10）加强体育锻炼。

（11）早睡早起，保证充足睡眠。让眼睛充分休息。

（12）走进阳光，多参加户外运动。

活动八：走进阳光，预防近视

建议时间：10 分钟。

走进阳光与近视的关系：很多研究表明，户外活动可多接触阳光，有利于近视的预防。两位美国科学家对户外活动中接受的阳光照射与近视治疗的关系做过研究。经过对比发现，在父母均为近视患者的儿童中，每天户外活动时间超过 2 小时的孩子，其需要接受近视治疗的概率比户外活动时间不足 1 小时的孩子少 4 倍。

“阳光运动”的好处：户外活动能够降低眼内压，而眼内压升高是近视的危险因素；户外活动还能使人放松，减缓精神压力；此外，户外活动本身还能增加全身血液循环，当然也能增加眼周的血液循环，增加眼睛的营养供应，并使眼睛及时排出废物。

阳光可以促进体内维生素 D 的产生，增强体质。其次，晒太阳能够刺激一种化学物质的分泌，这类化学物质有助于阻止近视的发生、发展。眼睛的正常生长发育需要足量的阳光接触。

缺乏“阳光运动”的弊端：由于户外活动时间减少会直接影响眼睛对光线的反应敏感度，导致瞳孔成像能力减退，最终使有这种情况的孩子视力变差，进而配戴眼镜。

怎样进行“阳光运动”：在学校时，积极参加大课间活动，特别是在阳光充足的夏天，可以打篮球、踢毽子、跳绳等。在家时，可以让家长带出去游玩，尽量不带伞，多接触阳光，进行一些有意义的体育活动，如爬山等。

活动九：我的视力我知道

建议时间：1 分钟。

（1）定期检查视力，当视力低于 5.0 时，就说明你可能近视了，要及时告诉父母。

（2）看东西出现模糊、流泪时，说明眼睛出现问题了，要及时告诉父母、老师。

课程小结

通过这节课，同学们对眼睛的结构有了初步的了解，那么我们的眼睛都分为哪儿部分？眼睛对于我们特别重要，我们应该怎样防治近视？

四、多媒体教学课件示例

学生健康教育课件（中学版）第一讲
认识我们的眼睛，保护我们的视力
1

认识我们的眼睛
学生重大疾病防控技术和相关标准研制及应用 2

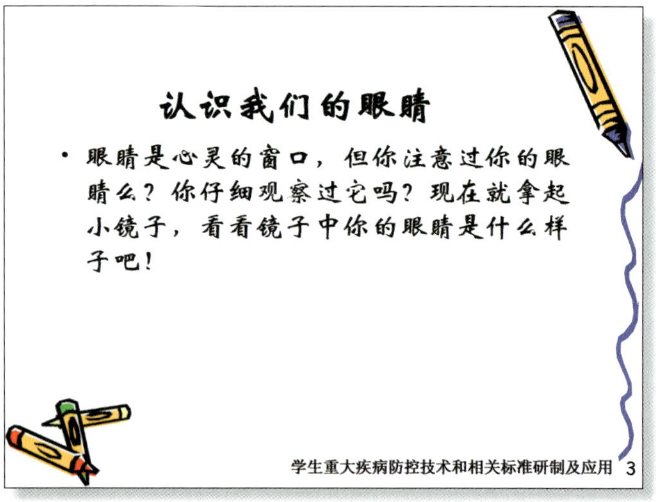
认识我们的眼睛
• 眼睛是心灵的窗口，但你注意过你的眼睛么？你仔细观察过它吗？现在就拿起小镜子，看看镜子中你的眼睛是什么样子吧！
学生重大疾病防控技术和相关标准研制及应用 3

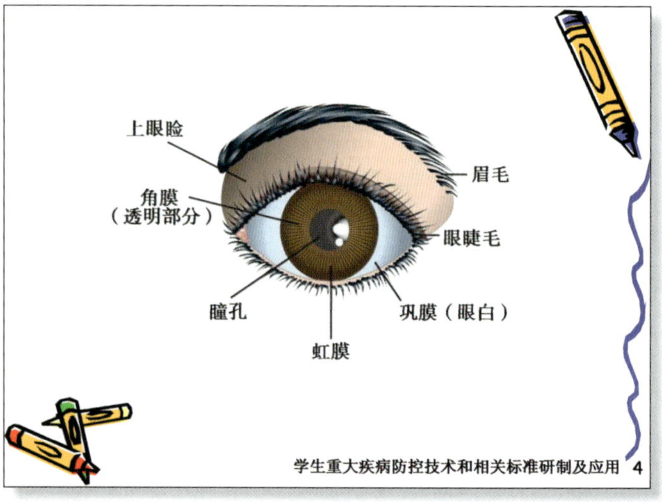
上眼睑
眉毛
角膜
（透明部分）
眼睫毛
瞳孔
巩膜（眼白）
虹膜
学生重大疾病防控技术和相关标准研制及应用 4

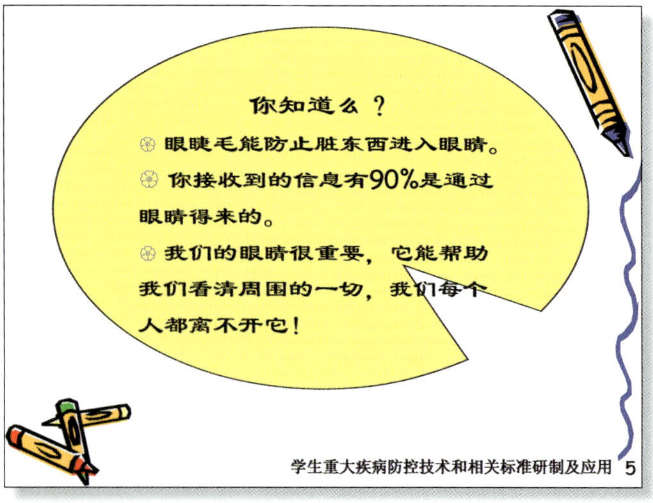
你知道么？
眼睫毛能防止脏东西进入眼睛。
你接收到的信息有90%是通过眼睛得来的。
我们的眼睛很重要，它能帮助我们看清周围的一切，我们每个人都离不开它！
学生重大疾病防控技术和相关标准研制及应用 5

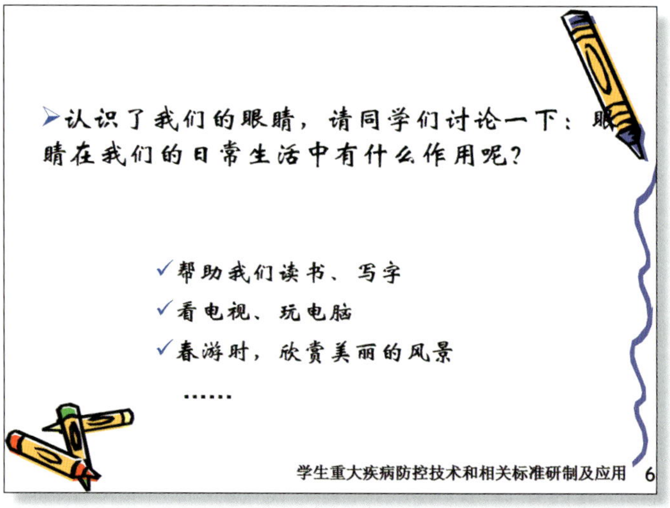
认识了我们的眼睛，请同学们讨论一下：眼睛在我们的日常生活中有什么作用呢？
✓帮助我们读书、写字
✓看电视、玩电脑
✓春游时，欣赏美丽的风景
……
学生重大疾病防控技术和相关标准研制及应用 6

➢眼睛有那么多作用，你们平时有没有好好保护眼睛呢?
➢观察一下周围的同学，都有哪些人戴了眼镜？自己的亲戚中呢?
学生重大疾病防控技术和相关标准研制及应用 7

什么是近视?
➢ 看近物清楚，看远物模糊
近视的同学容易出现眼睛疲劳和不适，表现为眼胀、眼痛、看东西有双影虚边等；有的同学还喜欢眯眼看东西，以便使自己看得更清楚一些。
学生重大疾病防控技术和相关标准研制及应用 8

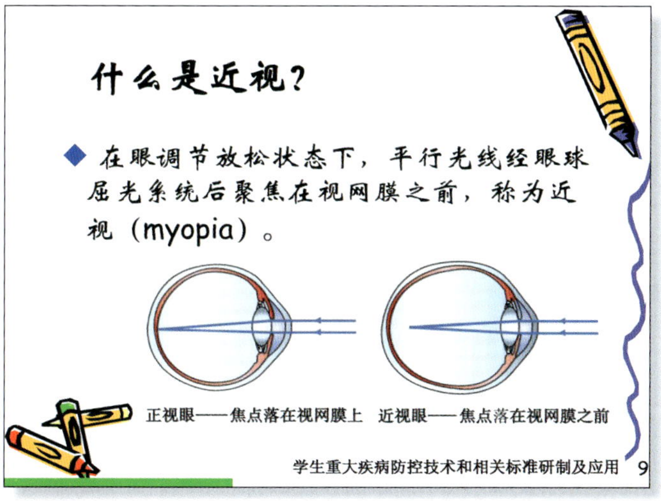
什么是近视?
◆ 在眼调节放松状态下，平行光线经眼球屈光系统后聚焦在视网膜之前，称为近视（myopia）。
正视眼——焦点落在视网膜上
近视眼——焦点落在视网膜之前
学生重大疾病防控技术和相关标准研制及应用 9

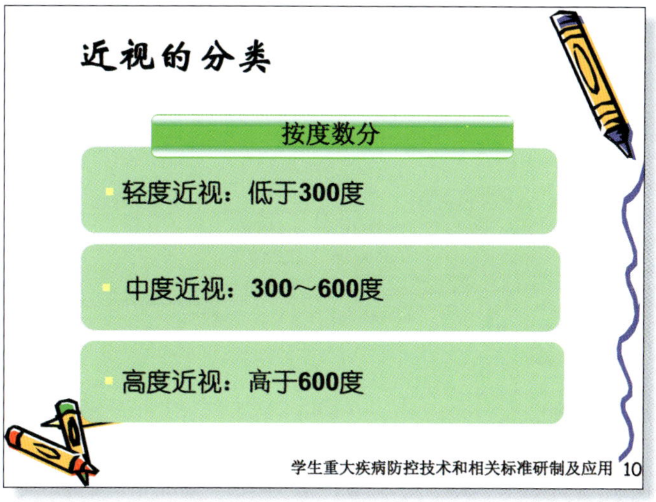
近视的分类
按度数分
轻度近视：低于300度
中度近视：300～600度
高度近视：高于600度
学生重大疾病防控技术和相关标准研制及应用 10

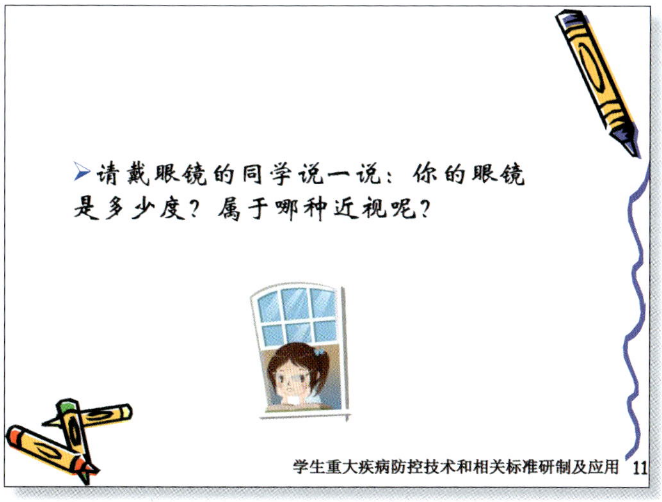
➢请戴眼镜的同学说一说：你的眼镜是多少度？属于哪种近视呢?
学生重大疾病防控技术和相关标准研制及应用 11

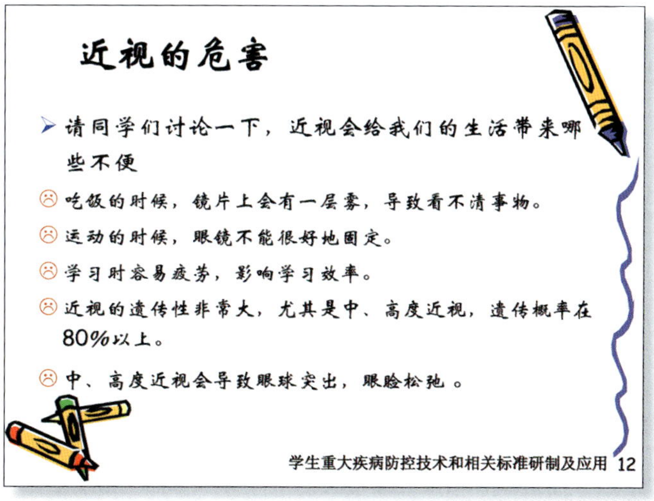
近视的危害
➢ 请同学们讨论一下，近视会给我们的生活带来哪些不便
☹ 吃饭的时候，镜片上会有一层雾，导致看不清事物。
☹ 运动的时候，眼镜不能很好地固定。
☹ 学习时容易疲劳，影响学习效率。
☹ 近视的遗传性非常大，尤其是中、高度近视，遗传概率在80%以上。
☹ 中、高度近视会导致眼球突出，眼睑松弛 。
学生重大疾病防控技术和相关标准研制及应用 12

近视的危害
☹影响上大学时的专业选择和未来就业（如报考军事院校、航空大学等）。
学生重大疾病防控技术和相关标准研制及应用 13

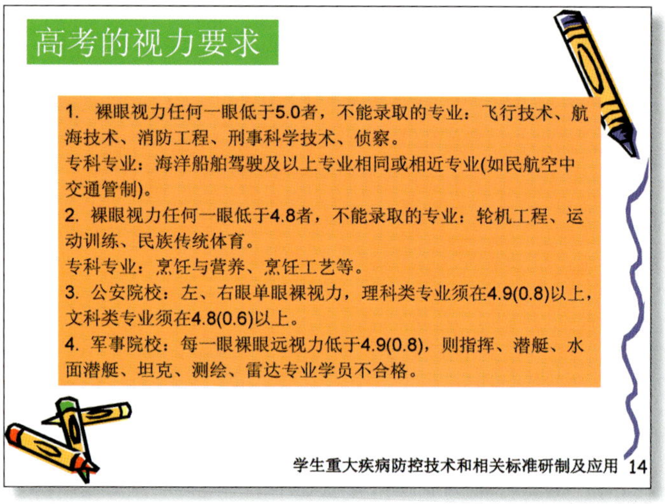
高考的视力要求
1. 裸眼视力任何一眼低于5.0者，不能录取的专业：飞行技术、航海技术、消防工程、刑事科学技术、侦察。
专科专业：海洋船舶驾驶及以上专业相同或相近专业(如民航空中交通管制)。
2. 裸眼视力任何一眼低于4.8者，不能录取的专业：轮机工程、运动训练、民族传统体育。
专科专业：烹饪与营养、烹饪工艺等。
3. 公安院校：左、右眼单眼裸视力，理科类专业须在4.9(0.8)以上，文科类专业须在4.8(0.6)以上。
4. 军事院校：每一眼裸眼远视力低于4.9(0.8)，则指挥、潜艇、水面潜艇、坦克、测绘、雷达专业学员不合格。
学生重大疾病防控技术和相关标准研制及应用 14

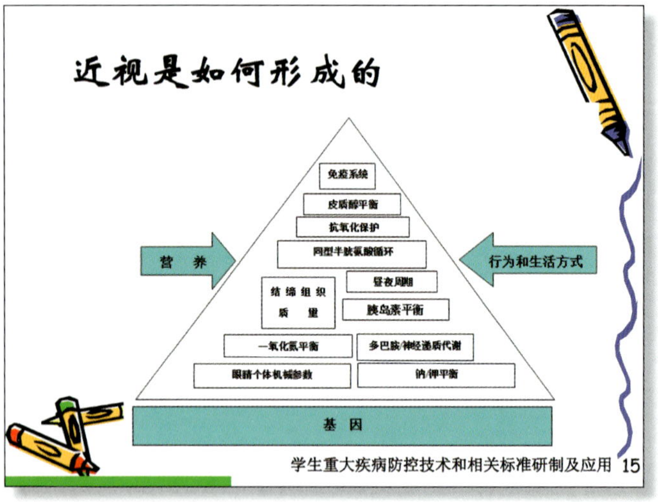
近视是如何形成的
免疫系统
皮质醇平衡
抗氧化保护
同型半胱氨酸循环
昼夜周期
结缔组织质量
胰岛素平衡
一氧化氮平衡
多巴胺/神经递质代谢
眼睛个体机械参数
钠/钾平衡
营养
行为和生活方式
基因
学生重大疾病防控技术和相关标准研制及应用 15

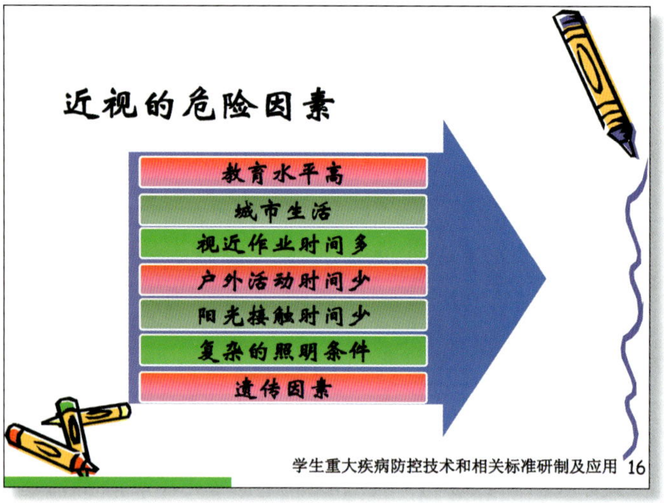
近视的危险因素
教育水平高
城市生活
视近作业时间多
户外活动时间少
阳光接触时间少
复杂的照明条件
遗传因素
学生重大疾病防控技术和相关标准研制及应用 16

怎么做？
☺多接触阳光，每天户外活动时间不少于1小时。
学生重大疾病防控技术和相关标准研制及应用 17

怎么做？
☺控制学习和娱乐时间。
☺避免长时间看书、学习
☺避免长时间看电视、玩电脑、玩手机
学生重大疾病防控技术和相关标准研制及应用 18

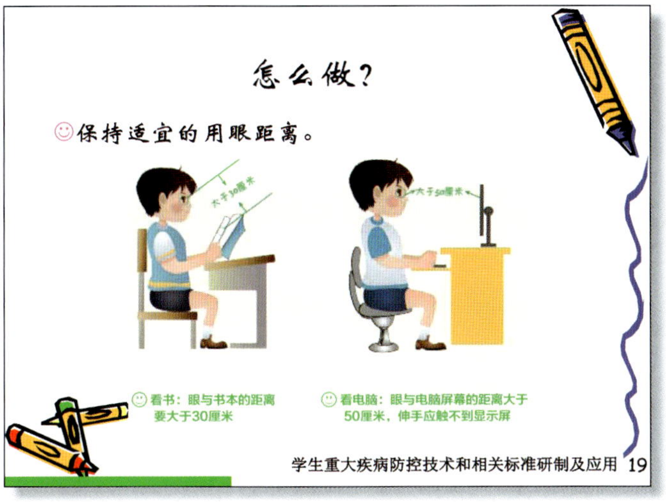
怎么做？
☺保持适宜的用眼距离。
大于30厘米
大于50厘米
☺看书：眼与书本的距离要大于30厘米
☺看电脑：眼与电脑屏幕的距离大于50厘米，伸手应触不到显示屏
学生重大疾病防控技术和相关标准研制及应用 19

怎么做？
☺保持适宜的用眼距离。
电视屏幕对角线长度的4~5倍
☺看电视：眼与电视的距离应为电视屏幕对角线长度的4~5倍；电视越大，距离越远。
学生重大疾病防控技术和相关标准研制及应用 20

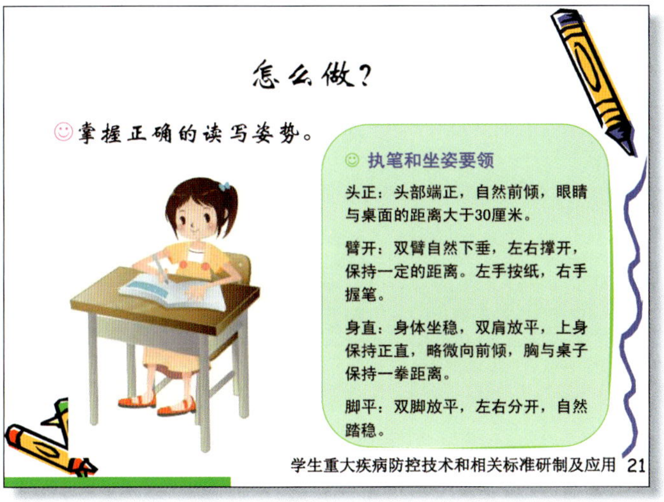
怎么做？
☺掌握正确的读写姿势。
☺ 执笔和坐姿要领
头正：头部端正，自然前倾，眼睛与桌面的距离大于30厘米。
臂开：双臂自然下垂，左右撑开，保持一定的距离。左手按纸，右手握笔。
身直：身体坐稳，双肩放平，上身保持正直，略微向前倾，胸与桌子保持一拳距离。
脚平：双脚放平，左右分开，自然踏稳。
学生重大疾病防控技术和相关标准研制及应用 21

怎么做？
☺改善光照条件。
☺ 白天在家看书、写字时，尽量使用自然光线，写字台应与窗户垂直摆放，习惯使用右手写字的同学，使光线从左手边射入（习惯使用左手写字的同学相反）。
写字台应与窗户垂直摆放
光线射入方向
学生重大疾病防控技术和相关标准研制及应用 22

怎么做？
☺改善光照条件。
☺ 晚上看书、写字时，要同时使用顶灯和台灯，并正确放置台灯（习惯使用右手写字的同学，台灯应置于左前方；习惯使用左手写字的同学相反）。
学生重大疾病防控技术和相关标准研制及应用 23

怎么做？
☺改善光照条件。
☺ 晚上看电视、玩电脑时要开房间顶灯。
学生重大疾病防控技术和相关标准研制及应用 24

怎么做？

☺关注自己的视力变化。

☺ 每学期检查一次视力。

☺不戴眼镜时检查的5米远视力低于5.0，或看黑板模糊时，要及时告诉父母，去医院进行专业眼科检查。

☺确定自己近视后，要及时配镜，防止近视度数加深。

学生重大疾病防控技术和相关标准研制及应用 25

怎么做？

☺选择适合自己身高的课桌椅。

☺ 课桌椅应符合我们的身高，当我们长高时要及时更换。

自我检查课桌椅是否合适：椅高应以坐在上面，大腿与小腿垂直、脚能平放在地的高度为宜；桌子的高度应以坐位时，背部挺直、上臂下垂、前臂水平，桌面位于肘上3～4厘米为宜。

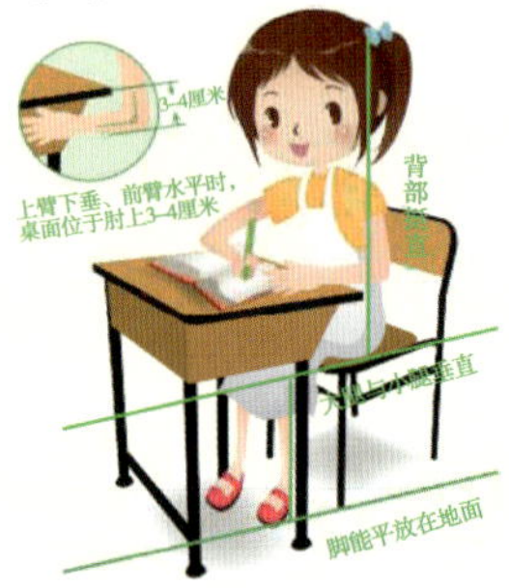

学生重大疾病防控技术和相关标准研制及应用 26

怎么做？

☺选择适合自己身高的课桌椅。

中小学课桌椅尺寸表（GB/T 3976-XXXX）（厘米）（待发布国家标准）				
课桌椅型号	课桌桌面高	课椅座面高	身高	身高范围
0 号	79	46	187.5	≥180
1 号	76	44	180.0	173～187
2 号	73	42	172.5	165～179
3 号	70	40	165.0	158～172
4 号	67	38	157.5	150～164
5 号	64	36	150.0	143～157
6 号	61	34	142.5	135～149
7 号	58	32	135.0	128～142
8 号	55	30	127.5	120～134
9 号	52	29	120.0	113～127
10 号	49	27	112.5	≤119

学生重大疾病防控技术和相关标准研制及应用 27

怎么做？

☺养成良好的生活习惯。

☺ 早睡早起，保证充足的睡眠。

☺ 不开夜灯睡觉。

☺ 不挑食，多吃种类丰富的蔬菜和水果。

学生重大疾病防控技术和相关标准研制及应用 28

愿每位同学

都有一双明亮的眼睛！

学生重大疾病防控技术和相关标准研制及应用 29

谢谢！

学生重大疾病防控技术和相关标准研制及应用 30

第二讲　怎样才能不肥胖

一、教学目的

- 了解肥胖成因及危害。
- 了解运动的好处。
- 掌握运动分级，并应用到日常学习生活中。

二、教学过程

活动一：用宣传册中人物形象介绍肥胖形成的过程

建议时间：9 ~ 11 分钟。

（1）通过动画形象引入主题“快乐运动、健康饮食”（0.5 分钟）

帅帅是班里的体育明星，跑步、跳远、跳高样样都很棒，踢足球、打篮球的时候又有劲又灵巧，同学们都喜欢跟他玩。

豆豆却有一点胖，踢足球的时候跑不动，打篮球总是很吃力。所以有时豆豆会觉得有点困扰，他常常想：到底怎样才能不胖呢？怎样才能像帅帅那么受欢迎呢？

所以，豆豆和帅帅一起报名参加学校的“怎样才能不胖呢”比赛活动。

让我们和豆豆、帅帅一起踏上“快乐运动、健康饮食”之旅吧！

（2）介绍肥胖形成原因（1.5 分钟）

可以用天平来介绍肥胖形成的原因。我们身体的胖瘦就好像天平一样。天平的一端是我们的饮食，另一端是我们的运动。如果吃得多、动得少，那么身体就会积累过多的能量，我们就会变成小胖子，就像豆豆那样；如果我们能够控制饮食，同时增加运动，那么体重就能够得到控制，小胖子也会慢慢变瘦的！

（3）肥胖的判断标准——BMI 计算（2 分钟）

如果两个小朋友同样都是 50kg，一个身高是 170cm，另外一个是 130cm，那么同学们认为谁更胖些呢？当然是后者了。所以要判断自己是不是肥胖，不仅要看体重，还要看身高。

这次课就介绍我们常用的一个非常重要的指标，叫做“体质指数”，写作 BMI。

$$\text{BMI}=\frac{\text{体重（kg）}}{\text{身高（m）}\times\text{身高（m）}}$$

BMI 的计算是一个除法，分子是体重，分母是身高乘以身高。同学们需要注意，体重的单位是公斤，也就是 kg；身高的单位是米，比如说你的身高是 1 米 45，就要写成 1.45m。

以豆豆为例，算一算她的 BMI！豆豆今年已经 12 岁了，他身高 1 米 49，体重 57kg。所以分子就是 57kg，分母是 1.49m 乘以 1.49m，算出来之后我们就知道豆豆的 BMI 是 25.7。那么豆豆是不是肥胖呢？我们如何判断呢？

判断是否肥胖，我们常用中国男孩 7 ~ 18 岁营养状况判定的 BMI 标准。如果想知道豆豆是不是肥胖，首先，在表的最左边找到豆豆的年龄 12 岁，我们只需要看这一行。用刚刚算出来的 25.7 与这一行的数字相比，看看它属于哪一个范围呢？我们可以发现，25.7 处于大于等于 24.7 这个范围，再向上找，它所对应的状态就是豆豆现在的营养状况——肥胖，所以说豆豆应该减肥了。

细心的同学会发现，为什么肥胖与正常之间还有一块叫“超重”的区域呢？超重是指体重超过了正常水平但还没达到肥胖。超重也是一种不健康的状态，处在超重状态的同学也要开始减肥了！

（4）互动环节（介绍 BMI 转盘的使用）（5 ~ 7 分钟）

找两名同学——一名体重正常的女生，一名肥胖或超重的男生，示范如何计算 BMI，以及如何判断营养状态。

使用电脑的计算器来演示几位同学的 BMI 计算和查表方法。

此处需要区分男生和女生的 BMI 标准，需使用不同的表格。

活动二：肥胖的危害

建议时间：8 ~ 9 分钟。

（1）纠正关于肥胖的错误观念

- 肥胖的人吃得多，那是身体好。
- 肥胖对健康没害处。
- 胖就胖呗，胖又不是病。
- 小时候胖也没有关系，长大自然就不胖了。

以上均是孩子或者家长的错误观点，需要同学们纠正，并且告诉家人。

（2）头脑风暴法互动

通过让同学们自由发表对肥胖危害的看法，可以得出肥胖的危害。

（3）肥胖危害的介绍

●现在小胖，以后大胖：肥胖儿童如果不进行预防和治疗，约 60% 成年后仍肥胖。

●导致与肥胖相关的疾病：更可怕的是，肥胖会导致患相关疾病的危险性增加；肥胖是许多严重疾病的根源，如高血压、2 型糖尿病、脂肪肝、睡眠呼吸暂停、心脑血管疾病、高血脂、骨关节病、肿瘤、妇女排卵功能障碍等。

●运动能力差，体质不如前：①运动能力下降，肥胖儿童身体臃肿行动不便，也懒于锻炼，他们身上很多器官的功能和运动能力明显低于正常体重儿童。和正常体重的孩子相比，肥胖儿童运动能力较差，短跑时速度慢，长跑时没有耐力，跳远时没有爆发力。②体质下降，体质水平明显低于正常体重儿童，免疫力低下，经常感冒、发烧。③学习能力会受影响。

●心理健康：自信、自尊受影响。肥胖的孩子和正常体重的孩子相比，自信心不足。给人起外号可能造成这些被起外号的同学心理上的伤害，长此以往，会造成他们不自信，甚至是自卑。所以善良的同学们，停止给周围的任何同学起嘲笑性的外号。当然，从根本上杜绝这种现象的发生，只能是肥胖的孩子自己恢复到正常体重。

活动三：引入下一个主题——运动

建议时间：5 分钟。

材料：放映两张幻灯片，图文呈现豆豆和帅帅的生活方式。

畅聊时分：让我们再次重温豆豆和帅帅的故事。同学们更喜欢谁的生活方式，豆豆还是帅帅？为什么？结合自身经历来说说运动都有哪些好处。

（1）你更喜欢谁的生活方式，豆豆还是帅帅？为什么？（可以引导同学们结合豆豆和帅帅的生活方式及体型谈谈看法。）（2 分钟）

教师小结：豆豆和帅帅的生活习惯不同，豆豆不喜欢运动，他更喜欢静态的生活方式，如看电视、玩电脑，而帅帅则喜欢运动。在前几次课上已经跟同学们介绍过了豆豆和帅帅，豆豆有些胖，帅帅的身材则很正常。运动就是造成他俩身材迥异的另外一个重要原因。

（2）接下来结合豆豆和帅帅的故事，以及你日常的运动体验，说说看运动有哪些好处。（2 分钟）

（3）教师小结（1 分钟）

● 运动可以促进心脏和肺功能的发育，增加肺活量，增强心脏的收缩力，提高同学们的耐力。

● 运动可以促进骨骼和肌肉的发育，使同学们长得更高，身体更强壮。

● 我们的身体在运动时需要消耗能量，对于同一个人，他做的运动越多，并且运动的强度越大，消耗的能量也就越多。因此，运动是控制体重、预防肥胖的重要方法。

活动四：运动强度的概念与分级

建议时间：8 分钟。

（1）说说看（3 分钟）：老师可以请 2 ～ 3 名学生回答下列问题，并在黑板上做好记录。此部分讲授结束后，再请上述学生评价他们提到的运动都分别属于什么强度，现场活学活用。在加深对运动强度理解的同时，老师可借同学的回答，引导同学们选择适合自己的运动强度 / 频率 / 时间。

● 你平时都做哪些运动？每周做几次，每次多长时间？

● 运动完身体感觉如何？

● 听说过运动强度吗？

（2）教师小结（2 分钟）：同学回答完毕后，按顺序分别介绍轻度、中等强度和高等强度运动的概念及各自典型的运动例子。

（3）请刚刚回答问题的学生再次起立，评价他所提到的运动的强度分别是什么？为什么？（3 分钟）

活动五：如何制订合理的运动计划

建议时间：4 分钟。

（1）教师讲授（3 分钟）

● 每天应该进行 1 小时以上中等或高等强度的运动。

对 1 小时的运动如何进行具体安排？

举例：5 ～ 8 分钟的准备活动，可以进行伸展练习→ 20 ～ 30 分钟的慢跑或者广播操→ 30 ～ 40 分钟自己喜欢的体育活动，如游泳、踢足球等，男同学可以做俯卧撑，女同学可以做仰卧起坐。→运动完之后进行 5 ～ 8 分钟的整理活动，可以慢走或做伸展运动。

● 要提醒同学们注意的是：运动可以分几次进

行，但是一定要保证足够的中高强度运动时间（每天至少1小时），准备活动是不能算在中高强度运动时间内的。

（2）向大家介绍几条运动的小贴士（1分钟）

- 运动前需要进行简单的准备活动，如简单的伸展活动，这样可以防止在运动中受伤。
- 低年级的同学应该在有老师或者家长的情况下进行运动。
- 运动后要注意补充水分，但是不要喝甜饮料（如汽水、果汁等），白开水是最好的选择。

课程小结（2分钟）

今天我们通过豆豆和帅帅的故事详细了解了肥胖的成因和危害，以及如何通过科学合理的运动来防控肥胖，老师向在座的各位同学发出倡议：不做今日和明天的小胖墩，从即刻开始！阳光运动每一天，快乐成长你我他！

【习题】

1．什么是体质指数（BMI）？

2．肥胖有哪些危害？

3．如果小明是男生，今年11岁，身高151cm，体重54kg，小明的BMI是多少？他的营养状况是什么样的？

4．肥胖是如何形成的？

【习题参考答案】

1．体质指数（BMI）是通过身高和体重计算得来的一个指标，这个指标可以评价我们的营养状况。其计算公式如下：

$$\text{BMI}=\frac{\text{体重（kg）}}{\text{身高（m）}\times\text{身高（m）}}$$

2．肥胖的危害：导致成年期肥胖，影响身体健康（体质下降，运动能力下降，学习能力下降），影响心理健康（自信心不足），导致成年期疾病（高血压、高血脂、心脑血管疾病、糖尿病、脂肪肝等）。

3．小明的BMI=52/（1.51×1.51）=22.8（kg/m^2）。因为小明是男生，所以找到男生的BMI标准表格，小明为11岁，找到11岁那一行，可以判断小明是超重的，因为11岁超重的BMI范围为20.3～23.5。所以小明的营养状况是超重，需要减肥了。

4．肥胖是如何形成的：可以用天平来介绍肥胖形成的原因。我们身体的胖瘦就好像天平一样。天平的一端是我们的饮食，另一端是我们的运动。如果吃得多、动得少，那么身体就会积累过多的能量，我们就会变成小胖子，就像豆豆那样；如果我们能够控制饮食，同时增加运动，那么体重就能够得到控制，小胖子也会慢慢变瘦的！

【课后作业】

1．小小调查家——记下自己、爸爸和妈妈的身高、体重，给他们计算各自BMI指数，并判断自己和父母的营养状况。（提示：父母大于18岁所以使用“18～”行。注意区分男性、女性，使用不同的BMI标准。营养状况分为消瘦、正常、超重和肥胖。）

家庭成员	身高（m）	体重（kg）	BMI（kg/m^2）	营养状况
爸爸				
妈妈				
我				

2．大家知道了肥胖形成的原因，而且肥胖可以预防、可以控制，请大家想想如何从饮食和运动两个方面去保持健康的体重呢？

3．制订适合你的一周阳光运动计划表和实际完成表。

请同学们根据自己的身体状况、平时运动情况及学习时间情况，制订属于自己的一周运动计划。要求计划表中必须包含的内容：运动方式、运动强度、运动频率、每次运动时间、计划何时运动。实际完成表中包括：运动方式及强度、具体运动时间、运动时长、运动完身体感受（根据运动强度中的关键词来描述）。详细记录制订计划和完成计划过程中遇到的困难和经验教训。表格形式力求简单、清晰，实用即可。下次上课时，请把计划表和完成情况表纸质版带到课堂上与同学分享。

三、多媒体教学课件示例

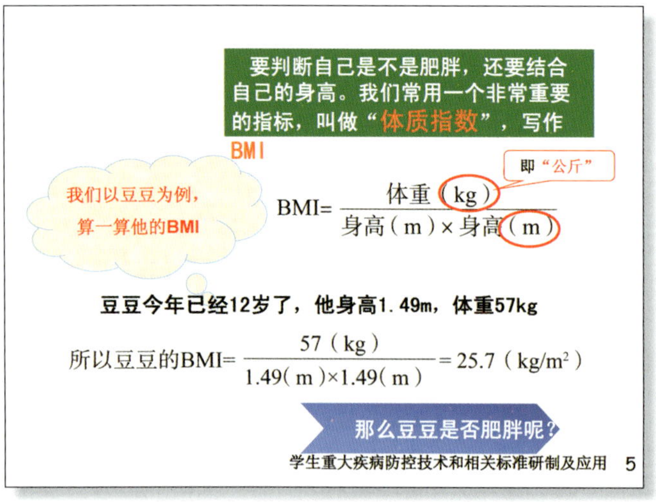

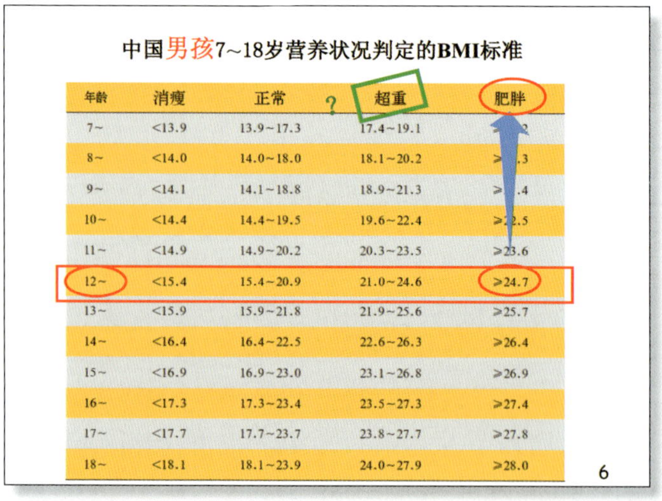
中国男孩7~18岁营养状况判定的BMI标准

年龄	消瘦	正常	超重	肥胖
7~	<13.9	13.9~17.3	17.4~19.1	≥[illegible]2
8~	<14.0	14.0~18.0	18.1~20.2	≥[illegible].3
9~	<14.1	14.1~18.8	18.9~21.3	≥[illegible].4
10~	<14.4	14.4~19.5	19.6~22.4	≥2[illegible].5
11~	<14.9	14.9~20.2	20.3~23.5	≥23.6
12~	<15.4	15.4~20.9	21.0~24.6	≥24.7
13~	<15.9	15.9~21.8	21.9~25.6	≥25.7
14~	<16.4	16.4~22.5	22.6~26.3	≥26.4
15~	<16.9	16.9~23.0	23.1~26.8	≥26.9
16~	<17.3	17.3~23.4	23.5~27.3	≥27.4
17~	<17.7	17.7~23.7	23.8~27.7	≥27.8
18~	<18.1	18.1~23.9	24.0~27.9	≥28.0

互 动
时 间

$$\text{BMI}=\frac{\text{体重（kg）}}{\text{身高（m）}\times\text{身高（m）}}$$

学生重大疾病防控技术和相关标准研制及应用 7

中国男孩7~18岁营养状况判定的BMI标准

年龄	消瘦	正常	超重	肥胖
7~	<13.9	13.9~17.3	17.4~19.1	≥19.2
8~	<14.0	14.0~18.0	18.1~20.2	≥20.3
9~	<14.1	14.1~18.8	18.9~21.3	≥21.4
10~	<14.4	14.4~19.5	19.6~22.4	≥22.5
11~	<14.9	14.9~20.2	20.3~23.5	≥23.6
12~	<15.4	15.4~20.9	21.0~24.6	≥24.7
13~	<15.9	15.9~21.8	21.9~25.6	≥25.7
14~	<16.4	16.4~22.5	22.6~26.3	≥26.4
15~	<16.9	16.9~23.0	23.1~26.8	≥26.9
16~	<17.3	17.3~23.4	23.5~27.3	≥27.4
17~	<17.7	17.7~23.7	23.8~27.7	≥27.8
18~	<18.1	18.1~23.9	24.0~27.9	≥28.0

学生重大疾病防控技术和相关标准研制及应用 8

中国女孩7~18岁营养状况判定的BMI标准

年龄	消瘦	正常	超重	肥胖
7~	<13.4	13.4~17.1	17.2~18.8	≥18.9
8~	<13.6	13.6~18.0	18.1~19.8	≥19.9
9~	<13.8	13.8~18.9	19.0~20.9	≥21.0
10~	<14.0	14.0~19.9	20.0~22.0	≥22.1
11~	<14.3	14.3~21.0	21.1~23.2	≥23.3
12~	<14.7	14.7~21.8	21.9~24.4	≥24.5
13~	<15.3	15.3~22.5	22.6~25.5	≥25.6
14~	<16.0	16.0~22.9	23.0~26.2	≥26.3
15~	<16.6	16.6~23.3	23.4~26.8	≥26.9
16~	<17.0	17.0~23.6	23.7~27.3	≥27.4
17~	<17.2	17.2~23.7	23.8~27.6	≥27.7
18~	<17.5	17.5~23.9	24.0~27.9	≥28.0

学生重大疾病防控技术和相关标准研制及应用 9

大家知道怎样使用BMI转盘吗？

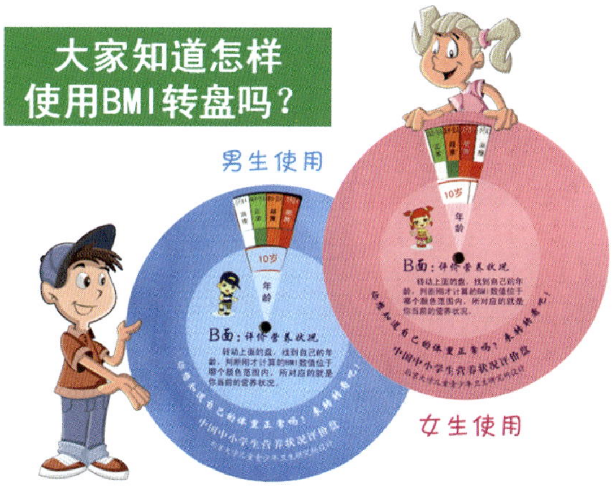

学生重大疾病防控技术和相关标准研制及应用 10

你知道吗？

8个男生、8个女生在一起
其中2个男生和1个女生肥胖

学生重大疾病防控技术和相关标准研制及应用 11

第二部分　肥胖的危害

肥胖有哪些危害呢？

学生重大疾病防控技术和相关标准研制及应用 12

肥胖的人吃得多，那是身体好
肥胖对健康没害处
胖就胖呗，胖又不是病
小时候胖也没有关系，长大自然就不胖了
学生重大疾病防控技术和相关标准研制及应用 13

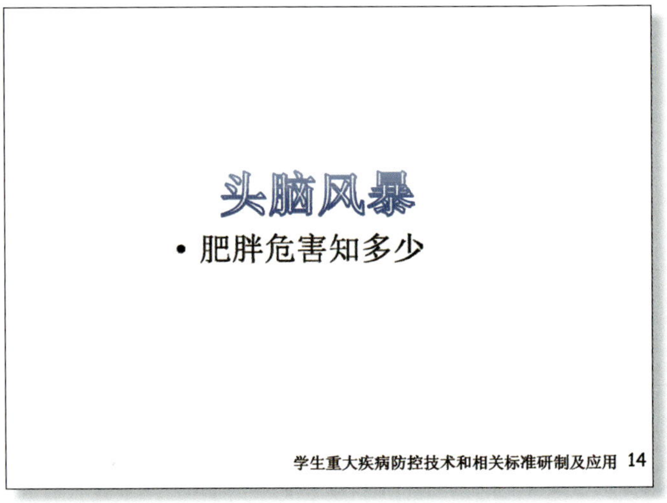
头脑风暴
• 肥胖危害知多少
学生重大疾病防控技术和相关标准研制及应用 14

肥胖的危害
现在小胖，以后大胖
导致与肥胖相关的疾病
运动能力差，体质不如前
不胖更自信，更帅更漂亮
15

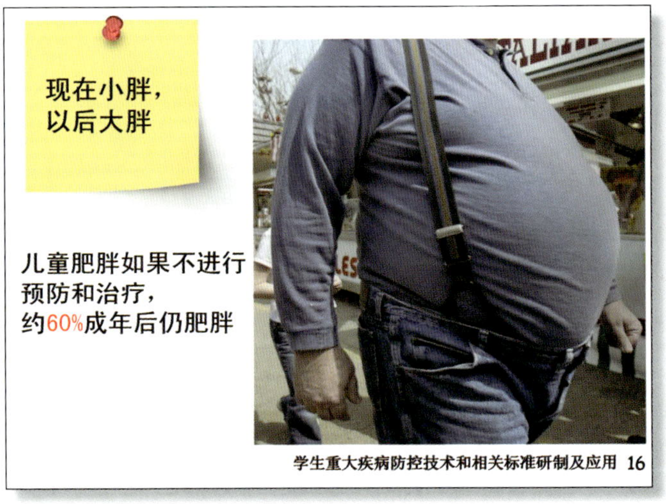
现在小胖，以后大胖
儿童肥胖如果不进行预防和治疗，约60%成年后仍肥胖
学生重大疾病防控技术和相关标准研制及应用 16

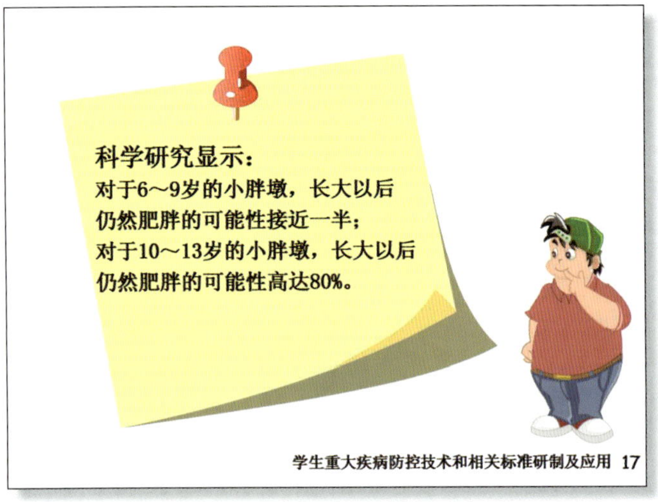
科学研究显示：
对于6～9岁的小胖墩，长大以后仍然肥胖的可能性接近一半；
对于10～13岁的小胖墩，长大以后仍然肥胖的可能性高达80%。
学生重大疾病防控技术和相关标准研制及应用 17

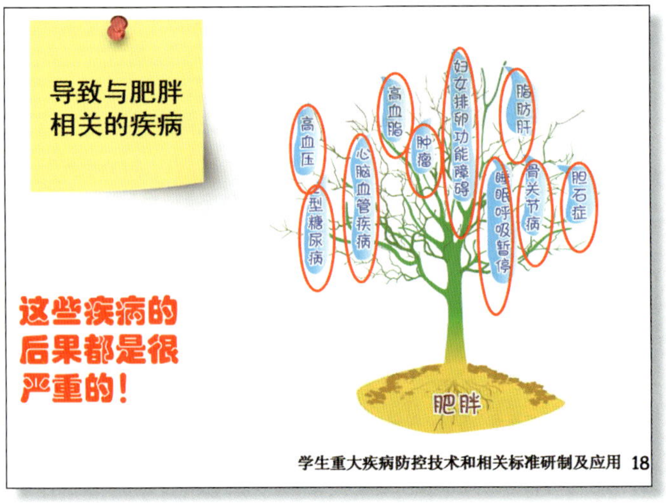
导致与肥胖相关的疾病
高血压
型糖尿病
心脑血管疾病
高血脂
肿瘤
妇女排卵功能障碍
睡眠呼吸暂停
脂肪肝
骨关节病
胆石症
肥胖
这些疾病的后果都是很严重的！
学生重大疾病防控技术和相关标准研制及应用 18

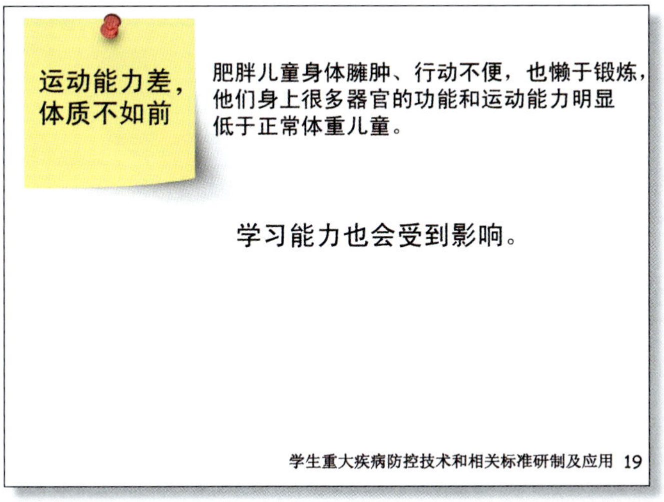
运动能力差，
体质不如前
肥胖儿童身体臃肿、行动不便，也懒于锻炼，他们身上很多器官的功能和运动能力明显低于正常体重儿童。
学习能力也会受到影响。
学生重大疾病防控技术和相关标准研制及应用 19

不胖更自信，
更帅更漂亮
肥胖的孩子和正常体重的孩子相比，自信心不足。
被起小绰号，
变得不自信。
学生重大疾病防控技术和相关标准研制及应用 20

肥胖可防可治
采取适当的行动并坚持不懈，完全可以告别肥胖的困扰！
学生重大疾病防控技术和相关标准研制及应用 21

怎样运动才算科学
合理呢？
学生重大疾病防控技术和相关标准研制及应用 22

豆豆：总是不和大家一起出去玩，要么坐在沙发上看电视，要么坐在书桌前玩电脑。
学生重大疾病防控技术和相关标准研制及应用 23

帅帅：
不喜欢呆在家里，而是喜欢到户外进行活动。
学生重大疾病防控技术和相关标准研制及应用 24

你更喜欢谁的生活方式，豆豆还是帅帅？为什么？运动有哪些好处？

畅聊时分

运动的好处

- 1. 运动可以促进心脏和肺功能的发育，增加肺活量，增强心脏的收缩力，提高同学们的耐力。
- 2. 运动可以促进骨骼和肌肉的发育，使同学们长得更高，身体更强壮。
- 3. 我们的身体在运动时需要消耗能量，对于同一个人，他做的运动越多，并且运动的强度越大，消耗的能量也就越多。因此，运动是控制体重、预防肥胖的重要方法。

说说看

- 你平时都做哪些运动？每周做几次，每次多长时间？
- 运动完身体感觉如何？
- 听说过运动强度吗？

运动强度

- 运动强度是用来评价运动量的一种方法。

轻度运动

- 那些大家在运动时身体感到舒服、不累，呼吸顺畅的运动。

中等强度运动

- 让你少量**出汗、略微气喘**的运动，你自己感觉用力但不吃力，活动的同时可以随呼吸的节奏完整说一句话，但不能唱歌。

高等强度运动

- 如果活动时你已经大汗淋漓、很吃力，那就是高等强度运动了。

轻度	伸展运动；散步；一些家务活动，如浇花、擦桌子、扫地、喂小动物等
中等强度度	中等速度跑步、跳舞、做韵律操、上下楼梯、投篮球、打乒乓球、游泳
高强度	打篮球、踢足球、赛跑、跳绳、登山、打网球、搬运重11千克以上的东西等

再来说一说：请刚刚回答问题的同学评价你所提到的运动的强度，并给出理由。

如何进行运动

- 同学们一定要记住，每天应该进行1小时以上中等或高等强度的运动。

可以一次完成1小时的运动，也可以分成几次进行。

一次不少于10分钟，累计1小时。

运动方法

准备活动不算在中高强度运动时间内！

运动小贴士

- 1. 运动前需要进行简单的准备活动，如简单的伸展活动，这样可以防止在运动中受伤。
- 2. 低年级的同学应该在有老师或者家长的情况下进行运动。
- 3. 运动后要注意补充水分，但是不要喝甜饮料（如汽水、果汁等），白开水是最好的选择。

有关运动的健康生活方式（三点）

1.减少静态活动时间。

- 看电视、使用电脑、玩电子游戏的时间每天不超过2小时。
- 课间10分钟离开座位去做游戏等身体活动。

大疾病防控技术和相关标准研制及应用 37

- 学习时要每隔40分钟活动一次。
- 假期作息时间要规律。

学生重大疾病防控技术和相关标准研制及应用 38

2.积极参加体育锻炼。

- 保证每天1小时以上中等或高等强度运动。如果当天没有体育课，放学以后一定要将体育运动时间补上。

学生重大疾病防控技术和相关标准研制及应用 39

- 经常与小伙伴们爬山、打球、跑步、游泳等。
- 培养自己喜欢的1~2项体育爱好，可以在课余时间参加培训班并坚持下去。

学生重大疾病防控技术和相关标准研制及应用 40

3.尽量做其他身体活动。

- 每天尽量步行上下学，如果家离学校远，必须坐车，可以提前一站下车，尽可能多走。
- 每天步行上下楼梯，不坐电梯。
- 积极做一些力所能及的家务，如洗碗、擦桌子等。

学生重大疾病防控技术和相关标准研制及应用 41

- 能站就不要坐，能走就不要站，能跑就不要走！
- 坚持锻炼，保持健康的身体！

学生重大疾病防控技术和相关标准研制及应用 42

小复习
我们推荐的运动强度：中等或高等强度
我们推荐的运动时间：1个小时以上
学生重大疾病防控技术和相关标准研制及应用 43

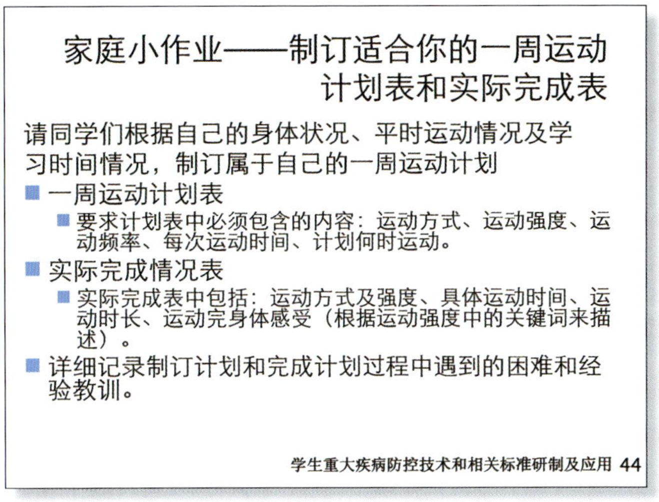
家庭小作业——制订适合你的一周运动计划表和实际完成表
请同学们根据自己的身体状况、平时运动情况及学习时间情况，制订属于自己的一周运动计划
一周运动计划表
要求计划表中必须包含的内容：运动方式、运动强度、运动频率、每次运动时间、计划何时运动。
实际完成情况表
实际完成表中包括：运动方式及强度、具体运动时间、运动时长、运动完身体感受（根据运动强度中的关键词来描述）。
详细记录制订计划和完成计划过程中遇到的困难和经验教训。
学生重大疾病防控技术和相关标准研制及应用 44

培养自己良好的生活习惯并从现在做起，为一生的健康做储备！
学生重大疾病防控技术和相关标准研制及应用 45

跟肥胖Say Goodbye！
我们会变得更帅更漂亮、
更健康、更自信！
学生重大疾病防控技术和相关标准研制及应用 46

谢谢！
学生重大疾病防控技术和相关标准研制及应用 47

第三讲　认识了解传染病与乙肝的防治

一、教学目标

- 了解传染病的基础知识。
- 知道预防传染病的基础知识。
- 了解乙肝的基本知识。

二、教学材料

- 多媒体教学课件。
- 挂图。

三、课程说明

活动一：教学导入

建议时间：5 分钟。

- 用“头脑风暴”游戏让同学们谈谈对传染病的认识，如“你知道的传染病有哪些”。

活动二：讲解传染病的基本知识和预防常识

建议时间：20 分钟。

- 教师根据多媒体教学课件讲解传染病的基本知识和预防常识。

活动三：讲解乙肝的基本常识

建议时间：15 分钟。

- 教师根据多媒体教学课件讲解乙肝的防治知识。
- 学生提问：针对上面讲述的内容，学生可以以举手或写纸条的方式进行提问。

课程小结

通过这节课，大家应该对传染病有了一定的认识，并了解了乙肝的一些基本知识。对于传染病的知识，同学们如果还有什么想了解的，或者对课堂内容有不明白的地方，欢迎课后和老师讨论。

四、多媒体教学课件示例

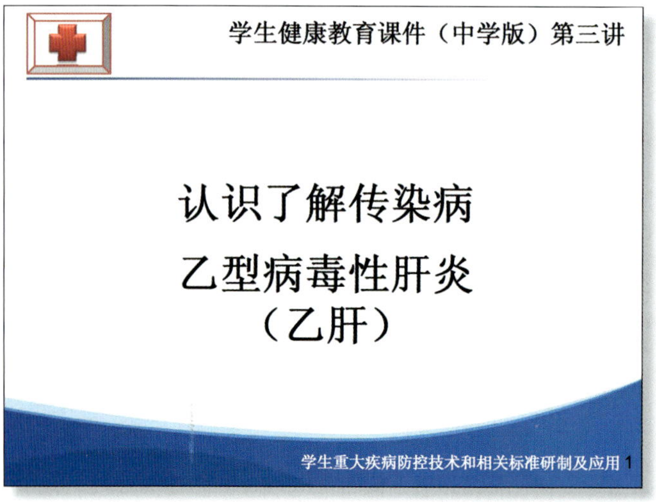

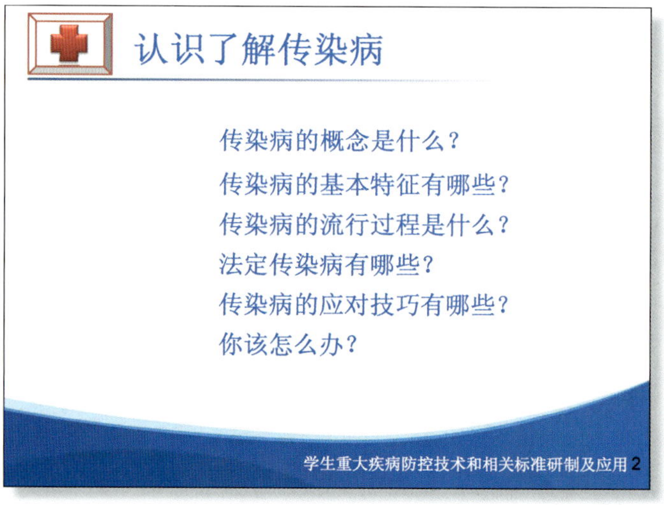

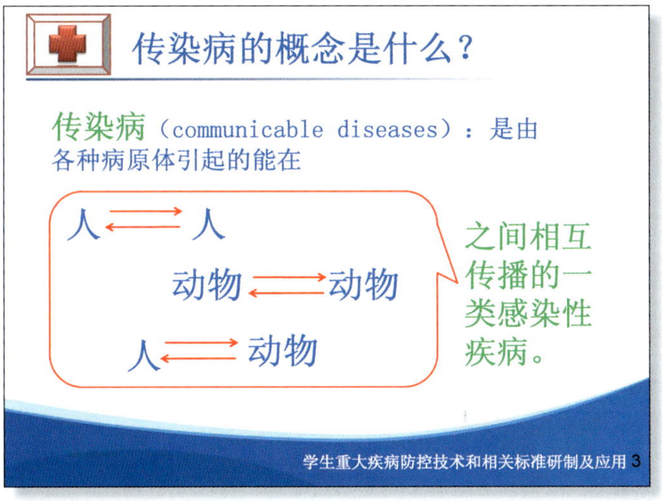
传染病的概念是什么？
传染病（communicable diseases）：是由各种病原体引起的能在
人⇄人
动物⇄动物
人⇄动物
之间相互传播的一类感染性疾病。
学生重大疾病防控技术和相关标准研制及应用 3

传染病的概念是什么？
造成传染病的病原体：
大部分是微生物
小部分是寄生虫
寄生虫
其他
立克次体
细菌
真菌
病毒
螺旋体
支原体
衣原体
病原体
寄生虫
微生物
学生重大疾病防控技术和相关标准研制及应用 4

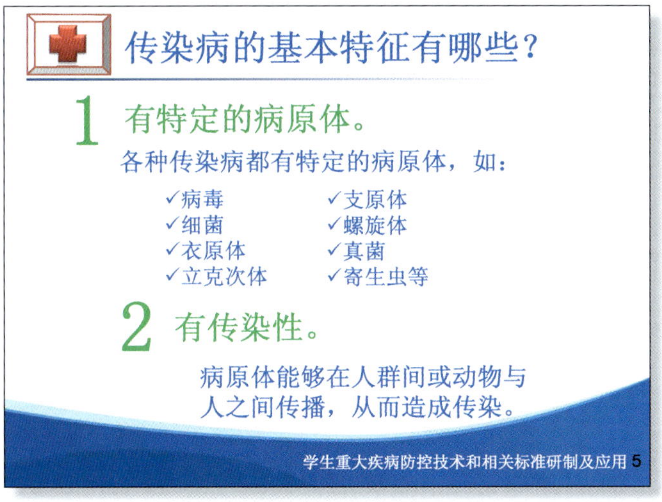
传染病的基本特征有哪些？
1 有特定的病原体。
各种传染病都有特定的病原体，如：
✓病毒 ✓支原体
✓细菌 ✓螺旋体
✓衣原体 ✓真菌
✓立克次体 ✓寄生虫等
2 有传染性。
病原体能够在人群间或动物与人之间传播，从而造成传染。
学生重大疾病防控技术和相关标准研制及应用 5

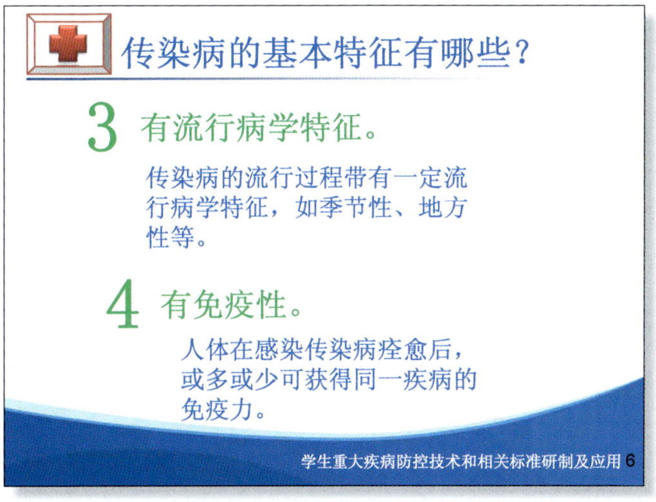
传染病的基本特征有哪些？
3 有流行病学特征。
传染病的流行过程带有一定流行病学特征，如季节性、地方性等。
4 有免疫性。
人体在感染传染病痊愈后，或多或少可获得同一疾病的免疫力。
学生重大疾病防控技术和相关标准研制及应用 6

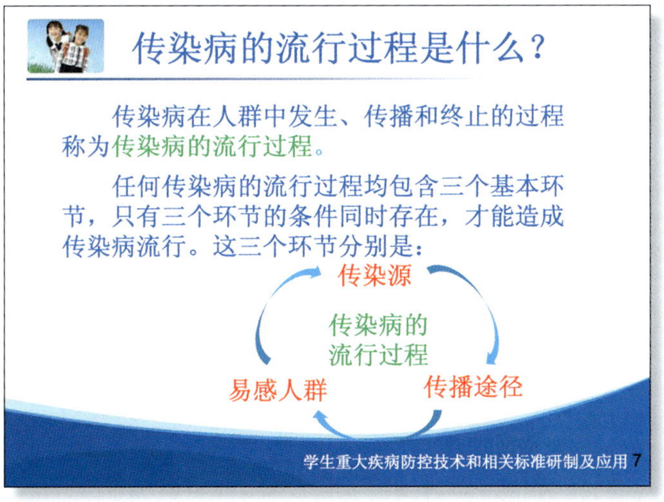
传染病的流行过程是什么？
传染病在人群中发生、传播和终止的过程称为传染病的流行过程。
任何传染病的流行过程均包含三个基本环节，只有三个环节的条件同时存在，才能造成传染病流行。这三个环节分别是：
传染源
传染病的流行过程
易感人群
传播途径
学生重大疾病防控技术和相关标准研制及应用 7

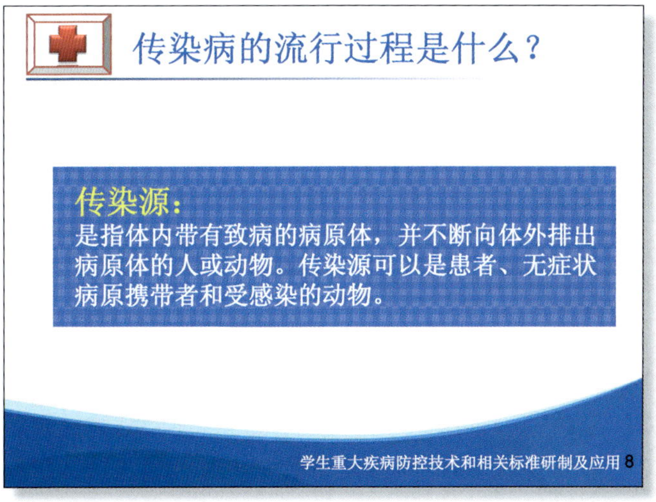
传染病的流行过程是什么？
传染源：
是指体内带有致病的病原体，并不断向体外排出病原体的人或动物。传染源可以是患者、无症状病原携带者和受感染的动物。
学生重大疾病防控技术和相关标准研制及应用 8

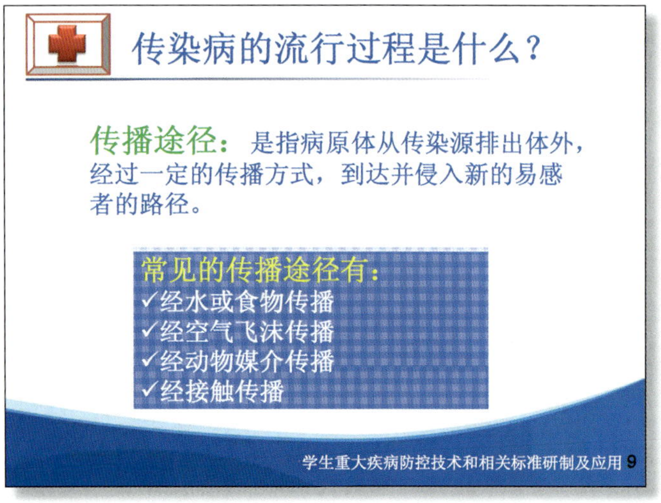
传染病的流行过程是什么？
传播途径：是指病原体从传染源排出体外，经过一定的传播方式，到达并侵入新的易感者的路径。
常见的传播途径有：
✓经水或食物传播
✓经空气飞沫传播
✓经动物媒介传播
✓经接触传播
学生重大疾病防控技术和相关标准研制及应用 9

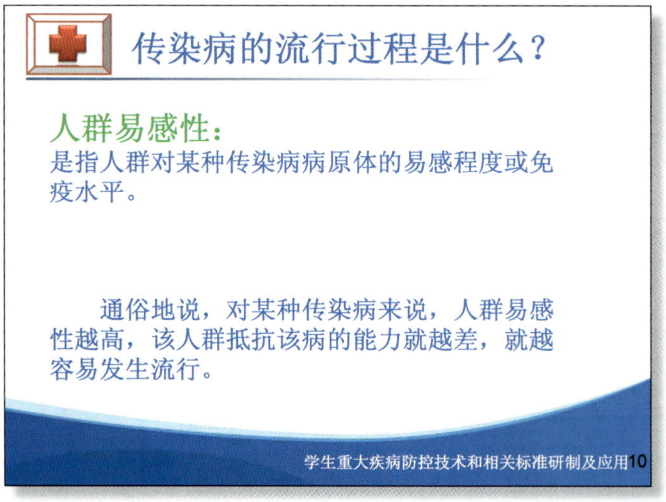
传染病的流行过程是什么？
人群易感性：
是指人群对某种传染病病原体的易感程度或免疫水平。
通俗地说，对某种传染病来说，人群易感性越高，该人群抵抗该病的能力就越差，就越容易发生流行。
学生重大疾病防控技术和相关标准研制及应用10

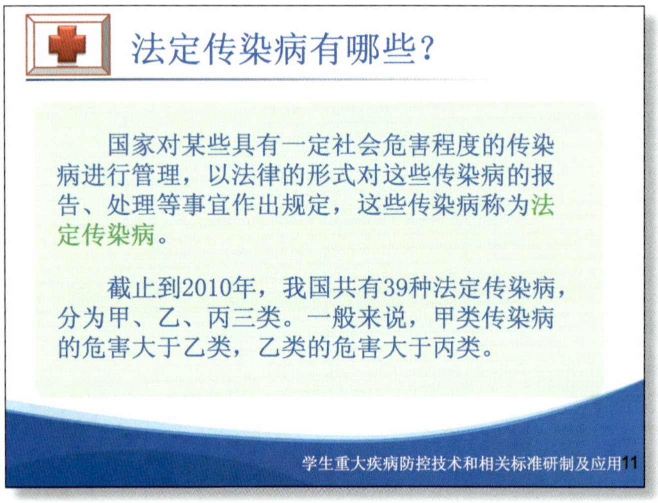
法定传染病有哪些？
国家对某些具有一定社会危害程度的传染病进行管理，以法律的形式对这些传染病的报告、处理等事宜作出规定，这些传染病称为法定传染病。
截止到2010年，我国共有39种法定传染病，分为甲、乙、丙三类。一般来说，甲类传染病的危害大于乙类，乙类的危害大于丙类。
学生重大疾病防控技术和相关标准研制及应用11

法定传染病有哪些？
甲类传染病包括：鼠疫、霍乱。
乙类传染病包括：
✓传染性非典型肺炎
✓艾滋病
✓病毒性肝炎
✓脊髓灰质炎
✓人感染高致病性禽流感
✓麻疹
✓流行性出血热
✓狂犬病
✓流行性乙型脑炎
✓炭疽
✓细菌性和阿米巴性痢疾
✓肺结核
✓伤寒和副伤寒
✓流行性脑脊髓膜炎
✓百日咳
✓白喉
✓新生儿破伤风
✓猩红热
✓淋病
✓梅毒
✓钩端螺旋体病
✓血吸虫病
✓疟疾
✓甲型H1N1流感
✓布鲁氏菌病
✓登革热
学生重大疾病防控技术和相关标准研制及应用12

法定传染病有哪些？
丙类传染病包括：
✓流行性感冒
✓流行性腮腺炎
✓风疹
✓急性出血性结膜炎
✓麻风病
✓流行性和地方性斑疹伤寒
✓黑热病
✓包虫病
✓丝虫病
✓除霍乱、细菌性和阿米巴性痢疾、伤寒和副伤寒以外的感染性腹泻病
✓手足口病
学生重大疾病防控技术和相关标准研制及应用13

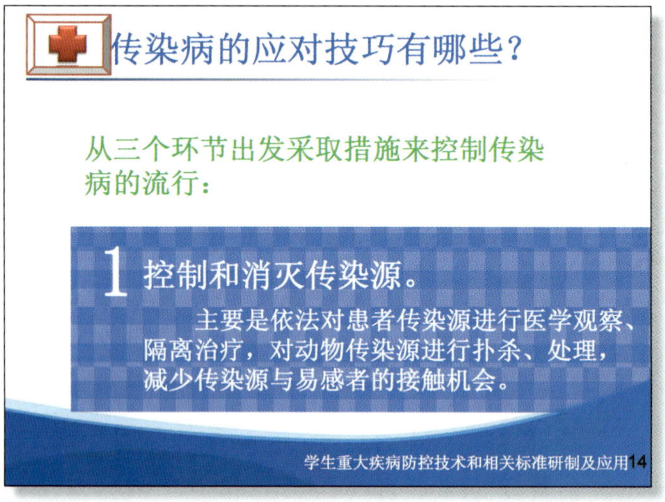
传染病的应对技巧有哪些？
从三个环节出发采取措施来控制传染病的流行：
1 控制和消灭传染源。
主要是依法对患者传染源进行医学观察、隔离治疗，对动物传染源进行扑杀、处理，减少传染源与易感者的接触机会。
学生重大疾病防控技术和相关标准研制及应用14

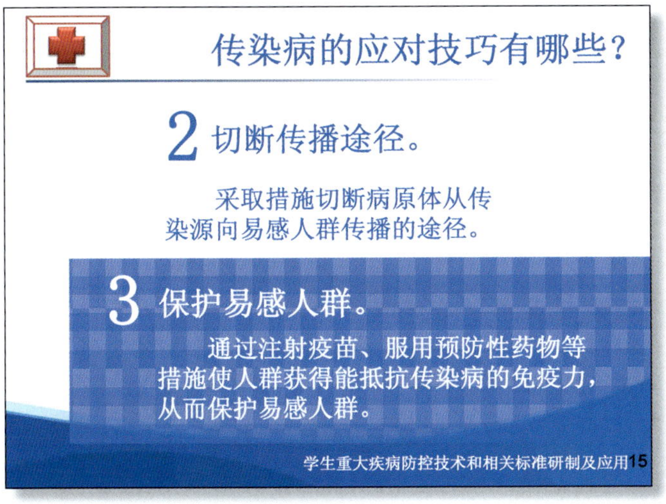
传染病的应对技巧有哪些？
2 切断传播途径。
采取措施切断病原体从传染源向易感人群传播的途径。
3 保护易感人群。
通过注射疫苗、服用预防性药物等措施使人群获得能抵抗传染病的免疫力，从而保护易感人群。
学生重大疾病防控技术和相关标准研制及应用15

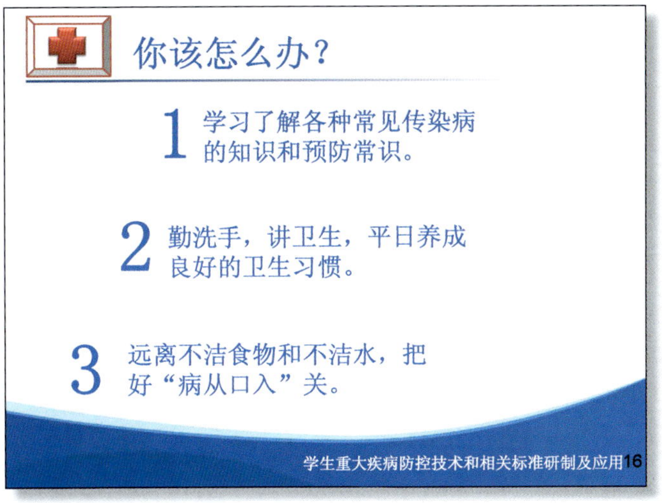
你该怎么办？
1 学习了解各种常见传染病的知识和预防常识。
2 勤洗手，讲卫生，平日养成良好的卫生习惯。
3 远离不洁食物和不洁水，把好“病从口入”关。
学生重大疾病防控技术和相关标准研制及应用16

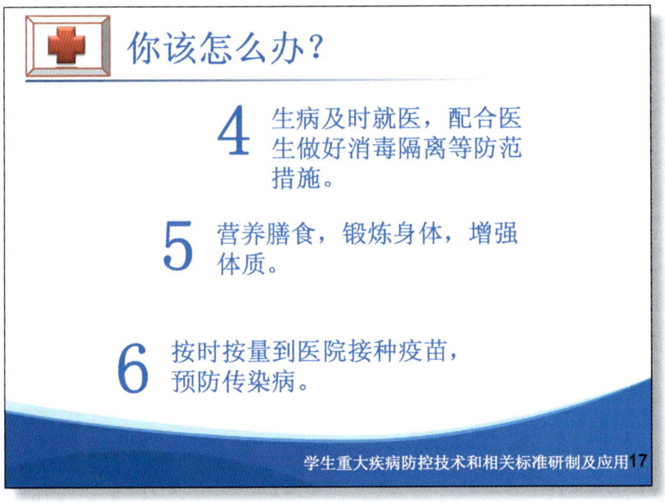
你该怎么办？
4 生病及时就医，配合医生做好消毒隔离等防范措施。
5 营养膳食，锻炼身体，增强体质。
6 按时按量到医院接种疫苗，预防传染病。
学生重大疾病防控技术和相关标准研制及应用17

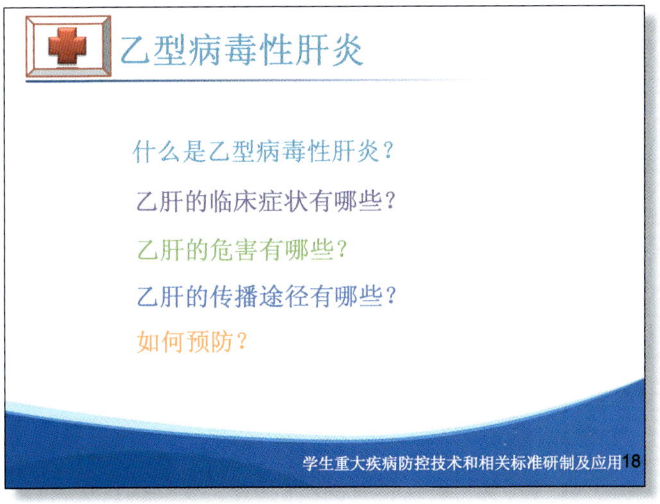
乙型病毒性肝炎
什么是乙型病毒性肝炎？
乙肝的临床症状有哪些？
乙肝的危害有哪些？
乙肝的传播途径有哪些？
如何预防？
学生重大疾病防控技术和相关标准研制及应用18

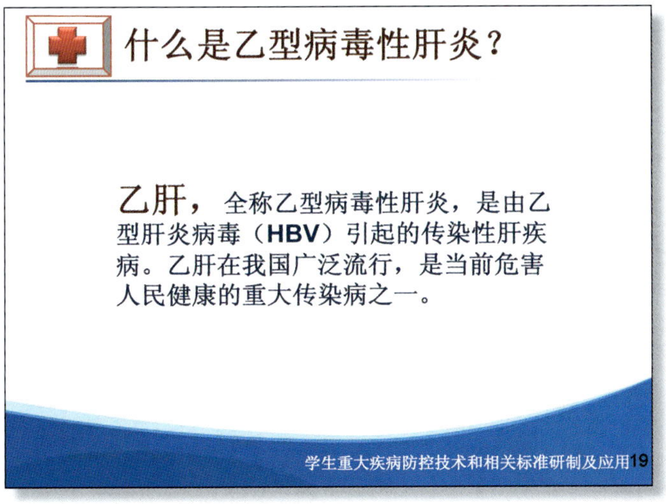
什么是乙型病毒性肝炎？
乙肝，全称乙型病毒性肝炎，是由乙型肝炎病毒（HBV）引起的传染性肝疾病。乙肝在我国广泛流行，是当前危害人民健康的重大传染病之一。
学生重大疾病防控技术和相关标准研制及应用19

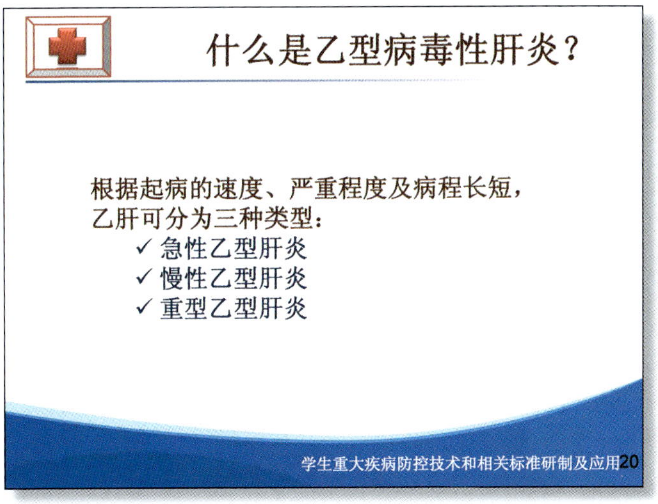
什么是乙型病毒性肝炎？
根据起病的速度、严重程度及病程长短，乙肝可分为三种类型：
✓ 急性乙型肝炎
✓ 慢性乙型肝炎
✓ 重型乙型肝炎
学生重大疾病防控技术和相关标准研制及应用20

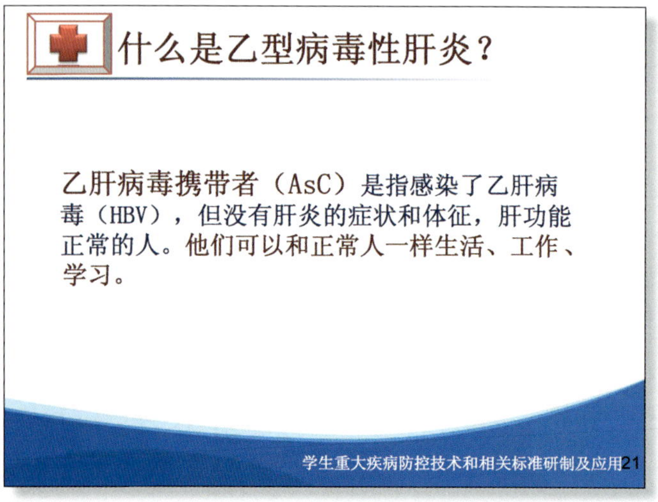
什么是乙型病毒性肝炎？
乙肝病毒携带者（AsC）是指感染了乙肝病毒（HBV），但没有肝炎的症状和体征，肝功能正常的人。他们可以和正常人一样生活、工作、学习。
学生重大疾病防控技术和相关标准研制及应用21

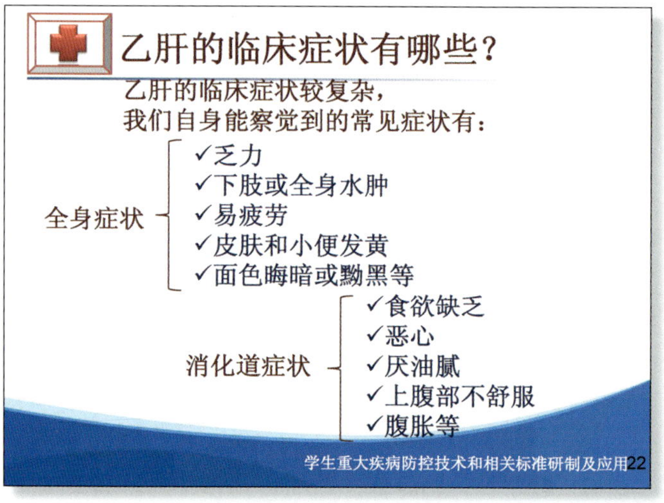
乙肝的临床症状有哪些？
乙肝的临床症状较复杂，
我们自身能察觉到的常见症状有：
全身症状
✓乏力
✓下肢或全身水肿
✓易疲劳
✓皮肤和小便发黄
✓面色晦暗或黝黑等
消化道症状
✓食欲缺乏
✓恶心
✓厌油腻
✓上腹部不舒服
✓腹胀等
学生重大疾病防控技术和相关标准研制及应用22

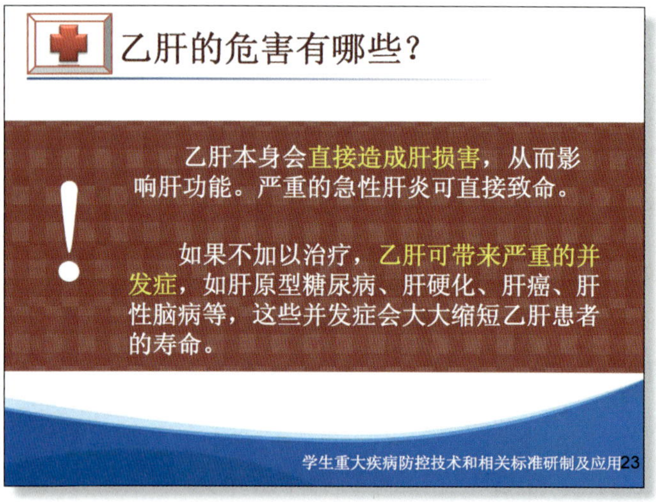
乙肝的危害有哪些？
乙肝本身会直接造成肝损害，从而影响肝功能。严重的急性肝炎可直接致命。
如果不加以治疗，乙肝可带来严重的并发症，如肝原型糖尿病、肝硬化、肝癌、肝性脑病等，这些并发症会大大缩短乙肝患者的寿命。
学生重大疾病防控技术和相关标准研制及应用23

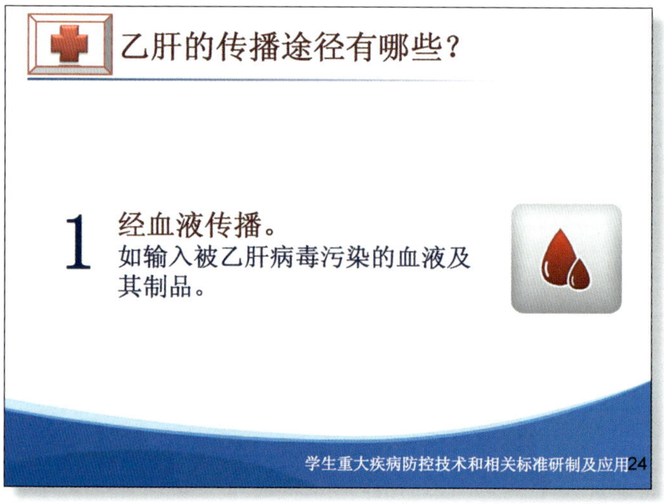
乙肝的传播途径有哪些？
1 经血液传播。
如输入被乙肝病毒污染的血液及其制品。
学生重大疾病防控技术和相关标准研制及应用24

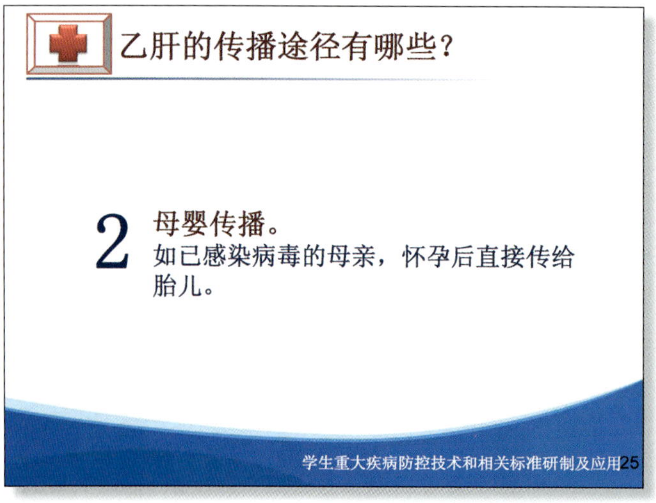
乙肝的传播途径有哪些？
2 母婴传播。
如已感染病毒的母亲，怀孕后直接传给胎儿。
学生重大疾病防控技术和相关标准研制及应用25

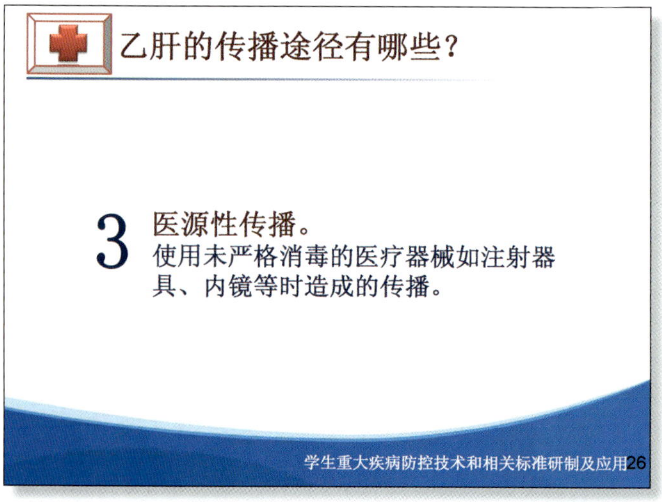
乙肝的传播途径有哪些？
3 医源性传播。
使用未严格消毒的医疗器械如注射器具、内镜等时造成的传播。
学生重大疾病防控技术和相关标准研制及应用26

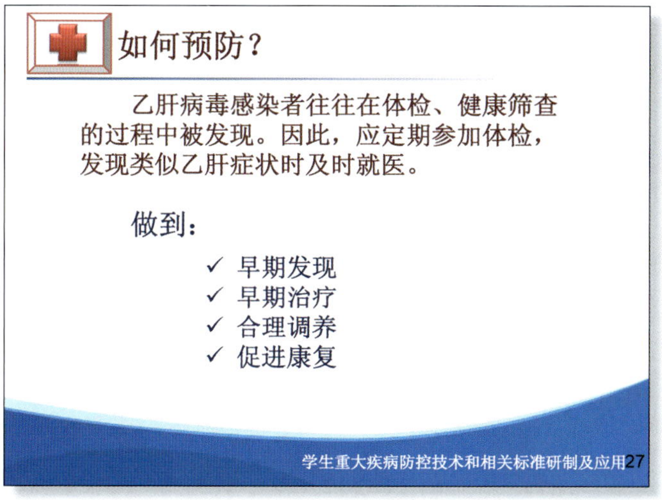
如何预防？
乙肝病毒感染者往往在体检、健康筛查的过程中被发现。因此，应定期参加体检，发现类似乙肝症状时及时就医。
做到：
✓ 早期发现
✓ 早期治疗
✓ 合理调养
✓ 促进康复
学生重大疾病防控技术和相关标准研制及应用27

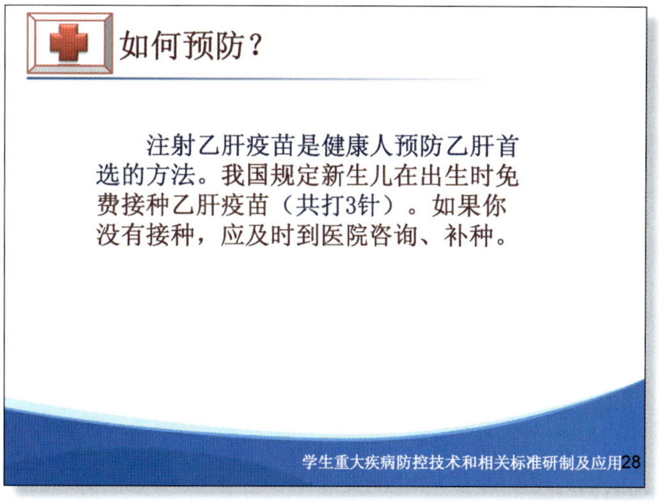
如何预防？
注射乙肝疫苗是健康人预防乙肝首选的方法。我国规定新生儿在出生时免费接种乙肝疫苗（共打3针）。如果你没有接种，应及时到医院咨询、补种。
学生重大疾病防控技术和相关标准研制及应用28

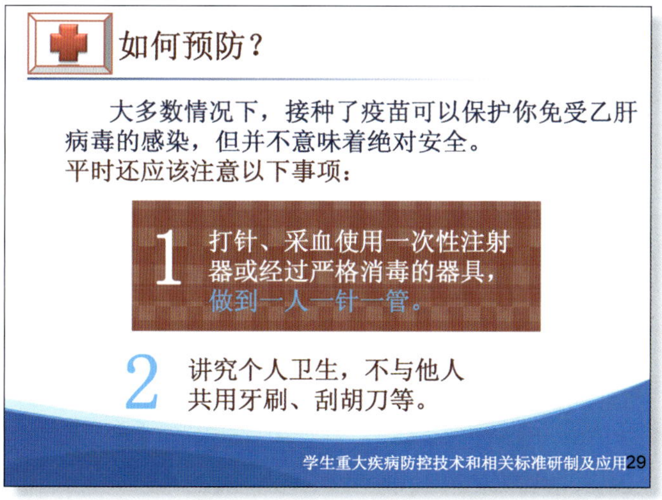
如何预防？
大多数情况下，接种了疫苗可以保护你免受乙肝病毒的感染，但并不意味着绝对安全。
平时还应该注意以下事项：
1 打针、采血使用一次性注射器或经过严格消毒的器具，做到一人一针一管。
2 讲究个人卫生，不与他人共用牙刷、刮胡刀等。
学生重大疾病防控技术和相关标准研制及应用29

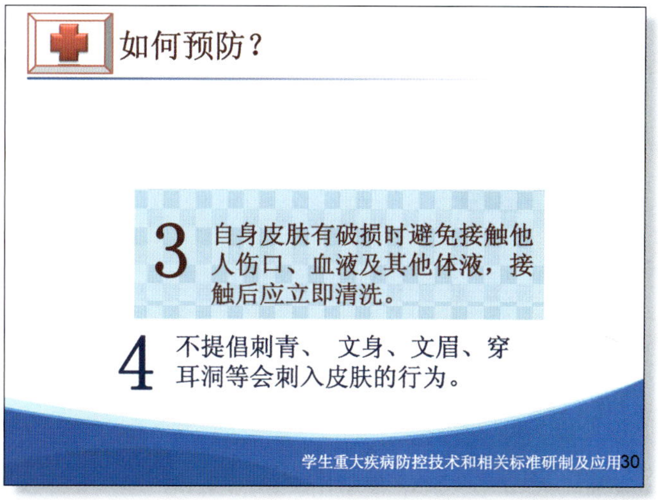
如何预防？
3 自身皮肤有破损时避免接触他人伤口、血液及其他体液，接触后应立即清洗。
4 不提倡刺青、 文身、文眉、穿耳洞等会刺入皮肤的行为。
学生重大疾病防控技术和相关标准研制及应用30

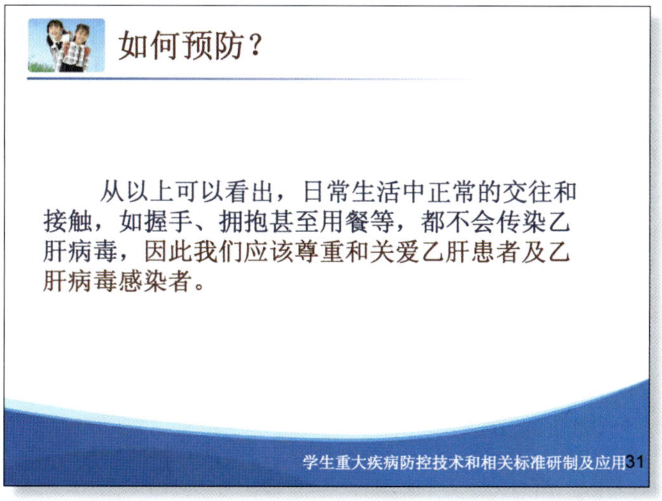
如何预防？
从以上可以看出，日常生活中正常的交往和接触，如握手、拥抱甚至用餐等，都不会传染乙肝病毒，因此我们应该尊重和关爱乙肝患者及乙肝病毒感染者。
学生重大疾病防控技术和相关标准研制及应用31

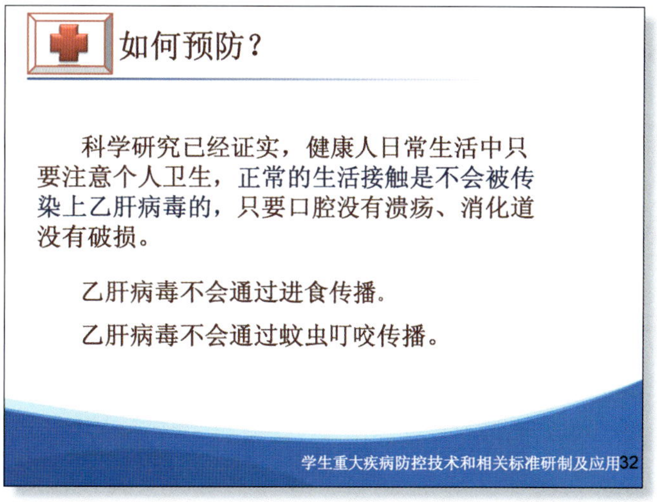
如何预防？
科学研究已经证实，健康人日常生活中只要注意个人卫生，正常的生活接触是不会被传染上乙肝病毒的，只要口腔没有溃疡、消化道没有破损。
乙肝病毒不会通过进食传播。
乙肝病毒不会通过蚊虫叮咬传播。
学生重大疾病防控技术和相关标准研制及应用32

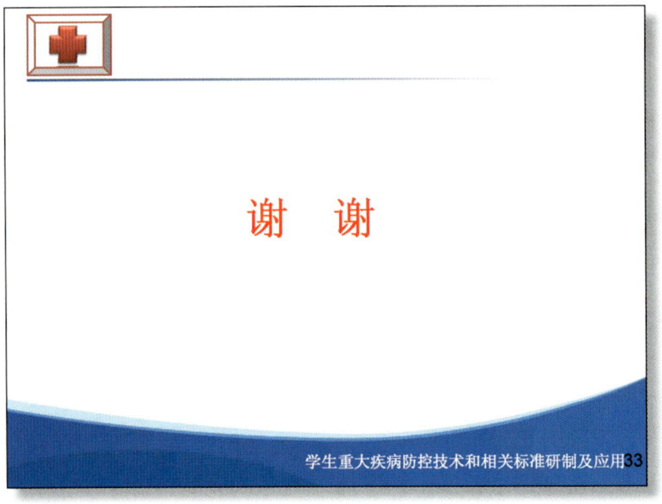

第四讲 走进阳光 纠正姿势 我们一起预防近视

一、教学目标

- 复习近视的基本概念及危害。
- 了解“阳光运动”的好处及其与近视的关系。
- 树立“阳光运动”的意识和习惯。
- 理解正确的读写姿势对保护视力的重要性。
- 掌握正确的读写姿势。

二、教学材料

- 多媒体教学课件＋本教案。

三、课程说明

活动一：比比看——上节所学，还知多少

建议时间：5分钟（2分钟请学生作答，3分钟教师讲解）。

（1）问题（请同学们回答）

- 什么是近视？
- 近视同学常见的表现有哪些？
- 近视的危害有哪些？

（2）教师小结

- 近视——看近物清楚，看远物模糊。
- 近视的同学容易出现眼睛疲劳和不适，表现为眼胀、眼痛、看东西有双影虚边等；有的同学还喜欢眯眼看东西，以便使自己看得更清楚一些。
- 近视危害：

—视力低下，眼睛经常干涩和疲劳，影响学习、生活和工作质量 。长期戴镜会导致生活、工作不便。

—中、高度近视会导致眼球突出，眼睑松弛

—近视者白内障、青光眼的发病率明显高于正常人。

—近视的遗传性非常大，尤其是中、高度近视，遗传概率在80%以上。

—最主要的危害是，中、高度近视，特别是高度近视，容易引发玻璃体混浊、视网膜出血和脱离而致盲。据统计，由近视导致的眼盲，已仅次于由白内障、青光眼所致眼盲而居第三位。

—视力直接影响未来：近视不仅在生活和学习上给我们带来不便，而且在升学和工作时也会使我们受到限制。那些视力不佳的考生高考志愿不能填报某些对视力有严格要求的专业 ，如公安、飞行航海专业等。

活动二：“阳光运动”对预防近视的好处

建议时间：10分钟（2分钟同学作答，3分钟老师讲解）。

（1）说说看：“阳光运动”与近视有什么关系？（请同学们回答）

（2）老师介绍相关研究

- 两位美国科学家对户外活动中接受的阳光照射与近视治疗的关系进行研究，结果显示：在父母均为近视患者的儿童中，每天户外活动时间超过2小时的孩子，其需要接受近视治疗的概率比户外活动时间不足1小时的孩子少4倍。
- 科学家曾做过多种动物实验（豚鼠、小鸡、兔子等），将其眼睛遮盖，不让其接触阳光，结果所有被遮盖的眼睛都得了近视。

（3）知道吗："阳光运动"有助于预防近视的科学依据有哪些？（试着请同学们说一说）

老师介绍：

● 晒太阳能够刺激一种化学物质的分泌，这类化学物质有助于阻止近视的发生、发展。

● 眼睛的正常生长发育需要足量的阳光接触。

● 户外活动能够降低眼内压，而眼内压升高是近视的危险因素。

● 户外活动本身还能增加全身血液循环，当然也能增加眼周的血液循环，增加眼睛的营养供应，并使眼睛及时排出废物。

（4）我们的眼睛缺乏阳光会怎么样呢？

老师介绍：户外活动时间减少会直接影响眼睛对光线的反应敏感度，导致瞳孔成像能力减退，最终使有这种情况的孩子视力变差，进而配戴眼镜。

活动三："阳光运动"对预防近视的好处

建议时间：5分钟（2分钟同学作答，3分钟老师讲解）。

问题：我们应该怎样进行"阳光运动"？（请同学们回答）

老师解答：

●在学校时，积极参加大课间活动，特别是在阳光充足的夏天，可以打篮球、踢毽子、跳绳等。

●在家时，可以让家长带出去游玩，尽量不带伞，多接触阳光，进行一些有意义的体育活动，如爬山等。

活动四：介绍当前近视的流行情况

建议时间：5分钟（老师讲解）。

当今社会，近视已成为一个重要的公共卫生问题。过去的五六十年，近视患病率高速增长，东亚的近视学生数量最多，如在中国、日本、新加坡和韩国，近视患病率几乎达到80%～90%。

我国2010年最新的一次全国学生体质与健康调研报告结果显示：7～12岁小学生近视患病率为40.89%，13～15岁初中生为67.33%，16～18岁高中生为79.20%，19～22岁大学生为84.72%。结果表明我国学生的近视患病率随年龄增长持续上升，现状严峻！

活动五：近视的危险因素，引入主题

建议时间：5分钟（2分钟同学作答，3分钟老师讲解）。

近视的危险因素主要有遗传因素和环境因素及两者之间的交互作用。环境因素主要包括光照、户外活动、视近作业、城乡及教育水平等。大量科学研究显示：视近作业时的读写姿势与近视的发生、发展密切相关。

活动六：读写姿势与近视的关系

建议时间：5分钟（2分钟同学作答，3分钟老师讲解）。

读写姿势不正确，将会加快近视的发生、发展。拇指、示指交叉握笔或握笔过低，会导致手指遮挡视线，迫使儿童低头或头部左倾，从而拉近眼睛与书本的距离，加快近视的发生、发展。长期不良的读写姿势可能会导致颈部损伤，引起颈交感神经、椎动脉损害，影响对眼功能的调节作用，从而容易导致近视。

活动七：正确的读写姿势与握笔姿势

建议时间：15分钟。

正确的读写姿势应该是：腰背自然挺直，胸部张开，双肩放平，胸离课桌一拳左右。两臂放在桌子上略张开，左手拇指和其余四指分开成八字，按住纸的左边。写字时，眼睛与纸面保持一尺远的距离。臀部尽量靠近椅子后部，腰和肩胛骨与椅背相接触，使腰部获得足够的支撑，腰部和后背平直或轻微内凹。肩部放松，头部保持正直。两腿分开，与髋同宽，脚尖正向前或稍微分开，两脚平放在地面上，膝关节正向前或变换其他姿势。

学一学，做一做：请同学们按照图片上正确的读写姿势试一试。教师巡视指导。

正确的握笔姿势：笔杆应放在拇指、示指和中指的三个指梢之间，示指在前，拇指在左后，中指在右下；示指应较拇指低些，并且两者不相碰，手指尖距笔尖约3cm，笔杆斜靠在示指根部关节处。执笔要做到"指实掌虚"，就是手指握笔要实，掌心要空，这样书写起来才能灵活运笔。（教师示范分解动作，速度稍慢，边示范边讲解。）

正确的读写姿势有一个简单的口诀——"一拳，一尺，一寸"，即：胸离书桌一拳远，眼离书本一尺远，手离笔尖一寸远。

四、多媒体教学课件示例

学生健康教育课件（中学版）第四讲

走进阳光 纠正姿势

我们一起预防近视

学生重大疾病防控技术和相关标准研制及应用 1

一、什么是近视？

- 简单地说：看近物清楚，看远物模糊。
- 专业定义：在眼调节放松状态下，平行光线经眼球屈光系统后聚焦在视网膜之前，称为近视。

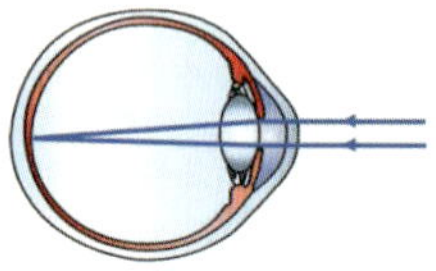

正视眼——焦点落在视网膜上

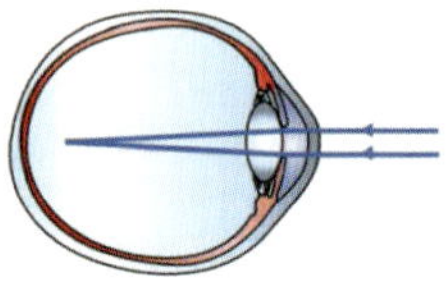

近视眼——焦点落在视网膜之前

学生重大疾病防控技术和相关标准研制及应用 2

二、近视的危害

- 视力低下，眼睛经常干涩和疲劳，影响学习、生活和工作质量。长期戴镜会导致生活工作不便。
- 中、高度近视会导致眼球突出，眼睑松弛。
- 升学、参军、考公务员和找工作受限。
- 近视者白内障、青光眼的发病率明显高于正常人。
- 近视的遗传性非常大，尤其是中、高度近视，遗传概率在80%以上。

学生重大疾病防控技术和相关标准研制及应用 3

二、近视的危害

- 最主要的危害是，中、高度近视，特别是高度近视，容易引发玻璃体混浊、视网膜出血和脱离而致盲。据统计，由近视导致的眼盲，已仅次于白内障、青光眼致盲而居第三位。

视力直接影响未来

近视不仅在生活和学习上给我们带来不便，而且在升学和工作时也会使我们受到限制。那些视力不佳的考生高考志愿不能填报某些对视力有严格要求的专业，如公安、飞行航海专业等。

学生重大疾病防控技术和相关标准研制及应用 4

高考的视力要求

1. 裸眼视力任何一眼低于5.0者，不能录取的专业：飞行技术、航海技术、消防工程、刑事科学技术、侦察。
专科专业：海洋船舶驾驶及以上专业相同或相近专业(如民航空中交通管制)。
2. 裸眼视力任何一眼低于4.8者，不能录取的专业：轮机工程、运动训练、民族传统体育。
专科专业：烹饪与营养、烹饪工艺等。
3. 公安院校：左、右眼单眼裸视力，理科类专业须在4.9(0.8)以上，文科类专业须在4.8(0.6)以上。
4. 军事院校：每一眼裸眼远视力低于4.9(0.8)，则指挥、潜艇、水面潜艇、坦克、测绘、雷达专业学员不合格。

学生重大疾病防控技术和相关标准研制及应用 5

说说看：“阳光运动”与近视有什么关系？

学生重大疾病防控技术和相关标准研制及应用 6

三、走进阳光，预防近视

“阳光运动”与近视的关系

- 很多研究表明，户外活动可使人多接触阳光，有利于近视的预防。
- 每天2~3小时的户外活动具有保护作用。

学生重大疾病防控技术和相关标准研制及应用 7

三、走进阳光，预防近视

“阳光运动”与近视的关系

- 科学家发现，户外活动时间越长的孩子其发生近视的概率越低。
- 户外活动对儿童近视的发展具有延缓作用，是一个独立的保护因素。

学生重大疾病防控技术和相关标准研制及应用 8

三、走进阳光，预防近视

“阳光运动”与近视的关系

- 科学家曾做过多种动物实验（豚鼠、小鸡、兔子等）将其眼睛遮盖，不让其接触阳光，结果所有被遮盖的眼睛都得了近视。

学生重大疾病防控技术和相关标准研制及应用 9

三、走进阳光，预防近视

“阳光运动”的好处

- 户外活动能够降低眼内压，而眼内压升高是近视的危险因素。
- 此外，户外活动本身还能增加全身血液循环，当然也能增加眼周的血液循环，增加眼睛的营养供应，并使眼睛及时排出废物。

学生重大疾病防控技术和相关标准研制及应用 10

三、走进阳光，预防近视

“阳光运动”与近视的关系

- 晒太阳能够刺激化学物质多巴胺(dopamine)的分泌，这类化学物质有助于阻止眼球伸长，阻止近视的发生、发展。
- 眼睛的正常生长发育需要足量的阳光接触。

学生重大疾病防控技术和相关标准研制及应用 11

三、走进阳光，预防近视

缺少“阳光运动”的后果

- 户外活动时间减少会直接影响眼睛对光线的反应敏感度，导致瞳孔成像能力减退，最终使有这种情况的学生视力变差，进而配戴眼镜。

学生重大疾病防控技术和相关标准研制及应用 12

七嘴八舌议议看

- 你所知道的“阳光运动”方式有哪些？
- 你平时都参加了哪些“阳光运动”？

正确的读写姿势

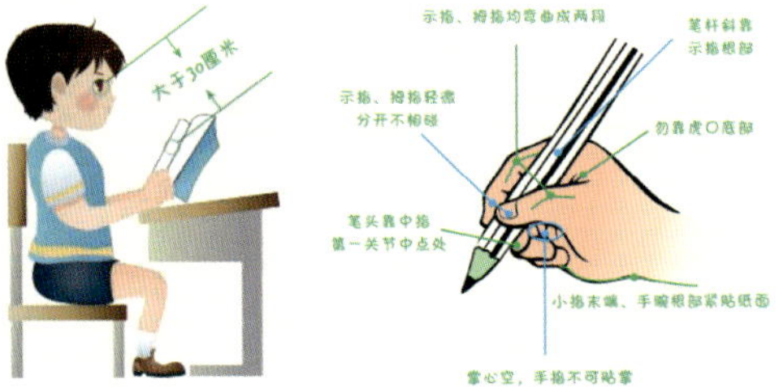

课前秀秀——自己的读写姿势

- 你平时的读书姿势是怎样的？
- 你平时握笔写字的姿势是怎样的？
- 你知道什么才是正确的读书和写字姿势么？
- 不正确的读写姿势对人体会有什么危害呢？

握笔姿势对保护视力的重要性

- 握笔姿势很重要，姿势不正确，字就写不好，时间长了，视力也会变差，容易得近视。
- 握笔姿势不正确，还会影响手部的正常发育，身体就长不好。
- 长期不良的读写姿势可能会导致颈部损伤，引起颈交感神经、椎动脉损害，影响对眼功能的调节作用，从而容易导致近视。

学一学，做一做

学一学，比一比

☺ 执笔和坐姿要领

头正：头部端正，自然前倾，眼睛与桌面距离大于30厘米。

臂开：双臂自然下垂，左右撑开，保持一定的距离。左手按纸，右手握笔。

身直：身体坐稳，双肩放平，上身保持正直，略微向前倾，胸与桌子保持一拳距离。

脚平：双脚放平，左右分开，自然踏稳。

学一学，比一比

☺ 握笔要领

笔杆应放在拇指、示指和中指的三个指梢之间，示指在前，拇指在左后，中指在右下。

示指应较拇指低些，并且两者不相碰，手指尖距笔尖约3厘米，笔杆斜靠在示指根部关节处。

执笔要做到“指实掌虚”，就是手指握笔要实，掌心要空，这样书写起来才能灵活运笔。

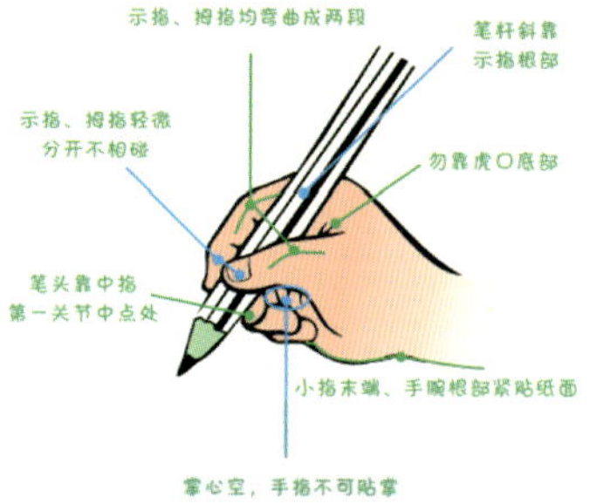

学生重大疾病防控技术和相关标准研制及应用 19

读写姿势儿歌

读书写字重姿势，头正身直脚放平。

眼离书本约一尺，胸与桌子约一拳。

手离笔尖约一寸，时刻牢记三个一。

课间离桌眼放松，良好视力倍珍惜。

学生重大疾病防控技术和相关标准研制及应用 20

现学现用，互相纠错

- 同桌间，一个演示读写姿势，另一个负责纠正错误。
- 从今以后，同桌间要互相监督纠错，督促彼此养成良好的读写习惯，保护好我们明亮的双眼，以便更好地眺望世界，拥抱未来！

学生重大疾病防控技术和相关标准研制及应用 21

预防近视，从我做起！

大家一起努力吧！

关标准研制及应用 22

第五讲 养成健康饮食好习惯，坚持快乐运动减肥胖

一、教学目标

- 了解膳食宝塔中食物的种类和每人每天推荐摄入量。
- 掌握健康的饮食知识。
- 理解减肥必须长期坚持，能应对各种困难。
- 复习 BMI 公式，掌握计算正常体重范围的方法。
- 巩固“52110”行为目标的内容，正确填写行为日记。

二、教学材料

- 多媒体教学课件＋教案。
- 学生活动用卡——减肥困难实例。
- 教师笔记——减肥困难实例解答。

三、课程说明

活动一：引入课程内容

建议时间：4 分钟。

请问大家，每天吃几顿餐？每餐都吃了什么？每种食物吃了多少？请几位体型不同的同学回答一下，老师在黑板上板书，按照宝塔的结构书写。

活动二：中国居民平衡膳食宝塔的结构

建议时间：3 分钟。

平衡膳食宝塔共分五层，包含我们每天应吃的主要食物种类。宝塔各层位置和面积不同，这在一定程度上反映出各类食物在膳食中的地位和应占的比重。

谷类食物位居底层，每人每天应该吃250 ~ 400g；蔬菜和水果居第二层，每天分别应吃 300 ~ 500g 和 200 ~ 400g；鱼、禽、肉、蛋等动物性食物位于第三层，每天应该吃 125 ~ 225g（鱼虾类 50 ~ 100g，畜、禽肉 50 ~ 75g，蛋类 25 ~ 50g）；奶类和豆类食物合居第四层，每天应吃相当于鲜奶 300g 的奶类及奶制品和相当于干豆 30 ~ 50g 的大豆及其制品。第五层塔顶是烹调油和食盐，每天烹调油不超过 25 ~ 30g，食盐不超过6g。

活动三：根据平衡膳食宝塔的结构，详细介绍每类食物的作用、每人每天推荐摄入量以及一些减少摄入的小窍门

建议时间：8 分钟。

（1）谷类，是平时吃的主食，包括面条、米饭、馒头、煎饼等，主要含有碳水化合物，是提供每日所需能量的主要来源。相对于平时吃的精米、白面等细粮而言，粗粮是谷类里面的一大类，主要包括谷类中的玉米、小米、紫米、高粱、燕麦、荞麦、麦麸等。这些食物营养非常丰富，吃粗粮更加有利于消化吸收，而且粗粮富含膳食纤维，纤维素有助于抵抗胃癌、肠癌、乳腺癌、溃疡性肠炎等多种疾病。所以我们要做到粗细搭配，多吃粗粮。

我们用碗口直径为 10 ~ 11cm、深为 5 ~ 6cm 的碗来衡量主食的量。最健康的摄入量是每天2.5 ~ 4 碗。平时比较喜欢运动、经常锻炼的同学可以多吃一点，平时如果很少运动、经常坐在课室里的同学就少吃一点。

我们建议小学女生吃 2.5 ~ 3 碗，运动少的吃2.5 碗（早餐 0.5 碗，午餐、中餐各 1 碗），运动多的可以吃到 3 碗；初中男生，运动少的吃 3.5 碗，运动多的可以吃到 4 碗。

（2）蔬菜、水果含热量低，含很多维生素、矿物质和纤维素。吃多种多样的蔬菜、水果，除了能够在没有摄入很多热量的情况下就感到吃饱了，还能降低得心脏病、癌症、糖尿病的概率。

我们要做到每餐有蔬菜，每日吃水果。如果你以前每天只吃很少的蔬菜，那么从现在起你应该在午餐和晚餐中加一点；如果你以前不爱吃水果，那么从现在起你应该在早餐中加一些水果，或者将水果当成零食吃。蔬菜和水果营养成分不完全相同，不能互相替代。

我们用普通成年人的拳头来衡量蔬菜、水果的量，一个普通成年人的拳头是 1 份（这个拳头大小和一个网球大小类似）。蔬菜每天应该吃 2 ~ 3 份，注意这是煮熟后的，或者切碎的生菜叶；水果每天吃 2 ~ 3 份。所以，每天吃 2 ~ 3 个拳头的蔬菜和 2 ~ 3 个拳头的水果，加起来大约等于 5 个拳头的蔬菜和水果。

（3）肉类提供蛋白质和矿物质如铁、锌，但

是过肥的肉也包含了很多脂肪，会增加患心血管疾病和癌症（直肠癌）的风险。瘦肉包含同样的蛋白质，同样能满足你的食欲，却没有那些不健康的脂肪，因此对减少疾病起到很重要的作用。而且吃肉一定不能过量。

我们用一个普通成年人的手掌心来衡量肉和蛋类，一个普通成年人的手掌心就是1份。最健康的摄入量是每天不超过1份（包括所有鸡肉，猪、牛、羊肉，海鲜，蛋）。如果现在你正处于身高长得特别快的时期，而且你每天运动时间超过1小时，那么你可以每天吃1.5份，或者有些男生可以吃2份，但不要超过2份。

推荐一些减少吃肉的简单方法：多吃蔬菜和水果，或者把肉换成豆腐一类的豆制品，或者吃鱼肉。俗话说，“吃红肉不如吃白肉”“吃四条腿的，不如吃两条腿的；吃两条腿的，不如吃没有腿的”。“吃红肉不如吃白肉”是指，白肉如鸡、鸭、鱼肉，其脂肪含量大大低于红肉（猪、牛、羊等动物的肉、内脏及其制品），而且白肉中的脂肪酸多为不饱和脂肪酸，是对人体有益的。“吃两条腿的不如吃没有腿的”是指，鱼肉尤其是深海鱼中除富含优质蛋白外，还富含优质脂肪酸，包括DHA和EPA，具有预防心血管疾病、改善视力和增强记忆力等作用。

（4）牛奶是健康饮食的重要组成部分。奶类营养价值极高，是天然钙质的极好来源，可以使你长得更高更快，并且延缓骨质疏松、高血压，避免发生骨折。奶类食物还含有大量优质蛋白质，能让你精力充沛。

那么我们每天应该喝多少牛奶呢？一般纸盒子包装的纯牛奶是250ml的，一天摄入一盒就足够了；小罐装的酸牛奶是125g的，一天需要两罐。

对于比较胖的同学，推荐喝脱脂或低脂奶。

（5）位于塔尖的食物，是完全提供能量的食物，包括油脂类（平时做饭用的油、蛋糕上的奶油、水果沙拉里的沙拉酱）和盐。

一般人都喜欢吃含油脂的食物，原因是油脂能够增加食物的香味，但是油脂中含的热量很高，哪怕你只吃了一点点。建议每人每天吃油的限量为25g。一个成人的大拇指的指尖部分代表1小勺油，也就是5g，那么每天1个人只能吃5份这么多的油，吃得越少越好。

给大家介绍一些减少吃油的小妙招：尽量用植物性油，如橄榄油、黄豆油、葵花子油；炒菜时少放油，使用带刻度尺的控油壶；少吃炸薯条、炸鸡、油条等油炸食物，蒸、煮、凉拌的菜一样很好吃；鸡皮、肥肉等部位油脂含量相当高，应少吃；蛋糕、饼干类点心通常含有很高的油脂，应少吃。

除了直接加到菜里的盐，像酱油、腌制罐头、快餐里面，都有很多盐，味精（鸡精）主要成分是钠，实质还是盐。吃盐越多，越容易得高血压，所以盐要少吃。每人一天吃盐的限量是6g，大约一个啤酒盖那么多的盐就能满足你一天的需要。

活动四：养成健康的饮食习惯

建议时间：5分钟。

（1）巧吃零食：零食是指一日三餐之外摄入的食物。适量吃零食可以补充一部分能量，让你保持精力充沛。但是经常吃零食会让你容易变胖，尤其是你在饥饿的时候，会不知不觉吃得更多。

吃零食要做到适时、适量，并且要吃健康的零食：

- 要在适当的时候吃：睡觉之前不吃零食，因为没有足够的时间供你消耗多余的能量。有规律地吃零食是指要安排好吃零食的时间，可以在早餐至午餐之间（10点）或者午餐至晚餐之间（3点）加一顿零食。千万不要在临近吃正餐的时候吃，因为会影响吃正餐。
- 适量，例如一杯小酸奶，或一个苹果，或10颗杏仁（手抓一小把或者一小捧）就足够了。
- 选用健康的、营养价值高的食物，如牛奶、酸奶、水果、坚果、不加糖的鲜果汁等。

以下这些零食是限制食用的：膨化食品、炸薯片、炸鸡腿、腌制食物、街头食品等。这些食品不仅不卫生，而且含有很多热量和人工添加剂，对我们是有百害而无一利的。

（2）不喝含糖饮料：含糖饮料包括可乐、果汁饮料、冰红茶、珍珠奶茶等，它们的味道的确很好，看上去没有害，但其实和那些看上去很油腻的食物一样，含有很高的热量。含糖或碳酸饮料含有很多酸性物质，长期积累会腐蚀牙齿；糖会诱发龋齿；可乐中含有大量磷酸，摄入过量会影响钙的吸收，使身材矮小，并容易导致骨质疏松、骨折；有些饮料中所含的人工色素和防腐剂会阻碍儿童的生长发育。所以应做到不喝含糖饮料。

（3）最健康的饮料是水：它不含有任何热量，

解渴效果好，还能清理身体里的废物，可以说是一举多得。我们每天应至少喝 1200 ～ 1500ml 白开水，应少量多次，不能等感到渴了再喝。对于平时的小杯（250ml），每天要喝 5 ～ 6 杯；而对于常见的瓶装矿泉水（500ml），每天要喝 3 瓶。

（4）不吃西式快餐：西式快餐如麦当劳、肯德基、必胜客等，都是高脂肪、高热量、高糖分的。这些食物的营养成分如维生素、矿物质等很少。几乎所有的快餐都不符合健康要求。不管你是否在减肥，快餐对于所有人的身体都是十分不健康的，所以我们也叫它们“垃圾食品”。我们应该尽量不吃快餐尤其是西式快餐，每个月最多只能吃 1 ～ 2 次，尽量减少在外面的餐厅、饭馆吃饭的次数，最好是在家里吃饭。

（5）不吃早餐有害健康：不吃早餐的危害有容易饿（早上第 3、4 节课就饿了），注意力下降，头晕心慌，长期不吃早餐还会使抵抗力下降，并且造成肥胖（不吃早餐的人上午会非常饥饿，午餐就会饥不择食，一天中总共摄入的能量比吃早餐的人更多）。而吃早餐则能够降低饥饿感，防止暴饮暴食。

吃早餐就要吃好早餐，一顿营养价值高的早餐应该包含以下四类食物：谷物（面包、米粥、燕麦），蔬菜或者水果，牛奶或者豆浆，高蛋白质的食物（鸡蛋）。

活动五：主题过渡

建议时间：2 分钟。

同学们，在之前的课程中我们已经为大家介绍了如何正确运动，学习了如何做到健康饮食，但是减肥是一个长期坚持的过程。因此，关于减肥，最后也是最关键的部分就是坚持。

活动六：减肥困难实例及解答

建议时间：8 分钟。

减肥的过程不是一帆风顺的，同学们可能会碰到各种困难，当我们遇到困难时应该怎么办呢？

互动：在以下问题中，可以先请学生思考回答，然后老师再给出正确答案。

- 例 1：运动和饮食我都按照要求做了，并坚持了一段时间，为什么我的体重没有下降反而增长了呢？

解答：初期体重的增长很可能是因为你长期坚持运动而增加了肌肉的重量，但脂肪含量相对是减少的。别灰心，继续坚持下去，你身体的脂肪和体重都会减少！

- 例 2：我以前经常吃西式快餐，每周吃 3 ～ 4 次，突然让我减少吃西式快餐的次数，我非常不习惯……

解答：有这种情况的同学可以采用循序渐进的方法，逐渐减少吃快餐的次数，比如由一周 3 ～ 4 次先减少为一周 1 ～ 2 次，再减为每月 1 ～ 2 次。

大家要明白一点：体重的减轻不会在短期内有很明显的效果。如果只坚持一两天，两三天就看到效果，这种可能性是非常小的。但肥胖的同学也不要因此而气馁和沮丧，减肥就是一个循序渐进、持之以恒的过程。只要每天坚持良好的饮食习惯、多做运动，长期下来就一定会有所成效。

同学们也要督促和鼓励肥胖的同学，为他们塑造一个轻松愉快的减肥环境。

活动七：在复习的过程中带领学生制订体重目标

建议时间：5 分钟。

（1）复习肥胖的发生原因

互动：之前的课程中我们首先讲到的是肥胖的形成原因，同学们有谁记得肥胖是怎样形成的呢？

身体的胖瘦由天平两端的重物决定。天平的一端在口中，我们的饮食越多，能量摄入就越多；天平的另一端在脚下，我们运动越多，能量的消耗就越多。如果长期吃得多动得少，能量摄入大于能量消耗，天平就会向一端倾斜，造成肥胖。

（2）复习肥胖的危害

互动：让同学们抢答肥胖的危害。

肥胖的危害有：现在小胖，以后大胖；导致与肥胖相关的疾病；运动能力差，体质不如前；不胖更自信、更帅更漂亮。

（3）复习 BMI 计算公式并制订正常体重目标

公式：BMI（kg/m^2）= 体重（kg）÷ 身高（m）÷ 身高（米），男生和女生分别使用不同的评价标准。

根据 BMI 公式，可以计算正常体重范围：体重（kg）=BMI（kg/m^2）× 身高（m）× 身高（m）。以豆豆为例，说明具体计算方法。

活动八：在复习正确运动和饮食行为要点的过程中带领学生制订“52110”目标

建议时间：5 分钟。

要改善BMI并不是短期就能实现的，而是要通过长期的努力，因此我们要制订每周的具体目标，我们把它叫做“52110”目标。这几个目标我们在之前的课程中已经学习过，接下来我们在巩固复习的基础上制订自己的每周行为目标。

- 5：我们每天应该吃2～3个成年人拳头大小的蔬菜（煮熟的或切碎的生菜叶），即300～500g；同时，每天还应该吃2～3个成年人拳头大小的新鲜水果，即200～400g。因此，2～3个拳头大小的蔬菜+2～3个拳头大小的水果=5个拳头大。这就是“52110”的“5”。在此需要强调是成年人的拳头，并且是正常成年人的，不能过大也不能过小。
- 2：看电视、玩电脑这类静态活动，不仅会减少运动的时间，也会使零食食用量增加，所以时间每天不超过2小时。这是“52110”中的“2”。
- 1：每天应该进行1小时以上中等或高等强度运动。这是“52110”中的“1”。因此，我们大家多进行体育锻炼，不仅可以达到运动目标，还可以减少静态活动时间。

中等和高等强度分别指的是什么呢？下面我们一起来复习一下：①中等强度运动：让你少量出汗、略微气喘的运动，活动的同时可以完整地说一句话，但不能唱歌。②高等强度运动：活动的同时你已经大汗淋漓，很吃力。

- 1：“52110”中的另外一个“1”代表的是每天食用肉类的推荐量。每天吃1份肉80～110克，相当于1个成年人手掌心（不包括手指）的大小及厚度。此处的肉类包括鸡肉、鸭肉、鱼肉和蛋类。如果平时运动量较大（每天运动1小时或以上），可适量多吃，但每天不要超过2份。
- 0：最后一个目标是不喝含糖饮料，因为含糖饮料的坏处有很多。这就是“52110”中的“0”。我们应该多喝白开水和奶类。白开水不含任何热量，而且可以输送身体里的养分、排出废物、提高免疫力；奶类几乎含有人体所需的全部营养素，是补充营养的极好饮品。

我们可以每周把“52110”都做成一个表格，每天监督自己，达到一个目标就在那天相应的空格内给自己画一个笑脸。一周下来，你得到的笑脸越多说明你做得越好。大家可以从今天就开始记录了，希望大家的笑脸越来越多！

课程小结

请同学们就今天所学和自己平时的饮食情况，写一篇课后感言，最好包含如下内容：自己平时的饮食习惯存在哪些问题，今后希望怎么做；制订简单的健康饮食计划和奖惩措施，并主动邀请爸爸妈妈监督和赏罚自己，并要求父母签字。请下节课把完成的纸质版作业带过来，现场与同学分享！接下来呢，我们进一步分析并解决了同学们在坚持减肥的过程中会遇到的问题，并且在回顾之前所学知识的基础上，带领大家制订了自己的体重目标和“52110”目标。希望同学们能从课程中真正学到有用的知识并应用到实际。希望大家都有一个健康的身体，也希望肥胖的同学能快快改善自己的体重。

【复习】

1．蔬菜，每天应该吃多少份（成年人的拳头）？
2．水果，每天应该吃多少份（成年人的拳头）？
3．肉，每天应该吃多少份（成年人的手掌心）？
4．含糖饮料，每天喝多少次？

【答案】

1．2～3份。
2．2～3份。
3．1份。
4．0次。

【作业】

你在减肥过程中遇到哪些困难？是如何解决的？

四、多媒体教学课件案

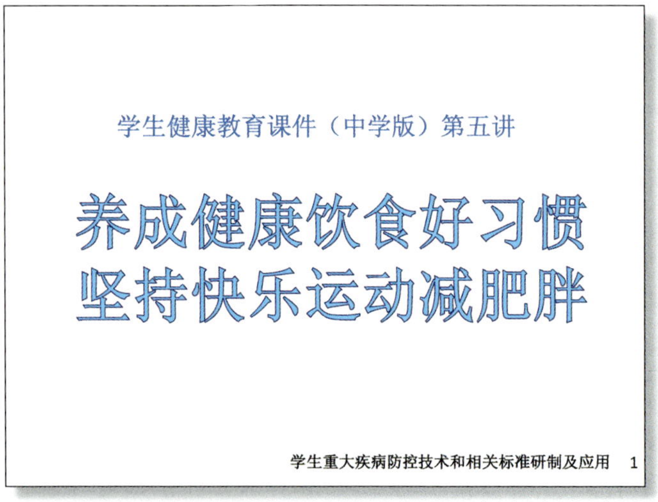
学生健康教育课件（中学版）第五讲
养成健康饮食好习惯
坚持快乐运动减肥胖
学生重大疾病防控技术和相关标准研制及应用 1

健康饮食好习惯
吃什么
吃多少
怎么吃
学生重大疾病防控技术和相关标准研制及应用 2

膳食宝塔
油和盐
奶和豆
肉和蛋
蔬菜和水果
谷物和薯类
学生重大疾病防控技术和相关标准研制及应用 3

食物多样，谷类为主
什么是谷类?
什么是“粗粮”？
提供每日所需能量的主要来源
“粗细搭配”更加健康
学生重大疾病防控技术和相关标准研制及应用 4

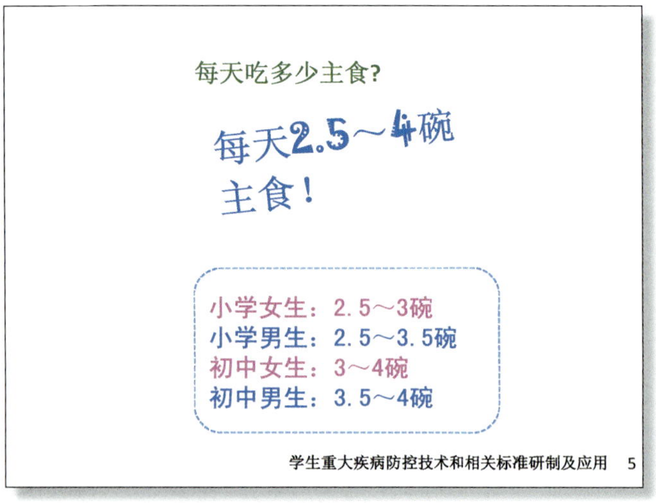
每天吃多少主食?
每天2.5～4碗主食！
小学女生：2.5～3碗
小学男生：2.5～3.5碗
初中女生：3～4碗
初中男生：3.5～4碗
学生重大疾病防控技术和相关标准研制及应用 5

多吃新鲜蔬菜和水果
吃多少？
做到每餐有蔬菜，每日吃水果
蔬菜和水果营养成分不完全相同，不能互相替代
学生重大疾病防控技术和相关标准研制及应用 6

成年人的拳头
=1份
2~3个普通成年人拳头大小的蔬菜
300~500克
2~3个普通成年人拳头大小的水果
200~400克
2-3个拳头蔬菜
2-3个拳头水果
5个拳头
学生重大疾病防控技术和相关标准研制及应用　7

吃适量的鱼、禽、蛋、瘦肉
提供蛋白质和矿物质如铁、锌，但是摄入过多容易使脂肪堆积，引起心脑血管等疾病。
所以一定要尽量选择精瘦少油的部分，每天吃肉不能过量。
学生重大疾病防控技术和相关标准研制及应用　8

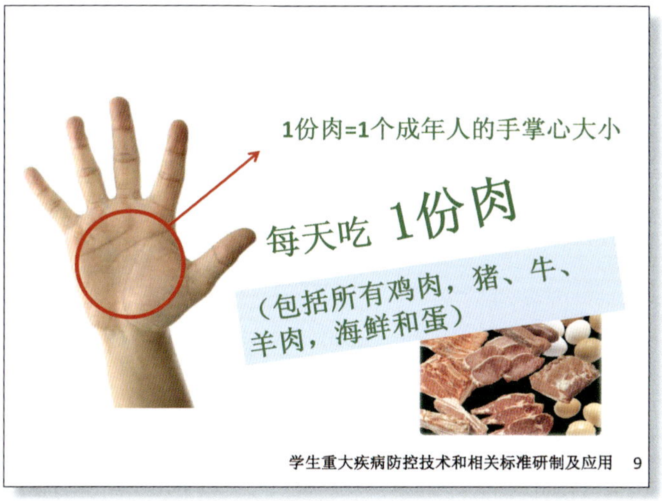
1份肉=1个成年人的手掌心大小
每天吃 1份肉
（包括所有鸡肉，猪、牛、羊肉，海鲜和蛋）
学生重大疾病防控技术和相关标准研制及应用　9

每天喝奶
奶类营养价值极高，是天然钙质的极好来源，有助于增强儿童骨密度，延缓骨质疏松和高血压。
含有大量优质蛋白质，能让你精力充沛！
学生重大疾病防控技术和相关标准研制及应用　10

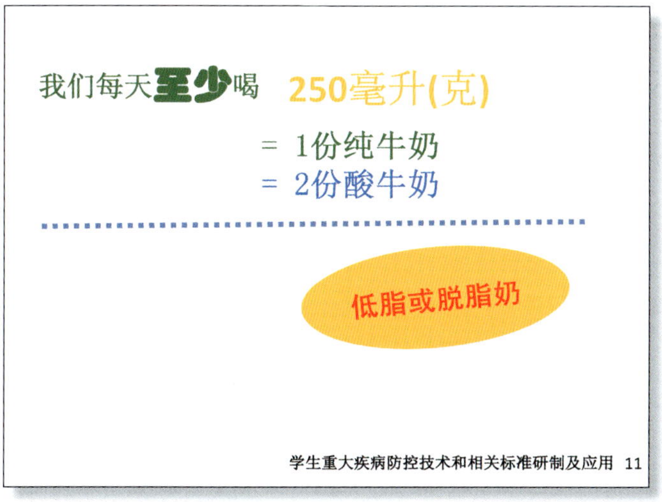
我们每天至少喝 250毫升(克)
= 1份纯牛奶
= 2份酸牛奶
低脂或脱脂奶
学生重大疾病防控技术和相关标准研制及应用　11

少油少盐，正确选择零食，少喝含糖饮料
纯能量食物
包括油脂类（食用油、奶油、沙拉酱）、食用糖和酒类。
建议每人每天吃油限量为25克。
拇指的指尖部分：一小勺油，约5克。
学生重大疾病防控技术和相关标准研制及应用　12

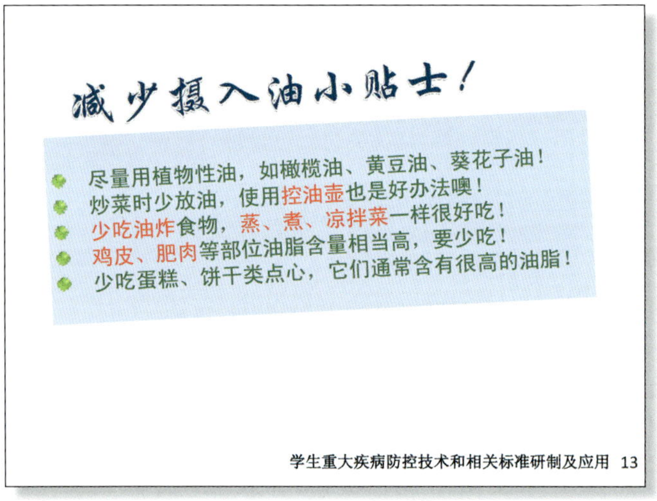
减少摄入油小贴士!
尽量用植物性油，如橄榄油、黄豆油、葵花子油!
炒菜时少放油，使用控油壶也是好办法噢!
少吃油炸食物，蒸、煮、凉拌菜一样很好吃!
鸡皮、肥肉等部位油脂含量相当高，要少吃!
少吃蛋糕、饼干类点心，它们通常含有很高的油脂!
学生重大疾病防控技术和相关标准研制及应用 13

你吃得太咸吗?
高盐食物要少吃
少吃!
每人一天的
盐摄入限量
大约6克
（约一个
啤酒瓶盖）
学生重大疾病防控技术和相关标准研制及应用 14

如何巧吃零食?
适时
临睡前不吃零食，有规律地吃零食，看电视时不吃零食。
适量
零食过量会引起肥胖，零食不能代替正餐。
正确选择零食
选择营养价值高的食物，
如牛奶、酸奶、水果、坚果、不加糖的鲜果汁。
学生重大疾病防控技术和相关标准研制及应用 15

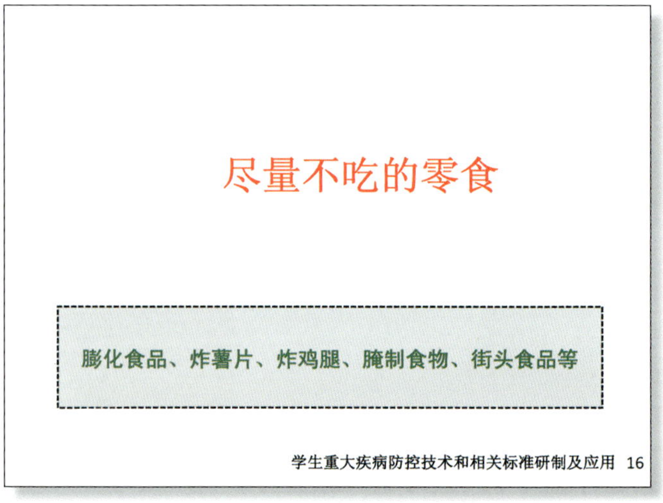
尽量不吃的零食
膨化食品、炸薯片、炸鸡腿、腌制食物、街头食品等
学生重大疾病防控技术和相关标准研制及应用 16

含糖饮料坏处多
能量高，变成小胖子
龋齿
容易骨折
身材矮小
含糖饮料“甜蜜杀人”
学生重大疾病防控技术和相关标准研制及应用 17

白开水是最健康的饮品!
每天要至少喝5~6杯白开水
（1200~1500 毫升），
要少量多次，
千万不要感到渴了再喝哟!
学生重大疾病防控技术和相关标准研制及应用 18

少吃西式快餐
高脂肪、高热量、低维生素，
几乎不含什么营养素！
每月不超过
1～2次
学生重大疾病防控技术和相关标准研制及应用 19

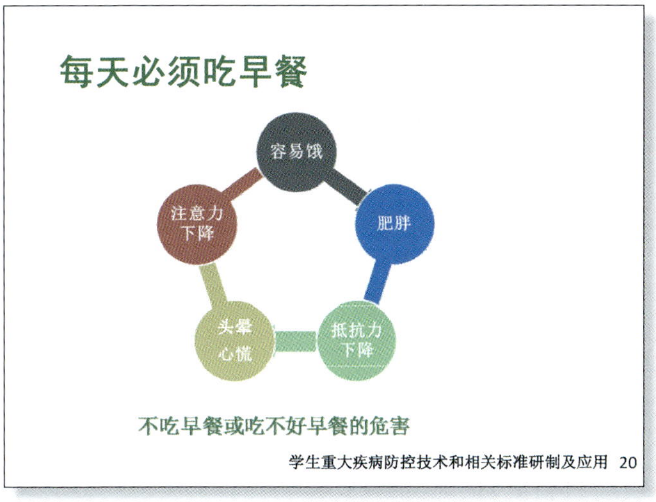
每天必须吃早餐
容易饿
肥胖
抵抗力
下降
头晕
心慌
注意力
下降
不吃早餐或吃不好早餐的危害
学生重大疾病防控技术和相关标准研制及应用 20

不吃早餐会变胖的原因
早餐的4类食物
谷类及薯类
动物性食物
奶和豆类
蔬菜和水果
不吃早餐的人上午会非常饥饿，午餐就会饥不择食，一天中总共摄入的能量比吃早餐的人更多！
吃早餐能够降低饥饿感，防止暴饮暴食。
学生重大疾病防控技术和相关标准研制及应用 21

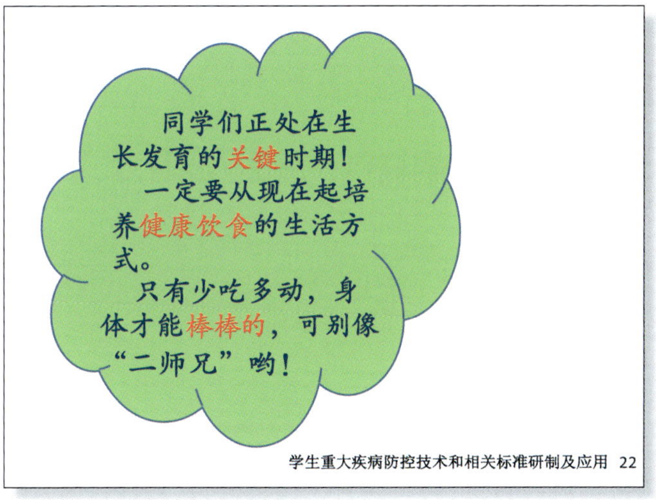
同学们正处在生长发育的关键时期！
一定要从现在起培养健康饮食的生活方式。
只有少吃多动，身体才能棒棒的，可别像“二师兄”哟！
学生重大疾病防控技术和相关标准研制及应用 22

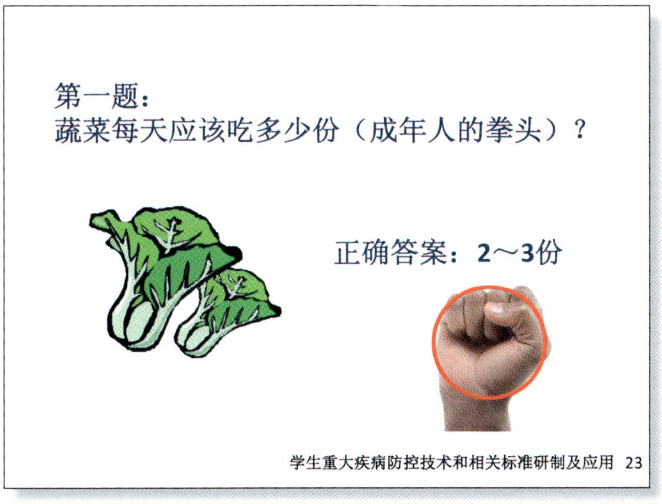
第一题：
蔬菜每天应该吃多少份（成年人的拳头）？
正确答案：2～3份
学生重大疾病防控技术和相关标准研制及应用 23

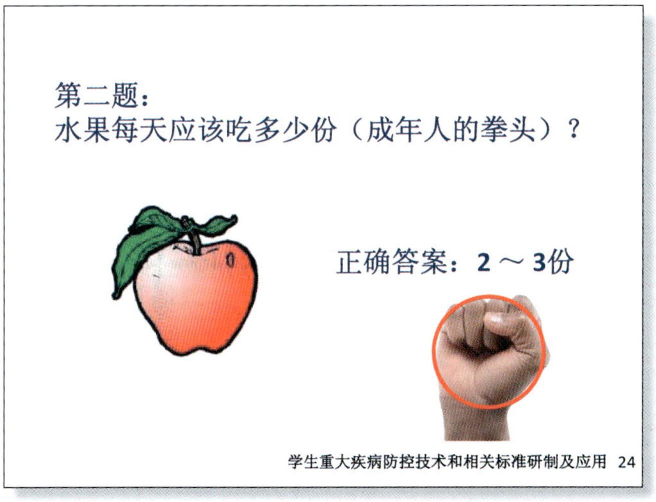
第二题：
水果每天应该吃多少份（成年人的拳头）？
正确答案：2 ～ 3份
学生重大疾病防控技术和相关标准研制及应用 24

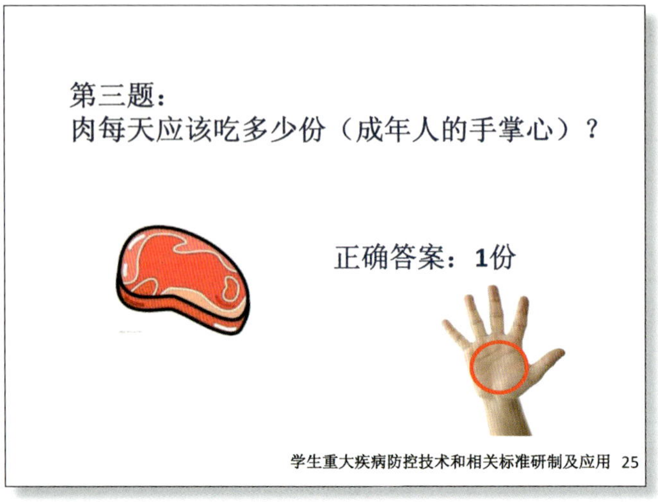
第三题：
肉每天应该吃多少份（成年人的手掌心）？
正确答案：1份
学生重大疾病防控技术和相关标准研制及应用 25

第四题：
含糖饮料每天喝多少次？
正确答案：0次
学生重大疾病防控技术和相关标准研制及应用 26

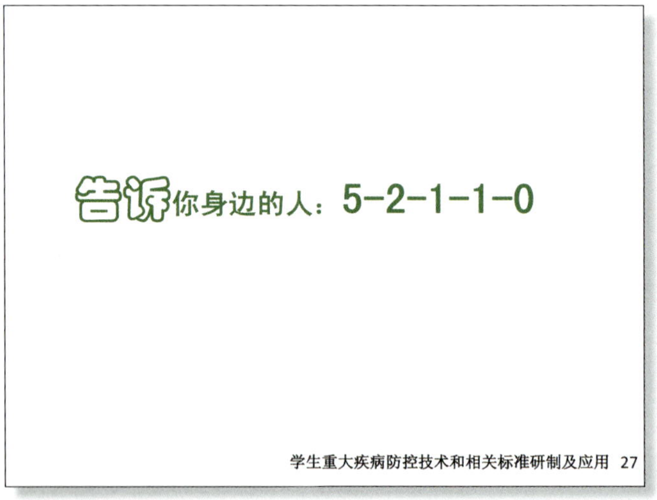
告诉你身边的人：5-2-1-1-0
学生重大疾病防控技术和相关标准研制及应用 27

坚持快乐运动减肥胖
我的目标BMI
5-2-1-1-0
学生重大疾病防控技术和相关标准研制及应用 28

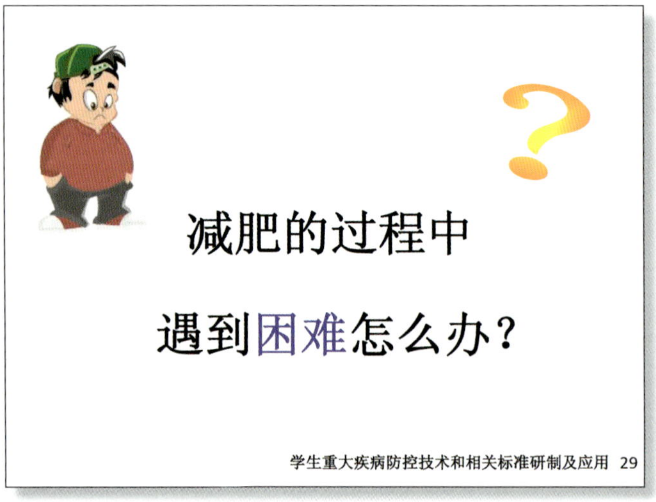
减肥的过程中
遇到困难怎么办？
学生重大疾病防控技术和相关标准研制及应用 29

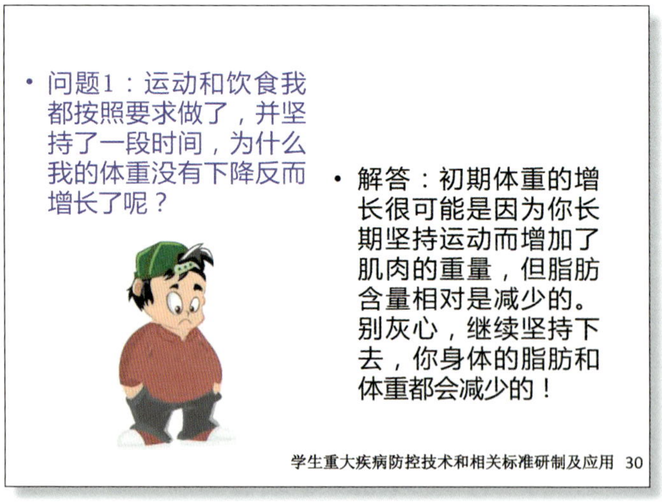
• 问题1：运动和饮食我都按照要求做了，并坚持了一段时间，为什么我的体重没有下降反而增长了呢？
• 解答：初期体重的增长很可能是因为你长期坚持运动而增加了肌肉的重量，但脂肪含量相对是减少的。别灰心，继续坚持下去，你身体的脂肪和体重都会减少的！
学生重大疾病防控技术和相关标准研制及应用 30

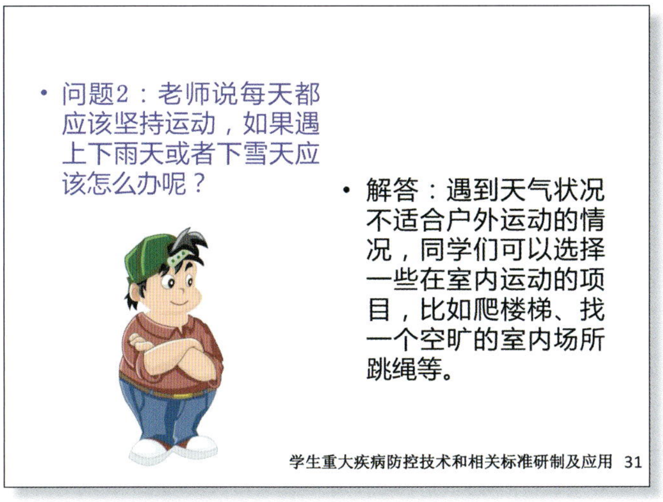

• 问题2：老师说每天都应该坚持运动，如果遇上下雨天或者下雪天应该怎么办呢？
• 解答：遇到天气状况不适合户外运动的情况，同学们可以选择一些在室内运动的项目，比如爬楼梯、找一个空旷的室内场所跳绳等。
学生重大疾病防控技术和相关标准研制及应用 31

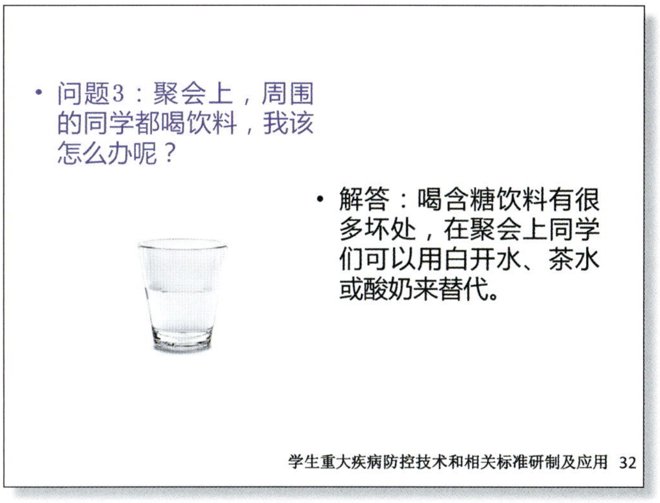

• 问题3：聚会上，周围的同学都喝饮料，我该怎么办呢？
• 解答：喝含糖饮料有很多坏处，在聚会上同学们可以用白开水、茶水或酸奶来替代。
学生重大疾病防控技术和相关标准研制及应用 32

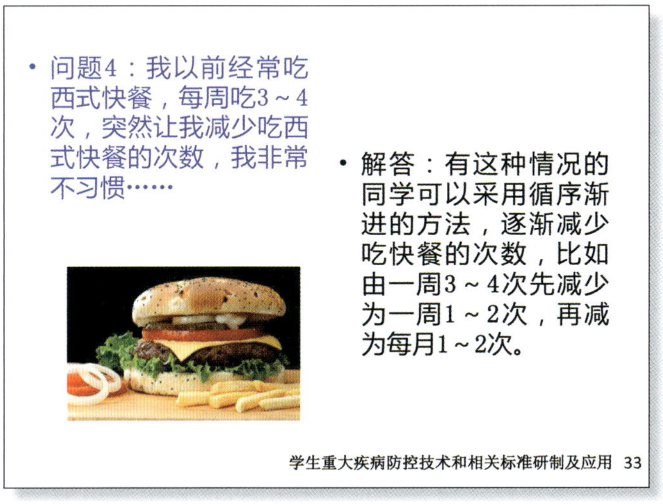

• 问题4：我以前经常吃西式快餐，每周吃3～4次，突然让我减少吃西式快餐的次数，我非常不习惯……
• 解答：有这种情况的同学可以采用循序渐进的方法，逐渐减少吃快餐的次数，比如由一周3～4次先减少为一周1～2次，再减为每月1～2次。
学生重大疾病防控技术和相关标准研制及应用 33

• 体重的减轻不会在短期内有很明显的效果。
• 长期坚持就一定会有成效！
• 每天多做运动，改善饮食习惯！
学生重大疾病防控技术和相关标准研制及应用 34

• 需要家长和老师的帮助及督促，也需要其他同学的鼓励。
• 让肥胖同学在一个轻松愉快的环境中塑造健康的身材吧！
我和其他同学再也不给豆豆起小绰号了！
学生重大疾病防控技术和相关标准研制及应用 35

肥胖是怎样发生的？
能量天平
学生重大疾病防控技术和相关标准研制及应用 36

肥胖的危害

现在小胖，以后大胖

导致与肥胖相关的疾病

运动能力差，体质不如前

不胖更自信，更帅更漂亮

"体质指数"，写作BMI

BMI(千克/平方米)=体重(千克)÷身高(米)÷身高(米)

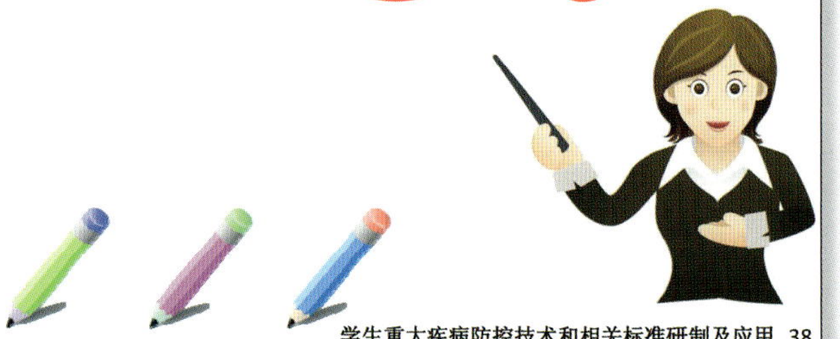

中国男孩7～18岁营养状况判定的BMI标准

年龄	消瘦	正常	超重	肥胖
7～	<13.9	13.9～17.3	17.4～19.1	≥19.2
8～	<14.0	14.0～18.0	18.1～20.2	≥20.3
9～	<14.1	14.1～18.8	18.9～21.3	≥21.4
10～	<14.4	14.4～19.5	19.6～22.4	≥22.5
11～	<14.9	14.9～20.2	20.3～23.5	≥23.6
12～	<15.4	15.4～20.9	21.0～24.6	≥24.7
13～	<15.9	15.9～21.8	21.9～25.6	≥25.7
14～	<16.4	16.4～22.5	22.6～26.3	≥26.4
15～	<16.9	16.9～23.0	23.1～26.8	≥26.9
16～	<17.3	17.3～23.4	23.5～27.3	≥27.4
17～	<17.7	17.7～23.7	23.8～27.7	≥27.8
18～	<18.1	18.1～23.9	24.0～27.9	≥28.0

中国女孩7～18岁营养状况判定的BMI标准

年龄	消瘦	正常	超重	肥胖
7～	<13.4	13.4～17.1	17.2～18.8	≥18.9
8～	<13.6	13.6～18.0	18.1～19.8	≥19.9
9～	<13.8	13.8～18.9	19.0～20.9	≥21.0
10～	<14.0	14.0～19.9	20.0～22.0	≥22.1
11～	<14.3	14.3～21.0	21.1～23.2	≥23.3
12～	<14.7	14.7～21.8	21.9～24.4	≥24.5
13～	<15.3	15.3～22.5	22.6～25.5	≥25.6
14～	<16.0	16.0～22.9	23.0～26.2	≥26.3
15～	<16.6	16.6～23.3	23.4～26.8	≥26.9
16～	<17.0	17.0～23.6	23.7～27.3	≥27.4
17～	<17.2	17.2～23.7	23.8～27.6	≥27.7
18～	<17.5	17.5～23.9	24.0～27.9	≥28.0

我的目标BMI

BMI(千克/平方米)=体重(千克)÷身高(米)÷身高(米)

根据这个式子，我们可以用身高和目标BMI来计算目标体重。

体重(千克)= BMI(千克/平方米)×身高(米)×身高(米)

我的目标该是多少呢？

我的目标该是多少呢？

我是男生，我的年龄是 8 岁

所以我要将BMI保持在 14.0 ～ 18.0 千克/平方米。

体重(千克)=BMI(千克/平方米)×身高(米)×身高(米)　我的身高是1.30米

体重(千克)=14.0(千克/平方米)×1.30(米)×1.30(米)=23.7(千克)

体重(千克)=18.0(千克/平方米)×1.30(米)×1.30(米)=30.4(千克)

我要将体重控制在 23.7 ～ 30.4 千克。

年龄	消瘦	正常	超重	肥胖
7～	<13.9	13.9～17.3	17.4～19.1	≥19.2
8～	<14.0	14.0～18.0	18.1～20.2	≥20.3
9～	<14.1	14.1～18.8	18.9～21.3	≥21.4
10～	<14.4	14.4～19.5	19.6～22.4	≥22.5
11～	<14.9	14.9～20.2	20.3～23.5	≥23.6
12～	<15.4	15.4～20.9	21.0～24.6	≥24.7

我的每周行为目标
• 这一周我要做到
5-2-1-1-0
学生重大疾病防控技术和相关标准研制及应用 43

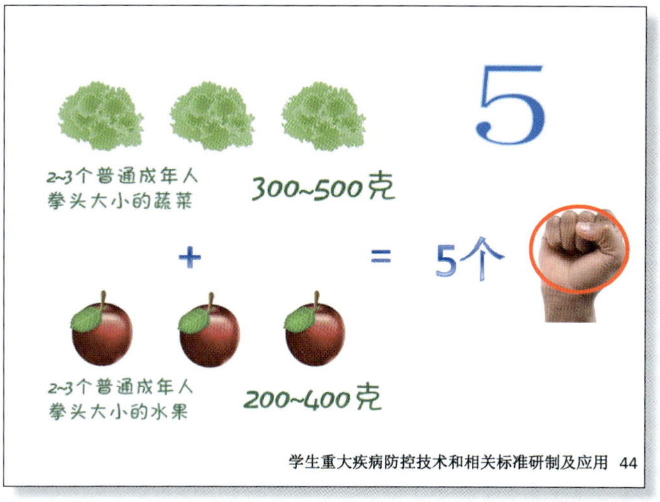
5
2~3个普通成年人拳头大小的蔬菜
300~500克
+
=
5个
2~3个普通成年人拳头大小的水果
200~400克
学生重大疾病防控技术和相关标准研制及应用 44

2
每天看电视和玩电脑的时间少于2小时！
+
<2小时
学生重大疾病防控技术和相关标准研制及应用 45

1
每天应该进行1小时以上中等或高等强度运动！
学生重大疾病防控技术和相关标准研制及应用 46

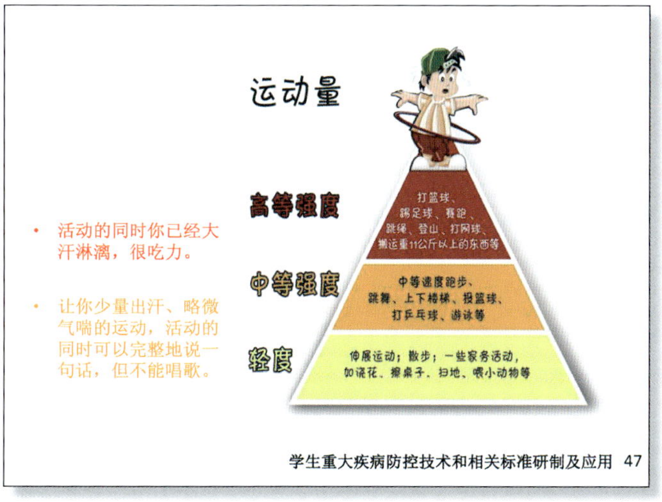
运动量
高等强度
打篮球、踢足球、赛跑、跳绳、登山、打网球、搬运重11公斤以上的东西等
中等强度
中等速度跑步、跳舞、上下楼梯、投篮球、打乒乓球、游泳等
轻度
伸展运动；散步；一些家务活动，如浇花、擦桌子、扫地、喂小动物等
• 活动的同时你已经大汗淋漓，很吃力。
• 让你少量出汗、略微气喘的运动，活动的同时可以完整地说一句话，但不能唱歌。
学生重大疾病防控技术和相关标准研制及应用 47

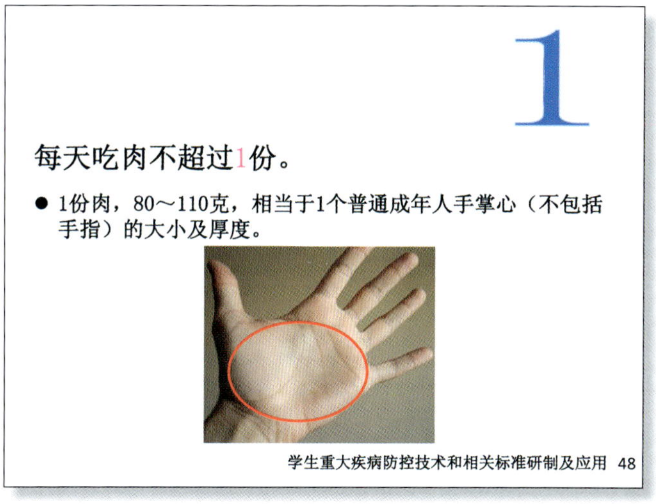
1
每天吃肉不超过1份。
● 1份肉，80～110克，相当于1个普通成年人手掌心（不包括手指）的大小及厚度。
学生重大疾病防控技术和相关标准研制及应用 48

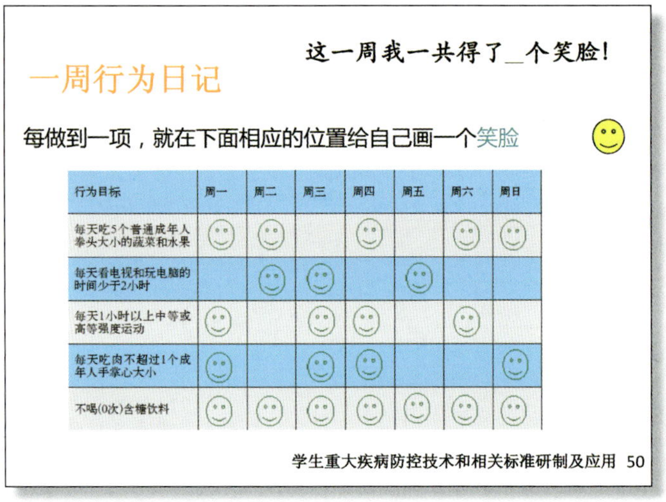

第六讲 呼吸道传染病与肺结核的防治

一、教学目标

- 了解呼吸道传染病的基础知识。
- 知道预防呼吸道传染病的小常识。
- 了解防治肺结核的基本方法。

二、教学材料

- 多媒体教学课件。
- 挂图。

三、课程说明

活动一：教学导入

建议时间：5 分钟。

- 用“头脑风暴”游戏请同学们谈谈对呼吸道传染病的认识，如“你知道的呼吸道传染病有哪些”。

活动二：讲解呼吸道传染病的基本知识和预防常识

建议时间：20 分钟。

- 教师根据多媒体教学课件讲解呼吸道传染病的基本知识和预防常识。

活动三：讲解肺结核的防治知识

建议时间：15 分钟。

- 教师根据多媒体教学课件讲解肺结核的防治知识。
- 学生提问：针对上面讲述的内容，学生可以以举手或写纸条的方式进行提问。

课程小结

通过这节课，大家应该对呼吸道传染病有了一定的认识，并了解了防治肺结核的一些基本知识。对于传染病的知识，同学们如果还有什么想了解的，或者对课堂内容有不明白的地方，欢迎课后和老师讨论。

四、多媒体教学课件示例

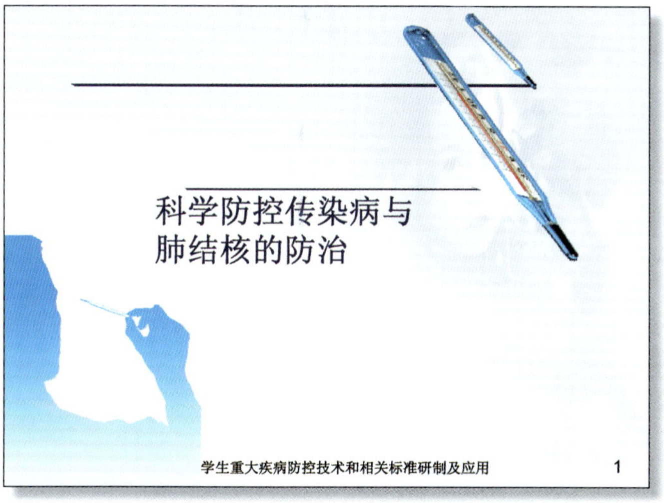

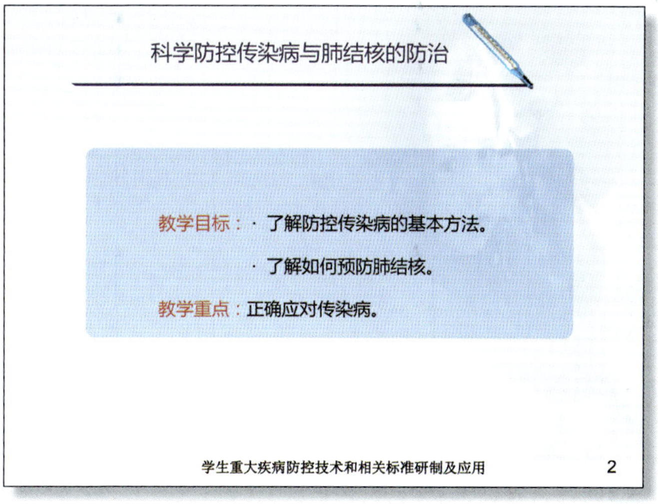

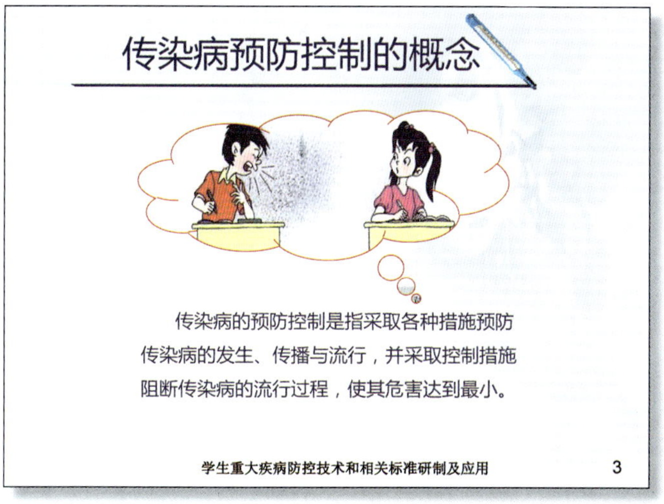

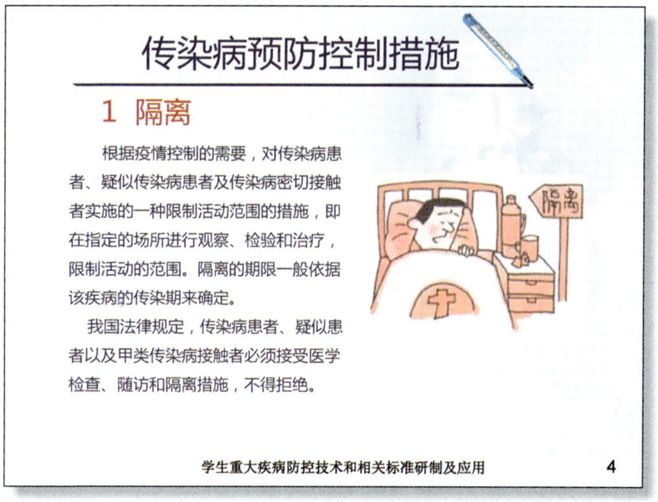

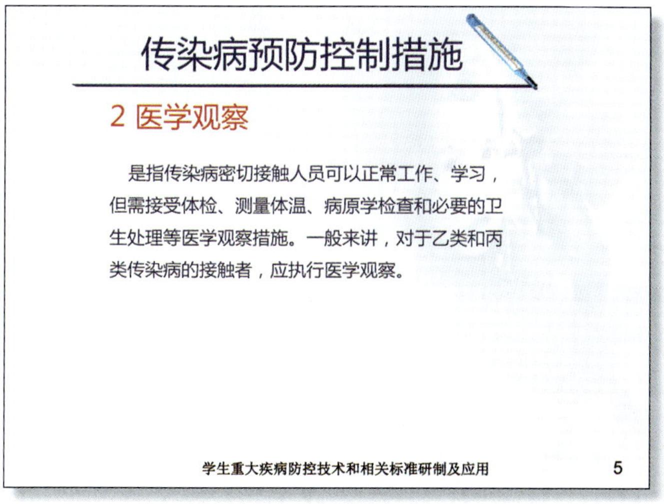

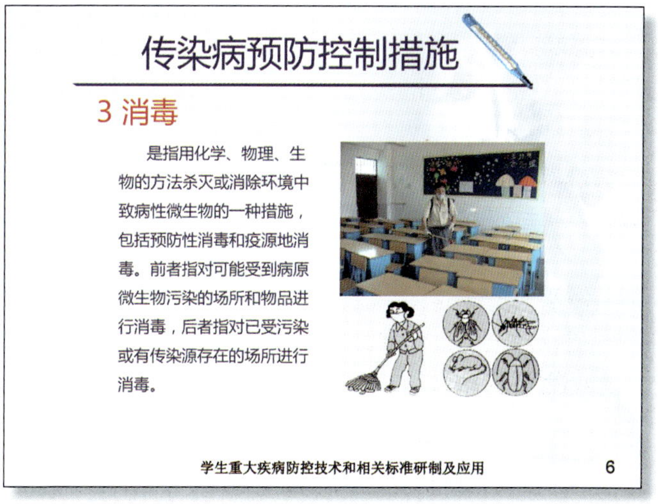

传染病防控技巧

坚持预防为主

包括：改变不良的卫生习惯和行为、接种疫苗、改善环境的卫生条件。

传染病防控技巧

加强传染病的报告和监测

一旦出现症状，要及时就医，并及时向学校老师报告。越早上报，有关部门就越能及时发现疫情的苗头，从而为及时采取有力的控制措施赢得更多的时间。

身边一旦有传染病疫情暴发，不必惊慌，要积极配合学校、卫生防疫部门采取调查、消毒、隔离等措施。

你该怎么办？

如果你所在的学校或社区发生了传染病疫情暴发，你除了做到前一课中所述的应对措施外，还应该稳定情绪，树立战胜瘟疫的信心，配合卫生防疫等有关部门采取流行病学调查以及消毒、隔离等措施。

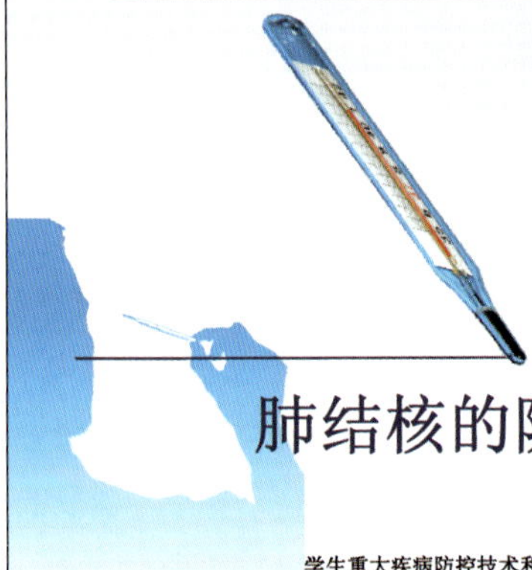

肺结核的防治

什么是肺结核？

肺结核（pulmonary tuberculosis），俗称“痨病”，是由结核分枝杆菌(tubercle bacillus) 引起的以肺部损害为主的一种慢性消耗性传染病。结核分枝杆菌可侵害全身多个器官，造成多个部位的结核，但以肺结核最为常见。肺结核属于我国乙类法定传染病。

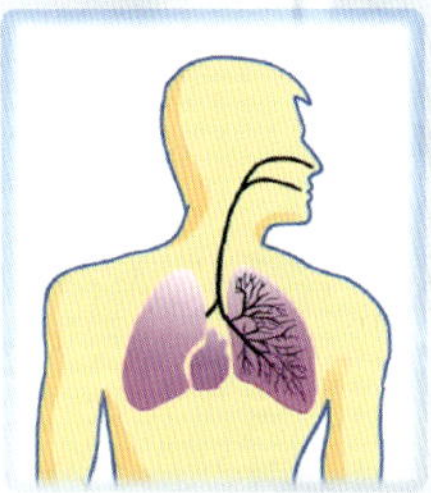

得了肺结核的表现是什么？

多表现为咳嗽。早期轻微干咳，或咳少量黏液痰，随病变进展可咳大量黏液性或脓性痰。可出现乏力、消瘦、食欲缺乏、长期低热，体温多在下午或傍晚升高，盗汗，面颊潮红，重症可出现高热不退、全身衰竭，可伴有咯血及胸痛。

肺结核是如何侵入人体的？

肺结核是结核分枝杆菌引起的传染性肺部疾病。结核分枝杆菌主要是通过呼吸道传播，由有开放性病灶的患者咳嗽、打喷嚏时散播的带结核分枝杆菌的气溶胶进行传播；次要途径是经消化道进入体内，此外还可经皮肤传播。

由于肺结核是结核分枝杆菌侵犯肺组织，因此最常见的还是呼吸道症状，其中咳嗽、咳痰是肺结核最多见的局部症状。如果咳嗽、咳痰2周以上或有咯血、痰中带血，就应高度怀疑患有肺结核。

学生重大疾病防控技术和相关标准研制及应用　13

如何预防肺结核？

1．有以下症状就应该怀疑得了肺结核，应迅速到当地结核病防治机构或医院就诊：

◆咳嗽、咳痰≥2周，咯血或血痰是肺结核的主要症状，有以上任何一项症状者就应该怀疑得了肺结核。

◆如果还伴有以下任何一项或一项以上症状，则应高度怀疑得了肺结核：胸闷、胸痛、低热、盗汗、乏力、食欲减退和体重减轻等。

学生重大疾病防控技术和相关标准研制及应用　14

如何预防肺结核？

2．如果你身边有肺结核患者，应避免与痰检阳性患者近距离接触。

学生重大疾病防控技术和相关标准研制及应用　15

如何预防肺结核？

3．提高抗感染和自我保护能力，养成良好的卫生、生活行为习惯，不抽烟、不酗酒，勤洗澡，保证充足的睡眠，平衡膳食、合理营养，加强体育锻炼，预防感冒，合理使用抗生素。

学生重大疾病防控技术和相关标准研制及应用　16

如何预防肺结核？

4．痰内没有查出结核分枝杆菌的肺结核患者可以正常参加社会活动。大家对结核患者应该给予关怀和照顾，不应该歧视结核患者。

学生重大疾病防控技术和相关标准研制及应用　17

得了结核不用慌，积极治疗是关键！

结核病主要采取化学药物进行治疗。得了结核病不用担心，应立即到结核病防治专业机构接受规则的治疗。结核病患者只要坚持规则的治疗方案，绝大多数是可以治愈的。

一般来讲，要正规彻底治疗结核病，必须有6～8个月的疗程。为了保证患者能坚持服药并及时发现患者的不良反应，要求患者在医生或督导人员的督导下服药。

学生重大疾病防控技术和相关标准研制及应用　18

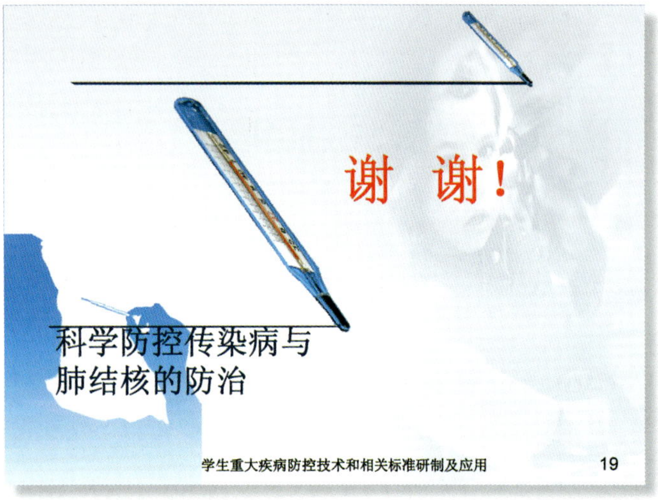

第三节 家长健康教育课件

家长健康教育第一讲

模块一 保护视力，科学防近

一、教学目的

让学生家长简单了解近视的流行状况及其严峻性，了解近视的含义、表现、危害及其危险因素，懂得防治近视的正确方法，提高防治近视的意识。

二、教学过程

1. 近视的流行状况（30 秒）

当今社会，近视已成为一个重要的公共卫生问题。过去的五六十年，近视患病率高速增长，东亚的近视学生数量最多，如在中国、日本、新加坡和韩国，近视率几乎达到 80% ～ 90%。

我国 2010 年最新的一次全国学生体质与健康调研报告结果显示：7 ～ 12 岁小学生近视患病率为 40.89%，13 ～ 15 岁初中生为 67.33%，16 ～ 18 岁高中生为 79.20%，19 ～ 22 岁大学生为 84.72%。结果表明，我国学生的近视患病率随年龄增长持续上升，现状严峻！

2. 近视的简单定义（1 分钟）

简单地说，近视就是看近物清楚，看远物模糊。如图所示：未近视时这位同学能清楚地看到黑板上的字迹，近视后坐在相同的位置，黑板上的字迹大小没有改变，然而她所看到的字迹却是模糊的。这就是近视前后的视觉变化。

3. 近视的分类（30 秒）

最常用的是根据近视度数分类，我们将低于 300 度的近视称为轻度近视，300 ～ 600 度为中度近视，600 度以上则为高度近视。

4. 近视的成因及其危险因素（3 分钟）

关于近视的成因，目前还在研究中，但多数人认为，近视是多因素综合作用导致的，遗传是基础，并受行为和生活方式及营养因素共同作用的影响。关于近视危险因素的研究较多，大量研究显示城市儿童的近视患病率高于农村，教育水平越高、视近作业时间越长、户外活动时间越短、阳光接触时间越少，近视患病率越高。另外，照度水平越低，近视患病率越高；夜晚开灯睡觉的儿童近视患病率较高；父母近视的孩子近视患病率也较高。

5. 近视的危害（2 分钟）

近视之后绝大多数孩子需要佩戴眼镜，这不仅会影响孩子的外观，还会给家庭带来一定的经济负担。由于看不清黑板，孩子脖子不断向前伸，时间久了容易变成弯腰驼背，影响他们正常的生长发育。孩子尚未近视时，视野是清晰的，近视之后就会变得模糊，随着近视度数的加深，视物会变得更加模糊，如果我们不采取措施，任其发展到高度近视，就可能会出现一系列并发症，如视网膜脱离、玻璃体混浊等，最后孩子只能与黑暗为伴！

6. 近视的主要预防措施（3 分钟）

- 减少孩子看电视、玩电脑的时间。
- 每天带孩子到户外活动 1 小时。小知识点：科学家研究发现，增加户外活动时间可以阻止近视的发展，因为晒太阳能够促进一种名叫“多巴胺”（dopamine）的物质的释放，它可以预防近视的发生。
- 加强孩子的体育锻炼。
- 端正孩子的读写姿势，认真做好“三个一”的监督工作，即“胸离书桌一拳远，眼离书本一尺远，手离笔尖一寸远”。
- 连续看书 1 小时，休息 10 分钟。
- 多看远处，休息眼睛。
- 做好眼保健操。
- 不在阳光照射或暗光下阅读、写字。
- 不开夜灯睡觉。
- 开灯看电视，尽可能坐得离电视远些。
- 健康饮食，让孩子多吃种类丰富的蔬菜、水果。
- 让孩子早睡早起，保证孩子充足的睡眠。
- 密切关注学校的体检信息，关注孩子的视力变化。
- 孩子眼睛看东西出现模糊、流泪等症状时，及时带去正规医院检查就诊。

三、多媒体教学课件示例

见“家长健康教育第一讲”后。

模块二　肥胖防控基础知识

一、教学目的

向家长介绍儿童青少年肥胖流行趋势及肥胖的危害，介绍学校肥胖防控相关活动，发出倡议。

二、教学过程

1. 介绍中国儿童青少年肥胖流行现状（30 秒）

随着社会经济的发展，我国学生肥胖率以惊人的速度增长。2010 年全国学生体质与健康调研结果显示：7 ～ 22 岁城市男生的超重肥胖率为 28.1%，城市女生为 15.6%，大约每 4 个男生中就有 1 个是超重或肥胖，每 8 个女生中就有 1 个是超重或肥胖。另外，农村儿童青少年超重和肥胖比例增长明显加快。

2. 介绍肥胖对儿童青少年的危害（3 分钟）

肥胖对儿童青少年的危害主要有以下 4 个方面：

- 现在小胖，以后大胖：肥胖儿童如果不进行预防和治疗，约 60% 成年后仍肥胖。
- 导致与肥胖相关的疾病：肥胖会导致患相关疾病的危险性增加，是许多严重疾病的根源，如这幅图（见本讲后文的多媒体教学课件）中所示的高血压、糖尿病、冠心病等慢性非传染性疾病。
- 运动能力差，体质不如前：肥胖儿童身体臃肿、行动不便，也懒于锻炼，他们身上很多器官的功能和运动能力明显低于正常体重儿童。同时肥胖也会影响学习能力。
- 影响孩子的自信：肥胖的孩子有时会被起小绰号，使他们变得不自信。

3. 介绍学校肥胖防控相关活动（4 分钟）

由此可见，必须从小引起重视，防控儿童青少年肥胖。对此，学校在这方面将开展如下活动。

（1）健康教育，包括学生健康教育课、学生健康教育活动，发放《怎样才能不肥胖》读本和《中国中小学生营养状况评价盘》。

健康教育课共 4 次，每次 20 分钟，主要内容包括肥胖的知识、如何通过饮食和运动控制体重以及鼓励孩子长期坚持等。健康教育活动共 3 次，包括主题班会、健康小报和文艺活动。希望家长督促孩子认真进行课程学习，积极参与相关活动。

同时，我们将为学生发放《怎样才能不肥胖》读本和《中国中小学生营养状况评价盘》，指导手册与健康教育课的内容是一致的，转盘用于评价孩子体重是否正常，家长可以在家和孩子一起学习与使用。

（2）体育活动指导

肥胖防控与加强体育锻炼分不开，对此我们将对体育课和课外活动进行设计和改进，使体育课达到合理的强度和密度，课外活动也有效开展。家长在家也要鼓励孩子多运动，与孩子一起运动，尤其是周末，为孩子创建一个良好的运动氛围，从小养成爱运动的好习惯。

（3）学校环境政策

学校还将对校园环境和政策措施进行改善，这些对儿童青少年肥胖防控都是有利的，希望各位家长支持与配合，并教导孩子遵守这些政策措施。这些政策措施包括：

- 利用海报、墙报、广播、电子屏或网站等进行肥胖预防控制宣传。
- 为家长发放“快乐运动，健康饮食”倡议书。
- 学校保证必要的体育设施和 1 小时体育锻炼制度。
- 开展 1~2 次全体学生参与的运动会及肥胖学生趣味运动会。
- 拒绝不健康零食 / 含糖饮料进入教室，学校提供白开水，学校内食堂或小卖部不售卖含糖饮料。

4. 倡议（30 秒）

希望家长支持我们的活动并时刻督促和鼓励孩子积极参与到活动中来，让孩子通过实际行动预防控制肥胖！谢谢！

三、多媒体教学课件示例

见“家长健康教育第一讲”后。

模块三 传染病预防控制基础知识

一、教学目的

让家长了解传染病的基础知识，并知道预防传染病的小常识。

二、教学过程

1. 传染病的概念（1 分钟）

传染病（communicable diseases）：是由各种病原体引起的能在人与人、动物与动物或人与动物之间相互传播的一类感染性疾病。

病原体是指造成传染病的病原，大部分是微生物，小部分为寄生虫。微生物包括病毒、细菌、衣原体、立克次体、支原体、螺旋体、真菌等。

2. 传染病的基本特征（1 分钟）

- 有特定的病原体：各种传染病都有特定的病原体，如病毒、细菌、衣原体、立克次体、支原体、螺旋体、真菌、寄生虫等。
- 有传染性：病原体能够在人群间或动物与人之间传播，从而造成传染。
- 有流行病学特征：传染病的流行过程带有一定流行病学特征，如季节性、地方性等。
- 有免疫性：人体在感染传染病痊愈后，或多或少可获得同一疾病的免疫力。

3. 传染病的流行过程（1 分钟）

传染病在人群中发生、传播和终止的过程称为传染病的流行过程。任何传染病的流行过程均包含三个基本环节，只有三个环节的条件同时存在，才能造成传染病流行。这三个环节分别是：传染源、传播途径和人群易感性。

- 传染源：是指体内带有致病的病原体，并不断向体外排出病原体的人或动物。传染源可以是患者、无症状病原携带者和受感染的动物。
- 传播途径：是指病原体从传染源排出体外，经过一定的传播方式，到达并侵入新的易感者的路径。常见的传播途径有经水或食物传播、经空气飞沫传播、经动物媒介传播、经接触传播等途径。
- 人群易感性：是指人群对某种传染病病原体的易感程度或免疫水平。通俗地说，对某种传染病来说，人群易感性越高，该人群抵抗该病的能力就越差，就越容易发生流行。

4. 传染病预防控制措施（2 分钟）

- 隔离：根据疫情控制的需要，对传染病患者、疑似传染病患者及传染病密切接触者实施的一种限制活动范围的措施，即在指定的场所进行观察、检验和治疗，限制活动的范围。隔离的期限一般依据该疾病的传染期来确定。

我国法律规定，传染病患者、疑似患者以及甲类传染病接触者必须接受医学检查、随访和隔离措施，不得拒绝。

- 医学观察：是指传染病密切接触人员可以正常工作、学习，但需接受体检、测量体温、病原学检查和必要的卫生处理等医学观察措施。一般来讲，对于乙类和丙类传染病的接触者，应执行医学观察。

● 消毒：是指用化学、物理、生物的方法杀灭或消除环境中致病性微生物的一种措施，包括预防性消毒和疫源地消毒。前者指对可能受到病原微生物污染的场所和物品进行消毒，后者指对已受污染或有传染源存在的场所进行消毒。

5. 传染病防控技巧（1 分钟）

● 坚持预防为主，包括改变不良的卫生习惯和行为、接种疫苗、改善环境的卫生条件。

● 加强传染病的报告和监测。一旦出现症状，要及时就医，并及时向学校老师报告。越早上报，有关部门就越能及时发现疫情的苗头，从而为及时采取有力的控制措施赢得更多的时间。

● 身边一旦有传染病疫情暴发，不必惊慌，要积极配合学校、卫生防疫部门采取调查、消毒、隔离等措施。

6. 家长要怎样做（4 分钟）

● 学习各种常见传染病的知识和预防常识，消除对传染病的心理恐惧，给孩子正确的知识。

● 养成孩子勤洗手、讲卫生的良好卫生习惯。

● 保护孩子远离不洁食物和不洁水，把好“病从口入”关。

● 生病后及时就医并通知学校老师，配合医生做好消毒、隔离等防范措施，不提倡带病坚持上课。

● 保证孩子营养膳食，锻炼身体，增强体质。

● 家长要经常对孩子居住的房间进行通风换气，尽量少带孩子去拥挤的公共场所，特别是尽量避免与其他有发热、出疹性疾病的儿童接触，减少被感染的机会。

● 家长要注意家庭室内外的清洁卫生，家庭成员的衣服、被褥要在阳光下曝晒。

● 按时按量到医院接种疫苗，预防传染病。

三、多媒体教学课件示例

见“家长健康教育第一讲”后。

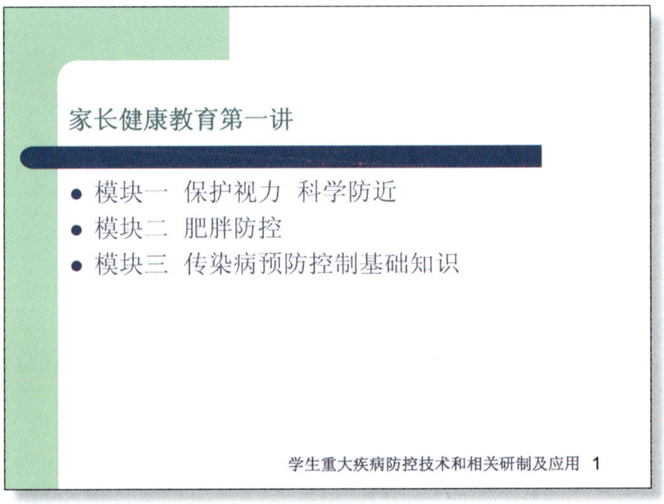

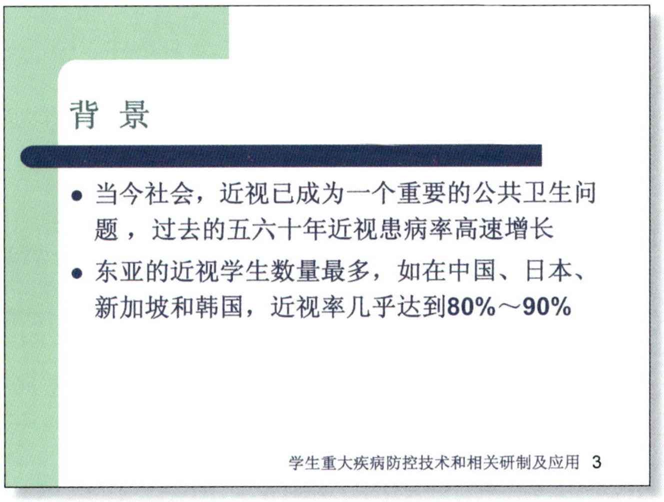

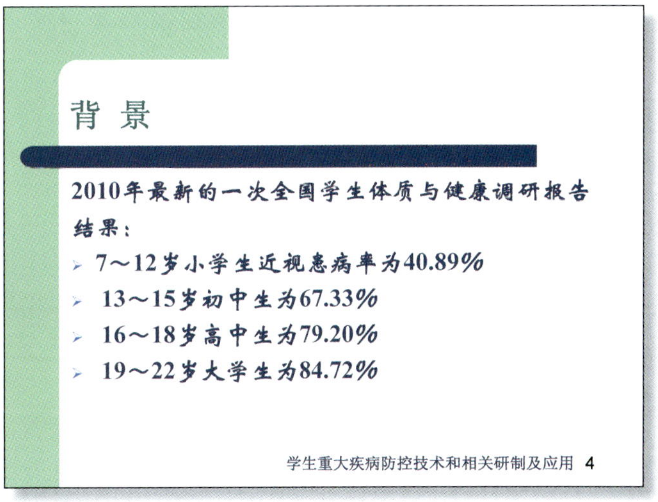

什么是近视？

➤ 看近物清楚，看远物模糊

近视的分类

按度数分

- 轻度近视：低于300度
- 中度近视：300～600度
- 高度近视：高于600度

近视的危险因素

- 教育水平高
- 城市生活
- 视近作业时间长
- 户外活动时间少
- 阳光接触时间少
- 复杂的照明条件
- 遗传因素

近视的危害

☹ 吃饭的时候，镜片上会有一层雾，导致看不清事物。

☹ 运动的时候，眼镜不能很好地固定。

☹ 学习时容易疲劳，影响学习效率。

☹ 近视的遗传性非常大，尤其是中、高度近视，遗传概率在80%以上。

☹ 中、高度近视会导致眼球突出，眼睑松弛 。

近视的危害

☹影响上大学时的专业选择和未来就业（如报考军事院校、航空大学等）

高考视力要求

1. 裸眼视力任何一眼低于5.0者，不能录取的专业：飞行技术、航海技术、消防工程、刑事科学技术、侦察。

专科专业：海洋船舶驾驶及以上专业相同或相近专业(如民航空中交通管制)。

2. 裸眼视力任何一眼低于4.8者，不能录取的专业：轮机工程、运动训练、民族传统体育。

专科专业：烹饪与营养、烹饪工艺等。

3. 安院校：左、右眼单眼裸视力，理科类专业须在4.9(0.8)以上，文科类专业须在4.8(0.6)以上。

4. 军事院校：每一眼裸眼远视力低于4.9(0.8)，指挥、潜艇、水面潜艇、坦克、测绘、雷达专业学员不合格。

怎么做?
☺多接触阳光，每天户外活动时间不少于1小时
学生重大疾病防控技术和相关研制及应用 11

怎么做?
☺控制学习和娱乐时间
☺避免长时间看书、学习
☺避免长时间看电视、玩电脑、玩手机
学生重大疾病防控技术和相关研制及应用 12

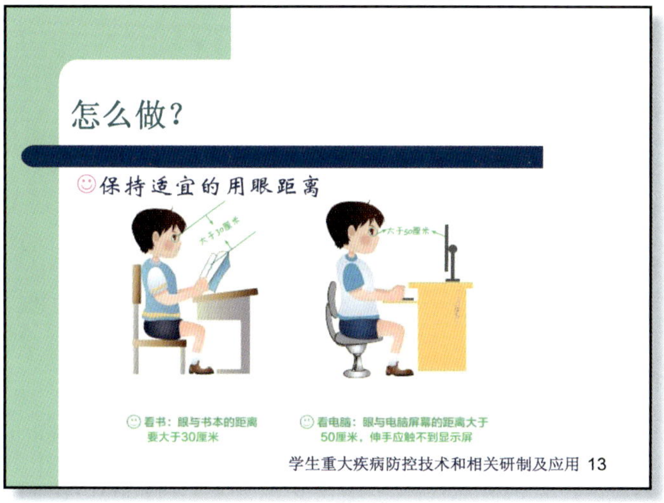
怎么做?
☺保持适宜的用眼距离
大于30厘米
大于50厘米
☺看书：眼与书本的距离要大于30厘米
☺看电脑：眼与电脑屏幕的距离大于50厘米，伸手应触不到显示屏
学生重大疾病防控技术和相关研制及应用 13

怎么做?
☺保持适宜的用眼距离
电视屏幕对角线长度的4～5倍
☺看电视：眼与电视的距离应为电视屏幕对角线长度的4～5倍；电视越大，距离越远。
学生重大疾病防控技术和相关研制及应用 14

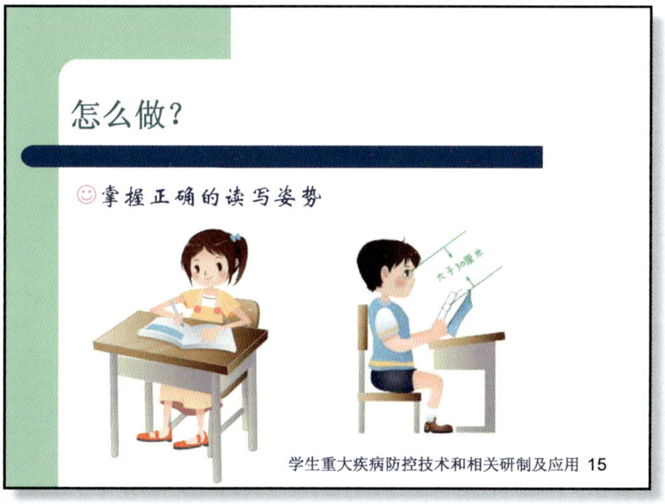
怎么做?
☺掌握正确的读写姿势
大于30厘米
学生重大疾病防控技术和相关研制及应用 15

怎么做?
☺改善光照条件
☺白天在家看书、写字时，尽量使用自然光线，写字台应与窗户垂直摆放，习惯使用右手写字的同学，使光线从左手边射入（习惯使用左手写字的同学相反）
光线射入方向
写字台应与窗户垂直摆放
学生重大疾病防控技术和相关研制及应用 16

怎么做?

☺改善光照条件

☺ 晚上看书、写字时，要同时使用顶灯和台灯，并正确放置台灯（习惯使用右手写字的同学，台灯应置于左前方；习惯使用左手写字的同学相反）

学生重大疾病防控技术和相关研制及应用 17

怎么做?

☺改善光照条件

☺ 晚上看电视、玩电脑时要开房间顶灯

学生重大疾病防控技术和相关研制及应用 18

怎么做?

☺关注孩子的视力变化

☺ 每学期检查一次视力

☺孩子不戴眼镜时检查的5米远视力低于5.0，或看黑板模糊，要及时带孩子去医院进行专业眼科检查

☺确定孩子近视后，要及时配镜，防止近视度数加深

学生重大疾病防控技术和相关研制及应用 19

怎么做?

☺为孩子选择合适的课桌椅

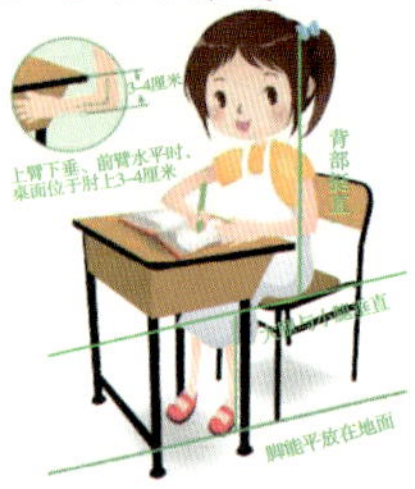

学生重大疾病防控技术和相关研制及应用 20

怎么做?

中小学课桌椅尺寸表（GB/T 3976-XXXX）（厘米）（待发布国家标准）				
课桌椅型号	课桌桌面高	课椅座面高	身高	身高范围
0 号	79	46	187.5	≥180
1 号	76	44	180.0	173～187
2 号	73	42	172.5	165～179
3 号	70	40	165.0	158～172
4 号	67	38	157.5	150～164
5 号	64	36	150.0	143～157
6 号	61	34	142.5	135～149
7 号	58	32	135.0	128～142
8 号	55	30	127.5	120～134
9 号	52	29	120.0	113～127
10 号	49	27	112.5	≤119

学生重大疾病防控技术和相关研制及应用 21

怎么做?

☺帮助孩子养成良好的生活习惯

☺ 早睡早起，保证充足的睡眠

☺ 不开夜灯睡觉

☺ 不挑食，多吃种类丰富的蔬菜和水果

学生重大疾病防控技术和相关研制及应用 22

肥胖防控
学生重大疾病防控技术和相关标准研制及应用 23

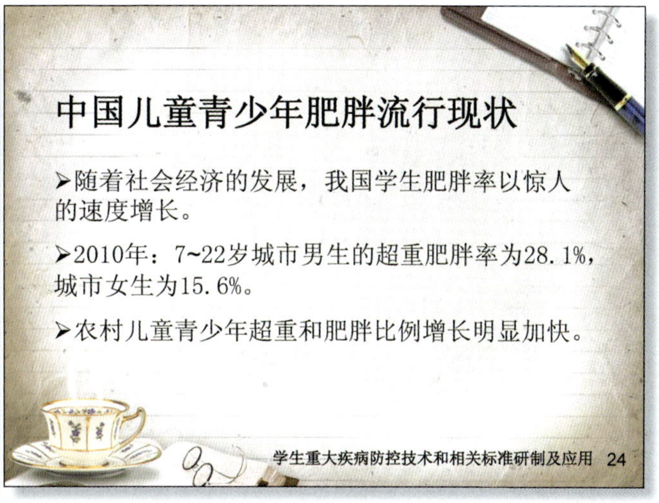
中国儿童青少年肥胖流行现状
➢随着社会经济的发展，我国学生肥胖率以惊人的速度增长。
➢2010年：7~22岁城市男生的超重肥胖率为28.1%，城市女生为15.6%。
➢农村儿童青少年超重和肥胖比例增长明显加快。
学生重大疾病防控技术和相关标准研制及应用 24

肥胖对儿童青少年的危害
➢现在小胖，以后大胖
➢导致与肥胖相关的疾病
➢运动能力差，体质不如前
➢影响孩子的自信
高血压
2型糖尿病
心脑血管疾病
高血脂
肿瘤
妇女排卵功能障碍
脂肪肝
睡眠呼吸暂停
骨关节病
胆石症
肥胖
学生重大疾病防控技术和相关标准研制及应用 25

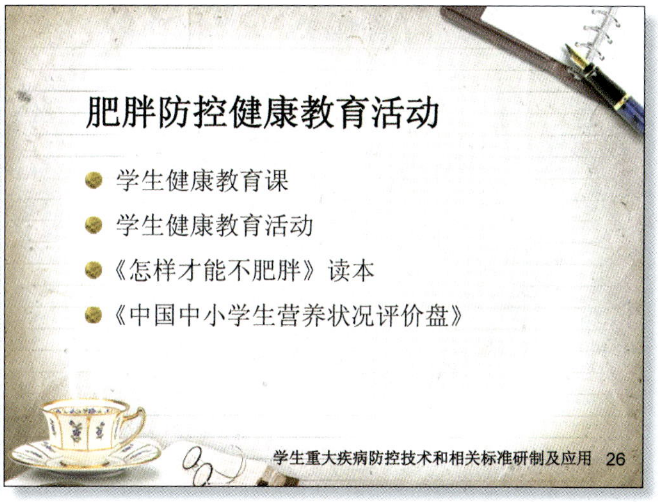
肥胖防控健康教育活动
学生健康教育课
学生健康教育活动
《怎样才能不肥胖》读本
《中国中小学生营养状况评价盘》
学生重大疾病防控技术和相关标准研制及应用 26

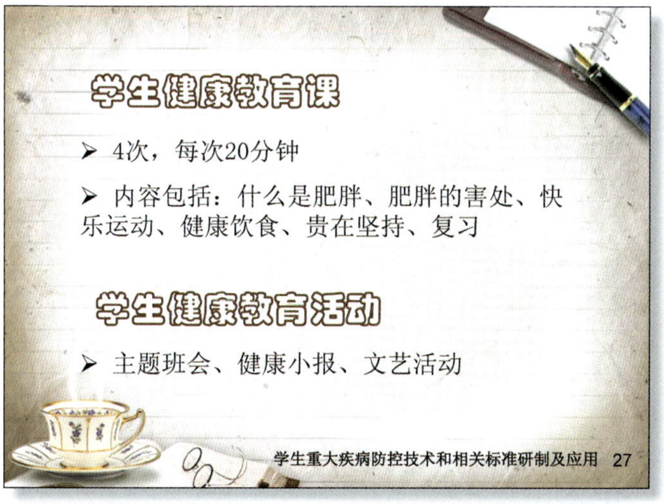
学生健康教育课
➢ 4次，每次20分钟
➢ 内容包括：什么是肥胖、肥胖的害处、快乐运动、健康饮食、贵在坚持、复习
学生健康教育活动
➢ 主题班会、健康小报、文艺活动
学生重大疾病防控技术和相关标准研制及应用 27

男生使用
女生使用
怎样才能不肥胖
快乐运动，健康饮食
北京大学医学出版社
学生重大疾病防控技术和相关标准研制及应用 28

体育活动指导
➢体育教师按照示范性教案，使体育课时间达到合理密度和强度。
➢设计课外体育活动，使其有效开展。
学生重大疾病防控技术和相关标准研制及应用 29

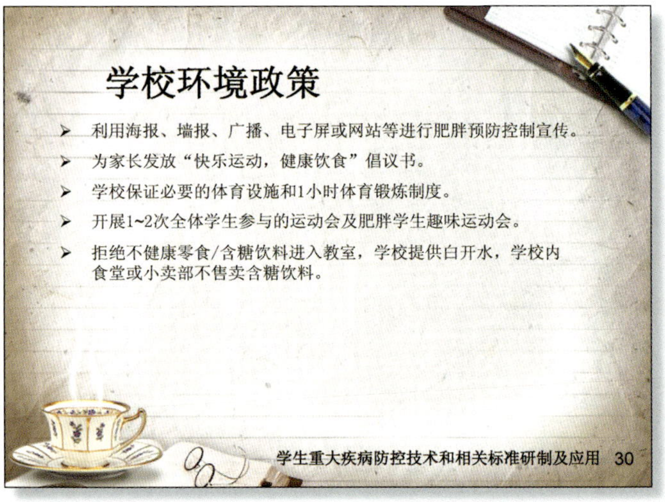
学校环境政策
➢ 利用海报、墙报、广播、电子屏或网站等进行肥胖预防控制宣传。
➢ 为家长发放“快乐运动，健康饮食”倡议书。
➢ 学校保证必要的体育设施和1小时体育锻炼制度。
➢ 开展1~2次全体学生参与的运动会及肥胖学生趣味运动会。
➢ 拒绝不健康零食/含糖饮料进入教室，学校提供白开水，学校内食堂或小卖部不售卖含糖饮料。
学生重大疾病防控技术和相关标准研制及应用 30

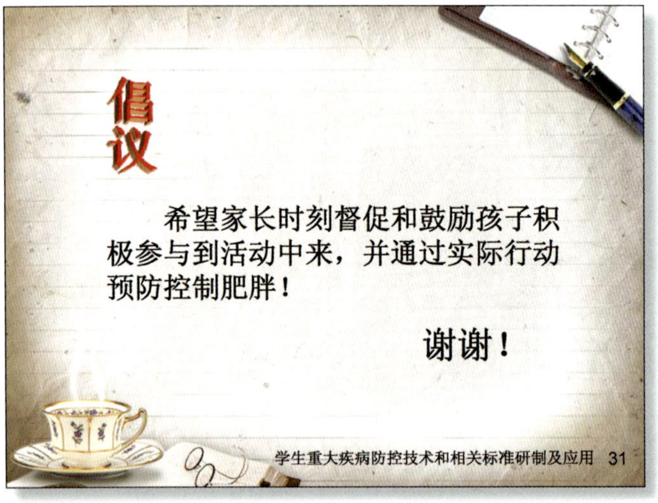
倡议
希望家长时刻督促和鼓励孩子积极参与到活动中来，并通过实际行动预防控制肥胖！
谢谢！
学生重大疾病防控技术和相关标准研制及应用 31

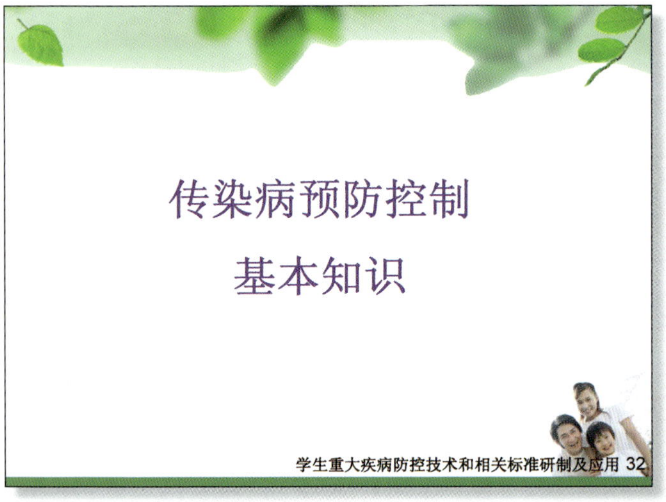
传染病预防控制
基本知识
学生重大疾病防控技术和相关标准研制及应用 32

目 录
1 什么是传染病？
2 传染病的基本特征是什么？
3 传染病的流行过程是什么？
4 传染病预防控制措施有哪些？
5 传染病防控技巧有哪些？
6 家长要怎样做？
学生重大疾病防控技术和相关标准研制及应用 33

什么是传染病？
传染病（communicable diseases）：是由各种病原体引起的能在：
人⇄人
动物⇄动物
人⇄动物
之间相互传播的一类感染性疾病
学生重大疾病防控技术和相关标准研制及应用 34

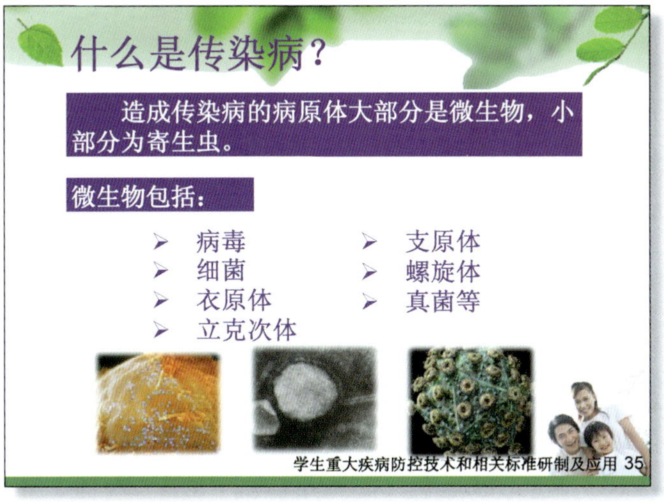
什么是传染病？
造成传染病的病原体大部分是微生物，小部分为寄生虫。
微生物包括：
病毒
细菌
衣原体
立克次体
支原体
螺旋体
真菌等
学生重大疾病防控技术和相关标准研制及应用 35

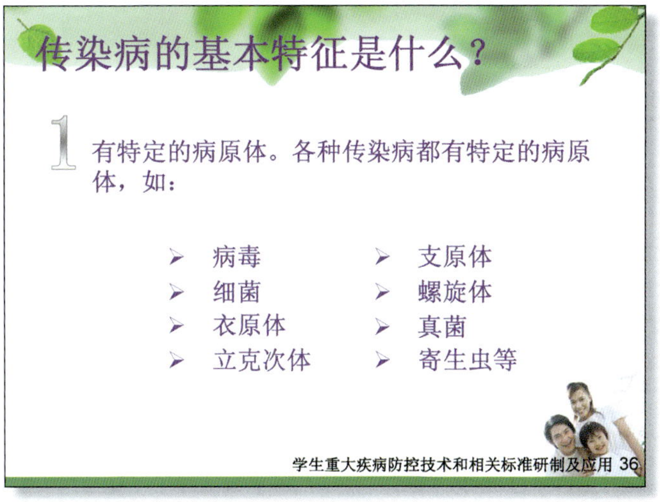
传染病的基本特征是什么？
1 有特定的病原体。各种传染病都有特定的病原体，如：
病毒
细菌
衣原体
立克次体
支原体
螺旋体
真菌
寄生虫等
学生重大疾病防控技术和相关标准研制及应用 36

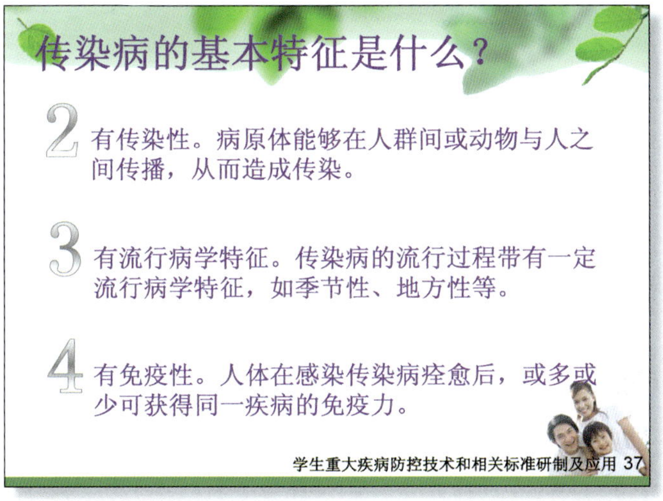
传染病的基本特征是什么？
2 有传染性。病原体能够在人群间或动物与人之间传播，从而造成传染。
3 有流行病学特征。传染病的流行过程带有一定流行病学特征，如季节性、地方性等。
4 有免疫性。人体在感染传染病痊愈后，或多或少可获得同一疾病的免疫力。
学生重大疾病防控技术和相关标准研制及应用 37

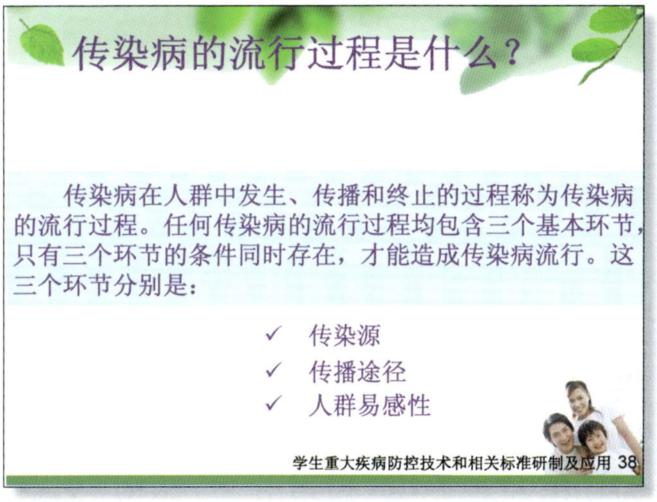
传染病的流行过程是什么？
传染病在人群中发生、传播和终止的过程称为传染病的流行过程。任何传染病的流行过程均包含三个基本环节，只有三个环节的条件同时存在，才能造成传染病流行。这三个环节分别是：
传染源
传播途径
人群易感性
学生重大疾病防控技术和相关标准研制及应用 38

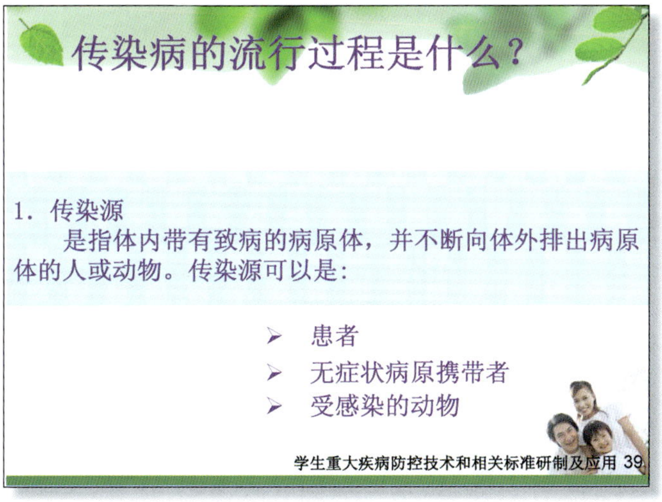
传染病的流行过程是什么？
1. 传染源
是指体内带有致病的病原体，并不断向体外排出病原体的人或动物。传染源可以是：
患者
无症状病原携带者
受感染的动物
学生重大疾病防控技术和相关标准研制及应用 39

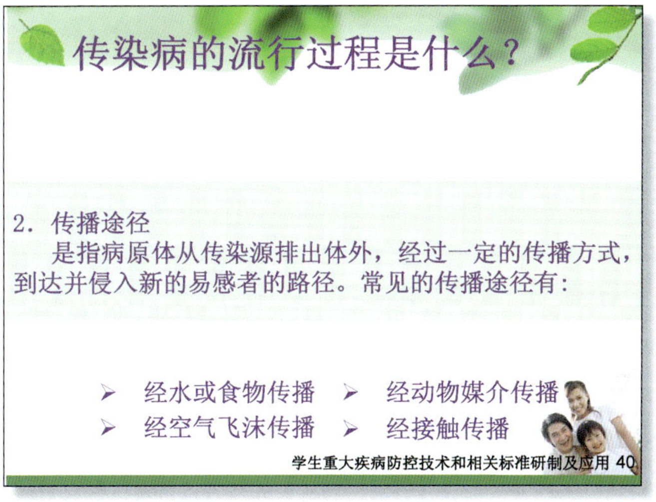
传染病的流行过程是什么？
2. 传播途径
是指病原体从传染源排出体外，经过一定的传播方式，到达并侵入新的易感者的路径。常见的传播途径有：
经水或食物传播
经动物媒介传播
经空气飞沫传播
经接触传播
学生重大疾病防控技术和相关标准研制及应用 40

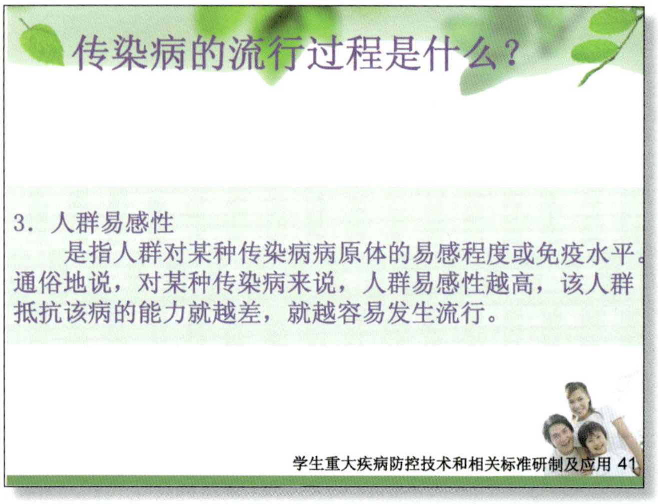
传染病的流行过程是什么？
3. 人群易感性
是指人群对某种传染病病原体的易感程度或免疫水平。通俗地说，对某种传染病来说，人群易感性越高，该人群抵抗该病的能力就越差，就越容易发生流行。
学生重大疾病防控技术和相关标准研制及应用 41

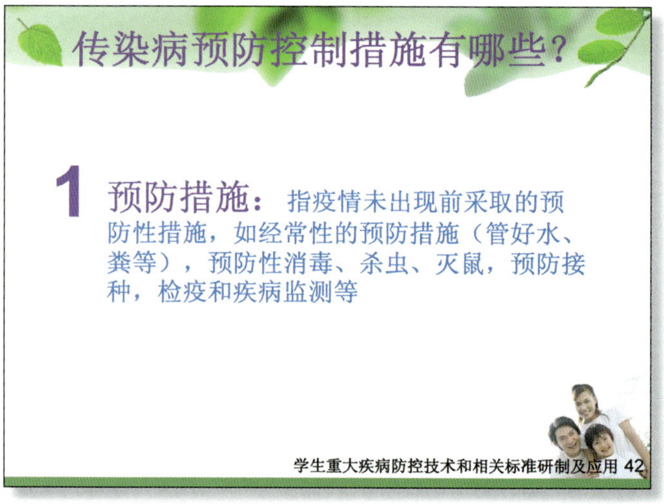
传染病预防控制措施有哪些？
1 预防措施：指疫情未出现前采取的预防性措施，如经常性的预防措施（管好水、粪等），预防性消毒、杀虫、灭鼠，预防接种，检疫和疾病监测等
学生重大疾病防控技术和相关标准研制及应用 42

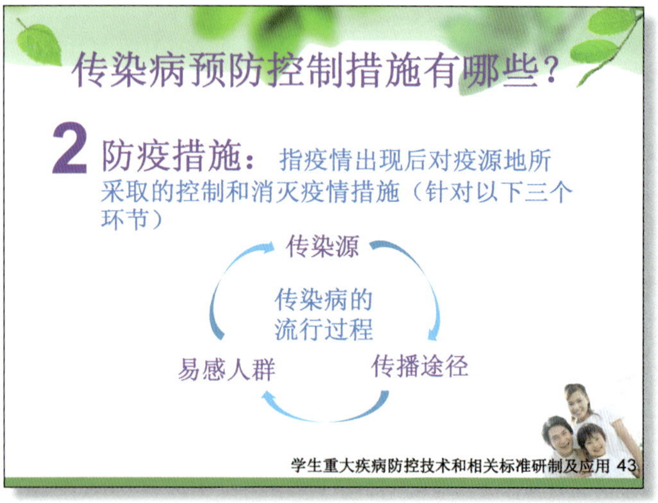
传染病预防控制措施有哪些？
2 防疫措施：指疫情出现后对疫源地所采取的控制和消灭疫情措施（针对以下三个环节）
传染源
传染病的
流行过程
易感人群
传播途径
学生重大疾病防控技术和相关标准研制及应用 43

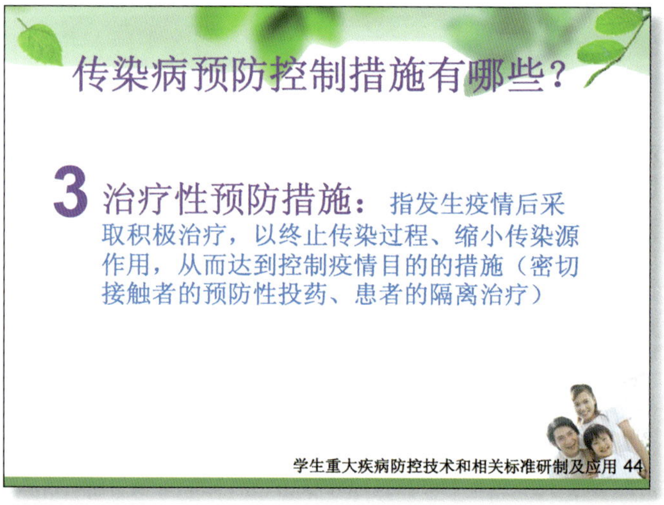
传染病预防控制措施有哪些？
3 治疗性预防措施：指发生疫情后采取积极治疗，以终止传染过程、缩小传染源作用，从而达到控制疫情目的的措施（密切接触者的预防性投药、患者的隔离治疗）
学生重大疾病防控技术和相关标准研制及应用 44

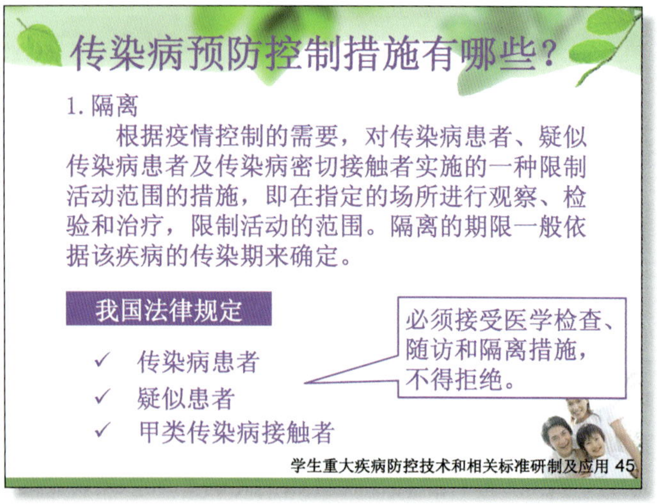
传染病预防控制措施有哪些？
1. 隔离
根据疫情控制的需要，对传染病患者、疑似传染病患者及传染病密切接触者实施的一种限制活动范围的措施，即在指定的场所进行观察、检验和治疗，限制活动的范围。隔离的期限一般依据该疾病的传染期来确定。
我国法律规定
✓ 传染病患者
✓ 疑似患者
✓ 甲类传染病接触者
必须接受医学检查、随访和隔离措施，不得拒绝。
学生重大疾病防控技术和相关标准研制及应用 45

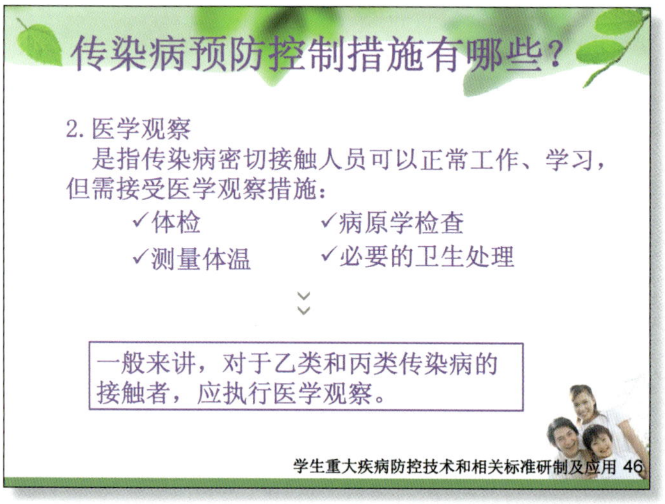
传染病预防控制措施有哪些？
2. 医学观察
是指传染病密切接触人员可以正常工作、学习，但需接受医学观察措施：
✓体检
✓病原学检查
✓测量体温
✓必要的卫生处理
一般来讲，对于乙类和丙类传染病的接触者，应执行医学观察。
学生重大疾病防控技术和相关标准研制及应用 46

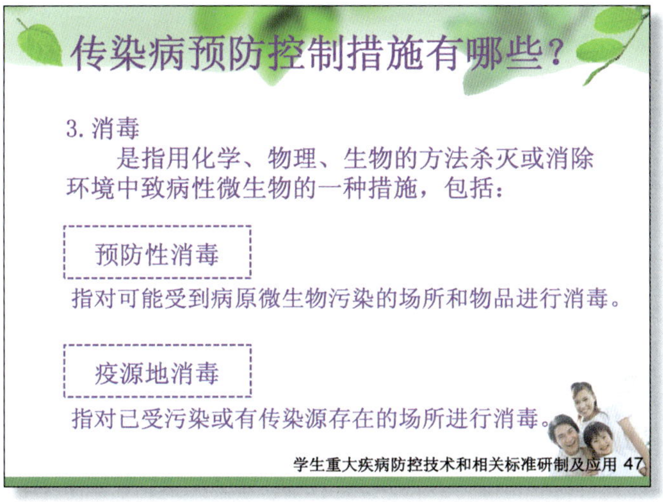
传染病预防控制措施有哪些?
3. 消毒
是指用化学、物理、生物的方法杀灭或消除环境中致病性微生物的一种措施，包括：
预防性消毒
指对可能受到病原微生物污染的场所和物品进行消毒。
疫源地消毒
指对已受污染或有传染源存在的场所进行消毒。
学生重大疾病防控技术和相关标准研制及应用 47

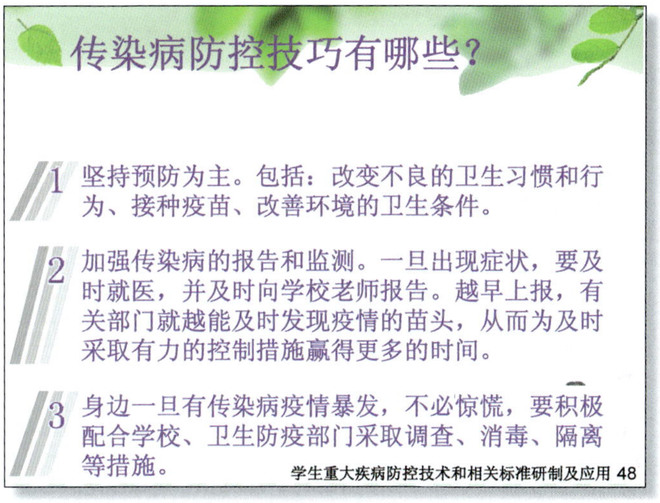
传染病防控技巧有哪些?
1 坚持预防为主。包括：改变不良的卫生习惯和行为、接种疫苗、改善环境的卫生条件。
2 加强传染病的报告和监测。一旦出现症状，要及时就医，并及时向学校老师报告。越早上报，有关部门就越能及时发现疫情的苗头，从而为及时采取有力的控制措施赢得更多的时间。
3 身边一旦有传染病疫情暴发，不必惊慌，要积极配合学校、卫生防疫部门采取调查、消毒、隔离等措施。
学生重大疾病防控技术和相关标准研制及应用 48

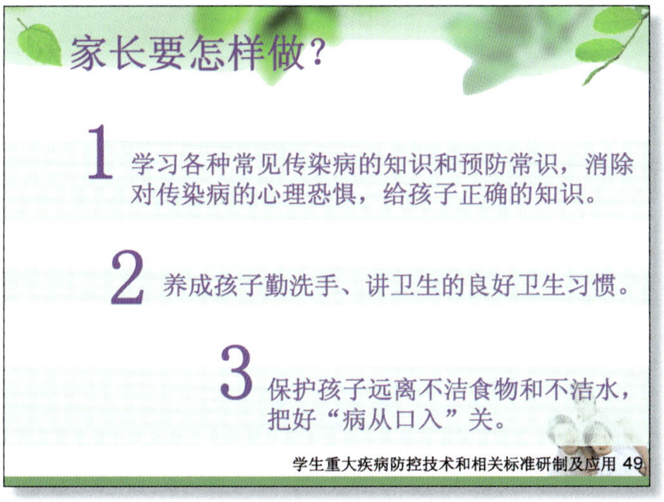
家长要怎样做?
1 学习各种常见传染病的知识和预防常识，消除对传染病的心理恐惧，给孩子正确的知识。
2 养成孩子勤洗手、讲卫生的良好卫生习惯。
3 保护孩子远离不洁食物和不洁水，把好“病从口入”关。
学生重大疾病防控技术和相关标准研制及应用 49

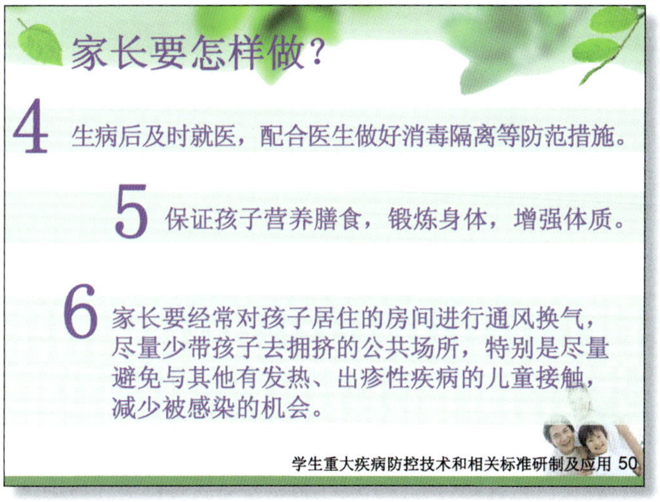
家长要怎样做?
4 生病后及时就医，配合医生做好消毒隔离等防范措施。
5 保证孩子营养膳食，锻炼身体，增强体质。
6 家长要经常对孩子居住的房间进行通风换气，尽量少带孩子去拥挤的公共场所，特别是尽量避免与其他有发热、出疹性疾病的儿童接触，减少被感染的机会。
学生重大疾病防控技术和相关标准研制及应用 50

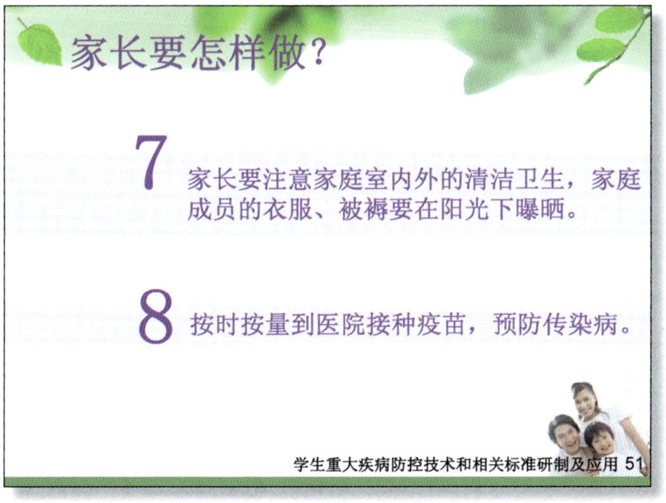
家长要怎样做?
7 家长要注意家庭室内外的清洁卫生，家庭成员的衣服、被褥要在阳光下曝晒。
8 按时按量到医院接种疫苗，预防传染病。
学生重大疾病防控技术和相关标准研制及应用 51

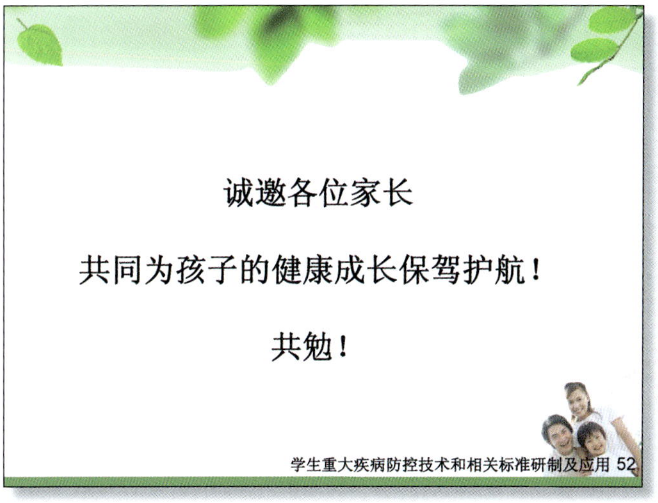
诚邀各位家长
共同为孩子的健康成长保驾护航！
共勉！
学生重大疾病防控技术和相关标准研制及应用 52

家长健康教育第二讲

模块一 儿童近视预防

一、教学目的

让家长更直观地了解在预防孩子近视过程中需要注意的地方。

二、教学过程

1. 开始家长会，播放视频“保护视力，预防近视”（2.5分钟）

用视频引起话题“预防儿童近视”，以及预防近视的方法。

各位家长：

大家好！上次我们已经了解了什么是近视，以及一些预防近视的方法，今天我们请大家过来，主要是希望家长和学校联手来预防学生近视的发生、发展。

我们今天主要向大家介绍作为家长应该从哪些方面着手，预防孩子近视。

下面我们观看一小段视频“保护视力，预防近视”。

2. 系统介绍预防近视家长需要做的事（8分钟）

上面简单的小视频已经涵盖了很多预防近视需要注意的事项，家长应该做的事就是监督孩子用眼，帮助孩子养成良好的用眼习惯，为孩子营造良好的用眼环境，将护眼知识带到孩子的日常生活中。

下面我们为各位家长做一个系统介绍。

（1）培养孩子良好的用眼习惯（4分钟）

包括减少孩子用眼负担 、端正读写姿势、创造适宜的读写环境和适当休息眼睛。

1）减少孩子用眼负担

● 应尽量减少儿童的近距离作业（包括看书写字、看电视、玩电脑和打游戏等），多做室外活动（如各种球类运动、跑步、逛公园和踢毽子等），让眼睛放松。别太早要求孩子学习太多课本上的东西。

● 我们不鼓励5岁以下的幼童过早执笔写字，因为幼童写字时的视觉距离非常近，写太多字有害于视力发展，最容易加速近视形成。

2）端正读写姿势

● 不良的读写姿势也是近视的危险因素之一，常见的不良读写姿势通常导致眼与书本的距离过近。

● 不良读写姿势还有可能导致儿童身体发育不良，如脊柱弯曲。

● 正确的读写姿势应该是：背部挺直，头要正，双臂自然下垂，双脚与肩同宽自然放平，眼与书本距离一尺（33cm），胸口与桌边距离一拳，握笔手指与笔尖距离一寸。

3）创造适宜的读写环境

● 良好的读写环境是保护孩子视力的基础条件，保护视力除了注意主动用眼外，用眼环境也是非常重要的。

● 孩子读写时光线应该明亮柔和，避免阳光直射和黑暗的环境，书桌应该与窗户垂直放置。

● 白天外界光线不够时（如阴天），应该配合使用人工照明，如台灯。

● 夜晚读写，使用台灯时还应打开房间顶灯。

4）适当休息眼睛

● 如长期工作身体会疲惫一样，眼睛也会出现视疲劳，所以应该让眼睛适当休息，建议每用眼30分钟，让孩子休息眼睛5分钟。

● 可以选择看室外远处景物、户外活动、做眼保健操等休息方式。

（2）营造良好的用眼环境（3分钟）

1）选择合适的课桌椅

家庭应该为孩子提供学习专用桌，根据孩子身高、国家课桌椅功能尺寸表及孩子的舒适度，选用合适高度课桌椅。桌面以浅色为宜，为防止桌面反光，建议铺上浅色桌布临窗摆放，桌子长轴与窗户垂直，孩子坐位时窗户在孩子的侧面。右手写字时光线从左手边射入，左手写字时光线从右手边射入。

简单介绍国家《课桌椅功能尺寸》，此为最新标准，尚未发布。将课桌椅分为11个型号，有课桌椅型号和对应的身高范围。

介绍选用课桌椅方法：根据国家标准选择合适型号课桌椅，并根据孩子的舒适度选择。椅高以坐位时双脚平放在地，大腿水平且大腿与小腿呈直角状态为宜；桌高以坐位合适时，上身挺直，上臂下垂，桌面位于肘上 3 ~ 4cm 为宜。将二者结合起来考虑。

2）提供良好的照度

● 学习桌的照度尽可能高，晚上写字除了台灯还应该打开房间顶灯，顶灯尽可能亮一点。台灯摆放位置在主导手对侧前方。

● 晚上看电视、玩电脑也应该打开房间顶灯。

● 限制看电视、玩电脑时间，30 ~ 40 分钟休息眼睛 10 分钟。

● 电视、电脑位置需要注意，应尽可能远。

（3）将护眼知识带到孩子日常生活中（1 分钟）

● 时刻提醒正确的读写姿势。

● 限制用眼时间，包括读写、看电视、玩电脑、刺绣等。

● 提供良好的灯光。

● 经常带孩子到户外活动，接触阳光。

● 提供均衡的饮食。

● 监督孩子早睡早起，减少晚上用眼时间。

● 定期带孩子到正规眼科检查视力。

三、多媒体教学课件示例

见“家长健康教育第二讲”后。

模块二 肥胖防控“52110”行为目标

一、教学目的

介绍如何通过正确的饮食和运动行为防控肥胖，倡议家长对孩子做好正确行为的督促。

二、教学过程

1. 引出此次讲座主题（30 秒）

在上次讲座上我们向大家介绍了肥胖的危害和学校防控肥胖的相关活动，本次讲座我们主要向家长们介绍如何通过饮食和运动来控制体重，希望这次讲座能为各位带来更多收获。

2. 简要介绍肥胖发生原因（1 分钟）

要想正确防控肥胖，需要先了解肥胖是如何形成的。我们体内存在一个能量天平。天平的一端是饮食，代表我们吃进去的能量；另一端是运动，代表我们消耗掉的能量。如果吃得多、动得少，吃进去的能量大于消耗掉的能量，长此以往，体重就会增加，发生肥胖。

3. 介绍通过正确的饮食和运动行为防控肥胖（6 分钟）

因此防控肥胖我们必须从合理饮食和增加运动两方面着手，我们把防控肥胖的饮食运动行为总结为“52110”，每个数字代表一种正确的行为，下面一一为大家介绍。

孩子每天应该吃 2 ~ 3 个成年人拳头大小的蔬菜（煮熟的或切碎的生菜叶），即 300 ~ 500g；同时，每天还应该吃 2 ~ 3 个成年人拳头大小的新鲜水果，即 200 ~ 400g。因此，2 ~ 3 个拳头大小的蔬菜 +2 ~ 3 个拳头大小的水果 =5 个拳头大小。这就是“52110”中的“5”。在此需要强调是成年人的拳头，并且是正常成年人的，不能过大也不能过小。

看电视、玩电脑这类静态活动，不仅会减少运动的时间，也会使零食食用量增加，所以时间每天不超过 2 小时。这是“52110”中的“2”。家长应严格控制孩子每天看电视和玩电脑的时间。

孩子每天应该进行 1 小时以上中等或高等强度运动。这是“52110”中的“1”。那么，中等和高等强度分别指的是什么呢？下面我们一起来看一下。中等强度的运动是指让你少量出汗、略微气喘的运动，运动时可以完整地说话，但不能唱歌，比如上楼梯、打乒乓球、游泳等。高等强度运动是指你运动时已经大汗淋漓、很吃力，比如打篮球、赛跑、跳绳等。因此，我们鼓励家长多带孩子进行体育锻炼，不仅可以达到运动目标，还可以减少静态活动时间。

“52110”中的另外一个“1”代表的是每天食用肉类的推荐量。每天吃肉不超过 1 份。1 份肉，即 80 ~ 110g，相当于 1 个成年人手掌心（不包括手指）的大小及厚度。此处的肉类包括鸡肉、鸭肉、鱼肉和蛋类。如果平时运动量较大（每天运动 1 小时或以上），可适量多吃，但每天不要超过 2 份。

最后一个目标是不喝含糖饮料。这就是“52110”中的“0”。含糖饮料的坏处有很多。我们应该鼓励孩子多喝白开水和奶类。白开水不含任何热量，而且可以输送身体里的养分、排出废物、提高免疫力；奶类几乎含有人体所需的全部营养素，是补充营养的极好饮品。

4. 倡议

以上就是“52110”的全部内容，也是防控肥胖的正确行为，希望家长每天做好督促工作，鼓励孩子每天都能做到这些正确的行为！谢谢！

三、多媒体教学课件示例

见“家长健康教育第二讲”后。

模块三　家校联合共防传染病

一、教学目的

向家长全面介绍学校晨午检工作要点，以期获得家长的积极配合与支持。

二、教学过程

1. 学校晨午检工作要点（1分钟）

晨午检是一项重点对因病缺勤及带病上课学生开展简易排查并登记和报告的工作，对学校传染病疫情和突发公共卫生事件的早发现、早控制具有无可替代的重要作用，各级各类中小学校（含职业高中、职业技术学校、中专学校）必须执行。

为增进师生、家长对传染病的认识，减少瞒报、不报、因过度敏感而多报等情况的发生，家长应了解晨午检的基本内容，根据这些内容做好家庭自查，配合学校实施，并做好处置工作。

2. 晨午检的目的（30秒）

尽早发现传染病疫情和突发公共卫生事件，防止疫情发生，控制疫情蔓延。

3. 晨午检的对象（10秒）

中小学校全体在校学生均为晨午检的对象。

4. 实施晨午检的人员（30秒）

以班级为单位，每日实施晨午检。小学由班主任、中学由班主任或班级卫生委员实施。校医或保健老师负责指导各班开展晨午检工作。

5. 实施晨午检的时间（20秒）

周一至周五每日早自习或第一节课前为晨检时间，下午第一节课前为午检时间，保证晨午检时间专时专用。

6. 晨午检的内容（1.5分钟）

（1）晨检内容：对全体学生在上次晨检后至当前的一段时间内所发生的健康相关信息进行了解和简易排查。具体内容包括：

1）学生出勤状况。对于缺勤学生，应了解未出勤原因，因病缺勤的需了解学生患何种疾病或发生何种症状等内容。

2）学生精神状态和健康状况。对于未缺勤学生，需了解学生的精神状态和健康状况，重点了解学生中有无发热（≥ 37.5℃）、腹泻、皮疹、结膜充血、皮肤黄疸等症状发生。

（2）午检内容：对全体学生中在当日晨检后至当前的一段时间内所新发生的健康相关信息进行了解和简易排查。具体内容同晨检。

7. 晨午检的方法（3分钟）

同时采用询问法和观察法开展晨午检。

（1）询问法。对于缺勤学生，通过电话等方式直接向学生或家长了解缺勤原因、是否患病以及有何症状等信息；对于出勤学生，可先询问学生中有无身体不适、患病等情况发生，对于反映身体不适的学生，可进一步询问探查。常用询问方式有：

1）昨晚是否发烧？是否测量体温，多少度？今早是否测体温，多少度？

2）身上是否有红点、疙瘩、水疱？

3）有无嗓子疼、咳嗽、流鼻涕、腹泻等症状？

4）去医院看病了吗？医生告诉您得了什么病？

（2）观察法，即观察出勤学生的精神面貌和健康状态。

1）精神面貌：重点观察有无面色苍白或异常发黄、精神不振等异常情况，如发现异常情况不能定夺，应及时送校医室，由校医或卫生老师作出判断和处置。

2）对疑似患病的学生可摸摸额头，如感觉发热，及时送到校医室，由校医或卫生老师处置。

3）询问时反映身上有红疹、水疱症状的，在征得其同意后可进一步查看，若发现问题或有疑问，及时将学生送到校医室或卫生室。

8. 晨午检的登记与报告（2分钟）

（1）登记：学校需对因病缺课和带病（或症状）

上课的学生进行登记，请家长予以积极配合，提供相应信息，包括发病情况、有何症状、是否就诊、就诊医院、诊断结果等。

（2）报告：由各班晨午检实施者收集后上报至校医或卫生老师处，后者进行审核并跟踪了解进展。上报时限：

1）晨检上报时限：各班每日上午 10 点之前上报至校医或卫生老师处（根据当地要求）。

2）午检上报时间：各班每日下午 3 点之前上报至校医或卫生老师处（根据当地要求）。

3）校医或卫生老师当天完成各班午检信息的审核及跟踪（根据当地要求）。

9．晨午检的处置（2 分钟）

（1）日常处置

1）各班在晨午检中遇到无法确认的可疑病症时，教师要及时带学生到学校医务室或隔离室，由校医和保健教师做进一步检查处理。

2）对于发热或可疑患病的学生，要及时通知家长带学生到医院进行诊治，学校应关注学生诊治情况。

3）对于已确诊传染病的学生，除做好登记和上报外，校医要按传染病管理制度要求及时采取消毒、隔离措施。

4）当学校或班级集中出现多个类似症状的学生时，班主任应协助校医或保健教师对聚集性症状进行排查，跟踪进展，请家长予以积极配合。

（2）应急时期的处置：在传染病流行或疫情暴发时期，根据政府及有关部门的意见另行规定。

三、多媒体教学课件示例

见“家长健康教育第二讲”后。

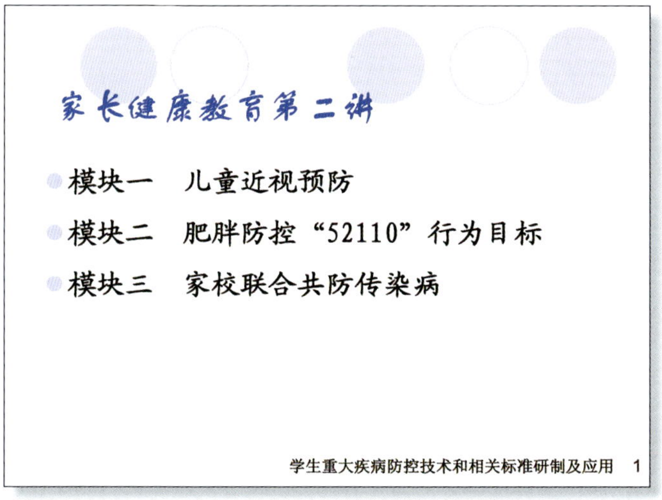

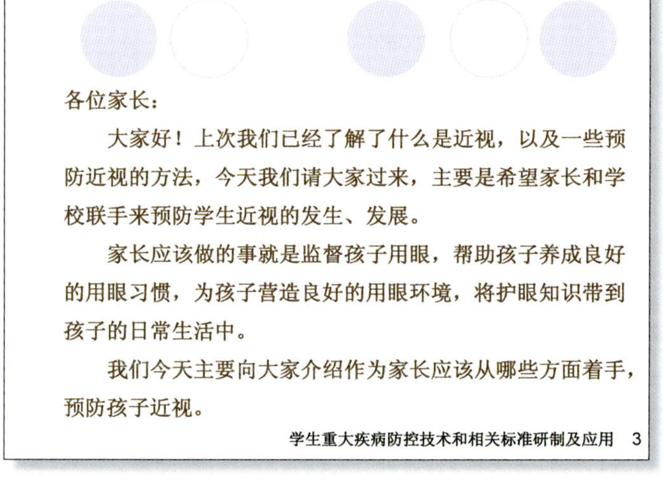

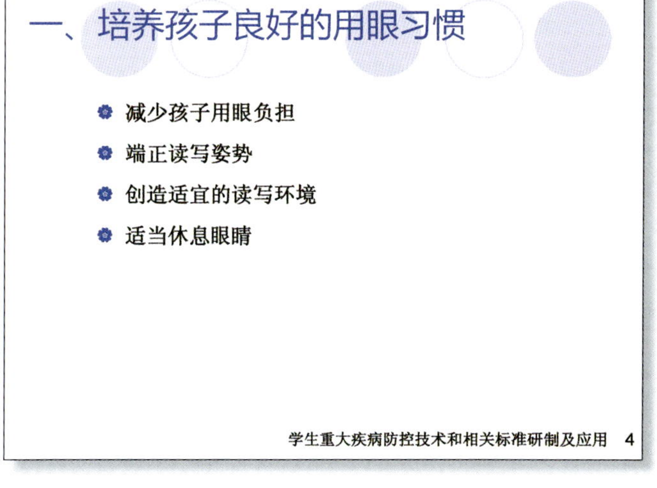

一、培养孩子良好的用眼习惯

减少孩子用眼负担

- 应尽量减少儿童的近距离作业，多做室外活动（如各种球类运动、跑步、逛公园和踢毽子等），让眼睛放松。
- 不鼓励5岁以下的幼童过早执笔写字，幼童写字时的视觉距离非常近，写太多字有害于视力发展，最容易加速近视形成。

学生重大疾病防控技术和相关标准研制及应用　5

一、培养孩子良好的用眼习惯

端正孩子读写姿势

- 不良的读写姿势也是近视的危险因素之一，常见的不良读写姿势通常导致眼与书本的距离过近。
- 不良读写姿势还有可能导致儿童身体发育不良，如脊柱弯曲。
- 正确的读写姿势应该是：背部挺直，头要正，双臂自然下垂，双脚与肩同宽，自然放平，眼与书本距离一尺（33厘米），胸口与桌边距离一拳，握笔手指与笔尖距离一寸。

学生重大疾病防控技术和相关标准研制及应用　6

一、培养孩子良好的用眼习惯

创造适宜的读写环境

- 良好的读写环境是保护孩子视力的基础条件，保护视力除了注意主动用眼外，用眼环境也是非常重要的。
- 孩子读写时光线应该明亮柔和，避免阳光直射和黑暗的环境，书桌应该与窗户垂直放置。
- 白天外界光线不够时（如阴天），应该配合使用人工照明，如台灯。夜晚读写，使用台灯时还应打开房间顶灯。
- 选用合适高度的课桌椅。

学生重大疾病防控技术和相关标准研制及应用　7

一、培养孩子良好的用眼习惯

适当休息眼睛

- 如长期工作身体会疲惫一样，眼睛也会出现视疲劳，所以应该让眼睛适当休息，建议每用眼30分钟，让孩子休息眼睛5分钟。
- 督促孩子选用科学的方式放松眼睛，如凭窗远眺、户外活动、做眼保健操、闭目养神等。

学生重大疾病防控技术和相关标准研制及应用　8

二、营造良好的用眼环境

选用合适的课桌椅

- 家庭应该为孩子提供学习专用桌。
- 根据孩子身高、国家课桌椅功能尺寸表及孩子的舒适度选用合适高度的课桌椅。
- 桌面以浅色为宜，为防止桌面反光，建议铺上浅色桌布。
- 临窗摆放，桌子长轴与窗户垂直，孩子坐位时窗户在孩子的侧面。右手写字时光线从左手边射入，左手写字时光线从右手边射入。

学生重大疾病防控技术和相关标准研制及应用　9

二、营造良好的用眼环境

选用合适的课桌椅

- 根据国家标准选择合适型号课桌椅。
- 根据孩子舒适度选择，即椅高以坐位时双脚平放在地，大腿水平且大腿与小腿呈直角状态为宜；桌高以坐位合适时，上身挺直，上臂下垂，桌面位于肘上3～4厘米为宜。二者结合考虑。

学生重大疾病防控技术和相关标准研制及应用　10

二、营造良好的用眼环境

选用合适的课桌椅

中小学课桌椅尺寸表（GB/T 3976-XXXX）（厘米）

课桌椅型号	课桌桌面高	课椅座面高	身高	身高范围
0 号	79	46	187.0	≥180
1 号	76	44	180.0	173～187
2 号	73	42	172.0	165～179
3 号	70	40	165.0	158～172
4 号	67	38	157.0	150～164
5 号	64	36	150.0	143～157
6 号	61	34	142.0	135～149
7 号	58	32	135.0	128～142
8 号	55	30	127.0	120～134
9 号	52	29	120.0	113～127
10 号	49	27	112.0	≤119

学生重大疾病防控技术和相关标准研制及应用 11

二、营造良好的用眼环境

提供良好的照度

- 学习桌的照度尽可能高，晚上写字除了台灯还应该打开房间顶灯，顶灯尽可能亮一点。台灯摆放位置在主导手对侧前方。
- 晚上看电视、玩电脑也应该打开房间顶灯。
- 限制看电视、玩电脑时间，30～40分钟休息眼睛10分钟。
- 电视、电脑位置需要注意，应尽可能远。

学生重大疾病防控技术和相关标准研制及应用 12

三、将护眼知识带到孩子日常生活中

- 时刻提醒正确的读写姿势。
- 限制用眼时间，包括读写、看电视、玩电脑、刺绣等。
- 提供良好的灯光。
- 经常带孩子到户外活动，接触阳光。
- 提供均衡的饮食。
- 监督孩子早睡早起，减少晚上用眼时间。
- 定期带孩子到正规眼科检查视力。

学生重大疾病防控技术和相关标准研制及应用 13

肥胖防控

“52110”行为目标

学生重大疾病防控技术和相关标准研制及应用 14

肥胖的发生

学生重大疾病防控技术和相关标准研制及应用 15

通过饮食和运动防控肥胖！

5-2-1-1-0

学生重大疾病防控技术和相关标准研制及应用 16

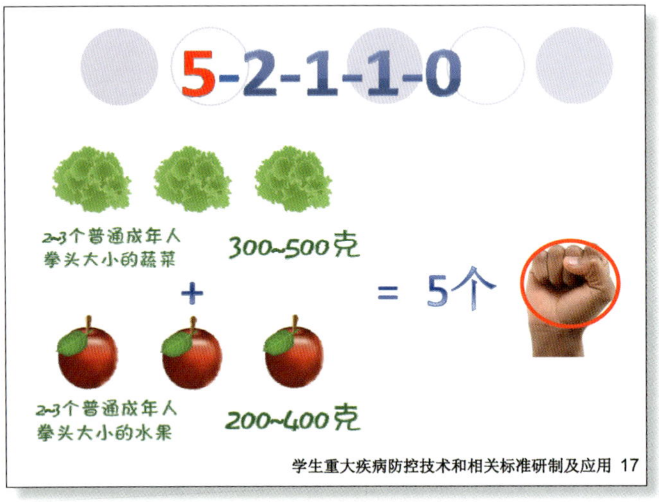
5-2-1-1-0
2~3个普通成年人拳头大小的蔬菜
300~500克
+
2~3个普通成年人拳头大小的水果
200~400克
= 5个
学生重大疾病防控技术和相关标准研制及应用 17

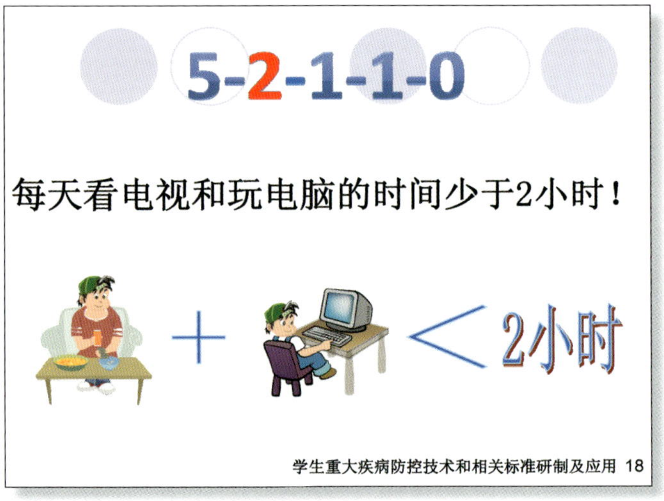
5-2-1-1-0
每天看电视和玩电脑的时间少于2小时！
+
＜2小时
学生重大疾病防控技术和相关标准研制及应用 18

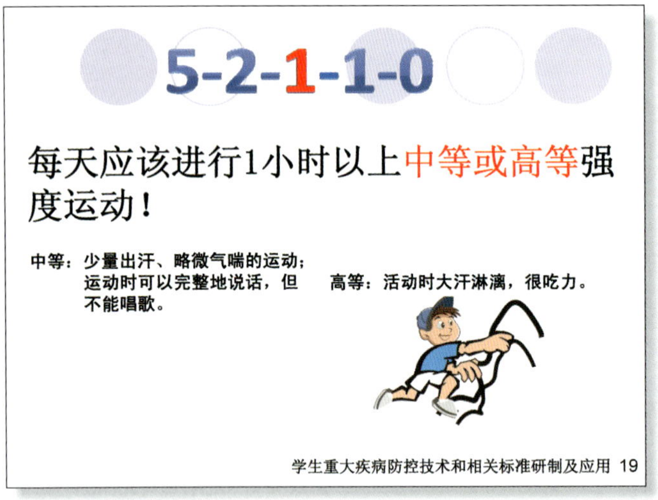
5-2-1-1-0
每天应该进行1小时以上中等或高等强度运动！
中等：少量出汗、略微气喘的运动；运动时可以完整地说话，但不能唱歌。
高等：活动时大汗淋漓，很吃力。
学生重大疾病防控技术和相关标准研制及应用 19

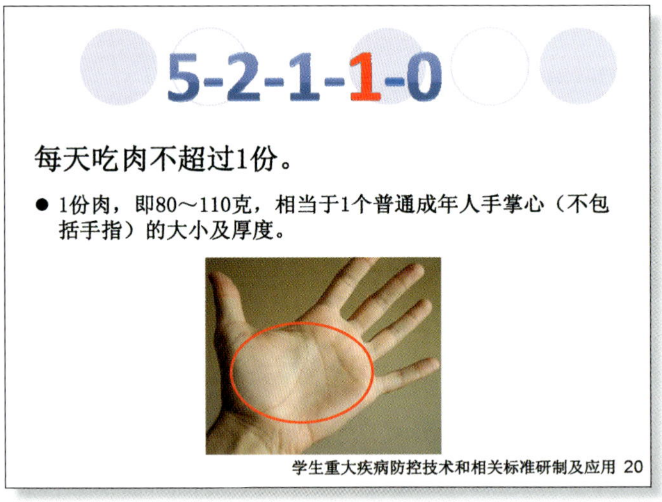
5-2-1-1-0
每天吃肉不超过1份。
● 1份肉，即80～110克，相当于1个普通成年人手掌心（不包括手指）的大小及厚度。
学生重大疾病防控技术和相关标准研制及应用 20

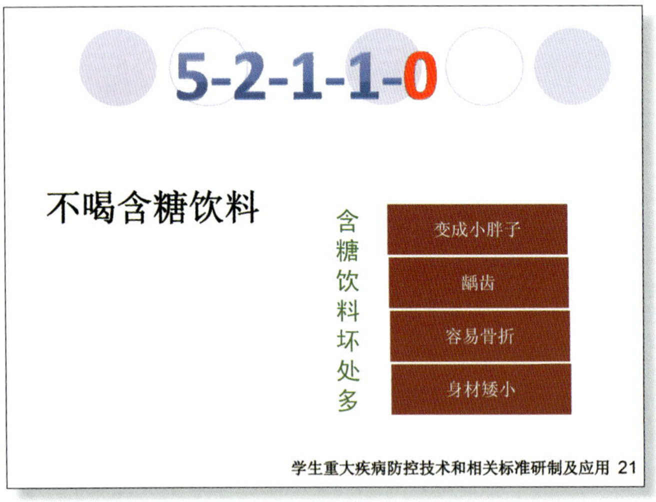
5-2-1-1-0
不喝含糖饮料
含糖饮料坏处多
变成小胖子
龋齿
容易骨折
身材矮小
学生重大疾病防控技术和相关标准研制及应用 21

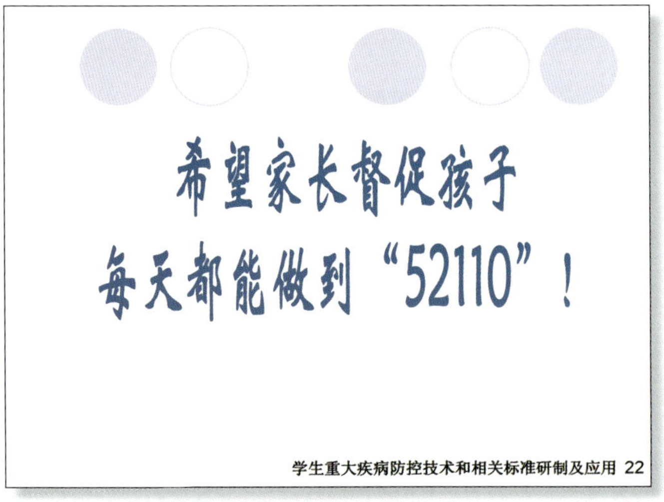
希望家长督促孩子
每天都能做到“52110”！
学生重大疾病防控技术和相关标准研制及应用 22

学校联合共防传染病

学校晨午检家长须知

晨午检是指在每日早晨和下午对全体学生的出勤状况、精神状态和健康状况进行了解和简易排查的工作。

为增进师生、家长对传染病的认识，减少瞒报、不报、因过度敏感而多报等情况的发生，家长应了解晨午检的基本内容，根据这些内容做好家庭自查，配合学校实施，并做好处置工作。

目 录

晨午检的目的

尽早发现传染病疫情和突发公共卫生事件，防止疫情发生，控制疫情蔓延。

晨午检的对象

中小学校全体在校学生均为晨午检的对象。

实施晨午检的人员

通常以班级为单位，由班主任实施，校医（保健教师）负责指导和汇总全校结果。

学生重大疾病防控技术和相关标准研制及应用 29

实施晨午检的时间

晨检时间：周一至周五每日早自习或第一节课前

午检时间：下午第一节课前

专时专用

学生重大疾病防控技术和相关标准研制及应用 30

晨午检的内容

（一）晨检内容：对全体学生在上次晨检后至当前的一段时间内所发生的健康相关信息进行了解和简易排查。具体内容包括：

1. 学生出勤状况。对于缺勤学生，应了解未出勤原因，因病缺勤的需了解学生患何种疾病或发生何种症状等内容。

2. 学生精神状态和健康状况。对于未缺勤学生，需了解学生的精神状态和健康状况，重点了解学生中有无：

✓发热（≥37.5℃） ✓结膜充血
✓腹泻 ✓皮肤黄疸等症状
✓皮疹

学生重大疾病防控技术和相关标准研制及应用 31

晨午检的内容

（二）午检内容：对全体学生中在当日晨检后至当前的一段时间内所新发生的健康相关信息进行了解和简易排查。具体内容同晨检。

附件 1 中小学校晨午检记录表

学校：××小学　班级：四（1）班　填报日期：2013／3／7　填报人：×××

姓名	缺勤（天）	主要症状							发病时间	是否就诊	就诊时间	诊断结果										
		发热	体温（℃）	皮疹	腹泻	黄疸	红眼	其它症状（注明）				普通感冒	流感	水痘	痢疾	腹泻	流腮	手足口	猩红热	风疹	肺结核	其他诊断（注明）
示例 1	0.5	√		√					2013-3-6	√	2013-3-6	√										
示例 2	1						√		2013-3-7													
示例 3	0							咽痛	2013-3-7													

学生重大疾病防控技术和相关标准研制及应用 32

晨午检的方法

（一）询问法

对于缺勤学生：通过电话等方式直接向学生或家长了解缺勤原因、是否患病以及有何症状等信息。

对于出勤学生：可先询问学生中有无身体不适、患病等情况发生，对于反映身体不适的学生，可进一步询问探查。

学生重大疾病防控技术和相关标准研制及应用 33

晨午检的方法

（二）观察法：即观察出勤学生的精神面貌和健康状态。

1 精神面貌：重点观察有无面色苍白或异常发黄、精神不振等异常情况，如发现异常情况不能定夺，应及时送校医室，由校医（保健教师）作出判断和处置。

学生重大疾病防控技术和相关标准研制及应用 34

晨午检的方法

2 对疑似患病的学生可摸摸额头，如感觉发热，及时送到校医室，由校医（保健教师）处置。

3 询问时反映身上有红疹、水疱症状的，在征得其同意后可进一步查看，若发现问题或有疑问，及时将学生送到校医室或卫生室。

学生重大疾病防控技术和相关标准研制及应用 35

上报时限

实行每日报告

学生重大疾病防控技术和相关标准研制及应用 36

晨午检的处置

（一）日常处置

1 各班在晨午检中遇到无法确认的可疑病症时，教师要及时带学生到学校医务室或隔离室，由校医和保健教师做进一步检查处理。

2 对于发热或可疑患病的学生，要及时通知家长带学生到医院进行诊治，学校应关注学生诊治情况。

学生重大疾病防控技术和相关标准研制及应用 37

晨午检的处置

（一）日常处置

3 对于已确诊传染病的学生，除做好登记和上报外，校医要按传染病管理制度要求及时采取消毒、隔离措施。

4 当学校或班级集中出现多个类似症状的学生时，班主任应协助校医或保健教师对聚集性症状进行排查，跟踪进展。

学生重大疾病防控技术和相关标准研制及应用 38

晨午检的处置

（二）应急时期的处置

在传染病流行或疫情暴发时期，根据政府及有关部门的意见另行规定。

学生重大疾病防控技术和相关标准研制及应用 39

诚邀各位家长

共同为孩子的健康成长保驾护航！

共勉！

学生重大疾病防控技术和相关标准研制及应用 40

第2部分 学校健康教育系列活动

第一节　学校近视预防健康教育

黑板报

一、活动目的

黑板报是学校宣传的阵地，是学生展示的场所，通过黑板报的形式向学生宣传保护眼睛的健康教育活动，不仅可以训练学生的动手动脑能力、综合组织能力及综合思维能力，而且可以提高学生预防近视的主动意识。

二、活动简介

各班板报以“预防近视，给自己一片光明”为活动主题。

三、活动组织者

学校内各班班主任或健康教育老师。

四、活动时间

选取课外活动时间，统一组织班级成员以小组的形式参与到手抄报和黑板报设计中。

五、活动地点

选各班教室作为活动地点。

六、活动对象

七个项目基地干预学校的所有班级。

七、活动材料

《预防近视保护视力》（陶芳标，袁长江．合肥：安徽科学技术出版社，2014）。

八、活动流程

1．每个班级在班主任的指导下，开展黑板报设计，黑板报的内容可以参考“活动材料”，也可以由班主任或者学生自己寻找合适的题材，但是主题要以预防近视为主。

2．黑板报设计好之后，由学校组织进行统一评比，对设计较好的班级给予奖励（5%）。评比规则如下：

（1）主题：主题选取新颖、位置适当，并且能够反映实际情况，内容有创意。（20分）

（2）字迹：字体端正、清晰工整，版面干净整洁。（20分）

（3）版面：版面设计合理，总体感觉良好。（20分）

（4）色彩：色彩搭配合理，线条搭配适当，凸显主题，视觉观感良好。（20分）

（5）美化：板报设计合理，内容丰富多彩，书写美观，整体版面分配得当，色彩搭配协调。（20分）

知识竞赛

近视是儿童青少年的多发病，目前我国近视患病率逐年上升，小学生的近视患病率为20% ~ 25%，中学生的近视患病率高达50% ~ 60%。近视的防治需要学校、学生家长以及学生个人的共同努力，需要全社会的关注。

一、活动目的

通过知识竞赛的方式，让同学们在赛前准备和正式比赛中充分了解近视。在这个过程中，使同学们收获护眼知识，提高近视防控能力，从而能更好地保护眼睛，爱护视力。

二、活动简介

同学们在学习有关近视和护眼知识后，充分调动积极性，参与到近视知识竞赛中，填写问卷，检测自己的知识储备，学习相关知识。

三、活动组织者

学校内各班班主任或健康教育老师。

四、活动时间

选取合适的时间，使所有同学尽可能参加。

五、活动地点

选各班教室作为活动地点。

六、活动对象

七个项目基地干预学校的所有班级。

七、活动材料

爱眼知识竞赛试卷。

八、活动流程

1．全校统一选取时间开展知识竞赛；

2．发放知识竞赛试卷，答题时间为1 ~ 1.5小时。

3．统一评阅试卷，每个班选取5名学生给予奖励。

主题班会

针对目前学生近视低龄化且人数变多这一现象，有必要让学生明白保护眼睛的重要性，同时还要让学生学到一些简单必要的保护措施，从而提高其科学用眼的自觉性，养成卫生用眼的好习惯。

一、活动目的

使学生了解近视的成因和危害，激发学生保护眼睛的意识。培养学生保护眼睛的好习惯，从我做起，从现在做起，关注眼睛健康。

二、活动简介

各班班会以“保护视力，预防近视”为活动主题。通过主题班会，以演讲的形式提高学生预防近视的意识。

三、活动组织者

学校内各班班主任或健康教育老师。

四、活动时间

选取班会活动日的任意一次。

五、活动地点

项目干预基地各班教室作为活动场所。

六、活动对象

七个项目基地干预学校的所有班级。

七、活动流程

1. 班主任将全班学生分成四组，每组选出一名组长。

2. 在班主任的组织下，观看健康教育视频。

3. 观看后，要求每1组选取2名同学发言。

4. 发言提纲

（1）分析自己、同学或者亲戚朋友中近视者的表现和成因。

（2）预防近视的重要性。

（3）针对降低目前的近视患病率提出相应的措施或建议。

（4）谈谈自己的打算。

第二节　学校肥胖预防健康教育

健康小报评比

有关预防控制超重和肥胖的健康教育课程已经开展一段时间，同学们听老师讲解健康饮食和身体活动的知识后，能够自己主动寻找和应用相关知识，学以致用，养成良好的饮食习惯，发展合适的运动爱好，拥有健康的体魄。

为使同学们在饮食和身体活动方面落实行为改变，真正做到健康饮食和适当运动，并在改变过程中积极处理遇到的困难或者加深体会，开展了此次健康小报评比活动。

一、活动目的

本次活动核心内容是促进大家培养健康的饮食习惯和良好的运动习惯。运用上课所学相关知识以及平时积累的饮食和运动方面的趣事，征集学生家长的健康感言和家庭在“52110”活动中的具体措施，制作成健康小报，培养大家的主动学习能力，并促进形成正确的饮食和运动行为习惯。大家提交的作品会在全市学校中进行评比，由相关专家评比出优秀作品并奖励。

二、活动简介

以家庭为单位，同学们需要做“小小观察家”，细心关注自己或身边同学或者家人在饮食及运动行为方面的变化，发现在此过程中遇到的问题以及相应的解决方法等。希望聪明的小朋友们都能成为“健康小天使”，将从学校学到的健康知识转化为行动，养成良好的饮食习惯和积极的运动习惯！

本次活动希望大家把自己学到的、用到的知识以及自己和朋友们的行为用健康小报的方式展现出来！（如果只包含如何健康饮食和如何适当运动等知识性的内容，而无自己或朋友们在饮食和运动行为方面的变化、在坚持“52110”过程中遇到的问题，以及相应的解决方法等内容，则作品不符合要求。）

三、活动组织者

学校内各班班主任或健康教育老师。

四、活动时间

安排好时间：要求同学们平时记一记饮食和运动日记等。健康小报的作业可以提前布置，给1～2周时间完成，让大家精心按照要求准备。

五、活动地点

选各班教室作为活动地点。

六、活动对象

要求项目干预基地班所有学生尽量参加。

七、活动材料

1. 材料准备表2-1为该活动需准备的材料清单。

表 2-1 健康小报评比材料准备清单

		材料	是否准备好
活动前	教具	统一发白纸（根据每班人数准备）	
		用相机照相或录像	
评比时	校级奖品（文具类）	一等奖：文具套盒 / 乒乓球拍	
		二等奖：笔袋 / 笔记本	
		三等奖：尺子 / 跳绳	
		鼓励奖：铅笔 / 圆珠笔（鼓励未获奖但提交作品的同学）	
	校际奖品（运动类）	特等奖：自行车 / 运动型手表	
		一等奖：篮球 / 书包	
		二等奖：计步器 / 羽毛球拍	
		三等奖：水杯	

2．奖项布置

- 班级水平——前 15 名。
- 校级水平——前 6 名：一等奖 1 名，二等奖 2 名，三等奖 3 名。（校级优秀作品可张贴在学校宣传栏公示表彰。）
- 全国水平——前 10 名：特等奖 1 名，一等奖 2 名，二等奖 3 名，三等奖 4 名。

八、活动流程

健康小报评比前参赛作品收集流程

（一）参赛要求

以手抄报形式为主，任何围绕本活动、以“形成健康饮食和运动行为”为主题的创意（例如歌谣、口诀、健康饮食和运动故事小作文、宣传画、摄影作品等）我们都非常欢迎。特别注意：每个作品都必须附上学生家长的健康感言。

你可以把自己这段时间看到或亲身经历的、与健康行为形成相关的事情画成漫画，让更多人了解你或你的朋友是如何做到健康饮食和适当运动的。

相信在坚持“52110”过程中，大家身边有很多健康相关的趣事，欢迎大家写成小作文与我们分享！

结合你自己和朋友在本次活动中的高兴事，设计出一份让大家都能获益的健康手抄报吧，尤其是关于我们是如何影响身边的朋友形成健康饮食和运动行为的。

让我们聚焦于健康行为的形成，展示你的才华吧！

（二）参赛时间

从即日起到 × 年 × 月 × 日（给定的截止时间）。

（三）上交方式和奖项设置

各班收齐健康小报后，先进行班级自评。班级自评由班主任老师和同学们评选（打分制，老师打分占 60%，学生打分占 40%），每个班级评选出得分前 15 名的作品。

如果干预学校参与班级超过 1 个，则进行下一轮评比——校内评比，主要由校医和美术老师评比（打分制，校医打分占 50%，美术老师打分占 50%），每个学校评选出 6 名优秀作品（其中一等奖 1 名，二等奖 2 名，三等奖 3 名）。校级优秀作品可张贴在学校宣传栏公示表彰。

如果有全国水平的评比，则要求每名学校校医将校内前 10 名的作品扫描后，连同建议评奖名单统一发给北京项目组人员，然后由项目组专家进行评比，1 个月内评选出特等奖和一、二、三等奖（其中特等奖 1 名，一等奖 2 名，二等奖 3 名，三等奖 4 名）。

附 健康小报评比活动流程

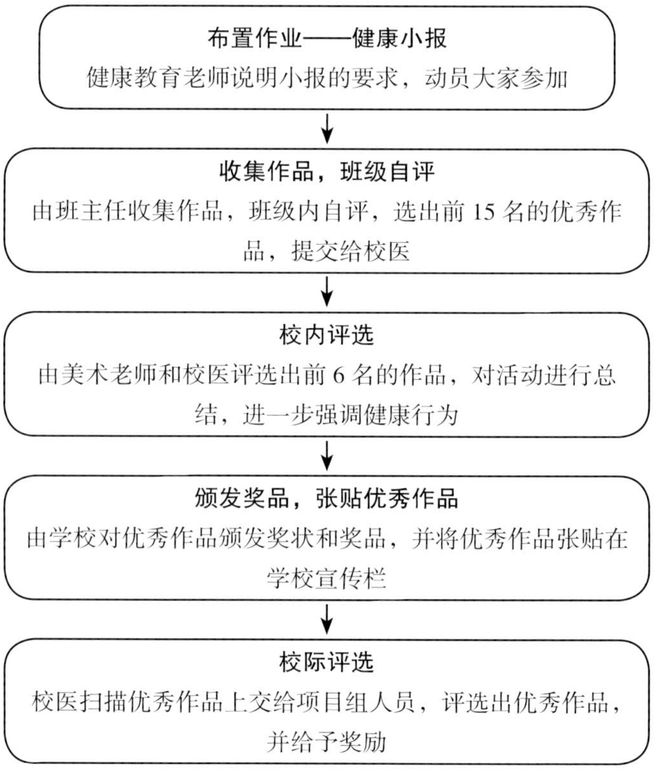

我是大明星

自 20 世纪 80 年代中期以来，我国实行独生子女政策，从此以后诞生了一个新名词“小皇帝”。每个家庭中都只有唯一的一个孩子，父母把孩子当成心肝宝贝，百般爱护。衍生的问题越来越多，其中最有代表性的是很多孩子都是青少年肥胖症患者，而肥胖又会引发并发症，所以请家长们与青少年们重视起来！

一、活动目的

通过举办“我是大明星”这个活动，旨在进一步促进学生掌握健康教育课上关于肥胖危害与预防的知识，并切实行动，将这些知识运用到日常生活中来。

二、活动简介

根据班级人数分组，每组 8 人左右。以组为单位，根据健康教育课上所学的内容自编自演话剧，要求至少包括“52110”中的 2 项内容。

三、活动组织者

班主任和校医以及德育负责人。

四、活动时间

提前 1 个月将活动内容与分组情况通知学生，并在健康教育课或者学生的课余时间进行表演。每组表演时间 10 ～ 15 分钟。

五、活动地点

有条件的学校在多功能厅或者会议室中进行，没有条件的学校在班级内进行。若在教室进行，要布置场地，将桌子围成一圈，空出讲台。

六、活动参与人员

学校德育负责人、班主任、校医、班级同学，并可以邀请有兴趣的，特别是肥胖孩子的家长参与。

七、活动材料

1．准备材料　话剧所需要的简单服装、道具等，如需音乐伴奏，则准备播放设备。

2．活动参考

【狼堡】

红太郎：“灰太狼，都几个月没有吃到羊了。快，去给我抓几只大肥羊回来，要不然，你就别想回家了！”

灰太狼：“老婆，小羊们天天在进行每天 1 小时以上的运动，身体也越来越健康，以前的那些大肥羊现在越来越少见了！”

红太郎：“我不管，我要大肥羊！”红太郎用她的平底锅把灰太狼打出了家门。

【青青草原】

喜羊羊：“懒羊羊，快来跟我们一起运动，每天运动 1 小时以上才可以保持身体健康，预防肥胖。你那么胖，跑不动，会被灰太狼抓住的。”

懒羊羊：“哎呀，喜羊羊，你太小题大做了。我们羊胖胖的才可爱，才会招人喜欢呢！”

美羊羊：“可是懒羊羊，太胖了就不是可爱的小羊了。像我这样，身材适中，不胖不瘦，才最招人喜欢。”

沸羊羊：“懒羊羊，你整天吃甜的、油腻的食物，还喜欢喝含糖饮料，会越来越胖的，这样会损害你的健康。为了保持像我这样健壮的身材，你应该不喝含糖饮料，每天吃 5 个拳头大小的蔬菜和水果，看电视、玩电脑的时间不能超过 2 小时……”

懒羊羊：“哎呀，你们真啰唆！”

这时，灰太狼来抓羊了。

美羊羊：“大家快跑呀！灰太狼来了！”

大家都在跑，但是懒羊羊平时贪吃，缺乏锻炼，被灰太狼抓回了狼堡。

【狼堡】

灰太狼：“老婆，看我给你抓了只大肥羊！我们终于可以开荤了！”

红太郎：“老公你太能干了！快，我今晚要吃烤羊腿、煎羊排，要喝鲜美的羊汤！”

小灰灰：“爸爸妈妈不能吃！这只懒羊羊那么肥，肯定有很多的脂肪，我们如果吃了它，肯定会变胖的。变胖了会得高血压、糖尿病、脂肪肝、冠心病、脑卒中，瘫痪在床甚至是死亡。我不想失去爸爸妈妈！”说着说着，小灰灰哇哇大哭起来。

红太郎：“小灰灰乖，不要哭了。我们不吃了，我们不吃了！灰太狼，都怪你，快把懒羊羊给我送回去！”说着，红太郎用她的平底锅把灰太狼和懒羊羊打出了狼堡。

八、活动流程

德育负责人及班主任在活动开始时介绍学校对肥胖控制工作的重视以及做出的努力，校医对健康教育过程进行总结和回顾，共 10 分钟。

↓

各组进行表演

↓

根据学生们对知识的掌握程度以及表演的精彩程度，颁发“我是大明星”奖

主题班会

近年来随着生活水平的提高，肥胖和近视成了小学生最难控制和预防的事了。因为缺乏锻炼和生活水平提高，经常吃肉和零食，使好多孩子都得了肥胖症；因为经常接触电子产品和少运动，孩子们的视力同时也跟着下降了。这是非常严重的事！孩子是祖国的明天和未来，他们的健康成长意义非凡。

一、活动目的

本次活动通过同学们设计和评价日常食谱，交流运动的经验和计划，进一步促进大家健康饮食、快乐运动的行为。

二、活动简介

以班级为单位。班会的第一部分，同学们设计 3 种日常食谱进行展示，由大家评价优缺点，最终由评审团评出一、二、三等奖；第二部分，大家讨论、交流运动的经验和计划，相互学习促进。

三、活动组织者

项目基地干预学校各班班主任和班委。

四、活动时间

提前一周通知班会内容，要求找 9 名学生分成 3 组，每组设计一个日常食谱（有条件的学校可以制作成多媒体教学课件进行展示），其他同学都作为评审团成员，提前复习健康膳食的标准；所有同学都准备各自的运动计划和经验。班主任积极调动全班同学参加的主动性。

五、活动地点

各班教室内。黑板上用彩色粉笔写：“‘快乐运动 健康饮食’ 主题班会”。

六、活动对象

要求所有学生尽量参加，并且做好充分的动员工作。

七、活动流程

（课间请 3 个组的代表将自己设计的食谱写到黑板上，使用多媒体教学课件进行展示的将课件复制到电脑上。）

1．主持人开场白（2 分钟）“在上学期的健康教育课程中，我们同帅帅和豆豆一起学习了如何通过健康的饮食和运动来改善或控制自己的体重。在今天的主题班会上，我们首先要把上学期学习到的饮食方面的知识应用于实践，评价一下同学们自己设计的食谱；然后我们分组讨论一下大家在运动方面的经验和计划，比如如何在恶劣的天气里达到推荐运动量等。”

2．食谱评价（18 分钟） 每组有 5 分钟的时间。3 个小组分别派 1 名代表利用 2 ～ 3 分钟的时间向大家展示所设计的食谱，剩余 2 ～ 3 分钟的时间由评审团对食谱的优缺点进行点评，提出改进建议。

评审团利用 3 分钟左右的时间对 3 个食谱进行投票（每人只能投 1 票），根据票数评出食谱的名次。

3．运动经验讨论与分享（10 分钟） 4 人一组进行讨论，讨论题目可参照以下几题：

（1）天气恶劣时，你是如何保证 1 小时及以上中高等强度的运动的？

（2）你是通过何种方式督促家人和朋友运动的？

（3）当课业负担较重时，你是如何平衡功课与运动的关系的？

题目不限于此，大家还可以分享在运动中遇到的其他困难及解决困难的方式。

每组自愿派 1 名代表分享最有意义的经验。

4．运动计划讨论与分享（8 分钟） 4 人一组设计一个合适的运动方案，可参照《怎样才能不肥胖》第 30 页的内容，之后每组派 1 名代表在班上与其他同学分享。

5．班主任对此次班会进行总结（2 分钟）。

第三节　学校传染病预防健康教育

——冬春季和夏秋季常见传染病防控知识宣传周

学校人群聚集，流动性大，接触面广，是传染病的易发场所。青少年由于免疫功能尚不完善，抵御各种传染病的能力较弱，是多种传染病的好发人群，传染病一旦发生，极易在青少年中传播和流行，并可从学校扩大到家庭和社会。因此，必须高度戒备，重视传染病的预防和控制。

一、活动目的

在传染病高发季节，避免传染病在校内发生。让学生了解传染病的预防知识，增长学生的卫生知识，增强学生的自我保健意识。

二、活动简介

利用校会、班会、家长会、课间、课外活动、校园广播、宣传栏、板报等多种途径开展多种形式的活动，如专题讲座、展览等。

三、活动组织者

由学校传染病防控工作小组策划组织，由学校健康教育负责人以及班主任实施。

四、活动时间

上学期（10—11月）举行冬春季常见传染病的主题活动，下学期（4—5月）举行夏秋季常见传染病的主题活动。根据情况至少各举行1次，时间为期1周。

五、活动地点

以学校为中心，教室为重点。

六、活动对象

引导学生积极参与，动员所有学生尽量加入活动。

七、活动材料

1．周一校会时间由校领导宣布启动主题活动，并公布活动计划。

2．校园广播　每天报道主题活动开展情况，并播报一种传染病的基本知识。有条件的学校可征集学生广播稿进行播报。

3．校园条幅标语　将主题活动的宣传口号以条幅标语的形式展示在校园各明显处。有电子屏幕的可打在电子屏幕上。

4．宣传橱窗、黑板报　在学校现有宣传栏上展示各种传染病知识宣传画（技术单位提供或学校自制均可）。无宣传栏的可利用黑板报，由学生绘制。

八、活动流程

1．策划准备阶段　学校传染病防控工作小组负责活动的策划和组织，发挥学生干部的带头作用，调动学生参与的积极性，确定宣传主题和宣传口号，依托技术单位提供的健康教育课件、挂图、宣传材料，充分利用学校现有资源，制订宣传周每天的活动计划。

2．周一　校会时间由校领导宣布活动启动，公布活动计划；视时间可邀请当地专业技术人员进行专家讲座，介绍传染病防控基本知识及冬春季/夏秋季常见传染病。

3．周二　宣传画/板报主题展览。在适当的场所（如教学楼大厅、走廊、阅览室、活动室等）开展宣传画/板报的主题展览，组织学生在课间、课外活动时间观看、学习。宣传画/板报可以是技术单位提供的，也可以是学校自制的。

4．周三　重点传染病防控知识宣讲活动。组织若干名学生组成宣讲小组，在校医、保健教师的指导下，根据学校和当地以往的发病情况，确定若干重点传染病（2～3个，如流感、痢疾、肺结核、水痘、甲肝、乙肝、流行性腮腺炎、风疹等）进行专题学习，学习后到班级进行宣讲，以学生向学生传授的形式进行重点疾病知识的宣传。

5．周四　晨检培训和评比活动。由校医、保健教师对各班每日晨检工作和记录进行评比，评比可有简单的标准或邀请疾控专业技术人员点评，并组织各班级负责晨检的老师或学生干部进行晨检、症状监测工作的培训。

6．周五　活动总结。活动全过程应做好活动记录（包括参与者、人数、时间、地点、现场记录、照片等）。

以上活动供各学校参考，项目基地和学校可以根据当地实际情况对活动内容进行设计、调整。

第四节　学校预防突发公共卫生事件知识专栏

一月专栏

1 月一般是冬季最寒冷的月份，人们以室内活动为主。因此，家长和学校要注意呼吸道传染病和煤气中毒的预防。

一、煤气中毒

煤气中毒主要是一氧化碳中毒。液化气、煤炉及含碳的所有物质，在燃烧不完全时，均可产生一氧化碳。常见的煤气中毒原因：

（1）在密闭居室中使用煤炉取暖、做饭，由于通风不良，供氧不充分，可产生大量一氧化碳积蓄在室内。

（2）城区居民使用管道煤气，其一氧化碳量为 25% ～ 30%。如果管道漏气、开关不紧，或烧煮中火焰被扑灭后，煤气大量溢出，可造成中毒。

（3）使用燃气热水器，通风不良，洗浴时间过长。

（4）冬季在车库内发动汽车或开启车内空调后在车内睡眠，都可能引起煤气中毒。

临床以头痛、乏力，口唇呈樱桃红，甚者出现昏迷为特征。

对已中毒的患者要将其迅速转移，脱离现场，解开衣领，注意保暖，送医院吸氧急救。

急性期注意生命体征的变化，对抽搐者要加强防护，以防受伤；保持呼吸道通畅；病情稳定后要注意再昏迷的出现，及时予以治疗。

家庭救治方法：

（1）迅速移至通风处，呼吸新鲜空气，有条件者应给予吸氧治疗，并注意保暖。

（2）对于清醒者，询问有无晕厥史，有晕厥者送医院治疗；有条件者均应到医院接受检查及治疗。

（3）对于昏迷不醒者，立即手掐人中穴，同时呼救并转送医院。

（4）对于心跳、呼吸微弱或已停止者，立即口对口人工呼吸，胸外按压，同时迅速转院抢救。

切记不要轻易放弃抢救，中毒严重及有昏迷史者清醒后也一定要送医院接受高压氧治疗，以免发生严重后遗症，出现脑功能障碍。

二、水痘

水痘是由水痘－带状疱疹病毒引起的急性呼吸道传染病。临床表现主要为皮肤黏膜出现斑疹、丘疹、水疱，可伴发热，体温 38℃以上，可有头痛、咽痛等症状，部分病例可发生脑炎、肺炎等并发症。

好发季节在初冬至严冬季节。感染对象主要为幼托、学龄前与学龄期儿童。水痘传染性较强，易在幼托、小学等集体单位通过呼吸道或日常生活接触传播，形成多例感染发病。

应注意平时开窗通风，保持空气流通。易感儿童亦可接种水痘减毒活疫苗免疫预防。集体单位，尤其是幼托机构，应做好日常隔离、消毒，加强晨检，及时发现和隔离患者。患病儿童应及时就诊，注意护理，防止继发感染。

三、猩红热

猩红热是由 A 组乙型溶血性链球菌引起的急性呼吸道传染病。临床上表现为发热、咽峡炎、全身皮肤出现弥漫性皮疹，部分患者可出现“杨梅舌”（舌质红，舌乳头红肿，呈杨梅状）。部分病例可出现关节、肾变态反应。该病通过呼吸道传播。好发季节为冬季与早春季节。发病年龄主要在 2 ～ 10 岁。

为此，幼托机构要加强晨检，发现患者及时去医院诊治；加强幼托机构等集体单位食具、玩具等消毒，注意室内空气流通；家庭应注意定期开窗通风，勤晒衣被；培养良好的个人卫生。

四、流行性脑脊髓膜炎（流脑）

流行性脑脊髓膜炎（流脑）是脑膜炎奈瑟菌感染引起的急性传染性疾病。脑膜炎奈瑟菌有 13 种血清群，我国致病的血清群一直以 A 群为主，B、C、Y、W135 群仅有散在发病，但近年来我国检出的 B、C 群所致病例有增多迹象。

婴幼儿最易发病，其次为学龄儿童及青少年；在大规模接种疫苗的地区，成人发病率较高。流脑的高发季节为冬春季节。人群易感性较低，感染后往往表现为局部黏膜感染而无临床症状，为无症状携带状态，只有不到1%的人会出现临床症状。健康人群中携带病菌的比例为10%～20%，流行时携带比例会更高一些。

脑膜炎是脑膜炎奈瑟菌感染最常见的临床表现形式，发病潜伏期为2～10天，平均4天左右。临床表现主要有急性发热、剧烈头痛、恶心、呕吐、颈强直、畏光、皮肤瘀斑等。该病病菌对抗生素敏感，一般开始抗生素治疗24小时后，就不再有传染性。个体抵抗力下降、上呼吸道感染、吸烟、生活环境拥挤等是发病的危险因素。人群易感性增高、人口流动、低温、干燥、沙尘、居住拥挤等为流行的危险因素。

预防措施如下：

1．养成良好的个人卫生习惯，如勤洗手，打喷嚏、咳嗽时使用手帕，不直接面对他人等，可以减少传播、感染的机会。改善居住、工作环境的拥挤状况，并经常通风换气，特别是幼儿园、学校、工地等人群聚居地区。

2．接种疫苗。我国目前有两种疫苗，分别针对A群和A+C群，疫苗安全有效，保护效果也较好，可以去当地疾病控制机构咨询接种疫苗相关事宜。

3. 早期发现、早期治疗。出现临床表现后，立即去医院就诊。早期发现、早期治疗可以减轻症状、防止死亡。

4．保护接触者。出现病例后，对家庭成员、医护人员及其他密切接触者密切观察，一旦出现发病迹象（发热），应立即进行治疗，以免延误。密切接触者要在医生指导下预防性服药。幼儿园、学校出现病例后，即使不是密切接触者，最好也要在医生指导下服药预防。服药不仅可防止发病，也可消除带菌状态，阻断传播。

五、支气管哮喘

支气管哮喘是慢性气道炎症，在易感者中此种炎症可引起反复发作的喘息、气促、胸闷和（或）咳嗽等症状，多在夜间或凌晨发生。此类症状常伴有广泛而多变的呼气受限，但可部分地自然缓解或经治疗缓解。此种症状还伴有气道对多种刺激因子反应性增高。

在气候改变如春秋季节，当气温、湿度、气压和（或）空气中离子等改变时可诱发哮喘，故在寒冷季节或秋冬气候转变时较多发病。

预防哮喘病发作应注意：

1．穿着要适宜，注意必要的保暖，及时增减衣物，避免受凉感冒以及冷空气刺激。

2．居室环境要适宜，哮喘病患者的居室内要保持温暖干燥，室内注意通风透光，被褥及衣物注意勤洗勤晒，避免尘螨及真菌滋生。

3．哮喘病患者应尽量不去人群拥挤的公共场所，遇到风沙及扬尘天气，应尽量避免外出活动。对花粉及植物过敏者，外出时可戴口罩，尽量避免在花园或植物园中过多地停留。

4．家中如有哮喘病患者，应尽量避免使用杀虫剂、消毒剂及蚊香等物品，不要在居室中饲养宠物。

5．生活要有规律，饮食要清淡，保证定时定量及营养丰富，多吃新鲜水果及蔬菜，尽量不吃或少吃鱼、虾、蟹等海产品，禁烟禁酒。

6．保持乐观开朗的心情，避免过度兴奋、紧张、发脾气，主动锻炼，积极治疗。

六、流行性感冒和普通感冒

由于12月气温低，室内空气流通较差，易发生感冒等呼吸道疾病，各学生家长、学校、幼托单位一定要注意预防。

七、病毒性腹泻

病毒性腹泻是由病毒引起的一种感染性腹泻，常见的病原体主要有轮状病毒、柯萨奇肠道病毒、星状病毒和诺瓦克病毒等。潜伏期常为数小时至3天。临床上主要表现为恶心、呕吐、腹痛、腹泻等肠道症状，部分病例可伴有发热；临床类型可表现为呕吐型和肠炎型两种，肠炎型严重者易出现脱水。

病毒性腹泻好发季节在秋末冬初。感染对象以幼儿、学龄儿童和小学生为主。主要通过饮食污染的水和食品传播感染，易在幼托、学校出现暴发。预防措施上应注意饮水、饮食卫生，培养饭前便后洗手等良好的个人卫生习惯；婴儿提倡母乳喂养。一旦出现类似症状，应及时就医治疗。

八、流行性腮腺炎

流行性腮腺炎是由腮腺炎病毒侵犯腮腺引起的急性呼吸道传染病。患者是传染源，飞沫吸入是主要传播途径，接触患者后 2 ~ 3 周发病。腮腺炎主要表现为一侧或两侧耳垂下肿大，肿大的腮腺常呈半球形，以耳垂为中心边缘不清，表面发热、有绞痛，张口或咀嚼时局部感到疼痛。腮腺肿胀在发病 1 ~ 3 天最明显，以后逐渐消退，约 2 周肿胀完全退尽。在发病初期的 3 ~ 5 天，可有发热、乏力、不愿吃东西等全身症状。

一旦发现腮腺炎，患儿应立即隔离，卧床休息。饮食宜软、易消化，避免酸辣等刺激性食物，因为这些食物易刺激唾液腺分泌，导致局部疼痛加剧。要多饮开水，保持口腔清洁，及时就医。一旦小儿得了腮腺炎，应隔离至腮腺肿胀完全消退后才可入托或上学，以免传染给其他小儿。

由于腮腺炎容易在幼托机构中流行，因此若发现患儿，应加强晨检工作。对可疑的与患儿有接触的小朋友，应观察 21 天，同时预防性口服板蓝根冲剂。

二月专栏

2 月气温会逐渐回升，但仍会出现霜冻和雨雪。2 月正逢新春佳节，儿童青少年和家长外出探亲访友、旅游、聚餐和其他娱乐活动增多，应注意预防意外伤害、呼吸道传染病以及食品安全。

一、意外伤害

春节期间，儿童青少年在燃放烟花爆竹时应注意安全，以防眼睛、手及身体灼伤、炸伤，特别注意因燃放烟花爆竹引发的火灾。另外，雨雪天气注意交通安全，遵守交通规则。

二、食物中毒

2 月正逢新春佳节，应注意食品卫生，不吃不卫生、腐败变质食品，注意个人卫生，防止食品污染。

三、煤气中毒

煤气中毒主要是一氧化碳中毒。液化气、煤炉及含碳的所有物质，在燃烧不完全时，均可产生一氧化碳。对已中毒的患者要将其迅速转移，脱离现场，解开衣领，注意保暖，送医院吸氧急救。

急性期注意生命体征的变化，对抽搐者要加强防护，以防受伤；保持呼吸道通畅；病情稳定后要注意再昏迷的出现，及时予以治疗。

家庭救治方法：①迅速移至通风处，呼吸新鲜空气，有条件者应给予吸氧治疗，并注意保暖。②对于清醒者询问有无晕厥史，有晕厥者送医院治疗；有条件者均应到医院接受检查及治疗。③对于昏迷不醒者，立即手掐人中穴，同时呼救并转送医院。④对于心跳、呼吸微弱或已停止者，立即口对口人工呼吸，胸外按压，同时迅速转院抢救。切记不要轻易放弃抢救，中毒严重及有昏迷史者清醒后也一定要送医院接受高压氧治疗，以免发生严重后遗症，出现脑功能障碍。

四、水痘

水痘是由水痘－带状疱疹病毒引起的急性呼吸道传染病。临床表现主要为皮肤黏膜出现斑疹、丘疹、水疱，可伴发热，体温 38℃以上，有头痛、咽痛等症状，部分病例可发生脑炎、肺炎等并发症。

好发季节在初冬至严冬季节。感染对象主要为幼托、学龄前与学龄期儿童。水痘传染性较强，易在幼托、小学等集体单位通过呼吸道或日常生活接触传播，形成多例感染发病。

应注意平时开窗通风，保持空气流通。对易感儿童亦可接种水痘减毒活疫苗免疫预防。集体单位，尤其是幼托机构，应做好日常隔离、消毒，加强晨检，及时发现和隔离患者。患病儿童应及时就诊，注意护理，防止继发感染。

五、流行性脑脊髓膜炎（流脑）

流脑是脑膜炎奈瑟菌感染引起的急性传染性疾病。脑膜炎奈瑟菌有 13 种血清群，我国致病的血清群一直以 A 群为主，B、C、Y、W_{135} 群仅有散在发病，但近年来我国检出的 B、C 群所致病例有增多迹象。

婴幼儿最易发病，其次为学龄儿童及青少年；在大规模接种疫苗的地区，成人发病率较高。流脑的高发季节为冬春季节。人群易感性较低，感染后往往表现为局部黏膜感染，而无临床症状，为无症状携带状态，只有不到 1% 的人会出现临床症状。健康人群中携带病菌的比例为 10% ~ 20%，流行时携带比例会更高一些。

脑膜炎是脑膜炎奈瑟菌感染最常见的临床表现形式，发病潜伏期为 2 ~ 10 天，平均 4 天左右。临床表现主要有急性发热、剧烈头痛、恶心、呕吐、颈强直、畏光、皮肤瘀斑等。该病病菌对抗生素敏感，一般开始抗生素治疗24小时后，就不再有传染性。个体抵抗力下降、上呼吸道感染、吸烟、生活环境拥挤等是发病的危险因素。人群易感性增高、人口流动、低温、干燥、沙尘、居住拥挤等为流行的危险因素。

预防措施如下：

1. 养成良好的个人卫生习惯，如勤洗手，打喷嚏、咳嗽时使用手帕，不直接面对他人等，可以减少传播、感染的机会。改善居住、工作环境的拥挤状况，并经常通风换气，特别是幼儿园、学校、工地等人群聚居地区。

2. 接种疫苗。我国目前有两种疫苗，分别针对A群和A+C群，疫苗安全有效，保护效果也较好，可以去当地疾病控制机构咨询接种疫苗相关事宜。

3. 早期发现、早期治疗。出现临床表现后，立即去医院就诊。早期发现、早期治疗可以减轻症状、防止死亡。

4. 保护接触者。出现病例后，对家庭成员、医护人员及其他密切接触者密切观察，一旦出现发病迹象（发热），应立即进行治疗，以免延误。密切接触者要在医生指导下预防性服药。幼儿园、学校出现病例后，即使不是密切接触者，最好也要在医生指导下服药预防。服药不仅可防止发病，也可消除带菌状态，阻断传播。

六、流行性感冒和普通感冒

由于2月气温低，室内空气流通较差，易发生感冒等呼吸道疾病，各学生家长要注意预防。

三月专栏

3月处在早春季节，气温逐渐回升，是呼吸道传染病好发季节，中小学已开学，加上大量外来人员春节后返城务工，人口流动极为频繁，所以应注意预防下列呼吸道传染病：

一、流行性腮腺炎

流行性腮腺炎是一种腮腺炎病毒引起的急性呼吸道传染病，中医学称“痄腮”，具有较强的传染性，冬春季节多发，并以5～15岁儿童青少年发病最多。在学校或托儿所等儿童青少年集中的场所易造成流行，感染后可获得免疫，大多预后良好。

发病初可有发热、畏寒、头痛、食欲减退、全身不适等症状，1～2日后腮腺逐渐肿大，体温可达39℃以上。儿童患者症状较轻，可无明显前驱症状。腮腺肿大以耳垂为中心，向前、向后、向下发展，充塞于下颌骨和乳突之间。因腺管发炎部分阻塞，故进食酸性食物促使腺体分泌时疼痛加剧，颊黏膜处的腮腺管口早期可有红肿。有些病例1～4日后又可累及对侧，并可同时累及下颌下腺、舌下腺（也可单独累及下颌下腺、舌下腺）。下颌下腺肿大时颌下肿胀，可触及椭圆形肿大的腺体包块。舌下腺肿大时可见颈前颌下肿胀，并出现吞咽困难。除腮腺肿大外，腮腺炎病毒可侵犯其他器官，可引起脑膜炎、脑膜脑炎、睾丸炎、卵巢炎、胰腺炎、乳腺炎等。

在预防措施上，应做到室内保持空气流通、新鲜；幼托机构加强晨检，小学校应注意观察学生健康状况。一旦发现流行性腮腺炎儿童，应及时送去医院诊治，并做好幼托机构和学校日常性消毒、隔离工作。对易感儿童可应用麻疹、腮腺炎和风疹联合病毒活疫苗或流行性腮腺炎减毒活疫苗进行免疫预防。

二、风疹

风疹是由风疹病毒引起的急性呼吸道传染病。临床表现为发热，伴有轻微上呼吸道感染症状，其后出现先面部、后颈部、再躯干四肢的淡红色斑丘疹，伴有耳后、枕部、颈下和颈部淋巴结肿大。风疹常见并发症有关节炎、关节痛、脑炎、心肌炎、血小板减少性紫癜，孕妇早期感染风疹病毒后，可通过胎盘垂直传播给胎儿，造成胎儿死产或发生畸形。

好发季节为冬春季节。感染主要对象为5～9岁儿童，部分成年人、孕妇、育龄妇女也可感染本病。

预防措施上应注意加强室内通风，保持空气流通；幼托机构应加强晨检，发现患者后及时去医院诊治；对易感儿童可应用麻疹、腮腺炎和风疹联合病毒活疫苗或风疹减毒活疫苗免疫预防。

三、手足口病

手足口病是以手、足皮肤疱疹和口腔黏膜溃疡为主的传染病。病原体主要为柯萨奇病毒、肠道病毒71型等肠道病毒，潜伏期平均4天。临床主要表现为口腔炎（口腔黏膜出现红色溃疡性疱疹），同时手、足、皮肤出现斑丘疹，并转为疱疹，可伴有低热；患者口腔疱疹溃疡后可有咀嚼时疼痛，并拒食、流涎。一般预后良好，仅有极少数病例可并发肺炎、无菌性脑膜炎、脑膜脑炎等并发症。

幼托机构是手足口病好发场所，感染对象主要为幼托儿童，其次为小学生。因此，幼托机构要加强晨检和落实预防措施，预防手足口病发生。该病主要通过接触污染的手、毛巾、手帕、茶杯、玩具、床上用品等感染。

幼托机构等要加强晨检制度，早期发现、早期隔离是控制本病疫情扩散最有效的措施。患病儿童应离所（院）居家隔离，做好护理；加强教室、居室等环境空气流通；日常性幼托机构等做好消毒、隔离（玩具、餐具、便器等消毒）；开展健康教育，培养儿童良好的个人卫生习惯。

除注意预防上述疾病外，还应注意对麻疹、流行性脑脊髓膜炎、水痘、感冒等呼吸道疾病的预防。

3 月气温变化大，儿童青少年一定要注意保暖，不要随意减少衣服，防止受凉。

四月专栏

4 月是春暖花开、气温回升的季节，也是儿童青少年和家长外出“踏青”“春游”的好时节。同时，4 月也是一些传染病流行的季节，尤其对于儿童青少年，特别需要注意下列疾病的预防。

一、呼吸道传染病

4 月是呼吸道传染病好发季节。儿童青少年和家长要注意呼吸道传染病（如流行性腮腺炎等）的预防。

1．流行性腮腺炎　流行性腮腺炎是一种腮腺炎病毒引起的急性呼吸道传染病，中医学称“痄腮”，具有较强的传染性，冬春季节多发，并以 5 ~ 15 岁儿童青少年发病最多。在学校或托儿所等儿童青少年集中的场所易造成流行，感染后可获得免疫，大多预后良好。

发病初可有发热、畏寒、头痛、食欲减退、全身不适等症状，1 ~ 2 日后腮腺逐渐肿大，体温可达 39℃以上。儿童患者症状较轻，可无明显前驱症状。腮腺肿大以耳垂为中心，向前、向后、向下发展，充塞于下颌骨和乳突之间。因腺管发炎部分阻塞，故进食酸性食物促使腺体分泌时疼痛加剧，颊黏膜处的腮腺管口早期可有红肿。有些病例 1 ~ 4 日后又可累及对侧，并可同时累及下颌下腺、舌下腺（也可单独累及颌下腺、舌下腺）。下颌下腺肿大时颌下肿胀，可触及椭圆形肿大的腺体包块。舌下腺肿大可见颈前颌下肿胀，并出现吞咽困难。除腮腺肿大外，腮腺炎病毒可侵犯其他器官，可引起脑膜炎、脑膜脑炎、睾丸炎、卵巢炎、胰腺炎、乳腺炎等。

在预防措施上，应做到室内保持空气流通、新鲜；幼托机构加强晨检，小学校应注意观察学生健康状况。一旦发现流行性腮腺炎儿童，应及时送去医院诊治，并做好幼托机构日常性消毒隔离工作。对易感儿童可应用麻疹、腮腺炎和风疹联合病毒活疫苗或流行性腮腺炎减毒活疫苗进行免疫预防。

2．风疹　风疹是由风疹病毒引起的急性呼吸道传染病。临床表现为发热，伴有轻微上呼吸道感染症状，其后出现先面部、后颈部、再躯干四肢的淡红色斑丘疹，伴有耳后、枕部、颈下和颈部淋巴结肿大。风疹常见并发症有关节炎、关节痛、脑炎、心肌炎、血小板减少性紫癜，孕妇早期感染风疹病毒后，可通过胎盘垂直传播给胎儿，造成胎儿死产或发生畸形。

好发季节为冬春季节。感染主要对象为 5 ~ 9 岁儿童，部分成年人、孕妇、育龄妇女也可感染本病。

预防措施上应注意加强室内通风，保持空气流通；幼托机构应加强晨检，发现患者后及时去医院诊治；对易感儿童可应用麻疹、腮腺炎和风疹联合病毒活疫苗或风疹减毒活疫苗免疫预防。

除注意预防上述疾病外，4 月仍应注意对麻疹、流行性脑脊髓膜炎、感冒等呼吸道疾病的预防。

二、食物中毒

外出踏青和旅游的儿童青少年及家长，应注意食品卫生，预防食物中毒。

三、过敏性疾病和哮喘的复发

有过敏史和哮喘的儿童青少年及家长，应注意预防过敏原吸入或摄入，避免过敏性疾病和哮喘的复发。

四、其他

外出踏青和旅游的儿童青少年及家长，应注意预防犬咬伤、蛇咬伤和意外伤害发生。

五月专栏

5 月气候特点表现为气温明显上升，从节气上讲已开始入夏，以晴热天为主。随着气温升高，肠道传染病病原体生长繁殖开始活跃，肠道传染病也将取代呼吸道传染病。5 月又逢“五一”黄金周，儿童青少年和家长外出旅游、参加各种活动增加，因此应重点注意肠道传染病的预防。

一、旅游者腹泻

主要发生在旅游者中而得名，是由产毒性大肠埃希菌引起的一种肠道传染病。临床表现为腹泻、大便呈水样，可伴有腹痛、恶心、呕吐，症状严重者可出现脱水。该病主要通过饮用污染的水或摄入污染的食品、乳类、饮料而感染发病。

因此，“五一”黄金周期间外出旅游、度假的儿童青少年和家长，在旅游地要重视旅行卫生，要喝开水、清洁水，食用卫生合格的食品，养成饭前便后洗手等卫生习惯。一旦发生类似旅游者腹泻症状，应及时就诊。

二、细菌性痢疾

细菌性痢疾是由志贺痢疾杆菌引起的一种急性肠道传染病。临床上表现为腹痛、腹泻，大便呈黏液、黏脓状或脓血便，伴有里急后重，部分病例可出现发热等症状，严重的可出现中毒性症状。该病主要通过水源、食物和日常生活接触传播，常易借助食物造成集体性暴发。

学龄前儿童、小学生及青少年是主要发病对象。随着气温升高和进入夏秋季，菌痢的发病将会逐步上升。应注意饮食卫生，做到饭前便后洗手，养成良好的个人卫生习惯。幼托机构和学校要加强晨检，及时发现患者，及时隔离治疗。

三、食源性疾病

食源性疾病是摄入污染的食物而引起的感染性或中毒性疾病，包括食物中毒。临床上除表现为发热以及腹痛、腹泻、恶心、呕吐等胃肠道症状外，还可以表现为神经系统、循环系统等症状，严重者可发生死亡。

这类疾病可散发或多发，常以集体发生或群体中毒形式出现，学校食堂更应特别注意。要严格食品卫生，规范食品操作，防止生熟不分、交叉污染，不食用腐败变质、生或半生的食品，预防食源性疾病发生。

四、其他

5 月，除注意预防肠道传染病外，儿童青少年仍应注意预防感冒等呼吸道传染病。节假日期间做到生活有节律，避免疲劳过度。

5 月又是乙型脑炎（乙脑）疫苗预防接种最佳季节，易感儿童应及时完成乙脑疫苗免疫接种。

5 月还应注意预防蚕豆病和四季豆中毒。

六月专栏

6 月进入夏季，气温明显上升，雨天增加，天气闷热、潮湿。6 月的气候特点比较适宜肠道致病微生物生长繁殖。在这一季节应重点注意预防集体性食物中毒和肠道传染病。

一、食物中毒

食物中毒是指人摄入了含有生物性、化学性有毒有害物质后，或把有毒有害物质当作食物摄入后，所出现的非传染性的急性或亚急性疾病。

含生物性、化学性有害物质，可引起食物中毒的食物包括以下几类：

1．致病菌或其毒素污染的食物。

2．已达急性中毒剂量的有毒化学物质污染的食物。

3．外形与食物相似而本身含有毒素的物质，如毒蕈。

4．本身含有毒物质，而加工、烹调方法不当，未能将其除去的食物，如四季豆类。

5．由于贮存条件不当，在贮存过程中产生有毒物质的食物，如发芽土豆。

根据食物中毒季节分布特征，这一季节食物中毒主要以细菌性食物中毒为主。最易发生集体性食物中毒的场所是集体单位食堂。引起食物中毒的主要原因有食品操作生熟不分、交叉污染，加工人员带菌操作和食物加工不到位。

因此，学校师生应注意饮食卫生，不吃不洁、腐败变质食品。学校食堂要加强食品卫生管理，注意食品加工时的操作卫生，防止生熟不分和食品交叉污染，预防食物中毒。

二、手足口病

手足口病是一种由肠道病毒引起的、好发于小儿的传染病，近些年来在世界各国广为流行。临床表现为口腔内、手、足部等部位发生疱疹，故得此病名。它也是小儿常见的疱疹性疾病之一。全年均可有发病，但 3 ～ 11 月多见，6 ～ 8 月为高峰期。此病传播速度极快，传播范围极广，发病对象可从 4 个月的婴儿到 30 岁的成人。这种病具有周期流行的规律，一般 2 ～ 3 年流行一次。

治疗手足口病采用中药效果最好，一般内服药和口腔涂药相结合，无并发症者 1 周左右即可治愈，预后良好；也可采用抗病毒药物治疗。要定时让患儿用温水冲漱口腔；禁食冰冷或辛辣有刺激的食物，不要给予咸食，以免引起疼痛而拒食；饮食要易消化，吃一些清淡、质软、温性的饭菜，多喝温开水；要让患儿有足够的休息；要保证患儿衣服清洁，避免皮疹感染。

预防措施主要是隔离患儿，加强婴幼儿卫生保健，以减少感染机会，这一点对幼托机构和学校来讲非常重要。同时要注意居室内空气流通，保持适宜温度。

三、其他

6 月除预防食物中毒和肠道传染病外，在农村学校，还应注意预防霉变农作物对师生健康的危害，预防霉变农作物引起的过敏和中毒。

由于可能出现高温天气，学校应早安排并落实防暑降温工作，预防师生中暑。

未完成乙脑疫苗接种的易感儿童应及时做好乙脑疫苗免疫接种。

七月专栏

7 月气温明显升高，天气进入炎热的夏季。 根据 7 月的气候特点和疾病的发病规律，提醒儿童青少年和家长应注意预防以下疾病。

一、伤寒、副伤寒

伤寒、副伤寒是由伤寒、副伤寒杆菌引起的肠道传染病。临床上表现为持续高热、腹部不适、肝脾大、玫瑰疹、相对缓脉等。该病主要通过水、食物、生活接触传播，好发季节为夏秋季。夏季是伤寒、副伤寒发病高峰季节，须加以预防。各学校食堂应加强管理，提供符合食品卫生要求的食品；儿童青少年和家长要注意不喝生水，不吃不卫生食品，做到饭前便后洗手。

二、细菌性痢疾

细菌性痢疾是由志贺痢疾杆菌引起的一种急性肠道传染病。临床表现为腹痛、腹泻，大便呈黏液、黏脓或脓血便，伴有里急后重，部分病例可出现畏寒高热等症状，症状严重的可出现中毒性菌痢。主要通过水、食物和日常生活接触传播。进食受污染的凉拌菜及冰棒、豆浆、肉汤等常易引起流行，农村井水受污染可引起大暴发。儿童青少年是主要发病对象，要注意不喝生水，不吃不卫生食品，做到饭前便后洗手。

三、感染性腹泻

感染性腹泻是由除痢疾杆菌以外的其他细菌、病毒、寄生虫等生物性致病因子引起的一组肠道传染病。临床上主要以腹鸣、腹胀、腹痛、腹泻等急性胃肠道症状多见，大便可为稀便、水样便、洗肉水样便、米泔样便，严重者可出现血样便。患者同时可伴有发热、恶心、呕吐、脱水等症状。

感染对象主要为儿童青少年，可通过不洁的水、食物传播，因此要注意个人卫生和饮食卫生，饮用卫生、洁净的水，不吃生、半生水产品以及不洁、腐败食品。

四、流行性乙型脑炎

流行性乙型脑炎（乙脑）是由流行性乙型脑炎病毒引起，通过蚊子传播的急性传染病。人体被携带乙脑病毒的蚊子叮咬后，经过 14 天潜伏期可发病。

临床上表现为持续高热，伴有头痛、呕吐、意识障碍、抽筋、脑膜刺激症状，重者可留下神经系统后遗症或出现呼吸衰竭而死亡。因此，应在夏季做好防蚊、灭蚊工作。如遇到持续高热、头痛、呕吐、抽筋等症状，应及早就医，以免贻误病情，失去救治良机。

五、中暑

中暑是高温环境下，由于热平衡和水盐代谢紊乱等引起的一种以中枢神经系统和（或）心血管系统障碍为主要表现的急性热致疾病。中暑是由于人体在热环境下，散热途径受阻，体温调节机制紊乱所致；或由于大量出汗，体内钠、钾过量丢失所致；也可由于机体在高温、高湿环境下，不能有效代偿，导致脑部暂时供血减少所致，从而发生晕厥。

临床表现为头痛、头晕、恶心、呕吐、面色

苍白、出汗、肌肉痉挛，有的患者可出现高热等症状，严重者可昏迷或死亡。高温、湿度过大、通风不畅、劳动强度过大是中暑的主要原因，过度疲劳、睡眠不足、体弱、肥胖易诱发中暑。

因此，儿童青少年和家长要重视防暑降温，做好高温个人防护，饮用含盐饮料，注意休息，补充水分和营养。

六、空调病

空调病是在使用空调时，由于处于封闭的环境里，室内空气与外界几乎隔绝，室内的氧气不断消耗，得不到补充，人体由于缺氧，从而导致人体器官不能够正常工作。另外，由于冷风温度低，使人体表面的毛孔收缩，不能正常排汗，一旦周围环境温度发生变化，易引起生理功能紊乱。

其症状主要表现为头晕、发热、身体发虚。在预防上，最好不要将空调温度调得过低，同时也不要在空调环境中停留时间过长，最好能够定时打开窗户，让室外的新鲜空气进来，以保持室内的氧气含量。空调温度和室外自然温度不宜差别过大，以不超过 5℃ 为宜，夜间睡眠最好不要用空调。

儿童青少年在空调环境下学习时，不要让通风口的冷风直接吹在身上，大汗淋漓时最好不要直接吹冷风，这样降温太快，很容易发病。另外，要严禁在室内抽烟，减少室内空气污染。

七、意外伤害

在炎热的夏季，学校和家长应加强对儿童青少年的暑期安全教育和监护，注意游泳安全，防止游泳溺水事故发生。

八月专栏

8 月主要为高温炎热天气。根据 8 月的气候特点和疾病的发病规律，儿童青少年和家长除应注意预防伤寒、副伤寒、细菌性痢疾、感染性腹泻、流行性乙型脑炎、中暑、空调病外，还应注意对下列疾病的预防。

一、急性出血性结膜炎（俗称红眼睛）

急性出血性结膜炎是一种传染性极高的急性病毒性眼病。主要由肠病毒及柯萨奇病毒变异株两种病毒引起。该病潜伏期短，为 18 ~ 48 小时，病程发展快。临床上以球结膜下出血为最显著的症状，可伴有眼球异物感、流泪、眼痛等症状。

急性期时眼睑红肿，呈弥漫性结膜出血，继而球结膜出血。发病开始时多为单眼，以后很快传染到另一侧，7 天内症状大部分恢复。急性患者是本病的主要传染源，通过日常生活密切接触及经水传播是本病主要的传播方式。最常见的是通过被眼分泌物污染的手在人与人之间直接接触传播，或通过毛巾、手帕、脸盆、水等接触眼部间接传播。水源受到患者分泌物污染后，常可发生游泳后或在浴室共浴后的集体暴发。

预防上应注意个人卫生，不公用毛巾、浴巾、手帕等，特别注意手的卫生。加强对理发室、浴室、游泳池等公共场所的卫生管理和消毒；游泳池要加强对游泳者的检查，禁止患者入内。工作人员发病后，应及时就诊治疗，暂时调离工作。幼儿园、学校应加强晨检，发现患儿和学生及时隔离与诊治，加强对毛巾、玩具等物品的消毒。患儿和学生家庭应做好隔离、消毒。

二、流行性感冒

流行性感冒是由流行性感冒病毒引起的呼吸道传染病，临床上表现为高热、头痛、四肢酸痛、乏力和上呼吸道卡他症状。

预防流行性感冒应注意室内经常开窗通风；使用空调时室内温度应保持在 26 ~ 27℃，相对湿度保持在 50% ~ 60%；学习、生活要有规律，保障充足睡眠时间。儿童青少年一旦出现类似流行性感冒症状，应及时就诊治疗。

三、登革热

登革热是一种蚊媒传染病，由登革热病毒引起，多流行于热带、亚热带温暖潮湿地区，埃及伊蚊、白纹伊蚊和其他一些伊蚊是主要媒介。一些热带、亚热带疫区居民多具有获得性免疫力，而由非疫区进入疫区的旅游观光客对登革热普遍易感，在流行季节容易患病。

登革热发病症状为：发热伴有头痛，骨关节和肌肉疼痛，食欲减退，恶心、呕吐等，还可能出现颜面潮红、皮疹、浅表淋巴结肿大、结膜出血、肝脾大等症状。登革热的病死率一般在 0.1% 左右，但东南亚某些地区病死率可高达 30% ~ 40%。目前对登革热尚无特殊治疗药物。流行季节为夏秋季，东南亚等热带国家为主要流行区。

因此，暑期赴东南亚等国家和登革热疫区的儿童青少年及家长应做好防蚊工作，如在旅游期间或返回后出现类似登革热症状，应及时就诊治疗。

四、莱姆病

莱姆病是一种以地区性、全身性、慢性症状为特征的蜱媒螺旋体病。早期以皮肤慢性游走性红斑为特点，以后出现神经、心脏或关节病变。通常在夏季和早秋发病，可发生于任何年龄，男性略多于女性。

其贮存宿主为啮齿类动物和蜱类，患病和带菌动物是传染源，人因被携带螺旋体的硬蜱叮咬而感染。人群普遍易感，但多见于进入或居住于林区及农村的人群中，男性略多于女性。

因此，暑期赴林区和农村的儿童青少年及家长应做好防硬蜱叮咬工作，如在旅游期间或返回后出现类似莱姆病症状，应及时就诊治疗。

五、意外伤害

8月学生处在假期，学校和家长应进一步加强对儿童青少年的暑期安全教育和监护，注意游泳安全，防止游泳溺水事故发生。

九月专栏

9月天气已进入秋季。气温开始由热转凉，且昼夜温差较大。随着学校开学、学生返校，9月学校发生的传染病事件及食物中毒事件将可能有所增加，要加强学校突发公共卫生事件的监测，做好学校突发公共卫生事件的防控工作。重点预防和控制下列疾病。

一、伤寒、副伤寒

伤寒、副伤寒是由伤寒、副伤寒杆菌引起的肠道传染病。临床上表现为持续高热、腹部不适、肝脾大、玫瑰疹、相对缓脉等。该病主要通过水、食物、生活接触传播，好发季节为夏秋季，须加以预防。各学校食堂应加强管理，提供符合食品卫生要求的食品；儿童青少年和家长要注意不喝生水，不吃不卫生食品，做到饭前便后洗手。

二、细菌性痢疾

细菌性痢疾是由志贺痢疾杆菌引起的一种急性肠道传染病。临床表现为腹痛、腹泻，大便呈黏液、黏脓或脓血便，伴有里急后重，部分病例可出现畏寒高热等症状，症状严重的可出现中毒性菌痢。

主要通过水、食物和日常生活接触传播。进食受污染的凉拌菜及冰棒、豆浆、肉汤等常易引起流行，农村井水受污染可引起大暴发。

儿童青少年是主要发病对象，要注意不喝生水，不吃不卫生食品，做到饭前便后洗手。

三、感染性腹泻

感染性腹泻是由除痢疾杆菌以外的其他细菌、病毒、寄生虫等生物性致病因子引起的一组肠道传染病。临床上主要以腹鸣、腹胀、腹痛、腹泻等急性胃肠道症状多见，大便可为稀便、水样便、洗肉水样便、米泔样便，严重者可出现血样便。患者同时可伴有发热、恶心、呕吐、脱水等症状。

感染对象主要为儿童青少年，可通过不洁的水、食物传播，因此要注意个人卫生和饮食卫生，饮用卫生、洁净的水，不吃生、半生水产品以及不洁、腐败食品。

四、食物中毒

食物中毒是指人摄入了含有生物性、化学性有毒有害物质后，或把有毒有害物质当作食物摄入后，所出现的非传染性的急性或亚急性疾病。

含生物性、化学性有害物质，可引起食物中毒的食物包括以下几类：

1. 致病菌或其毒素污染的食物。
2. 已达急性中毒剂量的有毒化学物质污染的食物。
3. 外形与食物相似而本身含有毒素的物质，如毒蕈。
4. 本身含有毒物质，而加工、烹调方法不当，未能将其除去的食物，如四季豆类。
5. 由于贮存条件不当，在贮存过程中产生有毒物质的食物，如发芽土豆。

根据食物中毒季节分布特征，这一季节食物中毒主要以细菌性食物中毒为主。最易发生集体性食物中毒的场所是集体单位食堂，引起食物中毒的主要原因有食品操作生熟不分、交叉污染，加工人员带菌操作和食物加工不到位。

因此，学校师生应注意饮食卫生，不吃不洁、腐败变质食品。学校食堂要加强食品卫生管理，注意食品加工时的操作卫生，防止生熟不分和食品交叉污染，预防食物中毒。

五、支气管哮喘

支气管哮喘是慢性气道炎症，在易感者中此种炎症可引起反复发作的喘息、气促、胸闷和（或）咳嗽等症状，多在夜间或凌晨发生。此类症状常伴有广泛而多变的呼气受限，但可部分地自然缓解或经治疗缓解。此种症状还伴有气道对多种刺激因子反应性增高。

在气候改变如春秋季节，当气温、湿度、气压和（或）空气中离子等改变时可诱发哮喘，故在寒冷季节或秋冬气候转变时较多发病。

预防哮喘病发作应注意：

1．穿着要适宜，注意必要的保暖，及时增减衣物，避免受凉感冒以及冷空气刺激。

2．居室环境要适宜，哮喘病患者的居室内要保持温暖干燥，室内注意通风透光，被褥及衣物注意勤洗勤晒，避免尘螨及真菌滋生。

3．哮喘病患者应尽量不去人群拥挤的公共场所，遇到风沙及扬尘天气，应尽量避免外出活动。对花粉及植物过敏者，外出时可戴口罩，尽量避免在花园或植物园中过多地停留。

4．家中如有哮喘病患者，应尽量避免使用杀虫剂、消毒剂及蚊香等物品，不要在居室中饲养宠物。

5．生活要有规律，饮食要清淡，保证定时定量及营养丰富，多吃新鲜水果及蔬菜，尽量不吃或少吃鱼、虾、蟹等海产品，禁烟禁酒。

6．保持乐观开朗的心情，避免过度兴奋、紧张、发脾气，主动锻炼，积极治疗。

六、普通感冒

由于 9 月气温由高到低，昼夜温差增大，易发生普通感冒等呼吸道疾病，各学生家长、学校、幼托单位一定要注意预防。

十月专栏

10 月主要以晴天为主，雨量减少，日间温差较大。10 月国庆黄金周，学生和家长外出旅游、度假、聚会、聚餐等活动将会增加。10 月已进入呼吸道疾病的高发季节，要加强不明原因肺炎病例、人感染高致病性禽流感病例、流感样病例、SARS 病例等监测和报告，及时发现暴发与流行的苗头，采取有效措施控制疫情；加强学校等单位集体食堂食品卫生的监管，减少和防止食物中毒事件发生。要注意以下疾病的预防。

一、食物中毒

食物中毒是指人摄入了含有生物性、化学性有毒有害物质后，或把有毒有害物质当作食物摄入后，所出现的非传染性的急性或亚急性疾病。

含生物性、化学性有害物质，可引起食物中毒的食物包括以下几类：

1．致病菌或其毒素污染的食物。

2．已达急性中毒剂量的有毒化学物质污染的食物。

3．外形与食物相似而本身含有毒素的物质，如毒蕈。

4．本身含有毒物质，而加工、烹调方法不当未能将其除去的食物，如四季豆类。

5．由于贮存条件不当，在贮存过程中产生有毒物质的食物，如发芽土豆。

根据食物中毒季节分布特征，这一季节食物中毒主要以细菌性食物中毒为主。最易发生集体性食物中毒的场所是集体单位食堂，引起食物中毒的主要原因有食品操作生熟不分、交叉污染，加工人员带菌操作和食物加工不到位。

因此，学校师生应注意饮食卫生，不吃不洁、腐败变质食品。学校食堂要加强食品卫生管理，注意食品加工时的操作卫生，防止生熟不分和食品交叉污染，预防食物中毒。

二、伤寒、副伤寒

伤寒、副伤寒是由伤寒、副伤寒杆菌引起的肠道传染病。临床上表现为持续高热、腹部不适、肝脾肿大、玫瑰疹、相对缓脉等。该病主要通过水、食物、生活接触传播，好发季节为夏秋季，须加以预防。

各学校食堂应加强管理，提供符合食品卫生要求的食品；儿童青少年和家长要注意不喝生水，不吃不卫生食品，做到饭前便后洗手。

三、支气管哮喘

支气管哮喘是慢性气道炎症，在易感者中此种炎症可引起反复发作的喘息、气促、胸闷和（或）咳嗽等症状，多在夜间或凌晨发生。此类症状常伴有广泛而多变的呼气受限，但可部分地自然缓解或经治疗缓解。此种症状还伴有气道对多种刺激因子反应性增高。

在气候改变如春秋季节，当气温、湿度、气压和（或）空气中离子等改变时可诱发哮喘，故在寒冷季节或秋冬气候转变时较多发病。

预防哮喘病发作应注意：

1．穿着要适宜，注意必要的保暖，及时增减衣物，避免受凉感冒以及冷空气刺激。

2．居室环境要适宜，哮喘病患者的居室内要保持温暖干燥，室内注意通风透光，被褥及衣物注意勤洗勤晒，避免尘螨及真菌滋生。

3．哮喘病患者应尽量不去人群拥挤的公共场所，遇到风沙及扬尘天气，应尽量避免外出活动。

4．对花粉及植物过敏者，外出时可戴口罩，尽量避免在花园或植物园中过多地停留。

5．家中如有哮喘病患者，应尽量避免使用杀虫剂、消毒剂及蚊香等物品，不要在居室中饲养宠物。

6．生活要有规律，饮食要清淡，保证定时定量及营养丰富，多吃新鲜水果及蔬菜，尽量不吃或少吃鱼、虾、蟹等海产品，禁烟禁酒。

7．保持乐观开朗的心情，避免过度兴奋、紧张、发脾气，主动锻炼，积极治疗。

四、流行性感冒和普通感冒

由于10月日间温差较大，易发生感冒等呼吸道疾病，各学生家长、学校、幼托单位一定要注意预防。对于流行性感冒，10月是接种流行性感冒疫苗的最佳时期，患有慢性病、体弱的儿童和家长等可以接种流行性感冒疫苗进行预防。

五、其他

国庆期间赴东南亚等国家旅游的学生和家长应注意预防腹泻；此外，还应注意预防登革热等传染病。

十一月专栏

11月主要以晴天为主，天气明显变冷。随着呼吸道疾病高发季节的到来，要加强不明原因肺炎病例、人感染高致病性禽流感病例、流行性脑脊髓膜炎和流感样病例的监测、分析和报告，防止疫情暴发流行；加强学校等人群聚集场所传染病监测及宣教工作，防止呼吸道传染病的暴发流行。同时注意预防下列疾病。

一、流行性感冒

流行性感冒（流感）是由流行性感冒病毒引起的一种急性呼吸道传染病。流感潜伏期短，一般为1～2天。临床上主要表现为高热、头痛、流泪、流涕、四肢酸痛以及上呼吸道症状，部分病例可并发肺炎等。

流感主要通过呼吸道传播，具有传染性强、传播迅速的特点，在学校、幼儿园易发生传播扩散。一般每年在冬春季有一个发病高峰。

儿童及家长应注意防范。在预防措施上应注意保暖；增加体育锻炼；流感流行季节减少到公共场所或空气混浊场所；家庭和学校应经常开窗通风，保持空气流通。患有慢性疾病者、老年人、体弱者等可应用流感减毒活疫苗进行免疫预防。如儿童及家长出现类似流感症状，应及时就诊治疗和休息。

二、支气管哮喘

支气管哮喘是慢性气道炎症，在易感者中此种炎症可引起反复发作的喘息、气促、胸闷和（或）咳嗽等症状，多在夜间或凌晨发生。此类症状常伴有广泛而多变的呼气受限，但可部分地自然缓解或经治疗缓解。此种症状还伴有气道对多种刺激因子反应性增高。

在气候改变如春秋季节，当气温、湿度、气压和（或）空气中离子等改变时可诱发哮喘，故在寒冷季节或秋冬气候转变时较多发病。

预防哮喘病发作应注意：

1．穿着要适宜，注意必要的保暖，及时增减衣物，避免受凉感冒以及冷空气刺激。

2．居室环境要适宜，哮喘病患者的居室内要保持温暖干燥，室内注意通风透光，被褥及衣物注意勤洗勤晒，避免尘螨及真菌滋生。

3．哮喘病患者应尽量不去人群拥挤的公共场所，遇到风沙及扬尘天气，应尽量避免外出活动。

4．对花粉及植物过敏者，外出时可戴口罩，尽量避免在花园或植物园中过多地停留。

5．家中如有哮喘病患者，应尽量避免使用杀虫剂、消毒剂及蚊香等物品，不要在居室中饲养宠物。

6. 生活要有规律，饮食要清淡，保证定时定量及营养丰富，多吃新鲜水果及蔬菜，尽量不吃或少吃鱼、虾、蟹等海产品，禁烟禁酒。

7. 保持乐观开朗的心情，避免过度兴奋、紧张、发脾气，主动锻炼，积极治疗。

三、流行性脑脊髓膜炎（流脑）

流脑是脑膜炎奈瑟菌感染引起的急性传染性疾病。脑膜炎奈瑟氏菌有 13 种血清群，我国致病的血清群一直以 A 群为主，B、C、Y、W135 群仅有散在发病，但近年来我国检出的 B、C 群所致病例有增多迹象。

婴幼儿最易发病，其次为学龄儿童及青少年。流脑的高发季节为冬春季节。人群易感性较低，感染后往往表现为局部黏膜感染，而无临床症状，为无症状携带状态，只有不到 1% 的人会出现临床症状。健康人群中携带病菌的比例为 10% ~ 20%，流行时携带比例会更高一些。

脑膜炎是脑膜炎奈瑟菌感染最常见的临床表现形式，发病潜伏期为 2 ~ 10 天，平均 4 天左右。临床表现主要有急性发热、剧烈头痛、恶心、呕吐、颈强直、畏光、皮肤瘀斑等。该病主要通过呼吸道传播，个体抵抗力下降、上呼吸道感染、吸烟、生活环境拥挤等是发病的危险因素。

预防措施如下：

1. 养成良好的个人卫生习惯，如勤洗手、打喷嚏、咳嗽时使用手帕，不直接面对他人等，可以减少传播、感染的机会。改善居住、工作环境的拥挤状况，并经常通风换气，特别是幼儿园、学校等人群聚居地区。

2. 接种疫苗。我国目前有两种疫苗，分别针对 A 群和 A+C 群，疫苗安全有效，保护效果也较好，可以去疾病控制机构咨询接种疫苗相关事宜。

3. 早期发现、早期治疗。出现临床表现后，立即去医院就诊，早期发现、早期治疗可以减轻症状、防止死亡。

4. 保护接触者。出现病例后，对家庭成员、医护人员及其他密切接触者密切观察，一旦出现发病迹象（发热），应立即进行治疗，以免延误。密切接触者要在医生指导下预防性服药。幼儿园、学校出现病例后，即使不是密切接触者，最好也要在医生指导下服药预防。服药不仅可防止发病，也可消除带菌状态，阻断传播。

四、病毒性腹泻

病毒性腹泻是由病毒引起的一种感染性腹泻，常见的病原体主要有轮状病毒、柯萨奇肠道病毒、星状病毒和诺瓦克病毒等。潜伏期常为数小时至 3 天。临床上主要表现为恶心、呕吐、腹痛、腹泻等肠道症状，部分病例可伴有发热；临床类型可表现为呕吐型和肠炎型两种，肠炎型严重者易出现脱水。

病毒性腹泻好发季节在秋末冬初。感染对象以幼儿、学龄儿童和小学生为主。主要通过饮食污染的水和食品传播感染，易在幼托、学校出现暴发。预防措施上应注意饮水、饮食卫生，培养饭前饭后洗手等良好个人卫生，婴儿提倡母乳喂养。一旦出现类似症状，应及时就医治疗。

五、其他

11 月正值多种水产品上市，注意水产品加工卫生，要清洗干净，加热时要熟透，不生食各类水产品，谨防发生甲肝流行。

十二月专栏

12 月已进入冬季，气候干燥，气温会出现骤降。这一季节正值呼吸道传染病好发季节，应注意预防。

一、水痘

水痘是由水痘－带状疱疹病毒引起的急性呼吸道传染病。临床表现主要为皮肤黏膜出现斑疹、丘疹、水疱，可伴发热，体温 38℃以上，可有头痛、咽痛等症状，部分病例可发生脑炎、肺炎等并发症。

好发季节在初冬至严冬季节。感染对象主要为幼托、学龄前与学龄期儿童。水痘传染性较强，易在幼托、小学等集体单位通过呼吸道或日常生活接触传播，形成多例感染发病。

应注意平时开窗通风，保持空气流通。易感儿童亦可接种水痘减毒活疫苗免疫预防。集体单位，尤其是幼托机构，应做好日常隔离、消毒，加强晨检，及时发现和隔离患者。患病儿童应及时就诊，注意护理，防止继发感染。

二、猩红热

猩红热是由 A 组乙型溶血性球菌引起的急性呼

吸道传染病。临床上表现为发热、咽峡炎、全身皮肤出现弥漫性皮疹，部分患者可出现“杨梅舌”（舌质红，舌乳头红肿，呈杨梅状）。部分病例可出现关节、肾变态反应。该病通过呼吸道传播。好发季节为冬季与早春季节。发病年龄主要在 2 ～ 10 岁。

为此，幼托机构要加强晨检，发现患者及时去医院诊治；加强幼托机构等集体单位食具、玩具等消毒，注意室内空气流通；家庭应注意定期开窗通风，勤晒衣被；培养良好的个人卫生。

三、流行性脑脊髓膜炎（流脑）

流脑是脑膜炎奈瑟菌感染引起的急性传染性疾病。脑膜炎奈瑟菌有 13 种血清群，我国致病的血清群一直以 A 群为主，B、C、Y、W135 群仅有散在发病，但近年来我国检出的 B、C 群所致病例有增多迹象。

婴幼儿最易发病，其次为学龄儿童及青少年；在大规模接种疫苗的地区，成人发病较高。流脑的高发季节为冬春季节。人群易感性较低，感染后往往表现为局部粘膜感染，而无临床症状，为无症状携带状态，只有不到 1% 的人会出现临床症状。健康人群中携带病菌的比例为 10% ～ 20%，流行时携带比例会更高一些。

脑膜炎是脑膜炎奈瑟菌感染最常见的临床表现形式，发病潜伏期为 2 ～ 10 天，平均 4 天左右。临床表现主要有急性发热、剧烈头痛、恶心、呕吐、颈强直、畏光、皮肤瘀斑等。该病病菌对抗生素敏感，一般开始抗生素治疗 24 小时后，就不再有传染性。个体抵抗力下降、上呼吸道感染、吸烟、生活环境拥挤等是发病的危险因素。人群易感性增高、人口流动、低温、干燥、沙尘、居住拥挤等为流行的危险因素。

预防措施如下：

1. 养成良好的个人卫生习惯，如勤洗手，打喷嚏、咳嗽时使用手帕，不直接面对他人等，可以减少传播、感染的机会。改善居住、工作环境的拥挤状况，并经常通风换气，特别是幼儿园、学校、工地等人群聚居地区。

2. 接种疫苗。我国目前有两种疫苗，分别针对 A 群和 A+C 群，疫苗安全有效，保护效果也较好，可以去当地疾病控制机构咨询接种疫苗相关事宜。

3. 早期发现、早期治疗。出现临床表现后，立即去医院就诊。早期发现、早期治疗可以减轻症状、防止死亡。

4. 保护接触者。出现病例后，对家庭成员、医护人员及其他密切接触者密切观察，一旦出现发病迹象（发热），应立即进行治疗，以免延误。密切接触者要在医生指导下预防性服药。幼儿园、学校出现病例后，即使不是密切接触者，最好也要在医生指导下服药预防。服药不仅可防止发病，也可消除带菌状态，阻断传播。

四、支气管哮喘

支气管哮喘是慢性气道炎症，在易感者中此种炎症可引起反复发作的喘息、气促、胸闷和（或）咳嗽等症状，多在夜间或凌晨发生。此类症状常伴有广泛而多变的呼气受限，但可部分地自然缓解或经治疗缓解。此种症状还伴有气道对多种刺激因子反应性增高。

在气候改变如春秋季节，当气温、湿度、气压和（或）空气中离子等改变时可诱发哮喘，故在寒冷季节或秋冬气候转变时较多发病。

预防哮喘病发作应注意：

1. 穿着要适宜，注意必要的保暖，及时增减衣物，避免受凉感冒以及冷空气刺激。

2. 居室环境要适宜，哮喘病患者的居室内要保持温暖干燥，室内注意通风透光，被褥及衣物注意勤洗勤晒，避免尘螨及真菌滋生。

3. 哮喘病患者应尽量不去人群拥挤的公共场所，遇到风沙及扬尘天气，应尽量避免外出活动。

4. 对花粉及植物过敏者，外出时可戴口罩，尽量避免在花园或植物园中过多地停留。

5. 家中如有哮喘病患者，应尽量避免使用杀虫剂、消毒剂及蚊香等物品，不要在居室中饲养宠物。

6. 生活要有规律，饮食要清淡，保证定时定量及营养丰富，多吃新鲜水果及蔬菜，尽量不吃或少吃鱼、虾、蟹等海产品，禁烟禁酒。

7. 保持乐观开朗的心情，避免过度兴奋、紧张、发脾气，主动锻炼，积极治疗。

五、流行性感冒和普通感冒

由于 12 月气温低，室内空气流通较差，易发生感冒等呼吸道疾病，各学生家长、学校、幼托单位一定要注意预防。

六、病毒性腹泻

病毒性腹泻是由病毒引起的一种感染性腹泻，

常见的病原体主要有轮状病毒、柯萨奇肠道病毒、星状病毒和诺瓦克病毒等。潜伏期常为数小时至3天。临床上主要表现为恶心、呕吐、腹痛、腹泻等肠道症状，部分病例可伴有发热；临床类型可表现为呕吐型和肠炎型两种，肠炎型严重者易出现脱水。

病毒性腹泻好发季节在秋末冬初。感染对象以幼儿、学龄儿童和小学生为主。主要通过饮食污染的水和食品传播感染，易在幼托、学校出现暴发。预防措施上应注意饮水、饮食卫生，培养饭前饭后洗手等良好个人卫生；婴儿提倡母乳喂养。一旦出现类似症状，应及时就医治疗。

七、流行性腮腺炎

流行性腮腺炎是由腮腺炎病毒侵犯腮腺引起的急性呼吸道传染病。患者是传染源，飞沫吸入是主要传播途径，接触患者后2～3周发病。腮腺炎主要表现为一侧或两侧耳垂下肿大，肿大的腮腺常呈半球形，以耳垂为中心边缘不清，表面发热、有绞痛，张口或咀嚼时局部感到疼痛。腮腺肿胀在发病1～3天最明显，以后逐渐消退，约2周肿胀完全退尽。在发病初期的3～5天，可有发热、乏力、不愿吃东西等全身症状。

一旦发现腮腺炎，患儿应立即隔离，卧床休息。饮食宜软、易消化，避免酸辣等刺激性食物，因为这些食物易刺激唾液腺分泌，导致局部疼痛加剧。要多饮开水，保持口腔清洁，及时就医。一旦小儿得了腮腺炎，应隔离至腮腺肿胀完全消退后才可入托或上学，以免传染给其他小儿。

由于腮腺炎容易在幼托机构中流行，因此若发现患儿，应加强晨检工作。对可疑的与患儿有接触的小朋友，应观察21天，同时预防性口服板蓝根冲剂。

第3部分　1147计划示范基地童谣儿歌集锦

第一节 护眼防近视篇

预防近视拍手歌

你拍一，我拍一，保护眼睛很重要；
你拍二，我拍二，预防近视要牢记；
你拍三，我拍三，眼离书本一尺远；
你拍四，我拍四，坐姿端正腰挺直；
你拍五，我拍五，过亮过暗不阅读；
你拍六，我拍六，车上床上别看书；
你拍七，我拍七，正确用眼要牢记；
你拍八，我拍八，视力定期要检查；
你拍九，我拍九，视力下降早矫正；
你拍十，我拍十，锻炼身体要坚持。
（宁夏银川市兴庆区第十九小学四年级 2 班
杨瑾怡，指导老师 杜思华）

护眼儿歌

圆圆的眼睛，眨啊眨，
世上的事物，多美好。
心儿的窗户，亮啊亮，
愉快的生活，心情好。
你我的成长，快啊快，
良好的视力，不能少！
（1147 项目宁夏示范基地）

保护视力童谣

宝贝宝贝
保护视力要坚持
天天都做保健操
近视远视都走开
视力个个顶呱呱

宝贝宝贝
保护视力要用心
大家都有大眼镜
闪闪发光真漂亮
世间万物都看清
（1147 项目宁夏示范基地）

预防近视

近视眼不方便，
要预防并不难。
读写字时姿势正，
户外活动放心中。
常查视力知变化，
早期干预效果佳。
（1147 项目天津示范基地）

防近视

读书写字要注意，一定做到三个一。
眼离书本要一尺，胸离桌子要一拳。
手离笔尖要一寸，用眼时间不要长。
坚持做好眼保操，劳逸结合防近视。
（重庆天台岗小学五年级 3 班）

保护眼睛

你拍一，我拍一，大家保护好视力；
你拍二，我拍二，瓜果蔬菜不挑剔；
你拍三，我拍三，书离眼睛一尺远；
你拍四，我拍四，坐得端正腰要直；
你拍五，我拍五，走路躺着不看书；
你拍六，我拍六，看书一时要遛遛；
你拍七，我拍七，光线不能太刺激；
你拍八，我拍八，视力定期要检查；
你拍九，我拍九，锻炼身体要长久；
你拍十，我拍十，眼保健操要坚持。
（重庆天台岗小学五年级 4 班　王飞阳）

爱眼口诀

保护视力很重要，不良习惯须改掉。
台灯放在左前方，室内灯光不可少。
读写姿势要正确，一尺距离为最好。
乘车走路勿阅读，趴着躺着不看书。
青山绿水常亲近，睡眠充足不过劳。
心神眼亮精神爽，宽广世界多美妙。
（辽宁阜新市矿工街小学）

保护视力小童谣

黑眼睛，亮晶晶，
观世界，看得清。
天地广，日月明，
红黄蓝，黑白橙，
五彩世界辨分明。
同学们，要记清，
讲卫生，爱眼睛。
读看写，姿势正，
眼疲劳，需放松，
美好世界在心中。
（辽宁辽阳市师范附属小学二年级 2 班　宋悦嘉）

保护视力

手和钢笔一寸远，
眼保健操每天做。
适时休息眼放松，
良好视力共珍惜。
（辽宁辽阳市师范附属小学四年级 6 班　宋昕屿）

健康视力三字经

防近视　很容易　有几点　要牢记　写作业　讲姿势
三个一　要清晰　眼离书　一尺远　胸离桌　一拳远
离笔尖　一寸远　规则清　条理明　坚持做　莫打折
强光下　莫看书　灼伤眼　头眩晕　光线暗　也不看
损眼睛　看不清　看书时　要坐好　不躺卧　不走动
不分心　效率高　看电视　打游戏　半小时　就可以
适可止　多不宜　保健操　莫忘记　认真做　不忽视
闭目养　三分钟　眺远方　放轻松　以上事　要谨记
说简单　做不易　时时想　刻刻记　好视力　属于你
（辽宁辽阳市师范附属小学二年级 5 班　王啸涵）

视力

眼睛是有用之处，
没有眼睛事重大。
保护眼睛常看绿，
保护眼睛视力好。
（辽宁辽阳市师范附属小学六年级 1 班　宋恩瑶）

视力好歌

视力好，视力好，
看书别靠太近了。
视力好，视力好，
少玩手机和电脑。
眼保健操不能少。
视力好，视力好，
眼镜拜拜没烦恼。
（湖南宁乡一中 591 班　尹琪）

预防近视拍手歌

你拍一，我拍一，大家保护好视力；
你拍二，我拍二，不戴眼镜更可爱；
你拍三，我拍三，眼离书本一尺远；
你拍四，我拍四，坐要端正腰要直；
你拍五，我拍五，走路睡觉不看书；
你拍六，我拍六，学习时间别太久；
你拍七，我拍七，用眼卫生记心里；
你拍八，我拍八，视力记得常检查；
你拍九，我拍九，眼保健操要常有；
你拍十，我拍十，身体健康不近视。
（湖南宁乡一中 C591 班　黄雨柔）

防近视

少玩电脑多远眺，
少玩手机做眼操。
双眼离书一尺远，
多吃维 A 视力好。
（湖南宁乡一中 604 班　刘博毅）

看见

我们感受得到风扬起耳畔的一丝发缕，
我们闻得到风里夹着的泥土芬芳，
我们听得清芬芳里缠绵的鸟鸣，
我们却看不清远方走近的那个人。
不要通过镜片的折射来看清这世界。
（湖南宁乡一中 604 班　张笑冰）

视力三字经

忽模糊，视力减；
心焦躁，应平静；
用完眼，望远物；
多放松，常闭眼；
度数高，应配镜；
护视力，应经常；
稍不慎，视力降；
勤保持，现光明。
（湖南宁乡一中 604 班　黄映）

防近视

少看电视少上网，
课后时间绿色望。
眼保健操要做好，
心灵之窗保护好。
（湖南宁乡一中 606 班　曹佳丽）

预防近视

学海无涯苦中行，莘莘学子任务重。
鸡鸣双眼入书海，夜半灯下双眼睁。
心灵之窗书围困，犹如鼠目藏洞中。
生命之旅要运动，完成伟业要眼睛。
文明史册多经典，而今学于少抄行。
光强眼睛易伤损，光弱费力使劲睁。
用眼卫生要记牢，睡眠质量需提高。
近视警钟现眼前，克服宜早不宜晚。
素质教育任重远，少年视力使从忧。
古人视笔手中枪，握笔手法先执行。
而今百人百态生，弯腰低头寻笔踪。
过近距离增眼负，过长时间近视增。
我写保护顺口溜，赠予大家试先行。
（湖南宁乡一中 606 班　杨帆）

预防近视童谣

你拍一，我拍一，大家保护好视力；
你拍二，我拍二，预防近视要牢记；
你拍三，我拍三，书离眼睛一尺远；
你拍四，我拍四，坐得端正要腰直；
你拍五，我拍五，走路躺着不看书；
你拍六，我拍六，看书时间别太久；
你拍七，我拍七，用眼卫生要牢记；
你拍八，我拍八，视力定期要检查；
你拍九，我拍九，锻炼身体要长久；
你拍十，我拍十，眼保健操要坚持。
（湖南城郊中心小学 048 班　俞慕清）

预防近视三字经

近视眼，看不远；
眼离书，一尺远；

做事情，不方便；
阳光下，莫看书；
要防止，并不难；
光太强，眼花乱；
做起来，要认真；
坐车上，睡床上；
光线暗，不要看；
要记住，莫看书；
伤眼睛，损视力；
看电视，时间短；
温功课，一小时；
游戏机，少贪玩；
停一停，再来看；
三字经，记心上；
读书时，坐端正；
照着做，防近视。
（湖南宁乡一中 635 班 范港）

卫风•淇澳

瞻彼淇澳，绿竹茫茫。有匪君子，如迷如茫。
朦兮胧兮，恍不清晰。有匪君子，终看不清兮！
君子有悔，始情视力兮。勿读于途，常观远景兮。
多食果蔬，常做保健操兮……
瞻彼淇澳，绿竹青青。有匪君子，双目如星。
昔日美景，复得冗兮。科学用眼，何其重兮！
（湖南宁乡一中 C591 班 喻巍）

预防近视三字经

近视眼，看不远；
做事情，不方便；
要防止，不算难；
做起来，要认真；
光线暗，不要看；
伤眼睛，损目力；
温功课，一小时；
停一停，再来看；
读书时，坐端正；
眼离书，一尺远；
阳光下，莫看书；
光太强，眼发花；
要记好，照着做；
三字经，记心里；
照着做，防近视。
（湖南城郊中心小学 047 班 卢冠秋）

预防近视好视力（一）

近视眼，看不远，
生活学习不方便；
要预防，不算难，
条条规定记得牢；
光线暗，不要看，
小心视力被损害；
读书时，坐端正，
趴着躺着使不得；
眼离书，一尺远，
强光之下读书免；
保健操，为关键，
次次都得好好做；
用眼睛，为关键，
脏手别往眼里揉；
视力差，多检查，
莫让细菌来找茬；
多保养，多眺望，
不愁眼睛不健康；
天天注意预防好，
预防近视好视力！
（湖南城郊中心小学 045 班 周洁）

预防近视好视力（二）

近视眼，看不远；
做事情，不方便；
要防止，不算难；
做起来，要认真；
光线暗，不要看；
伤眼睛，损目力；
温功课，一小时；
停一停，再来看；
读书时，坐端正；
眼离书，一尺远；
阳光下，莫看书；
光太强，眼发花；
眼保操，要坚持；

三字经，记心里；
照着做，防近视。
（湖南南郊完全小学 1301 班　王志华）

预防近视

预防近视有必要，件件都要记得牢。
一拳一尺和一寸，读写姿势要做好。
看书阅读别太久，少玩手机多远眺。
定期检查保视力，认真做好眼保操。
强光之下不读书，光线太暗不看报。
走路看书易出事，快乐步行身体好。
躺卧看书最伤眼，作息习惯很重要。
谨记三要四不要，时时警惕视力好。
（湖南南郊完全小学 1303 班　张小蜜）

防近视

近视眼看不远，
眼离书一尺远。
读书时坐端正，
阳光下莫看书。
要防止并不难，
做起来要认真。
（湖南南郊完全小学 1103 班　周丽霞）

上课姿势歌

要读书，先坐正，头抬起，腰挺直；
手拿书，眼平视，一心意，牢记清；
写好字，三个一，胸离桌，一拳头；
手执笔，只一寸，眼和纸，差一尺；
脚平放，心入静，看清楚，再动笔；
不低头，不侧身，纸和笔，要珍惜。
（湖南南郊完全小学 1104 班　陈晋）

第二节　预防肥胖篇

预防肥胖歌谣

年轻有活力，肥胖不漂亮。
每天多运动，练得身体好。
饮食要均衡，坚持 52110。
（1147 项目宁夏示范基地）

肥胖运动歌

肥胖不是小问题，
小儿肥胖年年多。
你急我急大家急，
控制体重大话题。
家长孩子都觉悟，
阳光运动大迈步。
合理膳食做辅助，
困难再多也坚持。
超重肥胖便远离，
体形健康就完美。
（1147 项目宁夏示范基地）

做早操

早晨空气真正好，
我们都来做早操。
伸伸臂，弯弯腰，
踢踢腿，蹦蹦跳，
防止肥胖快长高。
（宁夏银川市兴庆区第十九小学六年级 2 班
王嘉睿，指导老师　朱丽芳）

营养歌

身体健康最重要，饮食搭配必须好。
一把蔬菜一把豆，一个鸡蛋加点肉。
五谷杂粮都吃够，水果牛奶都要有。
（1147 项目天津示范基地）

饮食好习惯

杂食为优，偏食为忌；

粗食为好，淡食为利；
暴食为害，慢食为宜；
鲜食为妙，过食为弊；
平衡膳食，每日必需；
饮食卫生，更需牢记。
（1147 项目天津示范基地）

食物营养素

动物蛋白是鸡肉，
植物蛋白是黄豆。
虾皮优势是高钙，
木耳铁多人人爱。
食物多样谷为主，
合理搭配细和粗。
（1147 项目天津示范基地）

儿歌

早上空气真是好，我们都来做早操。
伸伸臂、弯弯腰，踢踢腿、蹦蹦跳，
天天锻炼身体好。
（辽宁阜新市阜新镇小学）

中学生健康十行歌

中学生，长身体，饮食健康要注意。
日三餐，好习惯，坚持按时需谨记。
谷和薯，粗杂粮，多样进食更合理。
鱼肉蛋，动物肝，每周都要搭配食。
豆制品，姜葱蒜，适量掺杂营养齐。
鲜蔬菜，嫩水果，当时当令最相宜。
转基因，油炸品，日常远离有百益。
小零食，瓶装饮，少选少吃适度忌。
多运动，心胸宽，青春年华更朝气。
好习惯，好身体，开创未来梦奇迹。
（重庆铁路中学初一 1 班）

食品安全童谣

食品安全真重要，病从口入危害大。
良好习惯要养成，食品挑选切注意。
三无食品莫食用，有害物质在其中。
小摊小贩莫相信，卫生更是谈不上。
过期食品切注意，吃了危害大又大。
变质食品切分清，中毒几率高又高。
油炸腌制要少吃，健康危害正面临。
饮料冷饮要节制，损害牙齿的健康。
食品安全要牢记，现在就从我做起！
（辽宁阜蒙县第二初级中学）

我很胖但我活得也很棒

营养你的心，
健康你的身，
管住你的嘴，
迈开你的腿，
虽然我很胖，
但我活得也很棒。
（辽宁辽阳市师范附属小学四年级 6 班　张祎霖）

预防肥胖小儿歌

肥胖危害大，
小朋友们远离它。
伙伴们要牢记，
肥肉有肥油，
让你不运动。
多运动，少吃肉。
小食品要少吃，
防腐剂害身体。
多吃蔬菜和水果，
跑步打球锻炼身体，
要做健康好孩子。
（辽宁辽阳市师范附属小学二年级 2 班　张健）

咱不做“肉包”

暴饮暴食肥肉包，炸鸡汉堡热量高。
这些习惯都不要，预防肥胖有妙招。
细嚼慢咽消化好，蔬菜水果脂肪少。
饭后散步积食消，勤做运动体重掉。
养成健康好习惯，肥胖问题解决了！
（湖南宁乡一中 591 班　刘晴）

不做“小胖”

预防肥胖要注意，
平衡膳食不挑剔。
肉鱼奶蛋适量摄，
谷物粗粮摆第一。
多吃蔬果长身体，
勿食多，七分饱，
睡前少吃要牢记。
饮食讲究健康法，
摆脱肥胖 so easy。
（湖南宁乡一中 C591 班　严畅）

防肥胖（一）

多吃米饭戒零食，多吃清淡少油腻。
瓜果蔬菜不挑剔，鱼肉奶油要注意。
课余时间多运动，不要缩在沙发里。
预防肥胖要用心，身材苗条好心情。
（湖南宁乡一中 604 班　刘博毅）

防肥胖（二）

勿暴饮，勿暴食，嘴若馋，体自胖；
油炸品，莫要碰，热量高，脂肪多；
多喝水，多运动，促循环，血液畅；
苹果梨，多益善，清肠胃，排油脂；
防肥胖，防三高，体不胖，才健康。
（湖南宁乡一中 606 班　曹佳丽）

健康饮食歌

若把健康留，饮食最关键。
一把蔬菜一把豆，一个鸡蛋一点肉。
鱼生火，肉生痰，萝卜白菜保平安。
少喝饮料多喝水，煎炸熏烤伤脾胃。
伤风咳嗽姜枣糖，久咳咽干蜂蜜梨。
缺锌缺铁莫惊慌，调料脾胃是优先。
小小口决牢牢记，大病小病就远离。
（湖南宁乡一中高二 602 班　姜素群）

玩转“BMI”小转盘
——BMI 小转盘使用小窍门童谣

小转盘真有趣，
我来玩转查体质。
体重用千克，
身高用厘米，
黑色箭头对对齐，
BMI 指数立马起。
记住指数翻 B 面，
小小孔中找年纪。
BMI 数值与年纪，
对应起来看提示。
消瘦、正常、超重、肥胖？
营养状况很真实。
不胖不瘦真正好，
要想做到也容易。
迈开腿，管住嘴，
“快乐运动，健康饮食”！
（上海青浦区华新小学　张惠君）

第三节　预防疾病（含传染病）篇

防流感小歌谣

小流感不可怕，来预防很重要；
蛋肉类要熟透，煮不熟别来吃；
不挑食不偏食，蔬菜类要多吃；
打疫苗防感冒，身体好都欢喜；
多喝水多运动，吃饱饭睡好觉；
拍皮球画图画，捉迷藏玩游戏；
饭前洗便后洗，手背洗手心洗；
勤洗手常换衣，打喷嚏掩口鼻；
小口罩小棉帽，天气冷别忘记；
开窗户常通风，人多地不能去；
小朋友要记牢，讲卫生很重要。
（1147 项目宁夏示范基地）

预防传染病儿歌（一）

病从口入是古训，消化系统传疾病。

饭前便后要洗手，小摊点前不停留。
口腔卫生洁为先，不能随地去吐痰。
三无食品是大害，不买不吃最实在。
传染疾病肠道传，流水洗手防传染。
预防传染很重要，勤洗衣服勤洗澡。
身体不适速上报，快速治疗早日好。
内外清洁又干净，不扔垃圾保卫生。
（1147 项目天津示范基地）

预防传染病儿歌（二）

传染病，要注意；勤洗手，讲卫生；
吃零食，要小心；发现病，去医院；
在学校，勤晨练；多消毒，保通风；
空气新，不传染。
（辽宁辽阳市师范附属小学　岳津彤）

传染病

病毒到来真可怕，
自身防护有好处。
远离垃圾和污染，
戴上口罩防传染。
自我健康保护到，
病毒向我摆摆手。
（辽宁辽阳市师范附属小学六年级 1 班　宋恩瑶）

预防传染病

勤洗澡，勤换衣，传染病呀离我去。
做眼操，保眼睛，近视眼疾都不要。
多吃蔬菜，多锻炼，肥胖疾病看不到。
有垃圾，放手里，看见垃圾箱扔进去。
传染病能抵住，保护视力就靠我。
公共环境要做好，所有的保持从我做起！
（辽宁辽阳市师范附属小学六年级 1 班　张億馨）

预防手足口病

春天特别要注意，手足口腔得在意。
出现皮疹和疱疹，马上就医别误诊。
少数病例是脑炎，个别出现心肌炎。
小儿体温多变化，早起父母细心查。
锻炼身体多走走，出来进去勤洗手。
不喝生水不吃冷，通风晒衣不能省。
（辽宁辽阳市师范附属小学 11 级 3 班　荀蓝可）

防艾滋病

应自爱，应自好，恶趣味，莫沾身。
勿滥交，勿吸毒，狐狗友，要辨明。
忍诱惑，心要坚，莫自弃，莫自暴。
医院去，若抽血，注射头，且查明。
按摩室，洗脚城，莫要进，不单纯。
艾滋病，应警惕，一沾上，毁一生。
（湖南宁乡一中 606 班　曹佳丽）

预防疾病

春天到，百花俏，
蚊虫叮咬少不了；
讲卫生，勤洗澡，
不怕疾病把我扰。
（湖南宁乡一中 633 班　罗瑶）

预防呼吸道疾病儿歌

小泡泡，真可爱，运输氧，很勤快。
废毒气，快走开，小颗粒，别进来。
跑步时，嘴不张，有雾霾，口罩戴。
烟囱旁，别逗留，公园里，玩愉快。
爱运动，常锻炼，强体魄，疾病败。
保护呼吸道，人人职责在。
（湖南宁乡一中 633 班　刘玲）

郑风•出其东门

出其东门，有病如云。虽则如云，匪我惧存。
我其卫生，终无病云。咳嗽喷嚏，子我何存？
（湖南宁乡一中 C591 班　喻巍）

预防传染病童谣

小朋友，请牢记，预防疾病有本经。
吃瓜果，先洗净，讲究卫生不生病。
不挑食，有营养，水果蔬菜不可少。

勤换衣，多通风，人多不去凑热闹。
喝开水，勤洗手，生冷食物不入口。
风扬尘，护眼睛，轻柔慢擦手洗净。
多锻炼，休息好，体质健康啥不怕。
（湖南城郊中心小学 056 班 占天星）

春季疾病儿歌

小朋友，要干净，讲究卫生少疾病。
手脸勤洗衣常换，随地吐痰坏习惯。
衣着整洁勤洗澡，饮食卫生要把好。
按时检验注疫苗，病从口入要记牢。
不洁食品不入口，饭前便后要洗手。
废弃物品自动捡，丢入箱中无污染。
教室卫生要搞好，多洒水来勤打扫。
按时作息多锻炼，预防疾病身心健。
（湖南城郊中心小学 046 班 付茵茵）

防传染病

新流感，易传染，
发热咳嗽像感冒。
勤洗手，常通风，
人多不去凑热闹。
肉煮熟，才能吃，
七十一度记心间，
可防可控不可怕。
（湖南南郊完全小学 1103 班 周丽霞）

预防传染病

同学们，都知道，传染病预防有高招。
勤换衣，多通风，人多不去凑热闹。
饭前便后要洗手，生冷食物不入口。
水果蔬菜不可少，牛奶鸡蛋也需要。
多喝水，多锻炼；休息好，身体好。
传染病吓得快快跑，你我健康哈哈笑。
（湖南南郊完全小学 0904 班 曾晓玲）

红眼病预防小儿歌

勤洗手多锻炼，体质健康啥不怕。
手不上头，不触眼，红眼病它不跟咱；
若触眼，用面巾，手背也可解一时；
未雨绸缪备药水，点一点，
红眼病永远不跟咱。
（湖南南郊完全小学 0904 班 曾晓玲）

第四节 健康生活习惯篇

“52110”健康生活

宝贝宝贝要记好，
健康生活少不了。
知识规则记大脑，
下面口诀全是宝。
蔬菜水果五拳头，
电脑电视两小时，
运动慢跑一小时，
吃肉每天一掌心，
含糖饮料零需求。
（1147 项目宁夏示范基地）

好习惯

小剪刀，手中拿，
自己动手剪指甲。
小手绢，手中拿，
有了鼻涕用它擦。
小牙刷，手中拿，
早晨晚上都刷牙。
养成卫生好习惯，
干干净净人人夸。
（1147 项目天津示范基地）

健康歌

日行一万步，
吃动两平衡，
健康一辈子。
（1147 项目天津示范基地）

洗手歌

第一步小手见面抱一抱，
第二步你背我来我背你，
第三步螃蟹钳子夹夹手，
第四步紧握钳子扭扭扭，
第五步你跟我来点点头，
第六步你跟我来握个手。
（1147 项目天津示范基地，天津电视台公益广告）

新健康学说

青椒茄子和萝卜，
营养成分多又多，
防癌效果真不错，
常吃保健体不弱。
天热衣服不乱脱，
有空经常去爬坡，
保持健康好体魄。
（1147 项目天津示范基地）

健康儿歌

早上空气真是好，
我们一起做早操。
动动腿又弯弯腰，
天天运动身体好。

中午吃饭不挑食，
米饭可口肉丸香。
萝卜白菜有营养，
吃得多来长得壮。

裤子衣服叠整齐，
铺好棉被上床去。
闭上眼睛手放好，
不吵不闹睡得香。

身体锻炼需经常，
饮食营养要得当。
每天睡眠九小时，
快乐生活保健康。
（重庆天台岗小学五年级 1 班　余小可）

卫生健康歌谣

中学生，爱卫生，
食卫生，要干净。
不乱吃，游摊食，
忌口入，坏食物。
喝生水，易生病，
烧开吃，最放心。
糖饮料，少饮用，
易发胖，不健康。
勤锻炼，蹦蹦跳，
展爱好，强身体。
坐如钟，走挺胸，
读书写，保持距。
好习惯，健康来，
一生好，幸福长。
（重庆渝西中学初中部）

拍手歌

你拍一，我拍一，天天早起练身体；
你拍二，我拍二，天天都要带手绢；
你拍三，我拍三，洗澡以后换衬衫；
你拍四，我拍四，消灭苍蝇和蚊子；
你拍五，我拍五，有痰不要随地吐；
你拍六，我拍六，瓜皮果核不乱丢；
你拍七，我拍七，预防肥胖健身体；
你拍八，我拍八，勤剪指甲常刷牙；
你拍九，我拍九，饭前便后要洗手；
你拍十，我拍十，每天锻炼一小时。
（辽宁阜新市阜新镇小学）

讲卫生（一）

你拍一，我拍一，指甲剪得短又齐；

你拍二，我拍二，每天早晚都刷牙；
你拍三，我拍三，饭前便后要洗手；
你拍四，我拍四，瓜果洗净才能吃；
你拍五，我拍五，饮食健康要注意。
（辽宁辽阳市师范附属小学五年级 5 班 张艺馨）

讲卫生（二）

太阳公公起得早，
清早起来把牙刷。
小手小脸洗干净，
太阳公公对我笑。
饭前便后把手洗，
清洁卫生身体好！
（辽宁辽阳市师范附属小学二年级 3 班 赵思博）

保卫环境

黑雾风卷天沙扬，霾叶枯草乐翱翔。
红袋果皮赛奔跑，保卫环境必心抱。
白云蓝天未曾梦，草地绿茵头顶风。
保卫地球村落美，人人有责亮瘠寐。
（辽宁辽阳市师范附属小学 寇友译）

讲品位

风吹垃圾飞，
吸进器官内，
影响人体肺。
大家讲卫生，
不丢瓜果皮，
做人讲品位。
（辽宁辽阳市师范附属小学二年级 3 班 隋明轩）

健康三字歌

近视眼，和肥胖，危害大，不健康；
眼镜片，一圈圈，离不了，摘不掉；
这肥胖，真不好，得三高，不健康；
跳个舞，眼镜掉，穿个衣，挤不了；
怎么办，要从小，就预防。
少看电视，多看报，
看绿色，做眼操，
管住嘴，迈开腿，
少喝饮料，多喝水。
（辽宁辽阳市师范附属小学）

郑风·遵大路

遵大路兮，勿拥挤兮。若为拥挤兮，推而致患兮！
遵秩序兮，听其指引兮。勿争勿躁，终得安全兮！
（湖南宁乡一中 C591 班 喻巍）

新好了歌

其一：世人都说人间好，
唯有肥胖受不了。
面对甜食没说“不”，
待到将来病多了。

其二：世人都说人间好，
唯有近视受不了。
世间美景如诗画，
可惜两眼模糊了。

其三：世人都说人间好，
唯有流感受不了。
不讲卫生病缠身，
欲想好时难治了。

其四：世人都说人间好，
唯有灾祸受不了。
无事之日少演练，
待至有灾命丧了。
（湖南宁乡一中 C591 班 刘文阁）

健康生活顺口溜

阻止流感莫来到，
预防工作太重要。
窗户打开阳光照，
空气流通开心笑，
污垢尘埃都洗掉，
病毒细菌跑不了。
身体发热医生找，
切莫拖延最有效。
瓜果蔬菜不能少，

营养齐全胜过药。
体育锻炼当爱好，
想要肥胖做不到。

外出活动戴口罩，
人山人海嫌热闹。
地震来了别乱跑，
听从指挥把命保。
电脑游戏不太好，
少玩一点也不恼。
眼保健操不能少，
预防近视很重要。
以上工作做周到，
每天可以哈哈笑。
（湖南宁乡一中 C600 班　黄欣欣）

健康生活三部曲

勤剪指甲勤洗手，细菌病毒都赶走。
少玩电脑多锻炼，近视问题不出现。
多吃蔬菜多喝水，远离肥胖你最美！
（湖南宁乡一中 604 班　尚宇）

健康随笔

亲爱的朋友，
如果手机电脑弄坏了你的眼，
好吃懒做肥胖了你的身，
那么从今天起，爱自己多一点，
像我一样，
健康用眼分分钟，每天锻炼一小时，
蔬菜水果每日添，健康生活一辈子！
（湖南宁乡一中 604 班　贺子明）

好出自我

好视力是预防出来的，
好身材是保养出来的，
好身体是锻炼出来的，
好习惯是坚守出来的，
好心态是调节出来的，
好日子就是自己活出来的！
（湖南宁乡一中 604 班　范冰冰）

健康衣食住行

春夏秋冬变换时，添减衣物要及时。
不要光顾有风度，保重身体要温度。
萝卜白菜都要吃，营养均衡不挑食。
一日三餐按时进，饮食习惯养成好。
教室通风要经常，疾病传染来预防。
住处卫生要清洁，身心愉悦更健康。
平时多多做运动，户外锻炼身体棒。
饭后每天百步走，开心活到九十九！
（湖南宁乡一中 628 班　欧琰）

健康人生

多喝水，少吃药，流感季节戴口罩。
做早操，练晨跑，每日运动身体好。
勤动脑，多思考，智慧人生不可少。
饭吃好，睡得早，瓜果蔬菜营养高。
病入口，洗净手，免去生病少烦忧。
常刷牙，脸清洁，牙白齿健自信笑。
用电脑，眼远好，健康生活你我造。
（湖南宁乡一中 628 班　易凌云）

健康歌（一）

人体健康是基础，健康运动我能行。
餐前便后要洗手，处处应当讲卫生。
健康饮食要平衡，吃饭不多又不少。
平常日里多跑步，早睡早起好习惯。
人生应当有健康，有了便会更精彩。
（湖南金海中学 1301 班　佚名）

健康歌（二）

早早起床去锻炼，坚持锻炼身体好。
身体健康最重要，一日三餐要吃饱。
饭前便后勤洗手，睡前睡后勤刷牙。
一日三操要做好，三操做好益健康。
预防感冒要做到，自立自理我能行。
要想健康有保障，平衡膳食不能少。
健康之歌能做到，身体健康我能行。
（湖南金海中学 1301 班　佚名）

坐姿歌

头摆正，肩摆平，脊柱直，胸前挺。
大腿对称要放松，小腿竖直放平行。
双脚向前摆得正，双臂用力要均衡。
读书写字都坐好，天天是个好学生。
（湖南南郊完全小学 1304 班 唐蜜）

拍手歌

你拍一，我拍一，勤洗澡来常换衣；
你拍二，我拍二，暴饮暴食不可爱；
你拍三，我拍三，早睡早起人人夸；
你拍四，我拍四，消灭苍蝇和蚊子；
你拍五，我拍五，有痰不要随便吐；
你拍六，我拍六，早晚刷牙不能误；
你拍七，我拍七，饭前便后把手洗；
你拍八，我拍八，坐立行走姿势佳；
你拍九，我拍九，电脑上网别太久；
你拍十，我拍十，每天锻炼一小时。
（湖南南郊完全小学 1302 班 谭宇红）

好儿童，中国梦

新时代，新风尚，
中国梦，真美好。
好儿童，祖国花，
任在肩，理想远。
刻苦学，本领高，
尊师长，承美德。
爱幼小，团结好；
光盘子，倡节俭；
绿色美，环保先；
勤实践，四化现。
中国梦，定实现。
（湖南南郊完全小学 0901 班 王颂华）

健康行为大家来
——站、坐、走姿势歌

抬头挺胸眼平视，
两膝并拢坐端正。
头正身直手放下，
两脚并拢像棵松。
教室里轻轻走，
走廊上慢慢走，
转弯口减速走，
上下楼梯靠右走。
（湖南南郊完全小学 1103 班 周丽霞）

“52110”问答歌

甲：我来问，你来答，
每天蔬菜吃多少？
乙：这个问题难不倒我，
爸爸的拳头来比较。
蔬菜水果加一起，
5 个拳头这么多！

甲：我来问，你来答，
每天用眼注意啥？
乙：这个问题难不倒我，
时间管理很重要。
电视电脑不上瘾，
2 个小时不能超！

甲：我来问，你来答，
每天肉类吃多少？
乙：这个问题难不倒我，
妈妈的掌心来指导。
不能贪来不能馋，
1 个掌心就足够！

甲：我来问，你来答，
每天运动注意啥？
乙：这个问题难不倒我，
中高等强度做参考。
循序渐进出出汗，
1 个小时有必要！

甲：我来问，你来答，
最后的“0”又代表啥？
乙：这个问题难不倒我，
说的是不喝含糖饮料。
可乐冰激凌易肥胖，

白开水解渴又健康。

甲乙齐声：数字之中藏秘密，
“52110”要牢记！
（上海青浦区华新小学 张惠君）

坐姿矫正器

坐姿矫正器用处大，
安装以后不玩耍。
调整主杆成“一尺”，
坐姿端正不要趴；
翻开小板是“一拳”，
身体轻轻贴着它；
握笔姿势“一寸”远，
字儿写得真漂亮。
感谢矫正器来帮忙，
保护视力笑哈哈！
（上海青浦区华新小学 张惠君）

第4部分　1147计划示范基地优秀体育课教案

第一节　体育课教案水平一

小学一年级“前后滚动”教案

教学内容		1．技巧：前后滚动。2．游戏：障碍赛跑。			
教学目标		认知目标：通过本次课的学习，使学生学会前后滚动的动作方法，掌握要领。 技能目标：通过练习，可以发展身体的柔韧性、平衡感觉和协调灵敏性等素质。 情感目标：培养学生团结协作和集体主义精神，发展学生的奔跑能力。			
教学过程	教学时间	课的内容	练习量		组织教法与要求
			次数	时间	
开始部分	4分钟	一、课堂常规 1．体委整队，师生问好，报告人数，检查服装。 2．宣布课堂内容和任务。	2 2	4分钟	组织： ×××××× ×××××× ×××××× ×××××× ◎ 教法： 1．教师语言要清晰。 2．教师讲解课堂要求和任务。 要求： 1．学生站四列横队。 2．学生认真听讲，注意观察。

续表

教学过程	教学时间	课的内容	练习量 次数	练习量 时间	组织教法与要求
准备部分	6分钟	1．列队。 2．做广播操。 3．做专项准备活动。	2 2 2	6分钟	组织： ×××××× ×××××× ×××××× ×××××× ◎ 教法：师生一同练习。 要求：学生充分活动各关节。
基本部分	28分钟	一、技巧：前后滚动 要点：滚动要圆滑。 难点：团身紧。		14分钟	组织： □□□□□□ ×××××× ◎ ×××××× □□□□□□ 教法： 1．教师讲解动作方法和要领。 2．教师做分解和完整动作示范。 3．教师给学生个别指导。 4．找动作规范的学生表演，做示范。 学法： 1．学生认真学习动作方法和要领。 2．学生集体练习。 3．学生分组练习。
		二、游戏：障碍赛跑 规则： 1．游戏者应在比赛中完成所规定的动作。 2．由小裁判评定动作正确与否。 3．每个队员的比赛次数相等。		14分钟	组织： ＋＋＋＋ □□□□ ○○○○ ×××× ×××× ×××× ×××× 教法： 1．教师讲解游戏要求和规则。 2．学生练习比赛。 3．教师评定胜负。 学法： 1．学生认真听教师讲解游戏规则。 2．学生练习比赛。 3．学生分组比赛。

续表

<table>
<tr><td rowspan="2">教学过程</td><td rowspan="2">教学时间</td><td rowspan="2">课的内容</td><td colspan="2">练习量</td><td rowspan="2">组织教法与要求</td></tr>
<tr><td>次数</td><td>时间</td></tr>
<tr><td>结束部分</td><td>3 分钟</td><td>一、放松活动
二、小结情况
三、师生再见</td><td>1</td><td>3 分钟</td><td></td></tr>
<tr><td colspan="2">场地器材</td><td></td><td colspan="3" rowspan="3">运动曲线预计：
心率（次/分）
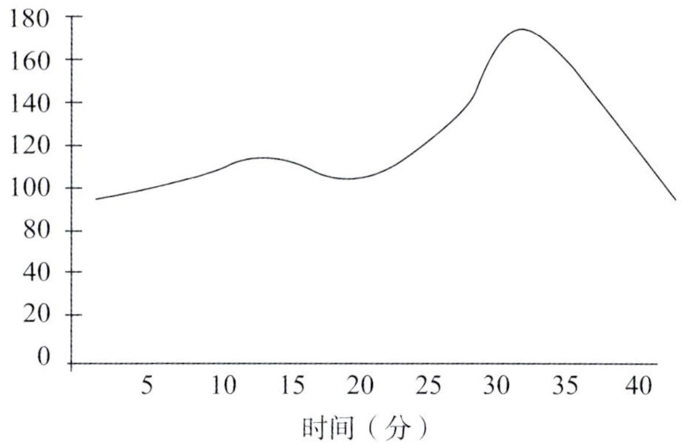</td></tr>
<tr><td colspan="2">练习密度</td><td>本节课练习密度约为 10%</td></tr>
<tr><td colspan="2">小结</td><td></td></tr>
</table>

（辽宁辽阳市师范附属小学）

小学二年级“模仿各种动物爬行及爬越障碍物接力”教学设计及教案

一、教学理念

以“健康第一”“激发学生运动兴趣”为本课教学的指导思想。根据小学低年级学生乐于参加各种轻松有趣的游戏活动的心理特点，关注学生的个体差异和情感体验，结合低年级小学生善于观察和模仿动物运动并能做出简单动作的能力，将学生的实际生活、学习和应用动作技能三方面整合，有效改善学生上下肢配合动作、协调用力的能力，为学生营造“学中玩，玩中学”的学习气氛，满足同学们积极参与、体验、创想、合作的需求。

二、教学目标

1．激发学生学习兴趣，使其积极主动参与体育活动。

2．尝试模仿多种动物爬行的方法，发展学生手脚协调配的能力。

3．培养学生勇敢顽强的意志品质和团结协作的精神。

三、教学内容

1．模仿各种动物的爬行。

2．爬越障碍物接力赛。

四、教材分析

小学水平一教材“模仿动物爬行”是一项深受低年级学生喜爱的基本活动教材。该动作简单、实用性较强，通过教材的练习，促进学生身体各部分肌肉及上下肢力量、灵敏性与协调性素质的发展，进一步提高低年级学生基本活动能力，培养学生勇敢、果断、坚忍不拔、克服困难的意志品质。

五、学情分析

低年级学生正处在生长发育的重要阶段，还具有活泼、好动、模仿能力强而且想象力丰富的特点。根据学生的年龄心理特点，本节课的教学主要是让学生活动起来，学会模仿各种动物爬行的动作，在教学过程中注重身体上下肢的全面发展，同时融入游戏提高学生学习兴趣，使学生真正感受到活动的乐趣，为以后进一步学习各种方式的手脚支撑运动技术和技能打下一定的基础。

六、教学重点和难点

1．引导学生进行模仿练习，开发想象力。

2．培养学生克服困难、互相帮助、团结协作的品质。

3．掌握 2 ～ 3 个模仿动物的动作要领。

（1）蚂蚁爬行：仰卧屈体，两手撑垫，呈蚂蚁状，两手五指向外分开，两腿屈膝，两脚分开撑垫，用异侧的手和脚交替向前、向后爬行移动。

（2）蚯蚓爬行：蚯蚓爬行是俯撑，两脚慢慢前移，臀抬高。

（3）海狮爬行：海狮爬行是向前爬，上肢伸直，两腿拖在后面。

七、教案

教学目标	1．激发学生学习兴趣，积极主动参与体育活动。 2．尝试模仿多种动物爬行，发展学生手脚协调配合性。 3．培养学生勇敢顽强的意志品质和团结协作的精神。
教学内容	1．模仿各种动物的爬行。 2．游戏：《爬越障碍物接力》。
教学过程	课前情绪调节—上课常规—队列练习—准备运动—主教材（模仿各种动物的爬行及《爬越障碍物接力》）—游戏—放松—小结。

顺序	时间	达成目标	学习内容	教师活动	学生学习	负荷
开始部分	5分钟	1．课前情绪的调节。 2．培养学生有良好的纪律。	1．上课常规。 2．队列检查。	1．以问导入情景主题。 2．哨音、口令指挥。	听从指挥，快快集合。	小
准备部分	7分钟	1．充分活动身体各个关节。 2．提高学生主动性，使其尽快进入积极的学习状态。	1．准备运动（徒手操）。 2．学生结合自身特点拉开肌腱。	1．老师领做、口令指挥。 2．师生共同练习。	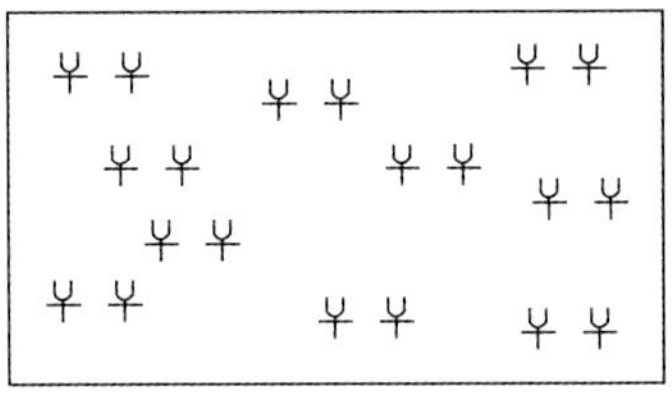	中
基本部分	11分钟 25分钟	1．模仿各种动物的爬行。 2．进一步增强上下肢的协调能力。 （1）加长活动距离，增进尝试模仿多种不同动物动作的练习。 （2）提高课堂气氛与应用的整合，发展学生的柔韧性和协调能力。 （3）进一步体会模仿动物技术动作，开拓思维。 3．培养学生的团结协作精神和创新精神。 （1）发展创新能力，有展示自我的愿望与行动。 （2）勇于表现自己，愿意与同伴分享快乐。	1．两人为一组进行模仿练习。 2．6人或7人为一组模仿动物动作的练习。 3．毛毛虫大比拼的游戏。 4．6人或7人为一组的曲线模仿练习。 5. 游戏：《爬越障碍物接力》。 6. 自我设计器材顺序进行游戏。	1．老师示范引导模仿动物的动作。 （1）巡视指导学生提高动作质量。 （2）教师提示同学们注意动作的协调与相互间的合作。 （3）提醒同学注意相互的配合与帮助。 （4）老师巡视进行个别指导与帮助。 （5）老师善于进行启发、引导。 （6）明确要求，鼓励创新。	篮球场内自由散点站位 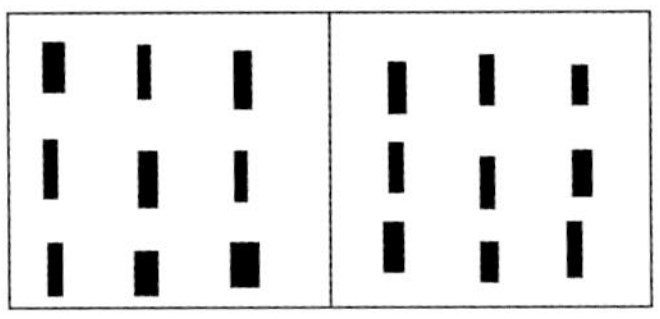 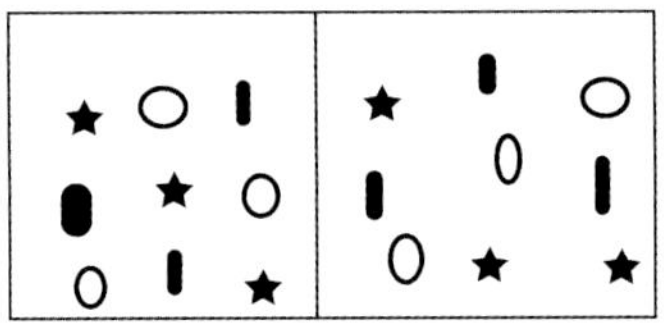	大

续表

顺序	时间	达成目标	学习内容	教师活动	学生学习	负荷
结束部分	5分钟	1．放松。 2．小结。	身心得到放松。	在轻松、愉快的音乐中放松。		小
运动强度预计： 强度指数：1.3%						

（广东广州市越秀区文德路小学　陈淑清）

第二节　体育课教案水平二

小学三年级“爬墙手倒立”教学设计及教案

一、指导思想

师生共同营造一个轻松、和谐的学习环境，以学生发展为本，激发学生的学习兴趣，教学时给学生较大的自主空间，让学生在学练中学会交往，培养责任心和团队精神，感受参与体育活动的快乐。

二、学习目标

1．运动技能目标：学生学会两手直臂支撑爬“坡”。

2．身体健康目标：积极参与本节课的学习，发展腰腹、手臂力量等身体素质。

3．社会适应目标：通过运用不同的教学方法，培养学生的自主学习、合作学习及团队意识。

三、学情分析

教学对象为三年级学生，他们活泼好动、求知欲旺盛、喜欢挑战，但注意力不稳定、不持久，易受外界事物的干扰。因此，在课堂中调动学生的学习积极性，引导他们挑战困难、挑战自我，培养他们积极向上的学习态度是关键。

四、教材分析

“爬墙手倒立”对三年级学生来讲是一项有一定难度的运动技能，对增强上臂力量与身体平衡能力有突出的作用。教材本身具有一定的危险性，学生初学时很难独立完成技术动作，个别学生甚至望而生畏。教师除了采用一定的手法消除学生的紧张感之外，也要适时地教育学生勇于挑战自我，努力克服困难，同时引导学生学会保护与帮助，体会合作的重要性。

五、教学重点和难点

教学重点：直臂支撑。

教学难点：收腹顶肩。

六、教学流程

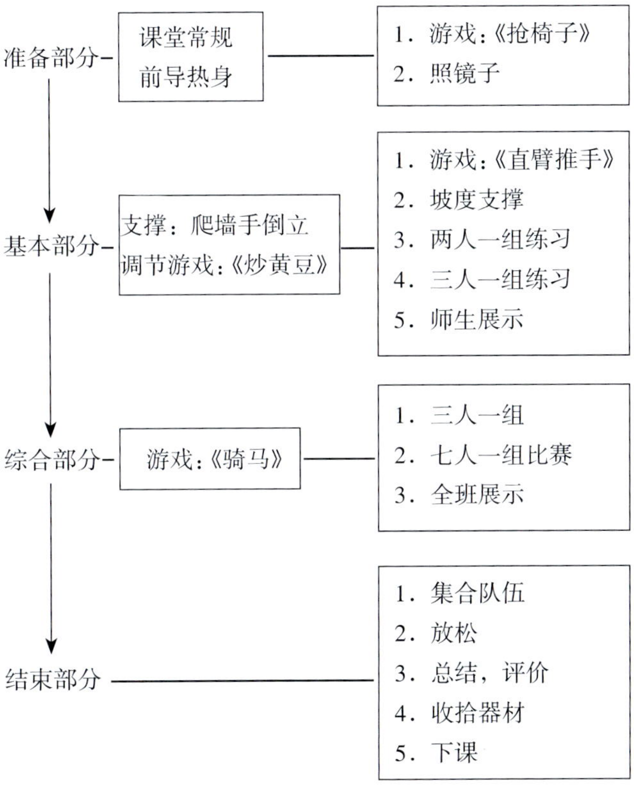

七、期望效益

1．85%左右的学生基本掌握动作。

2．学生能客观评价自我，激励挑战自我，享受成功带来的乐趣。

3．学生在活动中能展现自我、帮助他人，团队合作意识得到加强。

4．学生能够在安全教育中受到启发，进一步懂得珍惜生命的重要。

八、教案

年级	三年级	人数	30人	执教		日期	
教学内容	1．支撑：爬墙手倒立。 2．综合活动：马术。						
教学目标	1．学生学会两手直臂支撑爬“坡”。 2．学生积极参与本节课的学习，发展腰腹、手臂力量等身体素质。 3．通过运用不同的教学方法，培养学生自主学习、合作学习及团队意识。						
教学重点	直臂支撑			教学难点	收腹顶肩		

课序	时间	教学内容	运动负荷			教与学的活动	组织与队形
			次数	时间	强度		
一	1分	课堂常规： 1．师生问好。 2．宣布本课内容。	1次	1分钟	小	1．常规检查。 2．师生问好，引出课题。 要求：精神饱满。	●●● ●● ●●● ●● ☺
二	6分	热身活动： 1．小游戏：《抢凳子》。 2．照镜子。	1次	2分钟	中	1．简述练习要求。 2．师生共练。 要求：精神饱满，动作有力。	●●● ●● ●●● ●● ☺
三	18分	支撑：爬墙手倒立 1．坡度支撑。	4~5次	3分钟		1．教师示范讲解。 2．提出要求，学生练习。 3．教师讲解保护要求。 要求：注意安全。	●●● ●●● ●●● ●●● ●●●
		2．两人一组练习。	2~3次	2分钟	中	1．教师演示并提出要求。 2．学生练习。	●● ●●
		3．三人一组练习。	2~3次	2分钟		1．三人一组结伴练习。 2．教师指挥，引导学生练习。 3．教师提示并启发，注意观察。 4．请学生示范，教师指导纠错。	●● ●● ●●
		4．师生展示。	2次	3分钟		5．教师巡视指导和帮助，鼓励学生坚持到底。 要求：合作互助，注意安全。	●●●● ●●●●
		5．调节游戏。	3次	4分钟			●● ●● ●●

续表

<table>
<tr><td rowspan="2">课序</td><td rowspan="2">时间</td><td rowspan="2">教学内容</td><td colspan="3">运动负荷</td><td rowspan="2">教与学的活动</td><td rowspan="2">组织与队形</td></tr>
<tr><td>次数</td><td>时间</td><td>强度</td></tr>
<tr><td>四</td><td>10 分钟</td><td>综合活动:《马术》。
1. 三人一组练习。
2. 七人一组比赛。
3. 全班展示。</td><td></td><td>7 分钟</td><td>大</td><td>1．教师讲解游戏内容与方法并演示。
2．学生分组进行游戏，教师巡视。
3．评出胜负。
要求：遵守游戏规则。</td><td>●●●●
●●●●</td></tr>
<tr><td>五</td><td>3 分钟</td><td>放松活动。</td><td>1 次</td><td>2 分钟</td><td>小</td><td>1．教师与学生一起放松。
2．小结本课，师生告别。
要求：轻松愉快。</td><td>⌘⌘⌘⌘⌘
⌘⌘
⌘⌘⌘
⌘⌘⌘⌘⌘
☺</td></tr>
<tr><td colspan="2" rowspan="4">场地器材</td><td rowspan="4">椅子 15 把。</td><td colspan="2">安全保障</td><td colspan="3">1．做好充分的准备活动。
2．有自我保护与保护他人意识。</td></tr>
<tr><td colspan="2" rowspan="3">预计</td><td colspan="2">练习密度</td><td>强度</td></tr>
<tr><td>全课</td><td>内容主题</td><td rowspan="2">中</td></tr>
<tr><td>41%</td><td>45%</td></tr>
<tr><td colspan="2">课后小结</td><td colspan="6"></td></tr>
</table>

（上海宝山区大屿镇小学）

小学四年级“双脚跳”教案

教学内容	1．双脚跳。2．游戏:《比一比，看谁最会跳》。
授课年级	四年级
教学重点	起跳时，前脚掌用力蹬地；落地时，动作轻巧，要缓冲。
教学难点	摆臂与蹬跳的协调及配合。
教学目标	认知目标：通过本节课的学习，使学生知道起跳时，前脚掌用力蹬地，落地时要缓冲。 技能目标：体验双脚跳的动作，初步掌握动作方法；发展跳跃能力，提高灵敏、力量及协调等身体素质。 情感目标：培训学生和谐的人际关系和良好的合作精神，增加学生安全参加体育活动的意识，提高自我保护能力。 心理目标：培养学生不怕困难，能够克服困难，积极向上的优良品质。

续表

课程部分	教学内容	组织教法和学练法		运动量		
		教师活动	学知活动	次数	时间	强度
准备部分	1．集合、整队，清点人数。 2．师生问好。 3．检查服装。	组织：两列横队。 要求： 1．迅速集队。 2．精神饱满。 3．注意服装。 4．声音洪亮。 5．语言简练。	队形： Xxxxxx Xxxxxx Xxxxxx ○ 要求： 1．快、静、齐。 2．认真听讲。 3．服装适合运动。		3 分钟	小
开始部分	一、导入 1．“亲爱的同学们，你们还记得2008年有一场什么体育盛会吗？” 2．“那么今年的奥运会在哪里举行？” 3．“今天在森林里也要举办一场别开生面的运动会，你瞧，小动物们都已经准备好了！”		队形： Xxxxxx Xxxxxx Xxxxxx ○		2 ~ 3 分钟	
开始部分	二、热身活动 游戏：《躲沙包》。 游戏规则： 1．将学生分成人数相等的4个组。 2．各组依次站在篮球场两边边线，手持沙包，听到哨声就开始击打篮球场内的学生（击打腰以下部位）。 3．各组依次在篮球场内，以跳的方式躲避沙包击打。2分钟一组，小组依次轮换。	组织： 教法与步骤 1．讲解游戏规则。 2．划分学生活动区域。 3．组织参与学生热身游戏。	队形： 1．XXXXXX 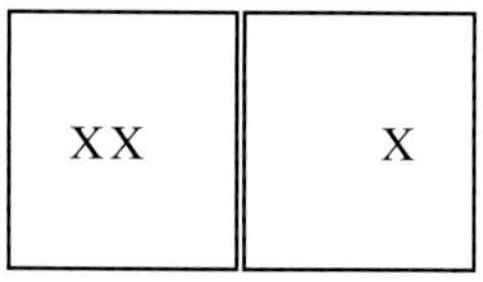 2．XXXXXX 要求：在老师的指导下欢快地进行游戏。		9 分钟	中

续表

课程部分	教学内容	组织教法和学练法		运动量		
		教师活动	学知活动	次数	时间	强度
	一、学习双脚跳技术动作要领：前脚掌用力蹬地，双脚落地缓冲，摆臂协调，可做连续动作。 三步教学内容： 1．两手上举，踮脚尖。 2．手臂后摆，半蹲。 3．手臂用力往前摆，前脚掌用力蹬地，双脚起跳。	组织：四列横队成体操队形教法： 1．请生上来表演自己跳的动作 2．老师分成三步法进行双脚跳的教学。 ①按口令“1-2-3”往上跳。 ②按口令“1-2-3”往前跳。 3．边做示范边用口令指挥，带领学生进行分解学习。 4．学生分组练习，老师巡视纠正。	队形： XXXXXX XXXXXX　○ XXXXXX XXXXXX 要求： 1．认真听讲，仔细观察示范动作。 2．动作连贯到位。 3．遵守纪律。	各2~3次	5分钟	中
基本部分	三、游戏：《跳一跳，看谁最会跳》。 游戏规则：将学生分成人数相等的4个组，采用接力比赛的方式，每个同学依次用跳的方式完成障碍赛道，先完成的小组获胜。	组织：由四列横队变成四路纵队。 教法： 1．老师讲解游戏规则。 2．老师指导小组长示范。 3．组织学生以小组为单位进行比赛。	队形： 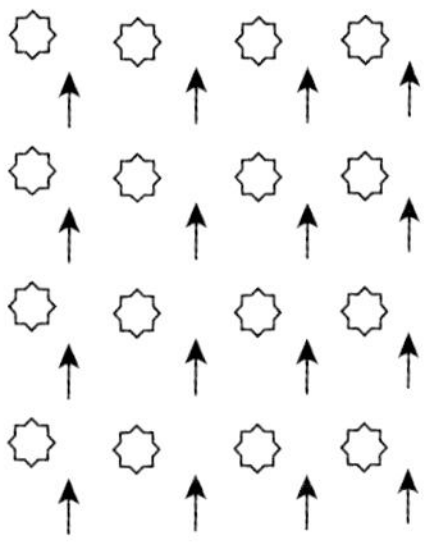	1~2次	8分钟	大
	四、创新游戏：《比一比，看谁速度快》。 游戏规则： 请同学们开动脑筋，利用场上的器材，采用集体智慧，重新设置赛道，并为自己的队伍起队名，进行总决赛的比拼。	组织：由四列横队变成四路纵队。 教法： 1．老师讲解游戏规则。 2．老师指导学生分小组探究创新。 3．重新设置赛道。 4．组织学生以组为单位进行比赛，学生互评，老师总评。	1 2 3 4 X X X X X X X X X X X X X X X X X X X X X X X X 1．认真听讲，弄清楚游戏方法和规则。 2．积极配合自己队伍的比赛，有秩序地进行游戏，并为自己的队伍加油。	1~2次	10分钟	大

续表

课程部分	教学内容	组织教法和学练法		运动量		
		教师活动	学知活动	次数	时间	强度
结束 部分	“森林运动会已经告一段落了，让我们一起进行闭幕表演吧！” 1．小结。 2．下课。 3．收拾器材。	组织：教法与步骤 四列横队 （呈体操队形散开） 老师带领学生跟随音乐进行放松活动。	队形： X X X X X X X X X X X X X X X X X X X X X X X X ○ 要求： 学生动作协调、优美。	各 2~3次	5 分钟	小

本课预计练习密度：32% ~ 40%。
平均心率：大概为 123 次 / 分。
器材：20 个呼啦圈，体操垫 6 个，沙包 20 个。

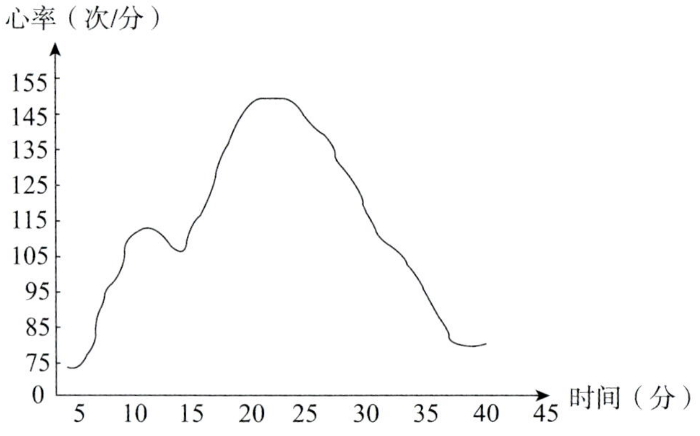

（湖南宁乡金海实验小学 雷钱元）

小学四年级“跑和跳”教案

本课教材	1．跳跃与游戏（发展跳跃能力游戏）。 2．小球类游戏（小足球游戏）。	课的类型	新授课。
教学目标	1．能积极、主动地参加各种形式的单脚跳游戏，并对跳跃活动表现出浓厚的兴趣。 2．培养单脚跳的姿势，发展弹跳力量和身体的协调能力。 3．发扬刻苦学习、积极进取的精神，与同伴友好相处、互相帮助。		
重点与难点	重点：学会单脚起跳的方法。难点：动作协调、有力。		

课的顺序	时间分配	教学内容	组织、教法、学法与要求	
			教师指导	学生活动
一、开始部分	2 分钟	上课常规： 1．班体委整队，报告人数。 2．师生问好。 3．教师宣布本课的教学内容和目标。 4．提出具体的教学要求。	组织：四列横队 × ★ 教法： 1．教师宣布本课内容。 2．教师提出具体的要求。	学法： 1．学生认真听教师对本节课的安排。 2．认真领会本课的教学目标、内容和具体要求。 要求：上课认真，积极主动，注意安全。

续表

课的顺序	时间分配	教学内容	组织、教法、学法与要求	
			教师指导	学生活动
二、 准 备 部 分	5 分钟 5 分钟	队列队形练习： 1．原地转法练习。 2．齐步走、立定。 3．跑步走、立定。 准备活动： 1．头部运动。 2．肩关节运动。 3．腰部运动。 4．膝关节运动。 5．踝关节运动。 6．正压腿。 7．侧压腿。 8．直膝跳。	组织：队形 × ★ 教法：教师口令，学生练习。 组织：四列横队，体操队形。 × ★ 教法：教师下达口令组织活动。	学法： 1．学生四路纵队进行练习。 2．根据教师口令变化，改变自己的练习内容。 要求：动作规范，保持距离，精神饱满，队伍整齐。 学法：集体活动。 要求：动作规范、舒展大方，充分活动身体各部位。
三、 主 体 部 分	15 分钟 10 分钟	发展跳跃能力练习：单脚起跳用手摸悬挂高物。 小足球游戏：《射门比赛》。	组织：学生在场地站好。 教法： 1．教师先示范跑几步后一脚蹬地起跳，用手摸悬挂高物的动作方法。 2．教师再讲解动作要领。 3．3 ~ 5 人一组模仿练习。 4．教师巡回指导。 组织：学生在足球场站好。 教法： 1．教师讲解并示范动作。 2．6 人一组进行比赛。 3．教师裁判。	学法： 1．学生看教师示范动作。 2．学生认真听教师讲解。 3．学生自由结合小组练习。 4．学生互相交流。 要求：学生上课认真，做动作积极主动，上、下肢动作配合协调，注意安全。 学法： 1．学生认真听教师讲解并看示范动作。 2．学生自由结合小组进行比赛。 要求：在射门过程中，教师又当裁判又当守门员，进球多的组为优胜队；注意安全。
四、 结 束 部 分	3 分钟	1．集体放松。 2．师生共同总结。 3．教师宣布下课。	组织：同学散布在场地。 教法： 1．教师发口令与学生一起做放松徒手操。 2．师生一起对本节课进行总结，找出优点与不足，要求实事求是。	学法：学生随教师口令做放松徒手操。 要求：动作规范、协调，身体自然放松。
教 具 准 备	足球：6 个。		预计 生理 负荷	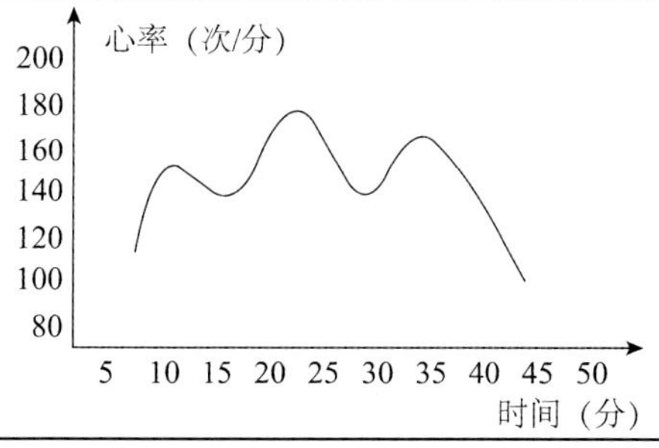
课后 反思	利用本节课的教学，增强了学生的跳跃能力；足球射门比赛时，同学们情绪高涨、竞争意识强，认真，能较好地完成教学任务，课堂气氛很活跃。有一部分学生足球射门不够准确，还有待加强练习。			

（天津宝坻口东镇安乐小学　刘春娟）

第三节 体育课教案水平三

小学五、六年级“前滚翻接力赛”教学设计及教案

一、指导思想

以新体育课程标准为依据，遵循“以人为本，健康第一”的指导思想，以发展学生为本，培养学生创新精神和实践能力。结合教材特点和小学生心理、生理特点，通过多种手段激发学生参与体育活动的兴趣，充分发挥学生的主体作用，使学生充分感受体育运动的快乐。通过营造师生共同学习的活动氛围，培养学生自主探讨、互相合作和克服困难的能力，为学生的健康成长打下良好的基础。

二、教材分析

技巧是体育教学的主要教材内容之一，与低年级滚动与滚翻教材相比提高了动作的难度。通过技巧练习，能提高学生的柔韧性和协调性，对学生全面的素质提高有良好的效果。本课时的教学内容从学生喜爱的模范动物操开始，过渡到简便易行的单个前滚翻动作学习，然后上升为难度适合学生实际能力的组合动作等，使学生循序渐进地掌握技术动作。

三、学情分析

学生正处于生长发育的关键时期，个性活泼，思维敏捷，模仿和接受能力强，并乐于参加体育活动，乐于向同伴展示技术动作。这个阶段的学生已经具备了较强的社会适应能力，能在集体活动中与同伴团结合作，完成活动任务。但由于心理因素的原因，该阶段的学生也有自我约束能力差的特点，因此在教学过程中需要通过教师的引导进行学习。

四、学练过程设计

本课在教师的指导下，采用分散与集中、友伴分组的教学组织形式，以教师启发诱导、学生自主尝试练习为主，充分体现学生“自主学习”“探究学习”“合作学习”的学习方式，使每一位学生都能体验体育运动的愉悦，并能很好地掌握运动技能技巧。过程如下：课堂常规（培养良好的课堂行为习惯）→愉悦热身（采用片段情境，激发学习兴趣）→复习前滚翻（纠正、巩固技术）→技术延伸（前滚翻技术在生活中的运用）→游戏（愉悦身心，快乐竞赛）→小结（评价、总结）。

五、教案

<table>
<tr><td>课时</td><td>第 1 课时</td><td>教学内容</td><td colspan="3">前滚翻接力赛</td></tr>
<tr><td>教学目标</td><td colspan="5">认知目标：使学生了解前滚翻时必须团紧身体的技术要点，并使学生了解如何利用前滚翻技术保护自己。
技能目标：
1．通过练习使 85% ～ 90% 的学生掌握前滚翻的正确技术动作，发展学生灵敏、柔韧、协调等身体素质。
2．通过游戏练习，发展学生的腿部力量和判断能力。
情感目标：通过模仿性与创造性的游戏竞赛，对学生进行克服困难、勇敢顽强的思想教育，培养学生团结协作、积极进取的优良品质。</td></tr>
<tr><td>重点
难点</td><td colspan="5">教学重点：低头、含胸、团紧身体。
教学难点：手在垫子上的支撑位置和脚的站位，以及蹬地发力的技巧。</td></tr>
<tr><td>教学方法</td><td colspan="3">直观示范法、语言讲解法
引导练习法、游戏竞赛法</td><td>学法</td><td>观察练习、自主合作、思考探究</td></tr>
</table>

续表

教学过程	教学内容	主导活动	主体活动	组织要求	强度	次数	时间
开始部分	1．体育委员整队。 2．师生问好。 3．宣布本课内容与要求。 4．检查服装，安排见习生。 5．热身游戏： 学生围绕篮球场跑动；教师吹动口哨，学生开始抢占场地中的呼啦圈。	1．师生问好，检查服装，安排见习生，宣布课的内容。 要求：面对学生，声音响亮，精神饱满。 教师讲解游戏规则与要求。 教师示范，喊口令。	1．整队报数。 2．认真听讲。 要求：精神饱满，做到静、齐、快，认真听讲，积极参加热身游戏。	* ▲ * * * * * * * * * * * * ○○○ * * ☆ * * ○○○ * * * * * * * * * * * *	中	3 ~ 4 次	3 分钟 6 分钟
基本部分	1．复习前滚翻 2．前滚翻的运用 导语：“生活中我们会经常会被东西绊倒，那么我们就可以采用今天学习的前滚翻来保护好自己”。 3．接力赛。	1．讲解、示范保护与帮助的方法，引导学生掌握在练习过程中自我保护的方法。 2．教师讲解、示范前滚翻动作要领。 3．教师巡回观察，纠正错误动作。 1．讲解、示范动作要领与方法。 2．观察学生练习并作出相应的指导。 3．用语言表扬、激励学生。 1．讲解游戏规则和方法。 2．分组进行比赛。 3．采用“三局两胜”判定胜负。	1．学生认真听教师讲解，并能做到边听边看边思考。 2．学生分组在垫子上做前滚翻练习。 3．学习保护与帮助的方法并在同伴的保护与帮助下做前滚翻练习。 1．学生认真听讲。 2．积极参加游戏。	□□□□ ☆ * 组织同上 ◎◎◎◎ △△△△ □□□□ ———— ☆ *	中 中 中	5 ~ 7 次 5 ~ 7 次 3 次	5 分钟 10 分钟 12 分钟
结束部分	1. 集合整队。 2. 教师评价。 3. 收回器材。 4. 宣布下课。	教师做好点评工作，组织好学生做放松练习，安排学生回收器材。	认真听老师点评，认真做放松练习，和老师说再见。	*********** *********** *********** ***********			4 分钟
场地器材	垫子 4 张、 呼啦圈 6 个、 标志杆 4 个。		预计密度 预计心率	45% ~ 50% 130 ~ 140 次 / 分			
教学反思							

（辽宁阜新市阜蒙县第一小学　王力）

小学五、六年级“障碍跑”教案

<table>
<tr><td colspan="2">教学内容</td><td colspan="4">1．障碍跑（跨越式障碍）。2．游戏：投准游戏。</td></tr>
<tr><td colspan="2">教学目标</td><td colspan="4">认知目标：通过本次课的学习，使 90% 的学生能够说出跨越式障碍跑的动作方法，做出连续跨过障碍的动作。
技能目标：通过练习，可以发展身体的柔韧性、平衡感觉和协调灵敏等素质。
情感目标：培养学生团结协作和集体主义精神，发展学生的奔跑能力。</td></tr>
<tr><td rowspan="2">教学过程</td><td rowspan="2">教学时间</td><td rowspan="2">课的内容</td><td colspan="2">练习量</td><td rowspan="2">组织教法与要求</td></tr>
<tr><td>次数</td><td>时间</td></tr>
<tr><td>开始部分</td><td>2分钟</td><td>一、课堂常规
1．体委整队，师生问好，报告人数，检查服装。
2．宣布课的内容和任务。
3．提高学生注意力游戏：《萝卜蹲》。</td><td></td><td>2 分钟</td><td>组织：
× × × × × ×
× × × × × ×
× × × × × ×
× × × × × ×
◎
教法：1．教师语言要清晰。
2．教师讲解课堂要求和任务。
要求：1．学生站四列横队。
2．学生认真听讲，注意观察。</td></tr>
<tr><td>准备部分</td><td>10分钟</td><td>1．队列。
2．热身操（向前冲音乐）。
3．专项准备活动（游戏《单双脚跳采蘑菇》）。</td><td></td><td>10 分钟</td><td>组织：
× × × × × ×
× × × × × ×
× × × × × ×
× × × × × ×
◎
教法：教师与学生一同练习。
要求：学生充分活动各关节。</td></tr>
</table>

续表

<table>
<tr><th rowspan="2">教学过程</th><th rowspan="2">教学时间</th><th rowspan="2">课的内容</th><th colspan="2">练习量</th><th rowspan="2">组织教法与要求</th></tr>
<tr><th>次数</th><th>时间</th></tr>
<tr><td>基本部分</td><td>25分钟</td><td>一、障碍跑
（跨越式障碍）
重点：快速跑中顺利跨越障碍。
难点：连续跨越障碍动作的稳定性。
1．教师语言引导，学生尝试跨越障碍，提出安全教育。
2．教师示范、讲解动作方法。
跨过障碍物的方法：单脚踏跳，上体稍前倾，摆动腿高抬向前跨步，同时摆动腿的异侧臂前摆，踏跳腿屈膝前摆，摆动腿将落地时，踏跳腿迅速向前迈出跑进。
3．将学生分成9组进行练习：要求动作到位，注意安全，听从指挥。
4．垫子加长练习，垫子加高练习。

二、游戏
（投准游戏）
规则：
1．全班学生平均分成4组，每个学生在起点处向终点画好的圆圈里面投口袋，投进圈内的获得1分，没有投进的不得分，在规定时间内投入个数多的为获胜组。
2．每个队员的比赛次数相等。</td><td>1次</td><td></td><td>组织：
□□□□□□
××××××
◎
××××××
□□□□□□
教法：
1．教师通过情境导入，讲解动作方法和要领。
2．教师做分解和完整动作示范。
3．教师给学生做个别指导。
4．找好学生表演做示范。
学法：
1．学生认真听教师讲动作方法和要领。
2．学生集体练习。
3．学生分组练习。

组织：
□□□□
————
————
× × × ×
× × × ×
× × × ×
× × × ×
教法：
1．教师讲解游戏要求和规则。
2．学生练习比赛。
3．教师评定胜负。
学法：
1．学生认真听教师讲游戏规则。
2．学生练习比赛。
3．分组比赛。</td></tr>
</table>

续表

<table>
<tr><td rowspan="2">教学过程</td><td rowspan="2">教学时间</td><td rowspan="2">课的内容</td><td colspan="2">练习量</td><td rowspan="2">组织教法与要求</td></tr>
<tr><td>次数</td><td>时间</td></tr>
<tr><td>结束部分</td><td>3分钟</td><td>1. 放松活动（舞蹈）。
2. 小结情况。
3. 师生再见。</td><td>1次</td><td>3分钟</td><td>组织：
× × × × × ×
× × × × × ×
× × × × × ×
× × × × × ×
◎
教法：教师组织学生认真做放松运动。
要求：学生认真做放松运动。</td></tr>
<tr><td colspan="2">场地器材</td><td>1．呼啦圈12个。
2．口袋36个。
3．小垫子9个。
4．录音机1个。</td><td colspan="3" rowspan="3">运动曲线预计：
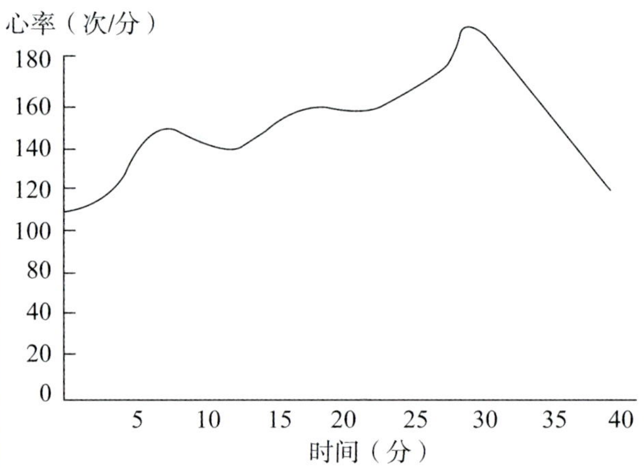</td></tr>
<tr><td colspan="2">练习密度</td><td>本节课练习密度约为25%。</td></tr>
<tr><td colspan="2">小结</td><td>1．通过本节课的学习，90%的学生能够掌握跨越式障碍跑的动作方法与要领。
2．通过本节课的学习，提高学生对小动物的喜欢与热爱。</td></tr>
</table>

（辽宁辽阳市师范附属小学）

第四节　体育课教案水平四

初中二年级“篮球基本技术——体前变向换手运球”教学设计及教案

一、指导思想

本课以体育与健康课程标准为依据，以“健康第一”为指导思想，构建以学生为主体的教学模式，重视学生的主体地位，将篮球贯穿于整个教学中，注重激发学生的学习兴趣。以“运球”为主线，遵循“循序渐进”“由易到难”的原则，采用激励性的语言和富有吸引力的教学手段，让学生在轻松、愉快的氛围中学习。本课注重学生对“体前变向换手运球”基本技术的掌握和运用，在学生掌握技术动作的同时努力提高其集体荣誉感和团体协作能力，使每个学生学有所得。

二、教学目标

1．通过教学，使学生进一步建立正确的“体前变向换手运球”的动作概念，明确动作要点。

2．通过学习，学生基本掌握“体前变向换手运球”的技术动作，能够运用技术越过防守人。在练习技能的同时发展学生的灵敏、速度和力量素质。

3．通过组织教学，拓宽学生对篮球这项运动的认识，提高学生间的交往能力，培养团结协作的意识。

三、教学重点和难点

教学重点：使学生体会到手触球的不同部位将决定球的移动轨迹。

教学难点：变向换手运球过人连贯动作中的侧身中蹲跨、转体、探肩，及上、下肢配合协调、连贯。

四、教材分析

篮球运动是一项趣味性、竞技性较强的运动项目，它对体能、技能及团队意识要求较高，是在中学开展得较为广泛、影响较大的体育运动项目之一，对增加学生体质、促进学生健康作用明显，也能使学生形成良好的心理品质和道德修养。

各种运球技术是从事篮球运动的基础，只有掌握了这些基本技术，才能保证在篮球场上得心应手。“体前变向换手运球”就是其中的一项基本技术，方法简单实用，有动作迅速、隐蔽快速、可保护好球的特点，是比赛中应用较广泛的突破技术，有较强的可学性。所以教师要精讲多练，引导学生积极思考、勇于创新，学以致用。

五、学情分析

本次授课的对象是初中二年级学生，相比较而言，男生有一些篮球运球技术基础，但女生却比较欠缺。总体看，他们对篮球运动的知识和技术原理都较为模糊，尚未形成良好的知识体系。这个年龄段的学生正处于篮球兴趣的培养期和发展期，但往往绝大多数只喜欢打篮球比赛，却有些忽视基本技术的学习。因此在教学中，通过引导让学生体验、感受，然后教师再采用一些有针对性、趣味性的教学手段，促使学生主动参与学练，从而学到本节课的“体前变向换手运球”运动技能。

六、教学流程及特色

1．引入与热身部分（6 ～ 8 分钟）

根据教材特点，从学生实际出发，围绕篮球进行以熟悉球性为主线的热身活动，同时激发学生主动参与的主观能动性。例如利用运球图形跑熟悉左、右手高运球技术；利用《传球接力》小游戏使学生熟悉简单、快速的传接球，同时调动兴趣。

2．学习与提高部分（约 30 分钟）

（1）首先组织学生进行一个简单的技术体验：向前推球，向后拉球，向左、向右拨球。让学生自主体验手触球的不同部位会使球的运动轨迹发生变化的力学原理，引导学生建立“让篮球按照自己的意志去自如运动，并且能够把球控制好”的技术意识。

（2）在进行“体前变向换手运球”的技术动作教学时，采用图例讲解、动作示范、自主体验、互帮比学的形式，帮学生建立细致、直观的动作概念，从而形成正确、完整的学习意识。

（3）遵循“学生自主学练为主，教师示范指导为辅”的教学要求，引导学生在学练中发现问题、解决问题，遇到典型问题和疑难问题时教师再进行指导、纠正。培养他们自学和发现问题、解决问题的能力，为良好体育活动习惯的养成打基础。

（4）把握“尊重个体差异”“循序渐进”“由易到难”的原则，使学生在自己基本功和能力允许的前提下都有不同程度的进步，能够深刻感受到明显的收获。

3．整理与小结部分（3 ～ 4 分钟）

肢体和意念结合放松，使学生带着满意的收获、愉快的心情结束本节课的学习。

七、教案

<table>
<tr><td>教学内容</td><td colspan="6">篮球基本运球技术——“体前变向换手运球”。</td></tr>
<tr><td>教学目标</td><td colspan="6">通过教学，使学生进一步建立正确的“体前变向换手运球”的动作概念，明确动作要点。
通过学习，学生基本掌握体前变向运球的技术动作，能够尝试运用技术越过防守人。在练习技能的同时发展学生的灵敏、速度和力量素质。
通过组织教学、拓宽学生对篮球这项运动的认识，提高学生间的交往能力，培养团结协作的意识。</td></tr>
<tr><td>重点难点</td><td colspan="6">重点：手触球的部位和身体重心的过渡。
难点：变向运动换手过人连贯动作中侧身蹬跨、转体、探肩动作的协调配合</td></tr>
<tr><td rowspan="2">课的部分</td><td rowspan="2">课的内容</td><td colspan="2">教学步骤和方法</td><td rowspan="2">组织与要求</td><td colspan="2">运动负荷</td></tr>
<tr><td>教师的引领及组织教法</td><td>学生的参与活动</td><td>时间</td><td>次数</td></tr>
<tr><td>引入与热身部分</td><td>课堂常规

热身活动。
1. 自由运球图形跑。
2. 玩球游戏:《传球接力》。
3. 做球操。
（1）持球四向伸拉。
（2）持球腰绕环。
（3）持球膝绕环。
（4）胯下“8”形绕环。
（5）活动指、腕关节。</td><td>观察、辅导整队情况，检查人数。
师生问好。
引入学习内容和目标。提出练习希望和要求。
检查服装、安排见习生。

组织学生进行绕篮球场的图形跑。
讲解并示范游戏方法后组织学生进行游戏热身。
与学生共同活动关节、韧带，练习中提示动作要点。</td><td>体育委员组织整队，师生互相问好。
明确本节课的内容、目标，并为自己树立信心。

男、女生各在半块场地利用球场的各条线进行自由运球。
根据教师示范的方法进行传接球的游戏活动。
认真做球操，充分活动各关节和韧带。</td><td>组织：四排横队。
○○○○○○○○○
○○○○○○○○○
○○○○○○○○○
○○○○○○○○○
要求：
精神饱满，集合做到快速、安静、整齐。
组织：
男、女生各为一组，分组同时运球。
男、女生各为两路纵队，前、后两人距离半米左右，进行上、下、左、右四方向传接球接力竞赛。
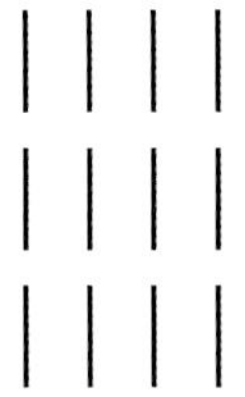
要求：传接球快速、传球方向准确。
四排横队做球操，要求：动作准确、幅度大。</td><td>1 ~ 2 分钟

3 ~ 5 分钟</td><td></td></tr>
</table>

续表

课的部分	课的内容	教学步骤和方法		组织与要求	运动负荷	
		教师的引领及组织教法	学生的参与活动		时间	次数
学习与提高部分	1．体会触球部位的练习：向前推球，向后拉球，向左、向右拨球。 2．“体前变向换手运球”技术动作的学习： （1）通过图例进一步学习“体前变向换手运球”的动作方法。 （2）个体分散，进一步探究、体验“体前变向换手运球”的动作方法。 （3）完整、规范动作的提高性练习。 （4）加快过人速度、进行快速进攻的提高性练习。	引导学生体会手触球的不同部位后球的不同运动轨迹。 1．通过讲解引导学生建立准确的动作概念。 2．结合图片进行动作示范，并强调动作细节。 3．组织学生分散进行技术动作的探究性练习，并重点提醒体前变向时侧身蹬跨、转体、探肩的协调配合。 4．巡视观察，做个别指导。 5．请学生做示范，并对动作进行对比分析和评价。 6．利用标志桶进行完整的动作示范，并提醒降低重心。 7．组织进行分组练习，巡视指导。 8．鼓励学生在保证做好运作的前提下体会快速过人的乐趣。	体验如果要让球在自己的控制下向“前、后、左、右”不同的方向运动应该触拍球的什么部位。 1．通过图片和教师的示范仔细观察动作方法和技术要领。 2．男、女生各半块场地体会动作（先徒手，后持球）。 3．积极思考，反复练习，巩固、提高动作质量。 4．假设标志桶为前方的防守人，利用所学动作越过防守人向前进攻。 5．大胆用准确的动作进行提高性练习。 6．同学示范，讨论动作的优点和缺陷，并发表见解。	1. 组织：  要求：动作轻松自然，触球部位准确。 2. 组织： 1）集中学习。 2）散点练习。 要求： 通过观察和练习进一步领会动作要领。 3. 组织： 男、女生各分成五组依次轮流练习。 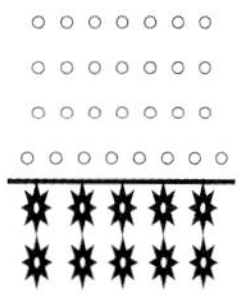 要求：技术准确、协调，过人速度快。	2～3分钟 2～3分钟 4～5分钟 6～8分钟	3～5次

续表

课的部分	课的内容	教学步骤和方法		组织与要求	运动负荷	
		教师的引导及组织教法	学生的参与活动		时间	次数
学习与提高部分	3．提高、展示个人运球能力： 男生在有防守人的情况下进行“体前变向换手运球”过人练习。	1．示范有防守人时连续运球过人的动作方法。 2．引导进行分组练习并巡视指导。 3．请学生示范。 4．讨论评价后小结，并对全体学生提出期待。	1．根据自己掌握动作的熟练程度协作练习，继续提高。 2．个人技术展示。	4. 组织：两人一组，一攻一防。 要求：掌握运球变向过人时侧身蹬跨、转体、探肩的协调配合，并能快速过人。	4～5分钟	
放松与结束部分	1．身心放松。 （1）肢体放松。 （2）意念放松。 2．课后小结。 3．收拾器材，师生再见。	1．引领学生进行身体和意念放松。 2．小结本节课的教学过程及效果并提出希望。 3．组织收拾器材，下课。	1．和教师共同进行身心放松。 2．听教师的评价并回顾自己本节课的收获。 3．与教师再见。	组织队形： 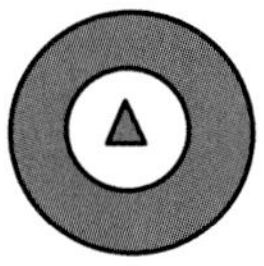 要求：动作轻松、舒展，深呼吸。	3～4分钟	
场地器材	篮球场， 标志桶60个， 呼吸圈5个， 篮球60个。					

练习密度	本节课练习密度为40%～42%	运动曲线预计： 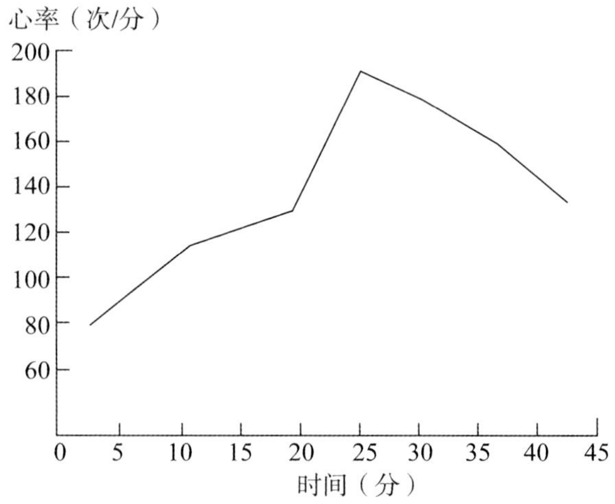
小结		

（宁夏银川市三中　刘治国）

附　运动曲线实际测量图

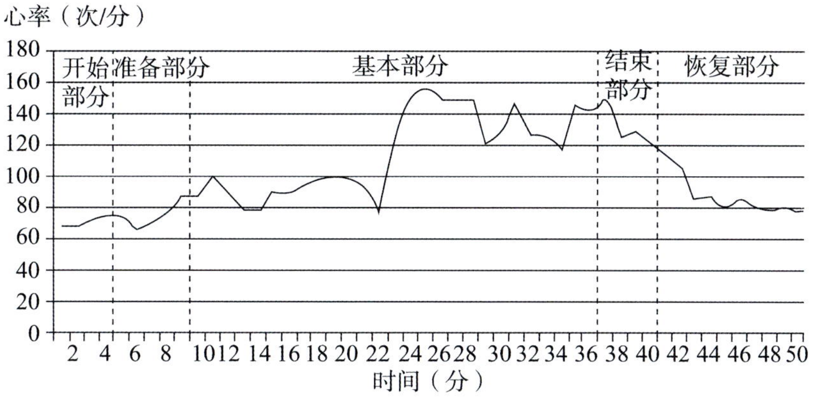

图 1　男生“篮球”运动曲线 a

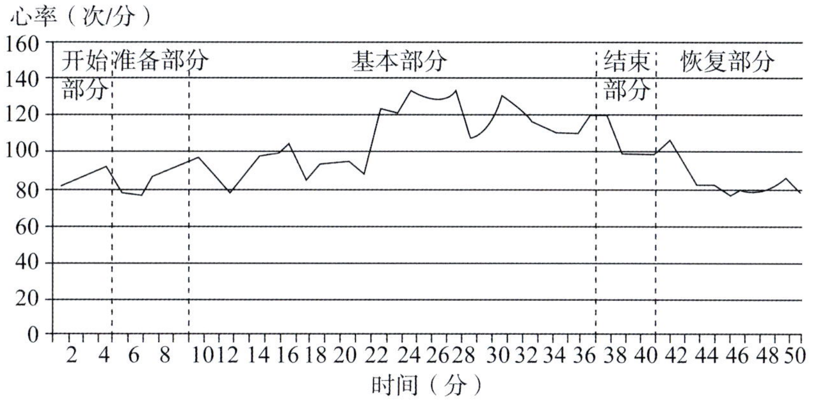

图 2　男生“篮球”运动曲线 b

图 3　男生“篮球”运动曲线 c

（宁夏银川市三中　刘治国）

初中二年级“快速跑”教学设计及教案

一、指导思想

根据社会发展的需要和本次课程改革的要求，新的体育与健康课程在教育思想、教育方式、教学内容、教学评价等方面都有了新的发展和侧重点。体育课程标准强调和突出了“健康第一”的指导思想，并将这一思想贯穿整个教育教学之中。真正的健康是由身体健康、心理健康和良好的社会适应能力组成的。所以本节课的教学目标是按体育课程标准中所提到的五个学习领域目标来确定的，即运动参与、运动技能、身体健康、心理健康、社会适应。对于义务教育阶段来说，更加关注学生的发展和学生运动的愉快感，从而养成良好的体育锻炼习惯，为形成终身体育锻炼的意识打下坚实的基础。它强调学生的运动体验，强调学生的自主与合作，探究学习方式的形成，具有较强的实践性。它将学生的身体健康、心理健康和社会适应能力提高到一个新的角度，重视学生健康三维观的培养，增加学生的社会责任感。本课力求贴近这些新的教学理念，所以大胆设计多种游戏贯穿于教学中，旨在“游戏中练，游戏中表现，游戏中指导，游戏中提高”，寓教育、教学于游戏中。

二、教学内容

快速跑。

三、教材分析

快速跑是初中田径教学的主要教材，是以最快的速度跑完规定的距离，发展速度素质的教学内容。学习快速跑重点是发展学生的反应速度、运动速度和位移速度。通过快速跑练习不仅可以提高学生的各种快速反应能力，机体无氧代谢能力，而且可以培养青少年勇往直前、奋发向上的精神，教材对于促进学生生理、心理健康起着积极作用。初中快速跑教学要求在学生体验快速跑乐趣的基础上，激发学生的学习兴趣，发展学生快速跑能力，使其掌握快速跑的基本技术与技能，以积极进取的态度和行为参与快速跑锻炼。同时，它作为人类的基本活动能力之一，在日常生活中，特别是在进行一些积极性身体活动或躲避灾难等方面，都有着极为重要的意义。本节课是初中二年级快速跑教学，主要是培养学生跑的正确姿势，发展学生快速跑能力。快速跑教学的技术教学竞技化味道很浓，而新课程强调学生的运动体验，突出身体锻炼，因此本课从教材的内涵出发，运用了多种教学手段、教学方法，让学生在快乐中体验快速跑。

四、学情分析

本课教学对象是初中二年级学生，他们的班集体初步形成，学生组织纪律性欠缺，与他人合作有一定困难，存在体质普遍较弱、运动技术较差的现象。但他们求知欲强，学习积极性高，上进心强，平时活泼、好动，心理素质较好，敢于表现。

五、教学目标

1. 认知目标：学生知道正确的途中跑姿势。

2. 技能目标：初步学会途中跑时不低头、不耸肩，眼平视，蹬地有力的技术动作。发展学生速度、灵敏、协调等身体素质。

3. 情感目标：通过本次课的体育活动，使学生能够乐于参与体育活动，增强自尊心自信心，提高与他人合作的意识。

六、教学重点和难点

教学重点：发展快速跑能力。

教学难点：途中跑时不耸肩，蹬地有力。

七、教学策略

本课主要采用教师启发指导、学生反复练习的教学策略，发展学生的个性，充分发挥学生的主体作用，运用灵活多变的手段，做到身心结合，努力达到教学目标。

全课的组织结构不拘泥于过分的统一规整，而以服务练习与教学为目标，力求合理、紧凑、流畅、新颖。

全课的教学手段运用了游戏参与法、示范法、分组练习法、指导纠正错误法、启发教学法，可以在有限的时间和场地内增强学生的练习效果。用游戏参与法引起学生学习兴趣，将教学内容融合在游戏中，使学生乐于参与、易于参与到游戏中，无形中达到教学的初步目的。

八、教学过程

教材	快速跑。	课的类型	新授课。
教学目标	认知目标：学生知道正确的途中跑姿势。 技能目标：初步学会途中跑时不低头、不耸肩，眼平视，蹬地有力的技术动作。发展学生速度、灵敏、协调等身体素质。 情感目标：通过本次课的体育活动，使学生能够乐于参与体育活动，增强自尊心、自信心，提高与他人合作的意识。		
重点与难点	重点：发展快速跑能力。　　难点：途中跑时不耸肩，蹬地有力。		

顺序	时间	教学内容	组织、教法、学法、要求与知识点 教师指导	学生活动
开始环节	3 分钟	一、课堂常规 1．体委整队，报告人数。 2．师生问好。 3．宣布本次课内容及学习目标。 4．检查服装，安排见习生。	组织： × ▲ 教法：教师宣布本次课练习内容及注意事项。	学法： 1．认真听讲，明确本次课的学习内容及目标。 2．配合教师完成常规练习。 要求：快、静、齐；精神饱满，注意力集中。
准备环节		一、体验跑：双手叉腰跑、双手抱头跑、胸前抱臂跑、自然跑	组织：一路纵队绕篮球场。	学法： 1．观察教师动作并模仿。 2．听从教师的口令练习。 3．体会教师强调的动作。
	8 分钟	二、定位徒手操 1．屈、直臂绕环； 2．扩胸运动； 3．振臂运动； 4．体侧运动； 5．体转运动； 6．踢腿运动； 7．腹背运动； 8．正、侧压腿； 9．腕踝关节绕环。	教法： 1．教师讲明练习方法和要求。 2．教师带领跑。 3．学生跟随教师变换动作。 组织：× ▲ 教法： 1．教师做提示性示范。 2．随教师口令统一进行。 3．教师强调个别动作幅度、力度及准确性。	要求：拍节准确，动作有力。

续表

顺序	时间	教学内容	组织、教法、学法、要求与知识点	
			教师指导	学生活动
主体环节	6分钟	一、快速跑 1．培养正确的跑姿： 原地摆臂练习，要求自然协调。	组织：× ▲ 教法： 1．教师做提示性示范。 2．教师启发、引导。 3．用肢体语言提示要点。 4．教师鼓励、评价。	学法： 1．学生听讲，仔细看示范。 2．模仿教师动作，看教师示范练习。 3．学习正确的摆臂姿势。 要求：认真练习，动作正确。
	8分钟	二、快速启动与加速跑练习 1．不同姿势听信号起跑： 直线加速跑练习，看谁先到终点	组织： 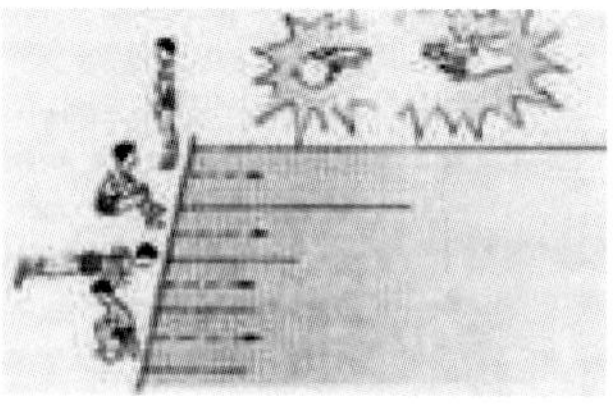 教法 1．教师做提示性示范。 2．教师启发、引导。 3．学生自由结组，选择不同的起跑姿势。 4．找优秀生示范。 5．总结评价。	学法： 1．学生听讲，仔细看示范。 2．学生自由结组，讨论练习。 3．互相评价。 要求： 1．按规则游戏，相互鼓励，团结合作。 2．积极认真，注意安全。
	8分钟	2．抢绳游戏： 两人一组，看谁先拿到绳子。	组织：  教法： 1．提出要求。 2．巡视、帮助、指导。 3．激发学生学习兴趣。 4．鼓励、评价。	学法： 1．学生听讲。 2．学生自由结组练习。 3．互相评价。 要求： 1．按规则游戏，相互鼓励，团结合作。 2．积极认真，注意安全。

续表

<table>
<tr><td rowspan="2">顺序</td><td rowspan="2">时间</td><td rowspan="2">教学内容</td><td colspan="3">组织、教法、学法、要求与知识点</td></tr>
<tr><td colspan="2">教师指导</td><td>学生活动</td></tr>
<tr><td>主体环节</td><td>9 分钟</td><td>3．快速跑移物接力游戏：
每组第一人起跑至场中，将物体移至场边，放好后返回；第二人再将支撑物移回场中，依次进行。</td><td colspan="2">组织：

教法：
1．讲解游戏方法。
2．积极参与游戏。
3．和学生一起交流游戏中的不足之处及改进措施。</td><td>学法：
1．学生听讲，仔细看示范。
2．学生自由结组练习。
3．互相评价。
要求：
1．按规则游戏，相互鼓励，团结合作。
2．积极认真，注意安全。</td></tr>
<tr><td>结束环节</td><td>3 分钟</td><td>一、放松
二、小结
三、师生再见
四、归还器材</td><td colspan="2">组织：四列横队。
教法：
1．学生在教师的引导下一起进行放松。
2．师生共同总结。</td><td>要求：
1．模仿教师动作，融入音乐中，积极放松。
2．总结上课收获，对学习情况进行评价。
3．和教师再见。
4．主动积极收放器材。</td></tr>
<tr><td colspan="2">教具准备</td><td>跳绳、实心球、小体操垫</td><td>预计生理负荷</td><td colspan="2">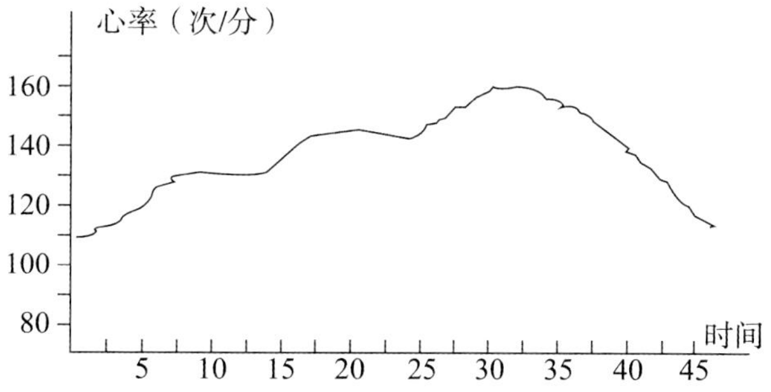</td></tr>
<tr><td colspan="2">课后记录</td><td colspan="4">通过不同姿势听信号起跑、抢绳游戏、快速跑移物接力游戏三个环节，使学生深刻体会“快速启动与加速跑”，寓教于乐，学生乐于接受，效果不错。</td></tr>
</table>

（天津宝坻区新开口镇初级中学　池东兴）

第五节 体育课教案水平五

高中一年级“排球技术——正面双手垫球”教学设计及教案

一、设计理念

根据新体育课程标准教学理念，本课以“健康第一”为指导思想，以培养学生的兴趣为目标，以发展学生排球运动的基本技能为手段，以学生为主体，培养学生积极思考和终身体育锻炼的习惯。以教师为主导，营造宽松、愉快的课堂气氛，引导学生之间的互动、交流、探究、合作练习；通过引导、主动评价与拓展，使学生领悟教材内涵。在教学中循序渐进，由易到难。根据学生个体的差异性采用适当的分层教学，以提高不同层次学生学习的效果，达到教学目标。

二、教材分析

排球是中学体育教材的重要组成部分之一，深受广大学生的喜爱，其中的垫球技术在初中教材中也曾介绍、学习，所以学生对教学内容都有不同程度的了解和掌握。然而在正面双手垫球技术中，学生手臂击球部位的准确性和对击球正确姿势的把握还存在比较多的问题，直接影响了学生技术的发挥。本课通过建立正确的技术动作概念，运用自主探究、合作探究的学习方法，使大部分学生能正确运用技术，为进一步学习组合技术和教学比赛打下一个坚实的基础。

素质练习采用的是“垫球比赛”这个集体游戏，通过游戏提高学生身体的协调能力，增强学生的灵敏度。让学生通过游戏理解团队合作的精神和意义，为以后的学习生活打下基础。

三、学情分析

高中一年级学生对排球运动的了解并不多，尤其是女生，排球基础比较差，甚至有些学生在学习之前没有接触过排球。她们具有一定的求知欲，但注意力不容易集中，影响学习正确技术的效果，所以采用提问方法让同学们积极思考、感受、模仿，从而达到使其掌握知识的目的。通过各种循序渐进的教学方法来实现本课的教学目标。现在的学生普遍缺乏集体荣誉感，通过对“排球接力”这个游戏的体验，让学生体会团结协作的重要性，并让学生能够感知集体合作后成功的喜悦。

四、教学目标

1．知识目标：通过教学，让学生掌握正面双手垫球技术的概念；学生能积极主动参与素质练习。

2．技能目标：通过教学，让学生掌握正确的正面双手垫球技术，并能正确运用技术完成对垫1～2个回合；通过游戏练习，发展学生的灵敏、协调素质。

3．情感目标：通过对排球的学习和排球游戏的练习，培养和提高学生对排球运动的兴趣和爱好，增强学生团结协作的能力和团队意识。

五、教学重点和难点

教学重点：掌握正确的垫球部位。

教学难点：判断球的落点，及时移动到位接球。

六、教学流程

1．开始部分（2分钟）

课堂常规：体育委员集合整队，清点、汇报人数。教师宣布本课的教学内容，检查服装，安排见习生，提醒安全注意事项。

2．准备部分（8分钟）

（1）绕篮球场跑步：在音乐伴奏下，教师带领全班学生绕篮球场跑步。

（2）排球操：在音乐伴奏下，教师带领全班学生练习排球操。

3．基本部分（26分钟）

（1）复习自垫球（8分钟）

1）复习垫球的技术要领并示范：一插、二夹、三抬臂。

2）学生分散开练习自垫球，熟悉球性。

3）自垫球比赛：定时垫球，在规定时间里垫球，将球垫成死球者淘汰出局，出局者下蹲20个。

4）教师讲评。

（2）对垫球学习（18分钟）

1）教师先讲解对垫球的要领，请学生来一起示范。

2）学生观看教师和同学的示范后，说出自垫球与对垫球有哪些区别。

3）教师总结区别有哪些，并组织学生练习对垫球。老师巡回指导。

①两人一组的抛垫练习。

②两人一组的对抛对垫练习。

③两人一组的对垫练习。

④学生自由发挥、加大难度的对垫练习。

⑤学生展示他们的练习成果。

4）学生点评，老师总结。

4．结束部分（4 分钟）

（1）集合队伍（把排球放回指定地点）。

（2）静力牵拉放松练习。

（3）本课小结。

（4）布置安排收还器材。

（5）师生道别，下课。

课题	排球技术——正面双手垫球	教师	刘惠
教学目标	1．知识目标：通过教师讲解和学生自主学习，使学生能够初步了解排球正面双手垫球的技术。 2．能力目标：通过练习，学生基本掌握排球正面双手垫球技术，提高专项身体素质。 3．情感目标：通过学生练习，培养学生对排球运动的鉴赏能力及发展学生自学、自练、自控、自调、自评的能力和思维能力，培养集体荣誉感，体验成就感。	重点	两臂前伸，插入球下，两臂夹紧，腕下压。
		难点	蹬地、跟腰、提肩、顶肘、压腕、抬臂等全身协调。

程序	教学内容	教师活动	学生活动	组织队形	要求	时间	强度
开始部分	课堂常规	1．指定地点集合、整队。 2．师生问好，检查人数。 3．宣布课的内容、目标及学习要求，安排见习生。 4．强调安全问题。	1．向教师问好。 2．了解本节课内容及安排。	队形： 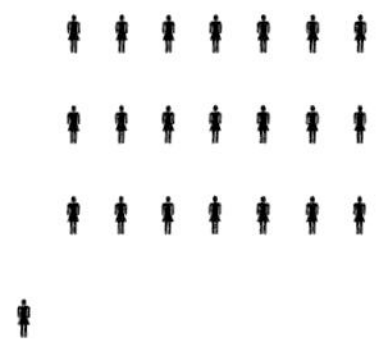	集合做到快、静、齐，精神饱满。	1分钟	
准备部分	1．热身跑：绕操场慢跑 300 ~ 400 米。	选择易观全局的位置，带队跑圈热身。	听教师口令，进行慢跑。	队形： 	教师口令正确规范，学生队形整齐，步伐有节奏。	3分钟	中
	2．徒手操： ①颈部运动（4×8 拍）； ②肩部运动（4×8 拍）； ③体侧运动（4×8 拍）； ④扩胸运动（4×8 拍）； ⑤腹背运动（4×8 拍）； ⑥正压运动（4×8 拍）； ⑦活动指、腕、踝、膝关节。	教师边喊口令边和学生一起做徒手操，督促学生做好热身。	1. 学生跟着教师做操。 2. 认真热身，关节、韧带及肌肉拉伸充分。	队形： 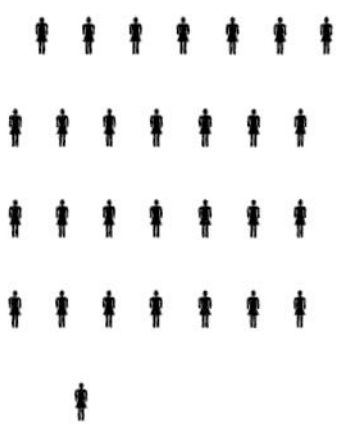	徒手操要做完，保证到位、到量，避免在练习时受伤，保证练习的顺利进行。	5分钟	中

续表

程序	教学内容	教师活动	学生活动	组织队形	要求	时间	强度
准备部分	3．游戏：喊数“抱团”。 游戏方法：学生围成一个圆在球场内跑动，听到站在场地中间的教师喊出的数字（例如“2”“3”“5”等）后，立即以最快速度按数字“抱团”，超出或低于数字“抱团”者为失败。	1．教师讲解游戏方法和规则。 2．教师充当裁判，保证游戏趣味性与竞争性。	1．认真听讲，积极思考。 2．认真参与游戏，投入其中。	队形： 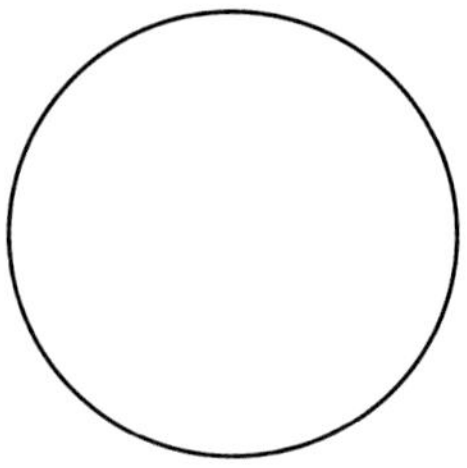	1．要求学生游戏时注意安全。 2．听口哨声开始游戏。 3．遵守游戏规则。	6分钟	中
基本部分	一、正面双手垫球 1．准备姿势 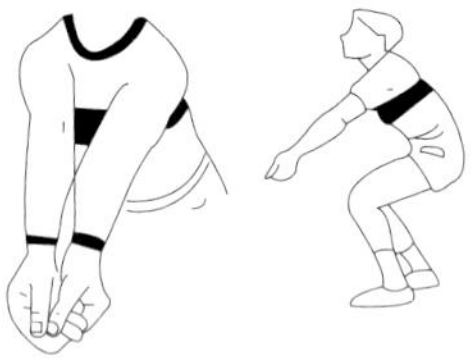 2．垫球手形 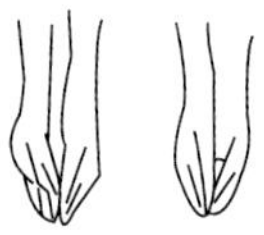 3．垫球动作  4．击球点 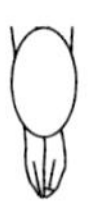 5．球触手臂部位和击球部位 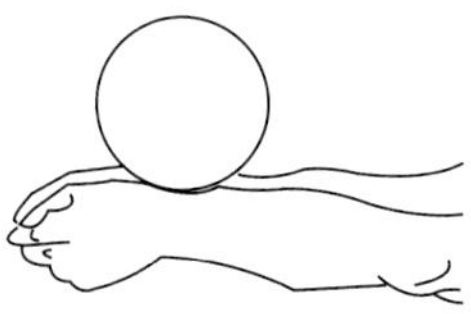 6．击球后动作	1．教师集中同学，讲解、示范动作要领。 2．组织学生进行分组练习。 3．教师巡回指导，讲解、纠正学生易犯错误。 4．充分调动学生学习兴趣。 5．学生个人能力展示：“比一比”。 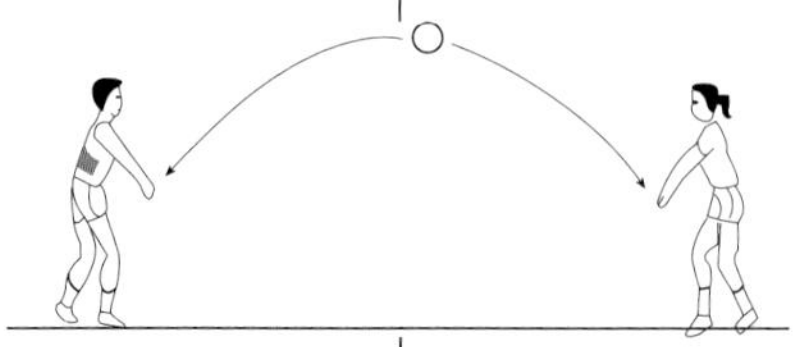	1．思想集中，认真听讲，就不清楚之处提出问题。 2．学生徒手模仿垫球，原地摆臂练习20次。 3．两人一组，一掷一垫（交换进行）或者过渡到移动垫球练习。 4．两人一组对垫，渐渐体会动作，正确、连贯、协调地完成垫球过程并比赛。	队形： 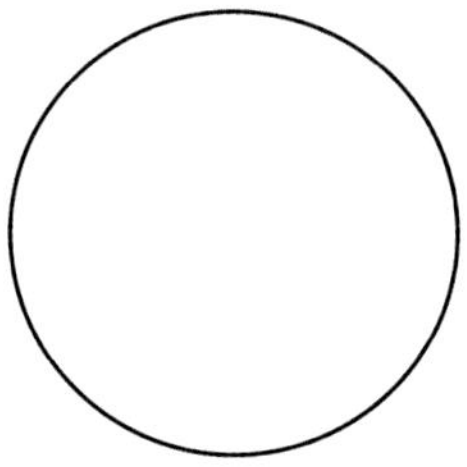 ★ 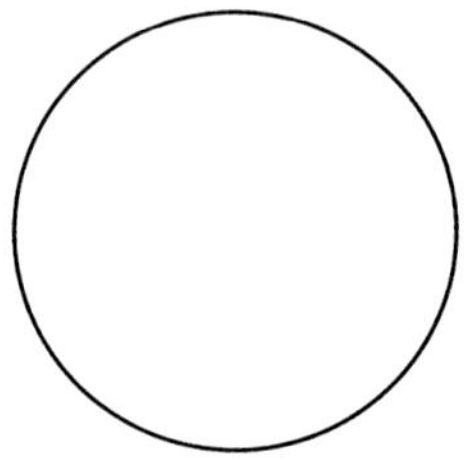 ●●●●●●●●●● ●●●●●●●●●● ●●●●●●●●●● ●●●●●●●●●● ●	1．教师精神饱满，讲解清楚。 2．学生注意力集中，有不懂的要及时向教师和同伴请教。 3．学生练习时注意安全。	15分钟	大

续表

程序	教学内容	教师活动	学生活动	组织队形	要求	时间	强度
基本部分	二、身体素质练习 1．后踢腿 (10m×2 组)。 2．加速跑 (20m×2 组)。 3．30m 跑。	1．讲解、示范动作要领和跑动路线。 2．组织学生分组练习（两组）。 3．教师指导学生练习，个别纠正错误。 4．参与学生练习。	1．认真听讲，积极思考。 2．认真体会、练习。	队形： 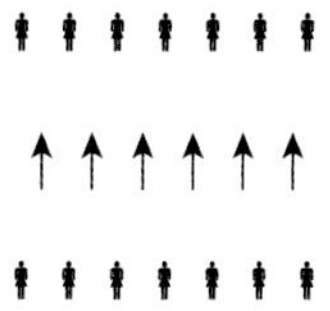	1．教师精神饱满，讲解清楚，示范准确。 2．练习过程中注意安全防范。	3 分钟	中
	三、游戏活动：垫球竞赛 每组选一名学生抛球，其他成员一路纵队，依次将球垫给抛球同学，每失误一次，全队减去两分。从音乐开始到结束的时间内垫球次数多的小组获胜。	1．教师讲解游戏方法和规则。 2．组织学生分组进行比赛，场边观看并指导学生进行教学比赛。 3．教师充当裁判，保证游戏趣味性与竞争性。 4．强调安全。 5．进行阶段评价。	1．根据规则积极主动参与。 2．互相鼓励，团结协作，共同竞争。 3．讨论制胜方法。 4．游戏过程中躲闪时要注意安全。	队形： 如图所示，各小组男女生各成一路纵队面向老师，各纵队之间间隔两臂距离。 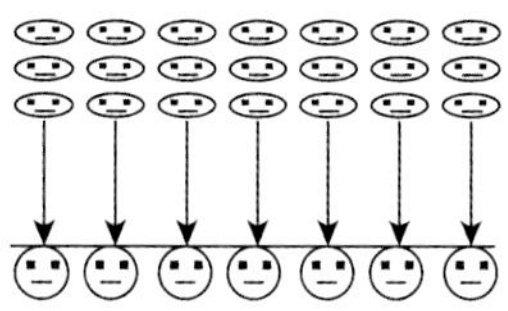	1．听口令开始游戏，积极参与游戏。 2．学生注意力集中，积极与队友合作完成游戏。 3．严格遵守课堂纪律，避免意外受伤。	4 分钟	中
结束部分	放松活动： 1．整队放松，做放松操。 2．总结本次课优点及不足，并提出今后练习要求。 3．安排收器材，师生道别。	教师引导并提示，与学生一起做放松活动： 1. 上肢及躯干抖动； 2. 下肢抖动； 3. 深呼吸。	呈体操队形散开，跟随教师做放松练习，达到身心放松。	队形： 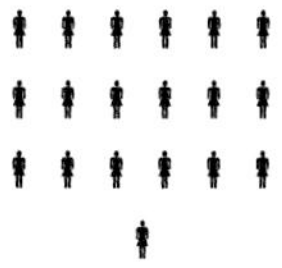	整队时速度快，保持安静和整齐，积极放松。	3 分钟	小
总结							
场地器材		1. 平坦场地一块；　2. 排球 3 ～ 6 个					

（重庆渝西中学　刘惠）

高中二年级“大众有氧拉丁健身操”教案设计及教案

一、指导思想

贯彻“以学生发展为本”的教育理念，树立“健康第一”的指导思想，发展学生的个性，开发学生潜能，使学生掌握锻炼的方法。本课采用以学生合作学习为主，思维与练习相结合的体育教育模式。

二、教材内容

大众有氧拉丁健身操。

三、教学目标

1．初步掌握有氧拉丁健身操成套动作。
2．通过教学与练习，培养学生正确的身体姿态。
3．全面提高学生的身体素质。

四、教学重点和难点

1．有氧拉丁健身操成套动作。
2．身体姿态的控制。

五、教材分析

本教材以基本步伐和大众有氧拉丁健身操练习为基础，拓展学生的欣赏能力，通过引导、评议、练习来培养学生良好的身体姿态，增强创新能力与团队合作的精神。

六、学生分析

高中学生在此之前基本没有接触过健身操，只是通过一些途径对健身操有一定的感性认识，而没有真正尝试。而且，现在的高中学生大部分以文化课学习为主要任务，忽略了体育锻炼，导致身体素质较差，且出现了肥胖的现象。针对这一现象，设计了本课内容，希望能使当前状况有所改善。

七、教案

<table>
<tr><td colspan="5">教学内容：
1．复习基本步伐组合。
2．学习拉丁健身操成套动作组合（一）。

教学目标：
1．初步掌握有氧拉丁健身操成套动作组合（一）动作。
2．通过教学与练习，培养学生正确的身体姿态。
3．全面提高学生的素质。
基本要求：姿态优美，学习积极性高、充满激情。</td></tr>
<tr><td>重点</td><td colspan="4">有氧拉丁健身操成套动作。</td></tr>
<tr><td>难点</td><td colspan="4">身体姿态的控制。</td></tr>
<tr><td>部分</td><td>时间</td><td>课的内容</td><td>组织教法</td><td>组织形式</td></tr>
<tr><td>准备部分</td><td>3 分钟

12 分钟</td><td>开始部分：
1．班长整队集合、报告人数。
2．师生问好。
3．宣布本次课的内容。
4．检查服装，安排见习生。
准备活动：
1．活动各部位关节操。
2．简单步伐组合练习。
3．拉伸操。</td><td>教师宣布本课内容，引导学生进入学习状态。

1．教师放音乐，带领学生练习，提示动作要领。
2．教师观察学生动作，强调动作姿态。</td><td>集合队形：
XXXXXXXXX
XXXXXXXXX
○
组织队形：
XXXXX
XXXXX
XXXXX
XXXXX
○</td></tr>
</table>

续表

部分	时间	课的内容	组织教法	组织形式
基本部分	20 分钟	学习有氧拉丁健身操成套动作组合（一） 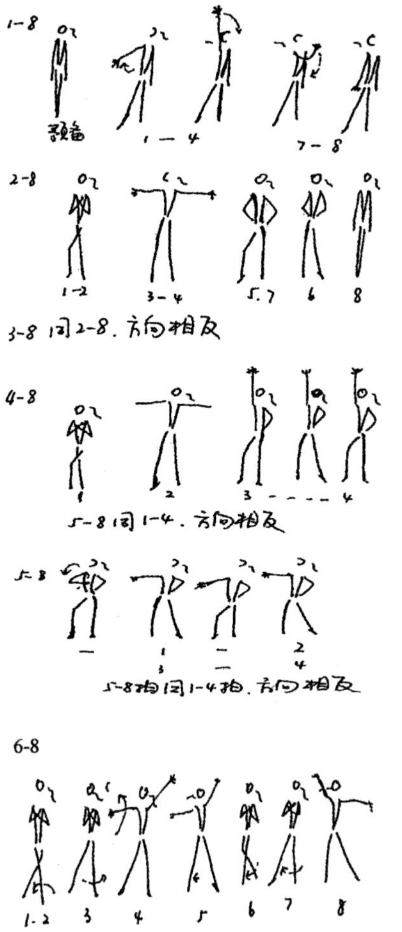 	教学步骤： 1．仔细分解每个动作，强化每个动作的基本技术。 2．老师背面示范，在口令下带领学生练习。 3．老师带领学生在音乐下练习。 4．采用连接法和过渡法逐段练习。 5．骨干学生带领全体学生在音乐下练习。 6．最后分组进行完整练习。 教学方法： 1．老师讲解、示范。 2．老师背面示范，带领学生练习。 3．采用重复练习法进行教学。 要求：保持优美的姿态，用正确的技术要领做动作。 难点：各个基本动作的正确身体姿态和髋部动作的协调发力。 重点：髋部动作的基本要领和身体姿势的保持。 教学重点：第 6 ～ 8 拍动作的协调练习，步伐与上肢动作的协调一致性。	组织队形： X X X X X X X X X X ○
结束部分	5 分钟	1．放松练习。 练习内容：静力伸拉（腰部、腹部和上肢肌肉）。 练习要领：全身放松，尽量拉长上课时用到的每一块肌肉。 练习目的：缓解肌肉的紧张度，有利于学生体力的恢复。 2．集合小结，布置课外作业。 3．宣布下课。	组织方法：老师带领学生随轻音乐练习。 要求：身体完全放松，尽量拉伸身体的每一块肌肉。	组织队形： X X X X X X X X X X X X X X X X X X X X ○ 集合队形： XXXXXXXX XXXXXXXX ○

（湖南宁乡县一中　张筱英）

第 5 部分　1147 计划示范基地特色大课间活动方案

第一节　湖南示范基地大课间活动方案

一、指导思想

为贯彻《中共中央国务院关于加强青少年体育增强青少年体质的意见》精神，落实“生命 - 和谐”教育理念和“阳光体育行动”，决定从这学期开始开展大课间活动，以保证学生每天 1 小时体育锻炼时间，增强学生体质，促进学生健康，和谐发展。

二、实施措施

（一）建立保障体系，确保大课间活动有序开展

1．时间保障　学校作息时间安排明确规定，大课间活动为每天上午 10:00—10:40 这段时间。大课间活动的顺序是：首先是做七彩阳光体操，其实是集体跳健美操舞（或兔子舞），再次是分块进行体育运动（一、二年级摇呼啦圈，三年级可以是跳绳或进行坐垫、绳子游戏等），最后是放松运动。任何教师不得挤占大课间活动时间，若遇阴雨天，改在室内进行，可选择棋类活动、智力游戏等。

2．制度保障　为使大课间活动有章可循，避免活动开展的随意性，要制订大课间活动班主任、体育老师的职责，建立领导督查制、班主任现场参与组织协助制等制度。

3．人力、物力保障　要求师生全员参与大课间活动。活动中教师既是组织者、指导者，又是学生的保护者，同时自己也是参与者。这既体现国家所提倡的全面健身，又能融洽师生关系，有利于构建新型的和谐、平等的师生关系。大课间活动器材原则上由学校提供，要求每位低年级学生买好呼啦圈。

4．安全保障　各年级要分班划定活动区域，各班学生必须在指定活动范围内活动，防止出现活动区域不明或乱串、乱跑的混乱现象。正、副班主任跟班进行现场活动训练。

5．组织保障　学校要加强对该项活动的领导，成立大课间活动领导小组，使大课间活动真正落实到位，促进该项活动高质量进行。

大课间活动领导小组：

组　长：易红辉

副组长：熊利英　姜益群

成　员：邓　玉　宇　宙　任志平　彭慧之
蔡粒波　卢　驿　蒋慧芳　朱维平

（二）建立激励机制，充分调动师生参与大课间活动的积极性

1．实行考核激励　将大课间活动情况和效果纳入班主任考核，同时学校对大课间活动进行定期评比，把大课间活动开展情况作为星级班集体评选的重要依据。

2．激励活动创新　大课间活动（以及下午的文体活动）除时间有具体规定、保证外，在活动形

式、内容、空间上均具有很大的自主性和灵活性。学校挖掘资源优势，打造学校特色，鼓励体育教师、音乐教师、班主任发挥自身特长，展现自身才干，开发创新体育、舞蹈、球类游戏等多种项目。

3．开学前1周买好呼啦圈，1个月内学好兔子舞和放松运动，接着提高熟练程度，4月参加县里的比赛。

三、大课间体育活动内容及场地安排

1．阳光操　田径场和博学楼前操场。

2．兔子舞　田径场和博学楼前操场。

3．体育运动　田径场和博学楼前操场、校门口前坪、风雨操场。

4．放松操　田径场和博学楼前操场。

其他班级活动作为参考：体育趣味活动如跳皮筋、踢毽子、玩呼啦圈、跳绳（花样跳、跳长绳和短绳等）、坐垫游戏。

备注：阴雨天改在室内进行活动，如棋类活动、智力游戏等。

四、大课间具体内容的时间安排

1．入场集合　配音乐《运动员进行曲》。

2．七彩阳光操和兔子舞。

3．体育运动。

4．整理退场。

5．回教室。

五、注意事项

1．班主任和副班主任必须同时到场负责管理，做必要的技术指导。

2．加强安全防范管理。班主任必须加强教育，引导学生安全、文明、有序地参加活动。

3．由姜益群老师全权负责安排，其他四位老师协助，分年级负责。

（湖南长沙市南宁乡县城郊中心小学）

第二节　重庆示范基地大课间活动方案

一、指导思想

为了全面实施素质教育，培养德、智、体等全面发展的人才，我校在严格贯彻实施新课程标准过程中，以“健康第一”作为开展大课间活动的指导思想，保证学生每天1小时体育锻炼时间，增强学生体质，培养学生的心理素质和道德素质，促使学生主动参与体育活动，培养学生参与体育活动的兴趣和爱好，养成其坚持锻炼的习惯和终身体育意识。

二、活动构想

将大课间活动作为学校体育活动的重要组成部分，结合天台岗小学上海城校区的小篮球特色，以“带着孩子健康出发”为主题，突出“人人有篮球、班班有项目”的篮球特色，整体有效地推进特色大课间活动的开展。从学生的发展和篮球运动的普及两方面，设计了学生在校6年12个学期的篮球大课间特色活动课程。让孩子们通过6年的学习，循序渐进地掌握篮球运动的相关知识与技能。

三、活动形式

我校大课间活动安排在每周的星期二至星期五上午8:30—9:00进行，时间为30分钟。活动分为四个板块：第一个板块是在音乐伴奏下自主玩球，然后在体育老师的带动下统一做热身操；第二个板块是特色《篮球操》和《七彩阳光》；第三个板块是以班级为主的篮球项目分班活动；第四个板块是放松整理，孩子们在音乐指导下，整理放松，调整心态。

四、活动主题

特色篮球：“带着孩子健康出发”。

五、活动要求

全校教师、学生人人参与，体验运动的乐趣。

六、活动管理职责

组长：校领导。

组员：校区行政人员、体育教师、各班教师。

校区行政人员职责：及时到位参与，督促学生活动，及时发现问题和解决问题。

体育教师职责：提前到场，做好大课间活动的准备工作，组织大课间活动的全过程，负责指挥各班顺序进场和退场。

班主任和副班主任职责：负责组织学生安静有序到场，在大课间活动中对学生加强安全指导与教育，引导学生积极参与活动。

七、活动安排表

表 5–1　重庆天台岗小学上海城校区活动安排表

年级	星期二	星期三	星期四	星期五	组织教师
一年级	拍球比多	穿洞接力	上下传球接龙	抛球击掌	各班老师
二年级	滚球接力	对传球练习	运球接力	喊号接球	各班老师
三年级	三角传球	行进间腰部绕球	对传球练习	运球接力	各班老师
四年级	对传球练习	四角传两球	圆形绕杆运球	行进间胯下绕球	各班老师
五年级	行进间胯下绕球	双手运球接力	对传球练习	运球接力	各班老师
六年级	跳起连续碰篮板球	运传球接力	行进间胯下绕球	双手运球接力	各班老师

八、备注

1．对大课间活动不得以任何理由挤占或早退。

2．大课间活动时，班主任和副班主任管理要到位。

3．活动前和活动中要加强对学生进行安全教育，落实安全防范措施。

4．体育教师进行巡视指导，活动项目由体育组负责解释说明。

5．如遇下雨，在室内做眼保健操和室内活动操。

（重庆天台岗小学上海城校区）

第三节　上海示范基地大课间活动方案

一、指导思想

为深入贯彻《中共中央国务院关于加强青少年体育增强青少年体质的意见》和《中共上海市委上海市人民政府关于切实提高青少年学生身心健康水平实施学生健康促进工程的通知》精神，全面落实上海市中长期教育改革和发展规划纲要，促进我校学生健康全面发展，学校根据上级教育主管部门的工作要求，并结合学校实际，制订切实可行的落实“学生每天校园体育锻炼 1 小时”的方案。

二、实施目标

1．实践我校“每个孩子拥有快乐童年”的办学目标，通过落实“每天 1 小时体育锻炼”来贯彻“多元发展”，促进学生身心健康。

2．结合普陀区“阳光体育大联赛竞赛”活动项目，以赛促动，使学生“每天 1 小时体育锻炼”内容与“阳光体育大联赛”项目相结合，在增强学校体育工作的活力和吸引力中，保障学生每天 1 小时体育活动内容。

3．结合学校体育社团的组建、体育拓展课的开发，以及体育、体锻常规课的开设，保证学生每天能到室外去，保证体育特长生发展，在课程中有目的、有组织、有计划地对学生的身心进行锻炼，从而培养社会所需要的合格人才。

4．建立学校体育活动的长效机制，形成促进青少年健康成长的良好育人环境，切实通过“每天锻炼 1 小时”来提高学生身心健康水平。

5．充分利用校园运动会、体育课、阳光早锻炼、眼保健操、阳光体育社团、冬季晨跑等活动载体，确保学生每天在校 1 小时体育锻炼内容。

6．体育教师和班主任共同配合，提高“两操”质量，加强安全教育，避免和防止意外事故的发生。

三、具体实施

1．时间安排“每天 1 小时阳光体育运动”时间构成为：4 次课间 10 分钟的活动时间，中午 25 分钟的活动时间，40 分钟的阳光早锻炼，35 分钟的体育课，15 分钟眼保健操、课间操，下午 3:35 以后的体育社团活动，每周五下午 1 小时的快乐活动日时间，当天没有体育课的班级组织 1 课时的体锻课。每天的体育锻炼时间总计 120 分钟以上。

2．具体安排

（1）课间：至少保证每天4次课间10分钟活动。

（2）快乐半日活动：每周五下午1:20—4:00。

（3）体育课：一至五年级每周3节体育课，2节体锻课（和阳光锻炼活动结合）。

（4）阳光锻炼活动：①早晨40分钟“阳光一刻”早锻炼时间；②下午第四套全国中小学生广播体操《希望的风帆》1遍；③每天上午5分钟学校自编课间操1遍，上、下午眼保健操共10分钟。

（5）中午活动：12:30—12:55共25分钟活动时间。

（6）体育社团：周一至周四下午3:30—4:15，分项目由专任教师负责开展体育技能训练。

四、保障措施

1．组织机构保障，使工作规范有序。

为切实加强学校体育工作的领导和管理，成立以校长刘明红为组长的领导小组，指导开展全校体育工作。明确由体育教研组长许欢欢落实学校课外体育活动，做到专项管理、专人负责，使学校体育项目得到推进，做到有组织、有领导、有计划、有要求、有措施，使体育工作管理科学化、体系化。

领导小组名单如下：

组长：刘明红

组员：李冬、沈敏、张斌、费琼蕾、许欢欢、包一祺、顾超、金军

2．制度管理保障，使工作目标明确。

希望通过规范的行政管理、制度管理、活动管理、特长生管理来实现目标，从指导思想、总体目标、组织管理、过程与评价等方面为学校体育工作发展指明方向，确定了各类体育社团的活动细则，做到“三定”——定人、定时间、定措施。积极创造条件，确保每位学生在校每天锻炼时间不少于1小时，并逐步打造体育项目“一人一技”、学校项目“一校一特”。

3．开发体育拓展课程，保证活动得到推进。

（1）学校积极响应市教委“阳光半日”的活动要求，把每周五下午设置为培养学生兴趣的体、艺、科等拓展课程，开设多门体育选修课。教师结合自身实际情况，制订详细的课程实施细则和实施手册。通过这些体育类课程的开发实施，不断培养学生的体育技能。已开设特色课程见表5-2。

表5–2　上海曹杨新村第六小学特色课程

名称	教学内容	任课教师	地点	招生年级
将棋	学习将棋下法	许欢欢	教室	一年级
曲棍球	曲棍球运动基本技能	包一祺	操场	二年级
射击	射击运动普及与提高	许欢欢	操场	三、四年级
篮球	篮球的基本技术和规则	刘徽娟	操场	四年级
游泳	游泳技能学习	包一祺	游泳池	四年级
国际跳棋	国际跳棋规则和下法学习	顾超	教室	五年级
跳踢活动	跳绳、踢毽子	体育教研组	操场	全年级

（2）为挖掘曹杨新村第六小学自身项目的特色与优势，将“多元、错位、个性”的办学策略具体化为学校的实践力与行动力。目前，我校除了在国家规定的运动项目方面设置完备以外，还围绕“一人一技”“一校一特”思想，开设各类特色项目，保证每位学生学习一项技能。

（3）在真正落实“每天课外活动1小时”的工作中，我们还始终坚持学校晨练活动，通过早晨的“阳光一刻”，让每名学生都能参与体育锻炼，从而在校园内营造了阳光、健康的活动氛围。现如今，体育锻炼已成为学校早晨的一道亮丽风景。

4．开发体育社团，促使体育兴趣提高。

结合校情，学校会在每年开学初对一至四年级学生进行体育特长、发展意向的调查摸底，然后分类整理，并依据学校及教师的实际情况，进行有效的整合，合理细致地分工，再组建兴趣社团。目前，体育方面已开发了篮球社团、曲棍球社团、射击社团等。

为保证社团活动时间，学校除周五“阳光活动”外，把每天下午15:35规定为学生体育特长社团活动时间。指导教师事先要制订每一次活动内容、活动目标、活动形式（学校编制统一的活动记录本），并做好记录。学期末，每位指导教师要上交活动记录本、活动总结，并对学生进行评价，指出学生活动过程中取得的成绩和存在的问题。

5．举办传统体育竞赛，激发体育活动热情。

每年春、秋两季的校园运动会是我校的传统

项目。春季运动会以田径赛为主；秋季运动会设计成游戏性的综合运动会，主要为班级大比拼，既有拔河等集体项目，又有班级之间短跑、接力等对抗赛，以及竞技要求较低的“夹球跑”“赶小猪”比赛。赛前课余时间，学生都能自主地组织训练，增进团队的凝聚力和集体荣誉感。除学生项目外，我们还在“赶小猪”“接龙”等比赛中，请全体教师和学生同时参赛，既活跃了比赛气氛，也提升了教师的身心健康，取得了良好的效果。

6．抓好教学常规，做好队伍保障。

体育教研组规定双周周三下午为体育组教研活动时间，体育教师需围绕上课、说课、案例分析、论文评析、教学论坛等积极开展教学研讨活动。同时，学校科学核定体育教师编制，配齐配足体育师资力量。现学校有体育专职教师 2 名，都具备专业运动员的经历，这些专业过关的体育教师不仅能上好课，而且每人能带好一支运动队，保证了学校体育工作的质量。

7．提供坚实基础，做好设施保障。

增加学校体育工作的经费投入。学校公用经费要按一定的比例专项用于学校体育工作，每年项目投入 3 万～ 4 万元，师资奖励纳入绩效考核中。在区教育局的支持下，我校在体育器材配备上能严格遵守有关规定，教室的采光和课桌椅都能达到《国家学校体育卫生条件试行基本标准》的要求。在体育活动场地建设方面，我们在现有场地未达标的基础上，购置了大量的学生活动器材，尽最大可能使每个孩子都能有一个尽情释放自己的空间，让我们的孩子身心更健康。

（上海曹杨新村第六小学）

第四节　辽宁示范基地大课间活动方案

随着素质教育的全面推进，学校教育正发生着重大变革。“健康第一”是新世纪我国学校教育的指导思想，“快乐、主动、健康、发展”已成为学校体育教育的目标和任务。“大课间体育活动”就是在推进素质教育过程中出现的一种新型课间操形式。实践证明，它是实现新的体育教育目标的有效载体，它在全面实施健康、快乐教育，促进学生主动、和谐发展的过程中正显现出重要而特有的功效。“大课间体育活动”受到了全校师生与家长的欢迎，也得到了社会的广泛关注，收到了良好的教学效果和社会反响。具体实施如下：

一、更新观念、统一思想、提高认识

“大课间体育活动”是对传统课间操的继承和发展，是巩固和扩大体育锻炼效果、增强学生身心素质的重要组成形式。它是校风校纪的集中反映，是我校管理水平的集中体现。同时，形式多样的活动还在健体、炼志的基础上，培养了学生德、智、体、美和谐发展，充分体现了素质教育的全体性、全面性和学生发展的主动性。

我们认为“大课间体育活动”与原有的课间操形式相比，其特点表现在活动时间长、内容和形式多样、师生参与面广三个方面。启动之初，曾在部分教师和家长中引起了不同的反响，有的认为是浪费时间，影响教学成绩，有的认为是不务正业，搞花架子等。为此，学校通过组织学习《学校体育工作条例》，召开体艺教师、班主任、学校行政人员参加的座谈会，使大家提高认识，了解了实施大课间活动的必要性与必然性。与此同时，学校还在教师会、家长会、学生晨会上做宣传，利用广播站营造出全员参与的良好氛围。

通过细致的思想工作，使大家认识到此项活动不仅保证了学生每天 1 小时的体育锻炼时间，增强了学生的体质，缓解了学习疲劳，而且能培养学生良好的行为、品质、个性、情感、兴趣等多项素质，活动还能培养学生的竞争意识、合作精神和争取胜利的信心与勇气，以及承受失败和挫折的能力，具有增强学生组织性、纪律性、集体责任感、荣誉感、民族进取心和奋发向上精神的功能。全体教师都切实感到它是素质教育不可缺少的组成部分，需要大家更新观念、统一思想、提高认识，只有全员参与、各部门密切配合，才能保证大课间体育活动的顺利实施。

二、精心设计、强化训练、科学实施

我们本着健康第一的原则和把快乐还给学生、创造和谐师生关系的指导思想，设计了我校的大课间活动。我们活动的目的是让每个学生都能以健康的心理、强健的体魄、高昂的热情去迎接光明的未来。整个活动25分钟，活动由班级分组体育活动、创编舞、广播操、队列演练、回归教室组成。

实施训练时我们把大课间活动分为前期准备、集体操训练、分组游戏训练和整体磨合四个阶段。在各阶段实施前都要通过会议对师生进行培训，让大家明确各阶段的任务，提高了训练的效率。

前期准备阶段包括结合学校实际设计活动的框架，确定分组游戏的内容，编排广播操以及选择和制作指挥音乐等，它是活动实施的起点。整体设计我们力争做到科学、创新、有特色和可操作。分组游戏中我们安排了传统体育游戏、竞技体育游戏及师生自创游戏的内容，充分调动了学生参与活动的热情。在广播操的编排上，我们把握时代与民族两条主线，由师生共同编创有特色的主题操。此外，我们还从美感、时代性、符合儿童心理、具有教育意义等角度出发，选择、制作了我们的指挥音乐，把体育与艺术教育融为一体，在提高学生身体素质的同时培养了他们感知美、鉴赏美、创造美的能力。

集体操训练阶段，我们通过体育教师集体教授，课外活动分班提高，发挥各班体育骨干作用等途径，快速高效地完成了自创操的学习。

在分组游戏训练阶段，我们首先把各班的游戏内容、场地、器材定位，再给各班配备两名教师，其中一位是班主任，负责每天组织本班学生进入活动场地，另一位教师负责每天收发器材(我们称为场地教师)。这两位教师每天同学生一起活动，并鼓励学生在现有形式和内容上进行创新，以发挥学生的主观能动性。整体磨合阶段是大课间训练的最后一个步骤，主要是做好活动各环节的衔接，包括进出场、队伍的调动和服从音乐指挥等内容。

三、领导重视、加强管理、群策群力

我校大课间活动能逐步走上科学化、规范化、整体化的轨道，离不开学校大课间活动领导小组细致的工作。领导组组长由校长亲自担任，组员有体育教师，这就在人员、时间、经费上为该项工作提供了保障。另外，学校建立了大课间体育活动的考评制度，每天由学校行政和体育教师对各班出勤、活动、操姿、队列情况进行考评，并把考核结果纳入合格班级的评选和教师学期考核中，从制度上保证了活动的质量。在此基础上，我们还建立了信息反馈的信箱，积极向师生和家长征求建议，做到集思广益、群策群力，保证了我校大课间体育活动水平的不断提高，使它更具生命力。

四、常抓不懈、持之以恒、成果显著

目前，大课间体育活动已成为我校体育工作的重要组成部分，已成为我校推进素质教育的突破口。它在为学生素质发展提供条件同时，也有力地推动了学校的不断发展。

首先，为配合大课间活动的深入开展，学校改进、增设了一大批体育器械，改造了全校室内、外的音响系统，学校的面貌与硬件设施正发生质的飞跃，为学生提供了更好的健身环境。

其次，学生的思想道德和心理素质不断提高。丰富多彩的活动不仅培养了学生的组织纪律性、集体和爱国主义精神，还使他们形成了互相激励、自学奋进的良好习惯，各种优良的意志品质正在潜移默化地形成。

再次，师生身体素质明显增强，这对教育教学工作的协调发展起到了积极作用。力求学校体育达标保持在95%以上；教师变初期的“被动参加”为现在的“主动参与”，大家都感到25分钟的大课间活动对自己身体素质与精神状态的改善大有益处，有利于教学质量的提高。

最后，每天25分钟的大课间体育活动，在师生之间、教师之间、校领导与教师之间提供了相互了解的机会，有利于建立良好的校园人际关系，增强了学校的凝聚力与战斗力。

五、与时俱进、研究创新、长足发展

我校开展大课间体育活动虽然取得了一些成绩，但是我们深知“与时俱进”的道理。在实践过程中，我们仍在继续发现、研究和解决一个个新的问题。例如：①创设学校大课间活动的整体特色与学生个性特长发展的之间的关系问题；②如何更有效地实现以人为本、主动发展，使学生能在大课间活动中将体格与人格、生理与心理磨炼有机融合的问题；③关于开展大课间活动从实践上升到理论的研究等问题都有待于我们去进一步探索。我们将继续深化符合我校实际和学生发展特点的大课间体育活动，我们更有信心奏响以快乐为主旋律，突出特色，强调主动与和谐、向上与发展的大课间体育活动更新、更美的乐章。

（辽宁阜新市矿工街小学）

第五节　广东示范基地大课间活动方案

一、指导思想

为了贯彻《学校体育工作条例》和教育部《切实保证中小学生每天一小时校园体育活动的规定》，进一步落实广州市教育局《关于在中小学开展大课间体育活动》的要求，将体育和艺术教育融于德育工作之中，促进学生身心健康水平的提高，加强校园文化建设，发挥环境育人的功能，为建设人文校园与和谐校园打下坚实的基础。

经过几年的策划、实践，我校的大课间活动逐渐体现出规模性、科学性。“健康第一”是大课间活动的指导思想，学生在活动过程中充分感受到“快乐、主动、健康、发展”。

二、组织形式与时间

集中活动与分班活动相结合。

三、活动总时间

30 分钟

四、活动内容与组织架构

（一）春季每天大课间安排

音乐内容：

1. 《集合号》
2. 《进场》
3. 《希望风帆》
4. 准备活动《一起来更精彩》
5. 定位操伴乐
6. 俯卧撑伴乐
7. 三人四足伴乐《全世界人民团结紧》
8. 大课间跑步音乐
9. 跳长绳伴乐《呼啦圈》
10. 整理运动伴乐《茉莉花》
11. 退场伴乐《春天在哪里》

周二（30 分钟）

音乐选择：1、2、4、6、8、10、11。

活动内容：①准备活动；②俯卧撑；③慢跑；④整理运动；⑤退场。

周三（30 分钟）

音乐选择：1、2、3、5、8、10、11。

活动内容：①早操；②定位操练习；③慢跑；④整理运动；⑤退场。

周四（30 分钟）

音乐：1、2、4、7、8、10、11。

活动内容：①自编操；②游戏“三人四足”；③慢跑；④整理运动；⑤退场。

周五（30 分钟）

音乐选择：1、2、3、8、9、10、11。

活动内容：①早操；②定位操练习；③慢跑；④整理运动；⑤退场。

（二）夏季明天大课间安排：

1. 集合（5 分）
2. 进场（3 分 14 秒）
3. 广播操（4 分 44 秒）
4. 慢跑（3 分 11 秒）
5. 齐步走、分班踢毽子（10 分）
6. 整理运动（1 分 49 秒）
7. 退场（2 分 14 秒）

音乐选择：①《集合号》；②《进行曲》；③广播体操伴奏；④跑步伴奏曲；⑤《风儿踢踏踩》；⑥《甩葱歌》；⑦《荷塘月色》；⑧《茉莉花》；⑨《春天在哪里》。

五、活动方法

1. 慢跑　在原来的广播操位置上，相邻的两个班（如 1 班和 2 班、3 班和 4 班）单数班向后转，形成首尾相接的队伍，在9分钟的音乐伴奏下，有节奏进行环形慢跑。

锻炼目标：培养秩序性，锻炼腿部力量，提高耐力素质。

2．俯卧撑　在老师的广播指挥下，同学开始练习，10次为一组，力量不够的同学可以做俯撑静力练习。

锻炼目标：增强手臂力量，锻炼腹背部肌肉。

3．游戏“三人四足”　相邻的三名同学一组，两边的同学叉腰站立，中间的同学两手搭在两侧同学的肩膀上，绑起双脚一起向前走两个点位，依次轮换练习。

锻炼目标：培养合作意识，锻炼手臂和腰背部力量。

4．踢毽子：分班组织，3个人为一组。

（广东广州市广园小学）

第六节　天津示范基地大课间活动方案

认真贯彻和落实《中共中央关于加强青少年体育增强青少年体质的意见》（中发〔2007〕7号）、《天津市委市政府关于加强青少年体育增强青少年体质的实施意见》（津党发〔2009〕1号），以及教育部、国家体育总局、共青团中央联合下发的《关于开展全国亿万学生阳光体育运动的通知》（教体艺〔2006〕6号）等文件精神，全面贯彻党的教育方针，认真落实“健康第一”的指导思想，积极推动“学生阳光体育运动”的开展，抓好中小学生每天1小时体育活动的落实，提高学生的体质健康水平。我校实施“阳光体育”活动的方案如下：

一、活动目标

1．促进学生健康成长，并形成健康意识和终身体育观，确保“健康第一”的思想落到实处。

2．让学生参与、学习、享受体育，激发学生的运动兴趣，发挥学生的学习积极性和潜能。

3．促进师生间、同学间的和谐关系，提高学生的合作、竞争意识和交往能力。

4．丰富校园文化生活，营造积极向上的学风。

二、活动安排

1．第一阶段（9月2日至10月31日）　眼保健操、舞动青春、放飞理想、阳光体育活动。

2．第二阶段（11月1日至2014年1月17日）周一至周五：眼保健操→跑步。

三、阳光体育活动项目及安排

1．跳绳　短绳、长绳。方法：集体跳、双摇跳、编花跳。

2．篮球　方法：运球、传球、投球、战术练习、比赛等。

3．羽毛球　单打、双打、熟悉球性等。

4．掷实心球　抛接实心球、抛掷实心球、推掷实心球。

5．跳跃活动　立定跳远、连续单脚跳、跨步跳、蛙跳、双脚连续向上跳等。

6．拔河比赛　两班竞技，可以男、女生分开活动。

7．仰卧起坐。

8．砸沙包。

9．“贴人”。

10．“打龙尾”。

11．踢毽子。

12．排球　垫球、传球、扣球等。

四、活动场地和器材安排

器材：短绳、沙包由学生自备；篮球、排球、垫子、拔河绳、实心球，在集合时安排部分学生快速到体育组借用，送到指定场地，并及时到操场集合。

五、活动要求

各班班主任及任课教师必须到本班活动场地，设计分散活动方法，提前准备好活动器材，组织安排本班学生站队和活动。各班可根据实际情况操作，尽量做到顾全点面，让每个学生活动起来，并注意安全。

六、注意事项

1．活动必须由班主任或任课教师到场负责管理，做必要的准备活动、技术指导和整理活动。

2．按场地安排进行活动，不许挤占。当两个班活动项目相同时，两块场地，每班各占一块。

3．加强安全防范管理。班主任必须加强教育，引导学生安全、文明、有序地参加活动。

4．如果遇到小型体育竞赛，裁判和班主任必须提前到达比赛场地。各班快速、有序地进入比赛场地进行比赛。

5．各班在活动前及时借用器材，活动后及时归还器材。体育教师做好器材的借用记录。

6．体育教师做好各班活动内容的指导工作。每月由体育组进行测试，以检查各班参与“阳光体育”的活动水平。

（天津新开口镇初级中学）

第七节　宁夏示范基地大课间活动方案

一、指导思想

以《学校体育工作条例》《学校艺术教育工作规程》和《学校卫生条例》为指导思想，牢固树立“以人为本”“健康第一”的工作理念，本着全员参与、人人受益的原则，全面推进素质教育，让全校师生走出办公室、教室，走向操场，走到阳光下，走进大自然，促进每一个师生健康、全面、和谐发展。

二、活动宗旨

每天锻炼1小时，健康工作50年，幸福生活一辈子。

三、活动目标

班班有特色，人人有特长，学校有成果。

1．树立科学的人才观。

体育艺术活动有利于强身健体、陶冶情操、启迪智慧、壮美人生，有利于培养团结、合作、坚强、献身和友爱精神。认真扎实抓好两操、大课间、体育课、音乐课、美术课和课外活动，引导学生积极参加阳光体育活动，增强学校体育、艺术工作的活力和吸引力。

2．营造良好的舆论氛围。

通过多种形式，大力宣传“阳光体育活动”，广泛传播健康理念，积极开展“大家唱、大家跳”活动，使“健康第一”“达标争优、强健体魄”“每天锻炼1小时，健康工作50年，幸福生活一辈子”等口号家喻户晓、深入人心。建立考评制度，对在“阳光体育活动”中取得优异成绩的班级给予奖励，对在阳光体育活动中贡献突出的教师在“评优评模”上给予优先，以唤起全体老师对学生体质健康和文艺素质的广泛关注，促进“阳光体育活动”蓬勃开展。

3．坚持全面开展、全员参与的原则。

面向全体学生，重在普及、重在提高。以班级为单位，每班至少开展一项体育、艺术特长活动，每名学生至少有一项体育、艺术特长。学校组建体育训练队和艺术兴趣小组，将适时举行不同形式的体育、艺术展示活动。

4．坚持安全第一的原则。

在“阳光体育活动”的组织与实施过程中，要加强安全教育和管理，各年级要制订出安全措施、应急措施和防范措施，避免和防止意外事故的发生。但也要防止以怕出事故为由不积极开展活动的倾向。

5．各处室和各年级要明确职责、精心安排、协调工作、提供保障，确保学生每天开展“阳光体育活动”1小时。具体要求如下：

（1）学校“阳光体育活动”领导小组负责宏观调整、统筹规划“阳光体育活动”实施事宜。

（2）学校“阳光体育活动”领导小组办公室（教务处）负责制订“阳光体育活动”方案，指导、督促和评价“阳光体育活动”。

（3）后勤处负责提供活动器材。

（4）教研处负责探讨特色项目。

（5）政教处、团委和保卫科负责学生活动安全。

（6）年级组负责依据学生特点，制订适合本年级学生特点的可行性体育、艺术活动，并组织监督实施、考核检查。

（7）班主任负责按照学校和年级安排，根据本班学生实际，确定好特色项目，具体实施并有效管理本班学生开展体育、艺术活动。

（8）协管人员负责与相应班主任一起自始至终组织、指导学生开展体育、艺术活动。

四、管理责任制

1．领导督察制　成立由校长任组长的领导小组；校长、行政到操场参与、督促活动，同时了解情况，发现问题及时解决，并提高全体师生对大课间活动的重视程度。

2．体育老师负责制　做眼保健操时，体育老师做好组织大课间活动的准备工作。①活动全程有广播音乐指挥，由音乐教研室负责选择、安排音乐。②体育老师负责班级活动场所及进退场的安排。③体育老师组织大课间活动的全过程。④体育老师负责学生排队、做广播操、分散活动的指导与监督及训练工作。

3．正、副班主任负责制　各正、副班主任第二节课后，做眼保健操时就必须全部到达班级。做完眼保健操后，迅速组织本班学生整好两路纵队（男、女生各一队），然后带领路队安静、有秩序地按时到达指定位置，组织学生随音乐按要求参加大课间活动。活动中，正、副班主任要指导学生活动，维持好本班学生的纪律，保证安全。退场时，班主任组织本班学生排好两路纵队安静、有序地进教学楼，到达班级后才能解散。班主任平时要注意加强学生安全教育，引导学生安全、文明、有序地参加活动。

4．德育处检查制　德育处负责组织检查。每天在楼梯间及操场都安排值勤学生，并将检查结果进行公示。①检查出操人数；②检查进退场秩序，是否有说笑、混乱现象；③检查出操速度；④检查出操质量；⑤检查正、副班主任是否到位并参与指导。

五、活动安排

1．眼保健操。

2．大课间活动

（1）学生有序入场及做广播体操：上午第二节课下课后，各班学生迅速在教室外走廊站成两路纵队，随音乐依次有序到达田径场指定位置，做广播体操。

（2）分组活动：各班根据学校统一安排进行分组体育活动，分别进行跳绳、接力跑、仰卧起坐等体育活动。

（3）放松活动：各班学生伴着音乐统一进行放松活动。

（4）学生有序离场：在音乐声中，有序地离开活动场地，以良好的状态投入课堂学习。

六、考核办法

1．各年级主任为各年级活动的领导者、组织者和协调者，督促本年级班主任、副班主任等工作人员必须提前5分钟到位，做好开展活动的一切准备工作。切实保证活动及时、安全、有效地持续开展。学校将给班主任、副班主任、体育老师等工作人员记一定的工作量，但相关工作人员每缺勤一次，在期末教师工作量化时扣0.1分。

2．各班班主任须带领本班学生按时准点到位，做到不迟到、不早退。按学校和年级的部署安排，积极有效地开展体育、艺术活动。各班每缺勤一次，在班级工作量化中扣0.2分；各班每迟到1人次，在班级工作量化中扣0.1分。

3．各班班主任和工作人员应树立“安全第一”的指导思想，提前到岗，坚持守岗，确保大课间活动无安全事故，发生一次安全事故扣5分。

4．坚持汇报制度。各班班主任应及时向年级组汇报本班开展“阳光体育活动”的情况，年级主任应在每次行政会上汇报本年级开展“阳光体育活动”的进展和异常情况，并结合实际情况提出改进意见。

5．年级主任负责每天对本年级各班开展大课间活动的情况，以及本年级班主任、副班主任等所有工作人员到岗情况进行考核，并如实记录存档，分别作为教师工作量化和班级工作量化的依据。学校行政值日领导和教务处领导将对各年级各班开展活动的情况及工作人员到岗情况进行抽查。

6．学校和年级组织的各项体育比赛活动结果将被纳入班级工作量化总分；对比赛成绩优异的班级，学校将给予适当奖励。

（宁夏吴忠市高级中学）

附　件

2012年卫生行业科研专项——学生重大疾病防控技术和相关标准研制及应用（1147计划）适宜技术与标准示范区应用干预方案

（2013年9月）

一、项目介绍

“国家中长期科技发展规划纲要（2006—2020年）”强调疾病防治重心前移，坚持预防为主、促进健康和防治疾病结合。《中共中央国务院关于加强青少年体育增强青少年体质的意见》（中发〔2007〕7号）明确指出，青少年时期是身心健康发展的关键时期，青少年的健康不仅关系个人健康成长和幸福生活，而且关系整个民族健康素质和人才培养的质量。儿童青少年健康是贯彻党的十七大精神、更好地实施人才强国战略的重要基础。当前我国中小学生健康面临诸多挑战，如近视患病率居高不下、肥胖检出率大幅上升、各种传染病在学校高发、学校突发公共卫生事件社会危害严重。因此，加强学生重大疾病防控，对促进学生健康、体现疾病防治重心前移、实现全民健康总体目标和实施人才强国战略具有非常重要的作用。

本项目旨在通过“公益性行业科研专项”经费的支持，以促进学生健康为中心，实施“1147计划”，即建立1个学生健康监测预警干预信息平台，制定完善1套卫生计生委认可的学生健康相关标准及学校卫生标准体系，研发近视、肥胖、传染病、学校突发公共卫生事件4个主要健康问题相应的防控关键技术，建立7个学生重大疾病防控适宜技术和相关标准研制及应用推广示范区，使学校卫生服务能力和工作水平全面提高，学生重大疾病得到有效遏制。

二、研究目标

完成“1147计划”，即建立1个学生健康综合信息平台，制定完善1套卫生计生委认可的学生健康相关标准及学校卫生标准体系，研发近视、肥胖、传染病、学校突发公共卫生事件4个主要健康问题相应的防控关键技术，建立7个学生重大疾病防控适宜技术和相关标准研制及应用推广示范区。

三、技术考核指标

1．示范区学生近视（新）发病率下降10%。

2．在示范区降低中小学生肥胖患病率：基线在5%以下的区县，维持不再上升；基线在5%以上的区县，在原来基础上下降10%。

3．法定传染病发病率下降20%～30%。

4．学校突发公共卫生事件得到有效控制。

四、项目实施对象

在广东省、湖南省、辽宁省、宁夏回族自治区、天津市、重庆市、上海市7个省级示范基地实施。每个示范基地选择12～16所中小学校，不少于10 000名学生（5000名进行强化干预，5000名进行普通干预）。本研究采用整群随机抽样，分别选择3～4所小学和3～4所中学为强化干预校，另外3～4所小学和3～4所中学为普通干预校，城乡各半（以学校所在地区为标准，将参与学校分为城市学校和农村学校）。

五、项目实施时间

2013 年 9—10 月	基线调查
2013 年 11 月—2014 年 4 月	人群干预
2014 年 5—6 月	终期调查

六、项目实施内容

（一）强化干预学校拟实施内容

1．学校环境政策

【内容与方法】

（1）预防近视学校教学环境模板设计：给学校提供模板和指导手册，有条件的学校选做，经费自筹。

（2）设立大课间活动，重点实施“阳光体育活动”，形式多样，最好上、下午各一次。通过集体操、自由活动，让学生呼吸新鲜空气，放松眼部肌肉。鼓励学生与阳光直接接触，可不严格要求体育活动的内容。

（3）信息传播方面，提供文字、图片和音频素材，使学校利用海报、墙报、广播、电子屏或网站等进行肥胖预防控制宣传。

（4）为家长发放“快乐运动，健康饮食”倡议书，建立家庭支持、督促环境。

（5）学校保证必要的体育设施。

（6）保证 1 小时体育锻炼制度。

（7）开展 1 ～ 2 次全体学生参与的体育活动，并可配合开展肥胖儿童分组趣味运动会；有条件的学校开展肥胖儿童课外运动小组活动。

（8）在学校制定并实施政策：拒绝不健康零食 / 含糖饮料进入教室，学校提供白开水，学校内食堂或小卖部不售卖含糖饮料。

（9）学校应达到《中小学生健康检查表规范》《学生健康检查技术规范》《中小学生体育锻炼运动负荷卫生标准》《学生营养午餐营养供给量》《中小学健康教育规范》等国家标准。

（10）学校成立传染病与突发公共卫生事件防控工作小组，小组应由校领导牵头，成员不仅要包括校医、保健教师，还应包括与传染病、突发公共卫生事件防控相关的各部门、班主任和其他教职工等。

（11）在当地教育、卫生行政部门和疾控机构的帮助和指导下，找出本校近年来师生中常见、多发的传染病，并梳理学校现有防控制度和落实情况，依据《中小学校传染病预防控制工作管理规范》(GB28932—2012) 及当地相关文件要求，对现有制度进行补充和完善。相关制度包括（但不限于）：

1）传染病报告制度；

2）晨检制度；

3）因病缺课登记、追踪制度；

4）复课证明查验制度；

5）学生健康管理制度；

6）学生免疫规划的管理制度；

7）传染病预防控制的健康教育制度；

8）通风、消毒制度。

（12）参照《中小学校传染病预防控制工作指南》，建立学校传染病预防控制工作自查机制，明确自查的方法和内容以及频率要求。各干预校每学期至少开展 1 次全面自查。

（13）建立学校突发公共卫生事件信息资料库、健康教育资料库、专家库。

（14）建立和制订学校突发公共卫生事件预警制度、应急预案等相关防控体系，内容包括预警制度、应急预案、常规演练制度、健康教育制度、培训机制、危机后的学习机制。

（15）建立学校突发公共卫生事件常规演练制度，每学期至少开展 1 次学校突发公共卫生事件演练，记录演练过程和效果以及存在的问题。

【指导手册与材料】

（1）《近视预防学校教学环境模板》。

（2）《中小学生视力保健行为指导手册》（专业版）。

（3）肥胖知识宣传海报及墙报。

（4）“快乐运动，健康生活”家长倡议书。

（5）《中小学校学生肥胖控制和健康促进指导手册》培训简化版。

（6）《中小学校传染病预防控制工作指南》。

（7）学校传染病防控制度汇编。

（8）《中小学校突发公共卫生事件预防技术包》，包括 9 个分册：

- 《学校突发公共卫生事件应急管理体系建设指导手册》
- 《学校突发公共卫生事件风险评估指导手册》
- 《学校突发公共卫生事件关键控制点评估指导手册》
- 《学校突发公共卫生事件预警指导手册》
- 《学校突发公共卫生事件应急预案编制指南》

- 《学校突发公共卫生事件应急演练指导手册》
- 《学校突发公共卫生事件现场应对指导手册》
- 《学校突发心因性事件干预技术指导方案》
- 《学校突发公共卫生事件健康教育指导手册》

2．中小学生健康教育

【内容与方法】

(1) 学生健康教育课：项目示范学校的健康教育教师或校医经所在省级示范基地负责单位培训后，完成学生健康教育课。必须完成6课时，每次课有1个主题，每次课40分钟（也可自由安排20分钟，对应次数分别12次。3个技术单位总共提供了12个20分钟课件，各基地及健康教育老师可在此基础上修改和调整）。

具体内容参见教案和多媒体教学课件，课程安排如下：

第一学期

第一讲：近视专题一

第二讲：肥胖专题一

第三讲：传染病专题一

第四讲：近视专题二

第五讲：肥胖专题二

第二学期

第六讲：传染病专题二

(2) 学生健康教育活动：第二学期开展，方案见活动脚本。各个主题活动形式如下：

- 近视主题3次，分别为黑板报或手抄报、主题班会、知识竞答。
- 肥胖主题3次，分别为主题班会、健康小报、文艺活动。
- 传染病相关健康主题活动至少1次。

(3) 家长健康讲座：每学期1次，共2次，每次30分钟。具体内容见“家长健康教育课件和教案”。

(4) 开设“突发公共卫生健康专栏”，干预时间为11月、12月、3月、4月，每月1期，至少完成4期。

(5) 小学四、五年级和初一、初二每个班级至少培训1名近视专职教育员。

【指导手册与材料】

（1）宣传材料

1）《中小学生视力保健行为指导手册》（学生版），人手1册;《中小学生视力保健行为指导手册》（专业版），每个学校配备5本，由技术单位提供；坐姿挂图，每班1份，由技术单位提供。

2）《学生肥胖控制和健康促进指导手册》《怎样才能不肥胖》和1个转盘《中国中小学生营养状况评价盘》。

3）《中小学校传染病预防控制工作指南》；传染病知识光盘（含多媒体教学课件），每校约5张，包含分阶段的传染病基本知识、常见病种的健康教育课件；挂图，每校约20张；印有传染病知识的学生文具用品，每校约200份；印有传染病知识的不干胶纸贴，每校约500份。

4）突发公共卫生事件知识专栏。

（2）课件：6个学生健康教育课件、2个家长健康教育课件。

（3）活动脚本：3个近视健康教育活动脚本，包括黑板报或手抄报、学生主题班会、爱眼知识竞答问卷；3个肥胖健康教育活动脚本，包括学生主题班会、健康小报、文艺活动脚本；传染病相关健康主题活动至少1次。

3．体育活动指导

【内容与方法】

体育教师按照示范性教案，修改或设计体育课的教案，使体育课达到合理密度和强度。按照课外体育活动的运动处方，修改或设计体育活动，使体育活动有效开展。

【指导手册与材料】

《儿童青少年体育课和课外体育活动指导——有氧适宜运动处方汇编》。

4．传染病症状监测

【内容与方法】

(1) 以班级为单位，小学由班主任、中学由班主任或班级卫生委员每日实施晨检和填写《中小学校晨检记录表》。

(2) 校医或保健老师每周对晨检和预警信息进行汇总和整理，填写《第_周晨午检主要结果汇总表》。

(3) 建立症状监测系统的地区，需要将晨检记录表所登记的内容上报到网络系统。

(4) 特殊时期应增加午检，有住宿学生的学校宜增加晚检。晨检的具体实施方法和内容见技术指南。

【指导手册与材料】

《中小学校传染病预防控制工作指南》。

5．突发公共卫生事件演练

【内容与方法】

由各个基地对具体试点学校进行培训。每学期至少开展1次学校突发公共卫生事件演练，记录演练过程和效果以及存在的问题。

【指导手册与材料】

《学校突发公共卫生事件应急演练指导手册》。

（二）重点人群拟实施内容

1．中小学生眼放松技术及小学生读写姿势矫正

（1）对象：每个示范基地1所规模较大的小学、1所初中的全体学生，约1500名学生作为眼放松技术的干预对象。对照也为1所小学和1所初中。

其中1所小学的一至三年级学生作为读写姿势矫正干预对象（400～500名学生）。

（2）方法

1）眼放松技术

①给干预学校发放教学视频，教会中小学生“欧米家爱眼操”，并保证每天至少在家操练1次。

②给学生发放“爱眼操日志本”，让学生记录每天练习情况和感受。每个月交由班主任老师审查，每3个月各示范基地督导组抽查。

2）读写姿势矫正

①发放坐姿矫正器：发放“三合一”坐姿矫正器，人手1份（实验期间补充1套备用，共1000套）。采用幻灯片或视频教学的方式教会学生、老师及家长如何使用“三合一”坐姿矫正器保持正确的读写姿势。

②强化行为训练：班主任和任课老师每周抽出两天（每天10分钟）指导训练学生正确的读写姿势，并监督学生正确使用“三合一”坐姿矫正器。

③效果评比：干预2个月后，依据学生的表现，每班评选出10名“读写姿势达标标兵”，学校给予表彰，以此带动班级内学生的达标积极性。

④技术支持：各基地项目组定期（每2个月1次）调查学生坐姿矫正器的使用情况，对有损坏的及时给予补给。

（3）用具

1）“欧米家爱眼操”教学视频。

2）爱眼操日志本。

3）“三合一”坐姿矫正器。

4）教学视频。

2．肥胖相关行为监测指导

（1）对象：选取1所小学（二至五年级）、1所初中（初一、初二年级），每个基地不少于500名学生，采取以班级为单位整群抽样的方法。要求在2400～3000名采血人群中选取。

（2）方法

1）学生记录“饮食运动行为日记”，每月记录1周后上交。

2）校医在11、12、3、4月按照体检规范测量学生的身高和体重，将数据记录在当月行为日记空白处。

3）每月由专人用软件录入日记和身高、体重数据，打印反馈结果给学生及家长，督促学生改善行为。

（3）用具：《肥胖相关危险行为定量综合评价》软件包、《学生饮食运动行为日记》《肥胖儿童行为干预技术指导手册》及《儿童青少年适宜体重与健康行为》家庭指导手册。

（三）普通干预学校实施内容

分别在2013年9—10月和2014年5—6月与强化干预学校一起完成基线调查和终期调查，干预期间不安排强化干预活动。2014年6月项目结束后，给普通干预学校和学生发放所有强化干预材料和健康教育课件，普通干预学校在各省级示范基地负责单位指导下，由本校健康教育教师、校医或体育老师按照干预活动方案进一步对普通干预学校学生进行补偿干预，时间由各学校自由安排。

七、检测指标和评价

（一）检测指标

时间安排：2013年9—10月进行基线调查，2014年5—6月开展终期调查。

1．所有样本（12～16所学校，每个基地10 000名学生）

（1）问卷调查。

（2）远视力检查 + 串镜。

（3）体格检查（身高、体重、腰围、臀围、血压）。

2．采血样本（6～8所学校，每个基地2400—3000名学生）

（1）问卷调查。

（2）远视力检查 + 串镜。

（3）体格检查（身高、体重、腰围、臀围、血压）。

（4）血生化检测（空腹血糖、血清甘油三酯、总胆固醇、低密度脂蛋白胆固醇、高密度脂蛋白胆固醇）。

（5）体质测量：立定跳远、50米跑、50米×8往返跑（小学）、800米/1000米跑（初中、高中）。

3．扩瞳验光与眼轴检查（选做）

第一组（环境政策干预组）：在每个示范基地的2个典型学校（干预和对照学校的小学和初中各1所，共4所学校）的三、五、初三年级中，每个年级各选取近视和非近视学生各10名，共120名。

第二组（健康教育组）：在每个示范基地的干预和对照学校（小学各1所）的一、二、三年级中，每个年级各选取近视和非近视学生各10名，共120名。

第三组（重点干预人群）：在每个示范基地的干预和对照学校（小学各1所）的一、二、三年级中，每个年级各选取近视和非近视学生各10名，共120名。

使用器材：复方托吡卡胺（美多丽）滴眼液，检影镜，IOL Master测量仪器。

检查方法：先每5分钟滴眼1次，连续滴4次，20分钟后在暗室进行验光检查。学生眼轴长度测量采用IOL Master。

（二）评价指标

【效果评价指标】

（1）用眼卫生知识知晓率（两次问卷调查）。

（2）筛查近视率（远视力检查+串镜）。

（3）坐姿矫正达标率（父母调查问卷和学生调查问卷中的视近作业及户外活动情况）。

（4）形态和生理指标：体检项目（身高、体重、腰围、臀围、皮褶厚度、血压）。

（5）代谢指标：血生化检测项目（血脂4项、血糖）。

（6）身体素质指标：体质测量（跳远、50米跑、耐力跑）。

（7）学生肥胖相关知识：学生调查问卷。

（8）学生肥胖相关态度：学生调查问卷。

（9）学生肥胖相关行为：学生调查问卷，家长调查问卷。

（10）家长肥胖相关知识：家长调查问卷。

（11）家长肥胖相关态度：家长调查问卷。

（12）家长肥胖相关行为：家长调查问卷。

（13）学校饮食环境：学生调查问卷，学校基本情况问卷。

（14）学校运动环境：学生调查问卷，学校基本情况问卷。

（15）落实每日晨检及因病缺课监测的比例。

（16）法定传染病发病率。

（17）具备学生传染病基本知识和卫生行为的比例。

（18）学校是否发生突发公共卫生事件及发生具体情况。

（19）学校突发公共卫生事件管理体系是否建立？各项措施、制度是否真正落实？

（20）中小学学生、教师及学校工作人员突发公共卫生事件健康教育知识是否提高？